权威·前沿·原创

皮书系列为
"十二五""十三五""十四五"时期国家重点出版物出版专项规划项目

BLUE BOOK

智库成果出版与传播平台

数字经济蓝皮书

BLUE BOOK OF DIGITAL ECONOMY

中国数字经济高质量发展报告（2022）

ANNUAL REPORT ON HIGH-QUALITY DEVELOPMENT OF
CHINA'S DIGITAL ECONOMY (2022)

主　编 / 李　扬
副主编 / 沈建光　何德旭

社会科学文献出版社
SOCIAL SCIENCES ACADEMIC PRESS (CHINA)

图书在版编目（CIP）数据

中国数字经济高质量发展报告.2022 / 李扬主编；沈建光，何德旭副主编 .--北京：社会科学文献出版社，2022.10
（数字经济蓝皮书）
ISBN 978-7-5228-0386-9

Ⅰ.①中… Ⅱ.①李…②沈…③何… Ⅲ.①信息经济-经济发展-研究报告-中国-2022 Ⅳ.①F492

中国版本图书馆CIP数据核字（2022）第119817号

数字经济蓝皮书
中国数字经济高质量发展报告（2022）

主　　编 / 李　扬
副 主 编 / 沈建光　何德旭

出 版 人 / 王利民
责任编辑 / 史晓琳
责任印制 / 王京美

出　　版 / 社会科学文献出版社·国际出版分社（010）59367142
　　　　　 地址：北京市北三环中路甲29号院华龙大厦　邮编：100029
　　　　　 网址：www.ssap.com.cn

发　　行 / 社会科学文献出版社（010）59367028
印　　装 / 天津千鹤文化传播有限公司

规　　格 / 开本：787mm×1092mm　1/16
　　　　　 印张：27.5　字数：412千字
版　　次 / 2022年10月第1版　2022年10月第1次印刷
书　　号 / ISBN 978-7-5228-0386-9
定　　价 / 168.00元

读者服务电话：4008918866

版权所有 翻印必究

编 委 会

主 任 李 扬

副主任 沈建光　何德旭

委 员 费兆奇　冯　明　胡志浩　黄　浩　蒋　震
　　　　　李　超　李晓花　李勇坚　王　蕾　王朝阳
　　　　　王振霞　薛　瑶　闫冰倩　张　昊　张晓晨
　　　　　郑联盛　朱太辉

主编单位简介

中国社会科学院财经战略研究院成立于1978年6月，前身为中国社会科学院经济研究所财政金融研究组和商业研究组，初称"中国社会科学院财贸物资经济研究所"，后更名为"财贸经济研究所""财政与贸易经济研究所"。2011年12月29日，作为中国社会科学院实施哲学社会科学创新工程的重大举措，以财政与贸易经济研究所为基础，组建综合性、创新型国家财经战略研究机构——财经战略研究院。财经战略研究院是拥有财政经济、贸易经济、服务经济和宏观经济等主干学科板块、覆盖多个经济学科领域的中国财经科学的学术重镇和颇具影响力的财经智库，致力于为国家经济决策服务，就国家经济改革和发展中的重大现实问题提供战略咨询与对策建议；致力于长期学术研究的积累，不断强化学术研究对于经济决策的基础支撑作用；致力于全局性、战略性、前瞻性、应急性、综合性和长期性经济问题的研究，提供科学、及时、系统、可持续的研究成果。

京东集团于2004年正式涉足电商领域。2014年5月，京东集团在美国纳斯达克证券交易所正式挂牌上市，是中国第一个成功赴美上市的综合型电商平台。2020年6月，京东集团在香港联交所二次上市，募集资金约345.58亿港元，用于投资以供应链为基础的关键技术创新，以进一步提升用户体验、提高运营效率。2017年初，京东全面向技术转型，迄今京东体系已经投入近800亿元用于技术研发。京东集团定位于"以供应链为基础的技术与服务企业"，目前业务涉及零售、科技、物流、健康、保险、产发和海外等领域。作为同时具备实体企业基因和属性、拥有数字技术和能力的新型实体企业，京东集团在各项实体业务上全面推进，并以扎实、创新的新型实体企业发展经验助力实体经济高质量发展，筑就持续增长力。京东集团奉行客户为先、诚信、协作、感恩、拼搏、担当的价值观，以"技术为本，致力于更高效和可持续的世界"为使命，目标是成为全球最值得信赖的企业。

主要编撰者简介

李　扬　研究员，中国社会科学院学部委员，国际欧亚科学院院士，国家金融与发展实验室理事长。中国社会科学院经济学部主任。中国金融学会副会长，中国国际金融学会副会长，中国管理科学学会学术委员会主任，中国现代金融学会副会长，全国中小企业股份转让系统指数专家委员会主席，亚洲金融合作协会顾问委员会高级顾问。曾任中国社会科学院副院长，第三任中国人民银行货币政策委员会委员，中国财政学会副会长。5次获"孙冶方经济科学奖"。2015年获"中国软科学奖"，同年获首届"孙冶方金融创新奖"。2016年获"张培刚发展经济学奖"。2022年获"中国金融学科终身成就奖"。1992年获国家级"有突出贡献中青年专家"称号，同年享受国务院政府特殊津贴。1997年获国家首批"百千万人才工程"第一、二层次人选。2002年获"全国杰出专业技术人才"称号。主持国际合作、国家及部委以上研究项目200余项。出版专著、译著32部，主编30余部。发表论文500余篇。撰写各类研究报告300余篇。主编《中国大百科全书》（第一版）财政、金融、税收、价格卷，《中国大百科全书》（第三版）经济学卷。主编《中华金融词库》《金融学大辞典》等大型金融工具书7部。主要研究方向为金融、宏观经济、财政。

沈建光　经济学博士，现任京东集团副总裁、京东科技集团首席经济学家、京东科技集团宏观经济与产业研究院院长。此前作为首位进入欧洲央行工作的华人资深经济学家，负责亚太经济预测和分析，后历任国际货币基金组织和芬兰央行经济学家，中国国际金融有限公司资深经济学家、瑞穗证券亚洲公司首席经济学家、国际经济合作组织顾问和中国人民银行访问学者。经常受邀参加国家主要经济决策部门的专家咨询会。复旦大学经济学院、复旦大学泛海国际金融学院客座教授。中国新供给经济学50人论坛成员，中国首席经济学家论坛理事，莫干山研究院常务副院长。麻省理工学院经济系访问学者，赫尔辛基大学经济学博士，本科就读于复旦大学世界经济系。主要研究方向为宏观经济、金融。

何德旭 研究员，中国社会科学院财经战略研究院院长。中国社会科学院大学商学院院长、教授、博士生导师。国家社会科学基金学科评审组专家，中国金融学会常务理事，中国财政学会常务理事，中国农村金融学会副会长。享受国务院政府特殊津贴专家。入选中宣部文化名家暨"四个一批"人才工程。主持完成国家社会科学基金重大项目、国家社会科学基金重点项目、中国社会科学院重大项目等国家级和省部级重大课题十余项。出版和发表成果逾二百部（篇），多项研究成果获省部级优秀科研成果奖。主要研究方向为金融制度、货币政策、金融创新、金融安全、资本市场、公司融资。

数字化将带来金融业的革命（代序）

李 扬

一 数字经济是新的社会经济形态

数字经济是继农业经济、工业经济之后人类社会所经历的第三种最重要的社会经济形态。根据金融稳定理事会（FSB）的定义："数字经济是指以使用数字化的知识和信息作为关键生产要素、以现代信息网络作为重要载体、以信息通信技术的有效使用作为效率提升和经济结构优化的重要推动力的一系列经济活动。"显然，作为基础的生产要素的差别，构成不同社会经济形态的基本区别；而数字经济之所以与过去不同，就在于它不断地将人类业已拥有的知识和信息数字化，并不断地将数字化的知识和信息移转到现代信息网络上，依托信息通信技术来组织社会生产。

在现实中，数字经济主要通过数字产业化和产业数字化两条路径形成和发展。

所谓数字产业化，就是通过现代信息技术的市场化应用，将科技创新成果转化为推动经济社会发展的现实动力。质言之，数字产业化的目的是将数字化的知识和信息转化为生产要素，通过信息技术创新、管理创新和商业模式创新融合，不断催生新产业、新业态、新模式，最终形成数字产业链和产业集群。大家熟悉的电子信息制造业、信息通信业、软件服务业、互联网业等，都是基于数字技术发展起来的新产业，而层出不穷的云相册、云盘、打车软件、数字电视、数码相机、电子锁等，便是它们的多样化的具体形态。

所谓产业数字化，则指的是利用现代信息技术对传统产业进行全方位、

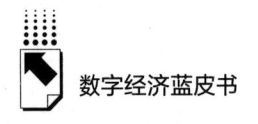

全角度、全链条的改造。产业结构优化升级是提高我国经济综合竞争力的关键举措。现代信息技术对经济发展具有独特的放大、迭加、倍增作用。研究表明，数字化程度每提高10%，人均GDP可增长0.50%~0.62%。产业数字化以"鼎新"带动"革故"，以增量带动存量，通过推动互联网、大数据、人工智能的普及应用，促使现代科技同实体经济深度融合，从而不断提高全要素生产率。

在我国，发展数字经济已经提高到战略高度。我国第十四个五年规划展望：数字经济核心产业增加值占GDP的比重，要从2020年的7.8%提高到2025年的10%。这意味着，在未来几年中，数字经济核心产业的年均增长率要达到11.57%以上。假定产业数字化的速度也如同数字产业化一样达到11.57%，则到了2025年，由产业数字化和数字产业化共同构成的我国数字经济占GDP的比重将超过50%，并使得中国数字经济的发展居于世界前列。这是个令人兴奋的光辉前景。

二 金融业的数字化酝酿着新的金融革命

金融业作为国民经济的血脉，理所当然要跟上整体经济的数字化发展进程。

我认为，金融业的数字化发展，应当置于金融与科学技术不断融合，从而推动金融不断创新其服务实体经济的方式和路径的历史进程中来认识。

金融与科技结合，一直是金融发展进程中的重要内容和典型特征。金融稳定理事会曾这样定义：金融科技是指技术带来的金融创新，它能创造新的业务模式、应用、流程或产品，从而对金融市场、金融机构或者金融服务的提供方式造成重大影响。按照这样理解，自改革开放至今，我国金融业发展与科技的结合，大致经历了三次浪潮。

第一次浪潮，改革开放初期到20世纪末，我国金融业依托计算机技术、网络技术等科技手段，以业务操作电子化、系统联网化、标准统一化为重点,实现了"从手工到电子、从单机到联网"的历史性突破,基本摆脱了手工操作的落后局面。

第二次浪潮,进入 21 世纪,金融业在电子化建设基础上,充分运用信息通信技术、数据库技术等新手段,重点围绕数据集中化、渠道网络化、管理信息化等领域,大力推进金融业的信息化发展。

第三次浪潮,随着人工智能、大数据、云计算、区块链等新一代信息技术的出现,金融和技术呈现进一步深度融合的趋势,在提升金融效率、优化业务流程和降低经营成本上,新技术确实显示出巨大的商业价值和应用空间。不过,金融数字化转型既是金融电子化、金融信息化的延续,又与前者存在本质的不同。信息化是对金融业务需求的响应,是对传统业务效率的改善和提升,在这个过程中,技术的作用是辅助性的。数字化转型则不同,它是金融同数字化的生产和生活交互的产物,它是新的数字技术从根本上改造传统金融业存在和运作方式的革命性变化。数字经济并不是对原有经济体系的补充和融合,而是对传统经济的变革和重塑,金融的数字化转型应当被视为金融业的革命。

这并不意味着金融就此变成了一堆数字存在。国际咨询公司曾就"如何进行数字化转型"这一问题对全球部分金融机构的高管发起问卷调查,反馈出乎意料,大家一致认为,技术固然是数字化转型的核心,但启动数字化转型的核心动力仍来自客户需求。这就是说,万变不离其宗,金融说到底仍然是社会活动的一种。但是,在确认这个本质的同时,必须看到,就服务实体经济而论,数字化基础上的金融与此前的金融,在逻辑上进而在方式上存在巨大差别。

传统金融的基本功能是"融资中介"和"资金分配"。其不可或缺的前提是广大的非金融机构和住户的信息不对称,亦即资金的最终提供者与资金的最终使用者之间的信息不对称,金融机构作为专业的机构,利用自身的信息优势,在全社会范围内进行跨主体、跨周期、跨区域的资产配置,并管理这个过程中不可避免的各类风险。在这种情况下,金融机构相对于各类非金融的客户,处于优势地位。

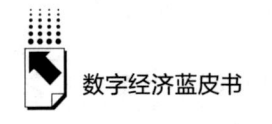

在数字经济时代，金融服务实体经济的逻辑开始转变，主要原因在于，数据将替代资本成为金融业核心资产。海量的数据和算法分析将会逐渐解决信息不对称问题，而日益密集快捷的互联网，则会大大降低交易成本，由此，当长尾人群获得金融服务的便捷性提高、客户规模迅速扩大之时，金融机构作为信息中枢和融资中介的重要性将会下降，"去中介化"可能成为新的发展趋势。这样看来，数字化的发展对于金融业而言，可能是又一次重大革命的酝酿，它可能彻底改变金融业的面貌。其中，既可能有新的发展机遇，诸如更多的客户、更多的应用"场景"、更多的产品和服务，等等，但是，它也可能带来新的严峻挑战，现在已经能够看到的是：作为传统金融业支撑的物理网点和大量的柜员，都将面临大大萎缩的挑战，从中央到地方的"层级"结构，面对"去中心化"的冲击可能逐渐丧失必要性。

三 LIBOR改革：数字化开始冲击金融业的基础

数字化对于金融业改革和发展的影响，或许比对实体经济的影响更加深入、更加宽广，最近的例证就是：诸如利率这种本已高度抽象且"数字化"的金融基本要素，其形成机制正在经历不断深化的数字化的冲击。

最近两年，就在新冠肺炎疫情全球肆虐之时，国际金融市场上发生了一件堪称里程碑的事件，这就是伦敦同业拆借利率（LIBOR）的改革。学金融的人对于LIBOR都不会陌生，因为它是整个金融体系的定价基石。

LIBOR起源于20世纪60年代末的英国，最初只是若干大银行之间从事短期资金拆放的银行间利率。由于这种拆放大多围绕美元展开，它又成为欧洲美元的拆放利率。由于20世纪60年代的欧洲美元市场客观上存在"美元荒"现象，该拆放利率多以美元和各类欧洲货币的利率互换方式执行。20世纪60年代以后，全球经济逐步走上正轨，随着利率市场的发展和各种衍生品的出现，投资者越来越希望有一套统一的基准利率作为金融产品定价的标准，LIBOR应运而生。1986年，英国银行家协会（BBA）正式确认LIBOR在全球金融交易中的利率基准地位。

LIBOR是个利率系统，它包括美元、英镑、欧元、日元、瑞士法郎5种货币，配以7种期限，形成了拥有35种不同报价的体系。LIBOR在全球金融市场中有着广泛的应用。作为全球基准利率，它影响着数百亿美元的债券、工商业贷款、住房抵押贷款、利率衍生品等几乎所有金融交易的定价。截至2021年底，全球仍有265万亿美元的金融合约与LIBOR挂钩。

但是，由于LIBOR是在挑选出的若干金融机构"报价"的基础上形成的，人为干扰就在所难免，因此也就存在很多体制性矛盾。问题的集中暴露是在2007~2008年全球金融危机时期。在危机起起伏伏的过程中，市场隐隐约约感觉到，一些大型报价银行为掩藏自身的流动性风险而刻意压低了自己的LIBOR报价。而在2008年9月雷曼兄弟公司破产之后，LIBOR利率大幅提升，更是给本已是惊弓之鸟的金融市场增添了新的不安定因素，这背后，能够明显看到若干大型金融机构的身影。

如此等等，使LIBOR的缺陷暴露无遗，主要有三。

第一，LIBOR是在银行间市场上形成的。然而，由于货币市场发展迅速，银行间拆借市场的规模近年来又急剧萎缩，LIBOR赖以产生的交易规模与使用它来定价的金融产品的规模严重不匹配。比如，2020年，LIBOR覆盖的金融交易规模日均不足5亿美元，但是参考它来定价的那些贷款、衍生品规模竟达到200万亿美元，这就出现了严重的规模不匹配现象。众所周知，基准利率既为"基准"，就一定要有代表性，如果它的交易只是局限于一隅，用之去为更大规模、更大范围的金融交易定价，则肯定存在系统性偏差。

第二，在银行间市场交易量不足、透明度不高的情况下，出现操纵定价问题势不可免。从机制上说，LIBOR是在20家主要国际金融机构共同报价的基础上形成的，这些机构看起来实力雄厚、富可敌国，但是，为利益驱动，背地里也会作弊。根据记载，此类事件在历史上至少被揭露过9起，每起都被罚款，金额从数亿美元到几十亿美元。试想，这么多信誉卓著的机构都会作弊，"基准"利率形成机制都能造假，对其进行彻底改革也就是时间问题了。

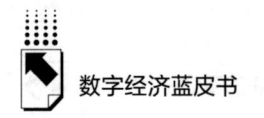

第三，特别重要的是，随着时间的推移，越来越多的市场参与者认识到，金融运行的深厚基础不是别的什么，而是信用。LIBOR的发展历程进一步证明了这一点。LIBOR最终被替代，是因为银行间的信用出现了问题，是因为金融市场对无风险利率的诉求在上升，于是便出现了若干寻找更高信用基础来替代银行间信用的努力。

从实践看，寻找新信用基础的努力大致沿着两个方向展开。一是寻找等级更高的信用基础，于是就有了以国债这种更高信用为抵押的回购交易来替代以银行间同业拆借这种较低信用为基础的交易的行为。二是求助于数字化。越来越多的市场参与者认识到，数字经济大发展之后，以政府信用为基础的金融活动也暴露出问题，市场认识到凡是有人参与的金融活动都有可能被操纵，都有可能被利用来实现操纵者的投资利益，于是人们必然设想：我们能不能找到一个无偏无倚、人力所不能及的基础，找到一个数字的基础、一个算法的基础，来作为整个金融活动的基准呢？现在看来，这是可行的。

国际基准利率的改革已在进行中。按照既定的步调，2021年12月31日，对于英镑、欧元、瑞士法郎、日元以及一周和两个月期美元的LIBOR报价将会停止。到2023年6月30日，终止所有基于LIBOR的报价。也就是说，到那个时候，这个金融世界将会依托另一个基准来进行交易。这个变化具有根本性，因为国际基准利率的改革牵一发而动全身，将给利率定价话语权、货币政策实施、金融机构业务发展、国际金融市场格局等带来深远的影响。

表1总结了美国、英国、欧盟、日本、瑞士五个经济体的主要货币基准利率替代改革情况。遗憾的是，中国现在的体量尚小，影响也不大，利率决定机制与这些国家存在较大差别，目前还只能作为"接受者"来参与这场革命性的变革。这种状况当然隐藏着很大的问题，当世界上主要的国家，特别是一些储备货币发行国的利率决定机制发生变化之时，中国何以自处，这是我们必须立刻回答的尖锐问题。

表1 五个经济体主要货币基准利率替代改革情况

经济体	美国	英国	欧盟	日本	瑞士
原基准利率	USD LIBOR	GBP LIBOR	EUR LIBOR	JPY LIBOR	CHF LIBOR
新基准利率简称	SOFR	SONIA	EONIA	TONAR	SARON
新基准利率全称	担保隔夜融资利率（Secured Overnight Financing Rate）	英镑隔夜指数均值（Sterling Overnight Index Average）	欧元隔夜指数均值（Euro Overnight Index Average）	东京隔夜平均利率（Tokyo Overnight Average Rate）	瑞士隔夜平均利率（Swiss Average Rate Overnight）
类型	交易型	交易型	交易型	交易型	交易型
抵押品	国债	无	无	无	国债
隔夜利率	是	是	是	是	是
监督机构	纽约联邦储备银行	英格兰银行	欧洲央行	日本银行	ICE基准管理局
利率市场	隔夜回购市场	隔夜批发存款交易	隔夜批发存款交易	隔夜活期贷款交易	银行间隔夜回购市场

资料来源：根据公开资料整理。

不妨分析一下这个利率改革的几个比较重要的特点。

首先，它们都是交易型的，也就是说，它们都是实时交易的结果。谈到这一点，大家一定会联想到数字经济的发展。众所周知，因为数字经济深入发展，我们如今可以做到实时、全额捕捉市场交易的状况，也正因此，我们已经可以直接依据市场交易来为信用定价。在LIBOR通行的时代，我们是做不到这一点的。那时，我们只能选取若干代表，例如选择20个银行对选定的若干产品进行报价，借以间接反映市场供求。这样的结果当然只能是近似的。如今不同了，数字经济的发展使得我们可以全额、实时获取市场信息。这一点非常重要，因为它对于LIBOR而言，意味着一次革命，同时它也意味着，进一步的革命之路已经开启。

其次，美国和瑞士的新基准利率的抵押品都是国债，而英国、欧盟和日本则没有明确的抵押品。根据前文分析，美国、瑞士做此选择，是因为这两

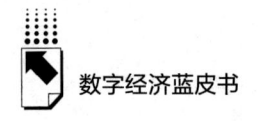

个国家的国债市场非常发达，而且与它们的财政政策和经济运行深度契合。英、欧、日的无抵押安排，则反映出它们维护本国货币地位的努力。形成这种格局，一方面说明这几个主要国家或地区之间在利率决定权上在角力，另一方面，英、欧、日等国可能希望利率的决定彻底摆脱各种经济主体（哪怕是政府）的信用束缚，一下子过渡到数字基础上，同时，摆脱美元束缚的意图也十分明显。如果是这样，国际利率市场的改革，不久还会有进一步的动作。

总之，LIBOR改革的过程中，也正是数字经济飞速发展的时期。数字经济的发展具有极强的穿透力，势将影响一切经济金融进程，基准利率形成机制的改革过程中，数字化肯定不会缺席。在我看来，数字经济渗透到基准利率的形成机制中，已经完成了一次定价革命，进一步，它还有可能酝酿一次新的革命。

以数字经济促进高质量发展和共同富裕（代序）

蔡 昉

中国社会科学院经济学部和京东研究院的研究人员，围绕中国数字经济高质量发展进行了深入的合作研究，形成了一系列研究报告并结集出版。无论是数字产业化还是产业数字化，归根结底是整体经济的数字化转型，意味着以计算机和信息技术为核心的数字技术，正在深入经济领域的各个方面，并将无处不在、无远弗届。本书也体现了这个特色，报告作者均为经济学相关领域的专家，分别从税收、债务、金融和融资、反垄断监管、绿色发展，以及促进乡村振兴和智能城市发展等方面，对数字经济以及平台经济进行了深入的研究。

读者应该能够感受到，本书是一种集分工与合作、细分与集成、理论与实践于一体的合作研究成果。不仅这种分工方式和研究过程具有特色，涉及的领域也都是具有最高优先序的，在理论上和政策上都颇具价值。今后，这种合作研究仍将继续进行。我相信，围绕数字经济和平台经济的高质量发展的研究将在更多更广的领域进行，并将能够取得新的成果。数字经济发展既是提高生产率的必然途径，也应该成为分享生产率的重要领域。借此机会，我拟从提高和分享生产率的角度，简述自己粗浅的思考，同时也算是对这个合作项目未来成果的一种期待。

中央财经委员会第十次会议强调，要坚持以人民为中心的发展思想，在高质量发展中促进共同富裕，正确处理效率和公平的关系。这一要求也是指导数字经济健康发展的准则。从性质上说，数字经济是载体而非目的，经济的数字化转型是过程而非终点。数字经济的发展，作为提高和分享生产率的手段，承担着实现在高质量发展中促进共同富裕的目标。只有确立这样的功能定位，全面体现新发展理念，数字经济才能获得持续和健康的发展。相应地，在构建初次分配、再分配、第三次分配协调配套的基础性制度安排中，数字经济既应该也能够做出应有的贡献。

我们先从初次分配领域来看。理论和实践都表明，初次分配是决定生产率提高和分享的基础领域。生产要素的合理配置和对生产要素所有者的合理激励，都是在初次分配领域内产生的。分享生产率成果需要以生产率的提高为前提。初次分配领域的激励和效率功能，旨在确保市场主体在竞争中的优胜劣汰，因而是提高生产率的关键。在高质量发展中，以计算机、互联网和人工智能技术应用为核心的产业数字化，为所有传统产业的升级换代提供生产率驱动力。与此同时，生产率本质上是资源的配置效率，生产率提高的基本途径则是生产要素的不断重新配置。数字经济恰可以利用其最突出的特征，即具有良好的连接功能，推动产业链条的不断延伸以及资源配置空间的不断拓展，推动生产率的持续提高。

初次分配也是分享生产率成果的关键领域。研究表明，国家之间在收入差距上的不同表现，并不仅仅在于再分配力度的大小，还产生于初次分配领域的在政策取向和制度安排上的差异（Blanchet 等，2020）。这就是说，数字经济发展是否促进生产率分享的导向，并不是产业发展的自然而然的结果。因此，若要使数字经济充分发挥生产率分享的作用，进而实现更多更高质量就业岗位创造、劳动者报酬提高以及收入差距缩小等目标，就需要规制和政策有意为之。

数字经济的发展也有赖于再分配领域的相关制度安排。数字经济提高生产率的作用，最主要来自"熊彼特机制"，其作用的发挥有赖于再分配领域的制度安排。熊彼特认为，创新是企业家在优胜劣汰的创造性破坏过程中重新组合生产要素的过程。在这个过程中，生产率提高的步伐不是齐头并进的，生产率提高的效果更是云泥之别。经济合作与发展组织的研究显示，在采用数字技术或者说数字化转型方面,行业之间以及企业之间存在显著的异质性,进而在生产率表现上形成巨大的差异(Pilat 和 Criscuolo,2018)。

高质量发展阶段面临的一个亟待破解的难题,就是如何使创造性破坏机制既能够发挥提高生产率的作用,又能够发挥分享生产率的作用。这个机制在于,在数字化转型中成功提高生产率的企业能够扩大自身的同时,那些未能做到这一点的企业遭到淘汰,这就意味着创造性破坏机制发挥作用了,整体生产率在这个过程中得到了提高。如果担心发生技术性失业现象,不敢接受企业在竞争中优胜劣汰,看似保护了劳动者的利益,实际却因资源重新配置的僵化而阻碍了生产率的提高,分享也就无从谈起。

在尝试回答"索洛悖论",即为什么广泛采取信息技术却未能提高生产率的疑问时,有研究发现,美国企业的进入率和退出率从 20 世纪 80 年代至今,整体处于持续降低的态势,使美国经济的营商活力显著降低(Philippon,2019)。生产率提高的停滞意味着做大蛋糕的幅度减弱,分享蛋糕也就成为无米之炊,导致美国社会收入差距的扩大。可见,加大再分配力度,建立健全广泛覆盖全体居民的社会保障体系,可以从社会层面对劳动者进行更好的保护,而无需以保护劳动者作为借口,妨碍在数字化转型中让创造性破坏机制充分发挥作用。

不仅如此,无论是在初次分配领域、再分配领域,还是在第三次分配领域,数字化技术发展和应用的导向,都可以显著影响生产率的分享程度。提高生产率是市场主体应用数字技术的主要动机,必要的政策导向和制度安排有利于促进生产率的分享。与此同时,在经济发展的主动力系统和正式制度安排之外,还存在巨大的空间,可以通过被经济学家称为"助推"的方式(塞勒、桑斯坦,2021),提高数字经济发展中生产率分享的水平。

这种助推力量作为正式制度安排之外的运行环境,具有非强制性、行为后果副作用小、更加倚重当事人"向善"动机等特征。这有助于共享生产率成果的助推,在三个分配领域皆可以体现。其中,包括慈善事业、志愿者行动、企业和社会组织的社会责任等内涵的第三次分配,尤其适合于借助这种助推方式,开辟更多扶贫济困和改善收入分配的贡献渠道。可以说,在数

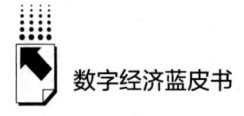

字经济发展过程中,三个分配领域协调配套制度安排的重要内容之一,就是通过法律法规、社会规范、舆论引导以及社会诚信体系来营造一个制度环境和社会氛围,让各种市场主体自觉地把社会责任具体体现为科技向善、管理向善和创新向善的行动。

参考文献

〔美〕理查德·塞勒、卡斯·桑斯坦:《助推:如何做出有关健康、财富与幸福的最佳决策》,刘宁译,中信出版集团,2021。

Blanchet, T., Chancel, L., and Gethin, A., "Why Is Europe More Equal Than the United States?", WID. World Working Paper, No. 2020/19, 2020.

Philippon, T., *The Great Reversal: How America Gave Up on Free Markets* (Cambridge, Massachusetts · London, England: The Belknap Press of Harvard University Press, 2019).

Pilat, D., and Criscuolo, C., "The Future of Productivity: What Contribution Can Digital Transformation Make?", *Policy Quarterly*, 14 (3), 2018: 10-16.

如何打造"数字经济加速器"(代序)

沈建光

当前,中国经济进入新发展阶段,推进高质量发展成为经济发展的主线。面临复杂多变的国内外形势,中国经济增长仍然保持全球领先地位,其中数字经济起到了重要的支撑作用,其发展速度之快、辐射范围之广、影响程度之深,成为中国经济发展的最亮"底色"。正如20世纪90年代美联储主席伯南克研究金融体系对实体经济的影响时提出的"金融加速器"理论,如今在中国,数字经济对经济发展的影响正在释放"数字经济加速器"效应。展望未来,数字经济是否会成为中国实现高质量发展的战略性力量,如何更好地发挥其对经济社会发展的放大、叠加、倍增作用,值得深入研究探索。

如何全面打造数字经济的"竞争优势"

在新冠肺炎疫情冲击之下,中国数字经济的"星星之火"已发展成"燎原之势"。面对百年未有之大变局和新冠肺炎疫情的反复无常,中国经济发展面临的困难和挑战增加,但压力之下的中国经济率先恢复,并依然保持着全球领先的增速。其中一个关键因素是中国数字经济逆势而上,不仅提升了中国经济的韧性,更是成为中国经济稳步前行的强大牵引力。2005年,我国数字经济规模仅为2.6万亿元,2020年增加到39.2万亿元,年平均增速为93.8%,远高于同期GDP平均增速。到2020年我国数字经

济规模占GDP的比重已高达38.6%，数字经济核心产业增加值占GDP比重达到7.8%。"十四五"期间，我国数字经济的发展将乘势而上，核心产业增加值占GDP比重将进一步上升到10%，多个地区的数字经济规模占GDP的比重将超过50%。

数字经济对经济韧性支撑的背后，是对经济发展生产函数的全方面改造。正如我在新作《中国经济的韧性》中所分析的，数字经济对经济发展的影响是全方位的。一是"从无到有"，创造新的商业模式。数据作为新的生产要素，数字技术优化了传统要素资源的配置效率，两者共同改变了传统要素资源的生产函数和成本收益关系，让原本没有商业可行性的业务变得可行，新产品、新模式、新业态不断涌现。二是"从有到优"，提高供需的适配度。数据作为数字经济的核心生产要素，将帮助行业精细化管理、运行，进而推动供需更好适配，更好地畅通产业链，如京东构建数字化供应链和智能物流体系，实现了生产端与消费端的高效对接。三是"从1到N"，强化行业协同发展。通过有效整合各数字终端的供需数据，将打破各行业传统知识壁垒和经验壁垒，更好发挥不同地区的比较优势，促进不同行业、不同区域之间生产的高效协同，更好地服务于"双循环"新发展格局。

放眼未来，近期发布的《"十四五"数字经济发展规划》《"十四五"国家信息化规划》确定了我国数字经济发展的"四梁八柱"，但要将我国数字经济发展的"燎原之势"打造成为"竞争优势"，还有许多值得前瞻研究解决的问题。比如，数据要素的所有权、使用权、收益权如何界定？数字产业化和产业数字化如何协同发展？数字经济发展和数字政府建设如何协调推进？这些都是数字经济发展需要解决的重大现实问题，直接关系到数字经济生产力的释放。

如何更好释放平台企业的"数字化动能"

中国数字经济的"燎原之势"离不开平台企业的背后驱动。数字经济发展是数据要素、数字科技与平台企业综合发力的结果，在新冠肺炎疫情防控常态化背景下，平台企业在助力疫情防控和复工复产方面发挥了独特的价值。其中，像京东一样集"实体性""科技性""生态普惠性""网络外部性"等特征于一身的"新型实体企业"的作用更加突出，在对冲经济下行压力、广泛吸纳社会就业、促进产业转型升级等方面逐步显示出中流砥柱作用，更为助力实现共同富裕提供了重要的底层支撑。

在疫情防控方面，地方政府基于京东科技开发的"高危人群疫情态势感知系统"提供的时空大数据、AI等技术支持，能有效开展高危人群分析及疑似人群排查工作，打造了疫情防控的"数字大脑"。在保障物价稳定方面，京东采用大数据和AI技术打造价格健康度管理机制和技术模型，对平台上海量商品的价格进行实时监控，对超出变价要求的商品进行实时拦截，并及时查处问题商家，有力保障了疫情期间的物价稳定和物资供应。这些只是京东利用数字科技抗击疫情和促进经济发展的微小缩影，背后不变和坚守的是"正道成功"的信仰、"科技引领"的基因和"共同富裕"的初心。

为规范平台企业守正出新和发挥更大的功效，国家相关部门连续出台了《关于平台经济领域的反垄断指南》《关于推动平台经济规范健康持续发展的若干意见》《互联网平台分类分级指南（征求意见稿）》等政策，明确了平台企业发展的两个主要方向，即强化核心技术研发创新、赋能企业和行业数字化转型，这对推动平台企业的规范发展非常必要。

为进一步推动平台企业守正创新，强化平台企业对数字经济发展的驱动力，还有一些问题亟待深入研究。如从连接属性和主要功能、用户规模和限制能力两个维度对互联网平台进行分类分级是否全面，如何划分兼具"实体"和"平台"属性的新型实体企业？在分级分类的基础上，对于不同类型和级别的平台企业，应该建立什么样的激励约束机制和政策？对于伴随平台经济发展起来的零工经济，应该建立什么样的劳动关系和社保体系？这些问题既涉及平台的发展模式和技术创新，也涉及社会福利改善和共同富裕推进。

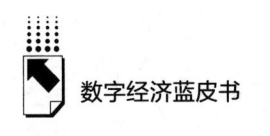

如何加快推动宏观研究"数字化转型"

数字经济的快速发展，从供需两端推进宏观研究的数字化转型。在供给端，数字科技为大数据宏观研究提供了技术支撑，大数据和人工智能的结合能够打破传统经济学研究的禁锢和枷锁；在需求端，数字经济发展需要宏观研究的数字化转型来更好地把握数字经济的运行机制和发展规律，数字化时代的生产函数和产业政策需要重新审视。正是看到了这一趋势变化，一直在海外央行、国际货币基金组织（IMF）、国际投行等传统经济金融机构工作的我，2018年义无反顾地选择加入京东科技集团，想要尝试利用研究京东积累的海量数据和科技能力，来窥探宏观经济发展的新脉络和新趋势。

宏观经济研究数字化是一次全新尝试，需要新思路和新方法。京东这样兼顾"实体性"和"科技性"的大型科技平台企业，为我推进宏观研究数字化探索提供了绝佳的机会。加入京东集团后，我基于30多年的宏观研究积累和京东的海量数据，以重大现实问题为导向，开始了宏观研究数字化探索之路。

一方面，积极推进大数据宏观研究，创新编制大数据消费指数，改进宏观经济研判。2019年，我带领团队基于京东大数据分析了全国消费（综合区域和品类两个维度）、人口迁移的结构性变化，为全面研判消费变化趋势、城镇化发展提供了新的视角；2020年，我们基于大数据识别城市返工情况、不同收入人群和不同线级城市的消费变化，运用"工作/闲暇时段订单数据"识别工作饱和度等，分析了疫情对不同人群就业的结构性冲击以及对消费复苏的影响；2021年，我们又积极探索推出京东大数据消费信心指数和消费升级指数，以此判断消费发展的变化趋势，后面将陆续发布。

另一方面，我将宏观研究积累与新型数字科技相结合，带领团队设计推出了"AI经济学家"。"AI经济学家"是一款旨在实时监测经济形势和替代常规宏观经济分析人员的宏观研究数字化产品，将外部宏观数据源与京东大数据相结合，把京东的AI技术能力与经典的计量经济学模型相结合，将我前期宏观研究积累的 1000 多张数据图表与图表报告自动生成技术相结合，实现了底层宏观数据库、中层经济形势监测、上层经济发展预测的统一。目前，"AI 经济学家"已经产品化，并开始商业化输出，也希望大家多多关注支持。

数字经济正在全面改造经济发展的外部轮廓和运行机制，其高质量发展既需要不断的行业探索，也需要持续的研究总结。《中国数字经济高质量发展报告》一书是中国社会科学院和京东集团精心研究、苦心打磨的报告合集，是国家顶级智库和行业企业上下联动、理论联系实践的产物，对数字经济与平台企业、数字经济与乡村振兴、数字经济与智能城市、数字经济与绿色发展、数字经济与普惠金融、数字经济与货币政策、数字经济与财税政策等多个主题进行了总结讨论。我们希望这本书能让大家更加全面地了解中国数字经济的发展活力，更加深入地理解数字经济推动中国高质量发展的作用机制，也希望这本书能够激励更多专家学者加入数字经济、宏观经济研究数字化的探索中来，为中国数字经济和数字中国发展提供更好的研究支撑，在全球打造出中国"数字经济加速器"样板。

摘 要

当前,数字经济正由快速增长期进入成熟发展期,追求更高发展质量成为新的要求。新发展理念为中国数字经济高质量发展提出了要求和方向,其特点已在数字产业化、产业数字化的历程中得到了体现。以此为背景,本书对中国数字经济进入高质量发展阶段的主要特征、表现、影响与趋势进行了考察。报告《中国数字经济高质量发展的历程、挑战与趋势》在界定概念含义、进行国际比较的基础上,主要围绕数字产业化和深度数字化产业领域,全景式地分析了"创新、协调、绿色、开放、共享"的具体表现,同时指出了当前数字经济发展的问题,并对未来的发展特点进行展望。另外8篇报告从更加具体的角度出发,分别对数字经济在财政金融、城市与农村发展、绿色经济等领域产生的影响或作用,以及平台反垄断监管等方面进行了专门论述。

本书认为,中国数字经济正逐渐进入到高质量发展阶段。"创新"为数字经济持续发展,进而惠及社会经济各个方面提供了内生动力;"协调"有助于数字经济实现更平衡、更充分的发展,从而扩大增长空间、增强应用能力;"绿色"要求数字经济领域要实现低污染、低消耗,并促进全社会的节能减排;"开放"意味着数字经济产品与服务的用户群体、应用范围不断扩大,并在迭代发展中不断提升国际化水平;"共享"是数字经济自身连通场景和用户的基础,也能促进更多人共享发展成果。从社会经济各领域来看,数字经济对税收制度与政府间税收划分、利率形成机制、专项债风险、中小企业融资等方面产生了深刻影响,并有助于推动绿色发展、乡村振兴和城市

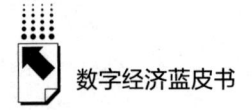

建设。与此同时，中国数字经济也面临着资本无序扩张与垄断、个人信息保护与数据安全性不足、金融风险隐患等方面的问题，平台反垄断监管需要在常态化推进的过程中达到"良法善治"的目标。

关键词： 数字经济　高质量发展　新发展理念　平台经济治理　城乡发展

目 录

Ⅰ 总报告

B.1 中国数字经济高质量发展的历程、挑战与趋势
　　　　………………………… 何德旭　张　昊　冯　明 / 001
　　一　数字经济的内涵与发展历程 …………………………… / 002
　　二　新发展理念引领中国数字经济高质量发展 …………… / 019
　　三　中国数字经济高质量发展面临的问题与挑战 ………… / 034
　　四　数字经济的未来发展趋势与政策思考 ………………… / 047

Ⅱ 平台经济篇

B.2 平台经济对税收制度及政府间税收划分的影响与应对
　　　　………………………………………………… 蒋　震 / 052
B.3 平台反垄断监管的国际趋势与政策建议
　　　　………………… 沈建光　朱太辉　张晓晨　薛　瑶 / 080

001

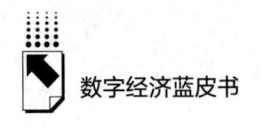

Ⅲ 数字金融篇

B.4 数字经济对利率形成机制的影响研究
　　　　　　　　　　　　李　扬　费兆奇　陆　洪　曹　婧　丁　一 / 102

B.5 专项债风险管理的大数据解决方案
　　　　　　　　　　　　　　　　　　胡志浩　李晓花　孙　征 / 157

B.6 数字经济背景下中小企业融资难、融资贵问题研究
　　　　　　　　　郑联盛　王朝阳　刘雨诗　李俊成　刘贤达 / 213

Ⅳ 数字赋能篇

B.7 数字经济引领绿色发展的效应、机制与路径选择
　　　　　　　　　　　　　　　何德旭　王振霞　闫冰倩　王　蕾 / 246

B.8 数字经济助力乡村振兴：现实路径、具体实践及政策建议
　　　　　　　　　　　　　　　　　　　　　　　　　李勇坚 / 287

B.9 中国智能城市建设与发展：设施、治理与经济生活
　　　　　　　　　　　　　　　　　　黄　浩　李　超　赵京桥 / 341

Abstract …………………………………………………………………… / 392
Contents …………………………………………………………………… / 394

总 报 告
General Report

B.1
中国数字经济高质量发展的历程、挑战与趋势

何德旭　张昊　冯明*

摘　要： 当前，数字经济正由快速发展期进入成熟发展期，追求更高的发展质量将成为新要求。新发展理念为中国数字经济的高质量发展提出了要求和方向。其中，"创新"是数字经济持续发展，进而惠及社会经济各方面的内生动力；"协调"有助于数字经济实现更平衡、更充分的发展，从而扩大增长空间、增强应用能力；"绿色"要求数字经济领域实现低污染、低消耗，并促进全社会的节能减排；"开放"意味着数字经济产品与服务的用户群体、应用范围不断扩大，并在迭代发展中不断提升国际化水平；"共

---

* 何德旭，研究员，中国社会科学院财经战略研究院院长，中国社会科学院大学商学院院长，主要研究方向为金融制度、货币政策、金融创新、金融安全、金融发展、资本市场、公司融资；张昊，经济学博士，中国社会科学院财经战略研究院副研究员，主要研究方向为市场流通、消费与数字经济；冯明，经济学博士，副研究员，中国社会科学院数量经济与技术经济研究所宏观政策与评价研究室主任，主要研究方向为宏观经济与政策、结构转型与产业发展。

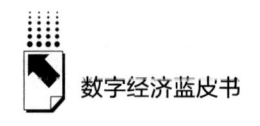

享"是数字经济自身连通场景和用户的基础,也能促进更多人共享发展成果。同时,中国数字经济也面临着资本无序扩张与垄断、个人信息保护与数据安全性不足、金融风险隐患等方面的问题,需要通过不断完善治理来解决。

关键词: 数字经济　高质量发展　新发展理念　平台经济治理

一　数字经济的内涵与发展历程

数字经济是一个快速变化和不断拓展的领域。作为考察数字经济高质量发展的基础,这一部分先说明数字经济的含义及范围,然后对其在主要国家或地区的发展历程及基本现状进行简要梳理。

(一)数字经济的内涵及范围

自美国学者 Tapscott(1996)提出"数字经济"(Digital Economy)以来,这一概念被越来越多的机构和学者使用。1998 年 7 月,美国商务部发布了题为"浮现中的数字经济"(The Emerging Digital Economy)的报告,① 阐述了信息技术应用拓展的趋势及其对商务活动、物流、零售、消费、就业等社会经济多方面的影响。同年 9 月,日本通商产业省召开的信息化月度推进会围绕"数字经济革命"(デジタル経済革命)进行了专题研讨。进入 21 世纪以后,更多的国家开始关注数字经济并制定专门的发展战略,并将其作为应对失业、不平等以及贫困问题的重要途径(OECD,2015)。在这一过程中,对数字经济含义的认识越来越清晰,表 1 归纳了其中一些具有代表性的界定方式。比较这些不同定义可以发现,尽管它们在表述上存在差别,但具有以下共同认识:(1)数字化的知识或信息(也可称为数据)是

---

① https://www.commerce.gov/data-and-reports/reports/1998/07/emerging-digital-economy。

关键生产要素；（2）现代信息网络是重要载体；（3）数字技术创新是主要的推动力。

表1 "数字经济"的含义

来源	含义
2016年G20杭州峰会发布的《二十国集团数字经济发展与合作倡议》	数字经济是指以使用数字化的知识和信息作为关键生产要素、以现代信息网络作为重要载体、以信息通信技术（ICT）的有效使用作为效率提升和经济结构优化的重要推动力的一系列经济活动
2018年亚洲开发银行举办的"理解数字经济：数字经济是什么及将如何转变亚洲"专题会议	数字经济是指一系列以数字化信息和知识为关键生产要素的经济活动的广泛组合
2018年中国信息化百人会发布的《2017中国数字经济发展报告》	数字经济是全社会基于数据资源开发利用形成的经济总和
2019年中国信息通信研究院发布的《全球数字经济新图景（2019年）——加速腾飞 重塑增长》	数字经济是以数字化的知识和信息为关键生产要素，以数字技术创新为核心驱动力，以现代信息网络为重要载体，通过数字技术与实体经济深度融合，不断提高传统产业数字化、智能化水平，加速重构经济发展与政府治理模式的新型经济形态
2019年联合国贸易与发展会议发布的《2019年数字经济报告》	数字经济是完全或主要来源于数字技术，并使用基于数字化产品或服务的商业模式的那部分经济产出
2021年中国国家统计局发布的《数字经济及其核心产业统计分类（2021）》	数字经济是指以数据资源作为关键生产要素、以现代信息网络作为重要载体、以信息通信技术的有效使用作为效率提升和经济结构优化的重要推动力的一系列经济活动

但作为近年来以信息技术应用为基础构筑的经济形态的经典概括，数字经济的范围引起了持续讨论。动态地看，如果具备前述特征的经济产出都可以作为数字经济，那么数字经济就是一个阶段性概念，当所有经济部门都被数字化以后，就不会再有这一提法（马化腾等，2017）。对此，以OECD为代表的国际机构采取了窄口径的界定方式，仅将具有全面数字化特点的数字赋能基础设施、电子商务和数字内容媒体等作为数字经济的范畴（刘伟等，2021）。不难发现，这些领域中的数字化应用程度最高，内容将相对稳定。中国国家统计局发布的《数字经济及其核心产业统计分类（2021）》给出

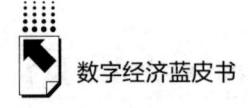

的数字经济范围则包括两个方面：一是数字经济核心产业，也就是"数字产业化"部分，这是数字经济发展的基础；二是"产业数字化"部分，也就是传统产业中通过数字化应用实现增产提效的细分领域，是数字经济与实体经济的融合。可以看出，这一外延界定方式反映了数字经济的本质特征，同时又基于数字经济范围不断扩大的特点，采取了可以根据发展状况动态调整的处理办法。

基于数字经济范围不断延伸的特点，广义的数字经济高质量发展将涉及多个层次，依次为数字经济核心产业，深度数字化（数字化应用较为深入）的细分产业，浅度数字化（数字化应用较浅）的细分产业，以及其他社会经济领域（见图1）。本文依据中国国家统计局的概念定义和范围划分，重点考察数字产业化和产业数字化，即主要围绕图1中前两个层次的高质量发展情况；后两个层次可以看作数字经济促进经济社会整体高质量发展，包括对促进城乡协调、产业升级、绿色低碳等宏观目标的间接影响，本文仅做简要说明，不过多展开。

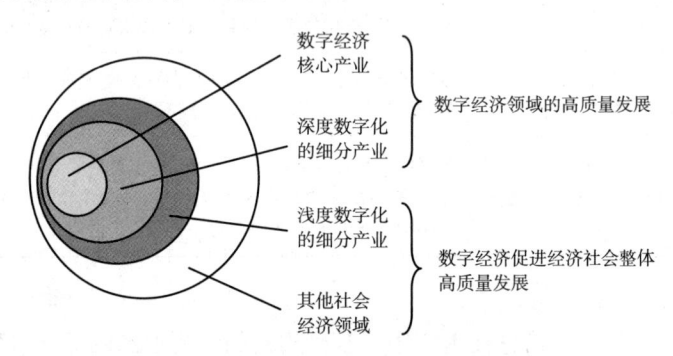

图1 数字经济高质量发展的分析层次

（二）数字经济的形成与发展

数字经济以20世纪中后期计算机的成熟应用与软件产业的快速兴起为基础。20世纪90年代可以看作数字经济的初创期，其标志是互联网的深入应用与电子商务的兴起。随后，美国、欧盟、日本等发达国家（或地区）以及包括中国、印度等在内的发展中国家（或地区）都进入了数字经济快速发展的阶段。当前，全球正向数字经济时代迈进。随着数字经济逐渐步入成熟期，追求更高的发展质量将成为新的要求。接下来，本文将对数字经济在上述主要经济体中的发展历程做简要回顾，以说明其主要特点、基本现状和政策环境。

1. 美国的数字经济发展历程

美国是全球最早布局数字经济的国家。1993年，美国政府推出了《国家信息基础设施行动议程》（National Information Infrastructure，Agenda for Action）。"信息高速公路"（Information Superhighway）的构建，使互联网的商业化应用进程大大加快。1995年，亚马逊公司成立并开始经营线上图书销售业务。此后的20多年时间，美国又出台了一系列相关政策法规鼓励和支持数字技术创新，由此奠定了其长期以来在全球数字经济发展的领先地位。从数字经济规模看，2020年美国数字经济规模达到13.6万亿美元，占全球数字经济规模总量的41.7%，是位居第二的中国的1.5倍。[①]

美国注重通过全方位的顶层设计布局数字经济发展。在近年来大数据、云计算、5G、人工智能等数字技术快速发展的背景下，美国政府积极布局相关领域，通过系统的顶层规划设计，助推数字经济健康发展。目前，美国已逐步形成从数字技术、数字技术应用到数字经济安全的全方位的法规政策体系。在数字基础设施方面，美国政府在1993年就推出的《国家信息基础设施行动议程》确立了信息高速公路在数字经济发展中的地位。此后，又相继提出《国家宽带计划》（Connecting America：The National Broadband Plan）（2010年）、《大数据研究和发展计划》（Big Data Research and Development Initiative）（2012年）、《引领未来先进计算生态系统战略计划》（Pioneering The Future Advanced Computing Ecosystem：A Strategic Plan）（2020年）等，全方面推动数字技术和基础设施的发展。在智能制造方面，美国先后提出了

---

① 中国信息通信研究院：《全球数字经济白皮书——疫情冲击下的复苏新曙光》，2021年8月。

《美国先进制造业国家战略计划》（National Strategic Plan for Advanced Manufacturing）（2012年）、《美国先进制造领先战略》（Strategy for American Leadership in Advanced Manufacturing）（2018年）、《美国人工智能计划》（The American AI Initiative）（2019年）等，促进美国制造业培育新的竞争优势。在数字经济治理方面，美国政府先后出台《美国开放数据行动计划》（Open Government Data Initiative）（2019年）、《2021美国创新与竞争法案》（The United States Innovation and Competition Act of 2021）等文件，对数字经济背景下的市场竞争、国家安全等进行了系统布局。

美国政府高度重视数字技术创新投入。参议院公布的《2021美国创新与竞争法案》计划拨款520亿美元，用于支持芯片等关键行业的发展，并授权未来5年投入大约1200亿美元，用于支持美国国家科学基金会、商务部、能源部、航天局的相关活动。强大的数字技术创新能力为美国形成数字经济发展的核心竞争力奠定了基础。

从数字经济涉及的具体产业来看，相比产业数字化，数字产业化依然是美国数字经济发展的主要组成部分。信息通信业、软件服务业、互联网等数字产业发展规模占美国数字经济规模总量的70%左右，而产业数字化的规模维持在30%左右。从时间趋势看，美国数字产业化占比在2015年以前呈下降态势，但此后稳中略升［见图2（a）］。这表明美国依托技术创新优势，在巩固数字产业领先地位的同时，也在不断推进传统产业数字化转型。

从美国数字经济的形态构成来看，数字技术是主要部分，占数字经济总量的比例长期维持在40%以上，其次是数字服务，而电子商务的占比相对较低［见图2（b）］。进一步细分来看，数字设施中硬件和软件的增加值在2009年前后发生了变化，由以硬件设备为主转向以软件为主［见图3（a）］。2019年，软件增加值占比达到了64.14%，成为美国数字经济发展的主要推动力。数字服务业以通信服务、云服务、互联网和数据服务为主要代表。从数字服务增加值构成来看，通信服务一直是美国数字服务业发展的主要推动力，但通信以外的数字服务占比逐年提高，且于2018年首次超过通信服务［见图3（b）］。

总的来看，美国数字经济发展的制度环境相对完善，数字产业整体结构与内部增长动力的变化趋势也表明其发展进入了技术创新与服务应用相辅相成、相互促进的成熟阶段。

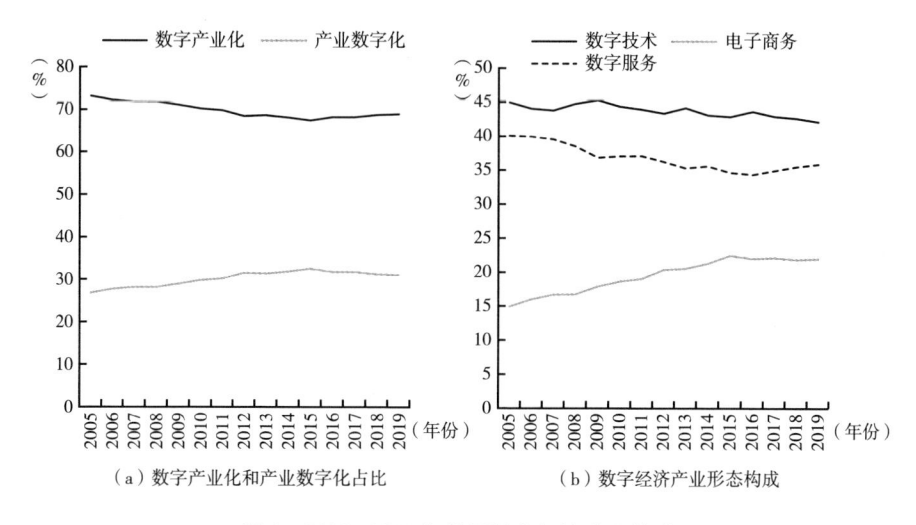

（a）数字产业化和产业数字化占比　　（b）数字经济产业形态构成

图2　2005~2019年美国数字经济产业构成

注：（a）根据"分产业统计的数字经济增加值"（Digital Economy Value Added by Industry）绘制，数字经济总规模中的"数字产业化"包括专业、科学和技术服务（Professional, scientific, and technical services），信息（Information），电脑和电子制造（Computer and electronic products），电气设备、器具和部件（Electrical equipment, appliances, and components），其余归入"产业数字化"；（b）根据"分部分统计的数字经济增加值"（Digital Economy Value Added by Component）绘制。

资料来源：美国经济分析局"新数字经济预测"（New Digital Economy Estimates）。

2. 欧盟的数字经济发展历程

欧盟是全球最发达的经济体之一，庞大的人口规模和经济体量为欧盟数字经济的发展奠定了坚实的基础。[①] 1999年，欧盟提出了第一个信息社会战略《电子欧洲2002——面向所有人的信息社会》（eEurope 2002: An Information Society for All），旨在鼓励个人和企业尽快连接上互联网。2010

---

① 2020年，欧盟人口总数约为4.48亿人，占世界人口总数的5.78%；GDP合计约为15.19万亿美元，约占全球GDP的17.94%。

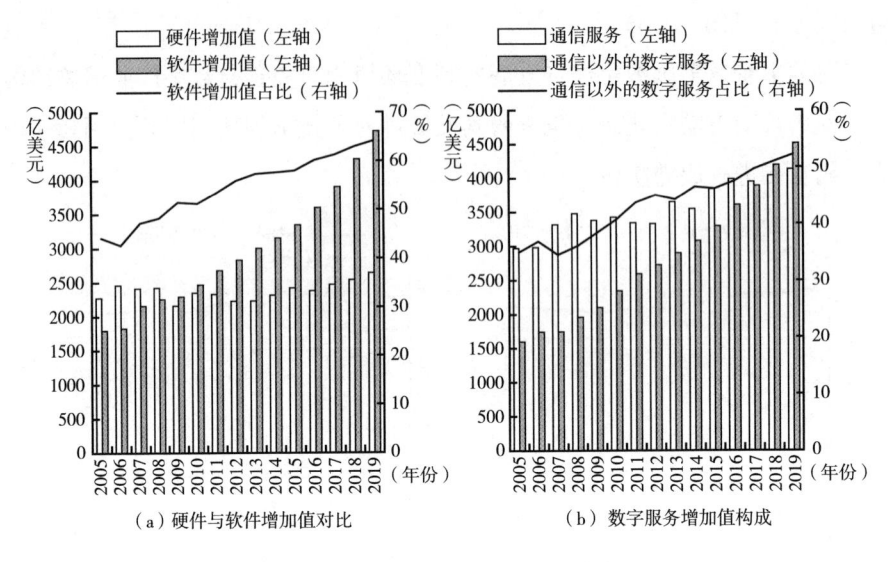

图 3　2005~2019 年美国数字经济发展

资料来源：美国经济分析局。

年欧盟发布《数字2010——为了促进增长和就业的欧洲信息社会》（i2010：A European Information Society for Growth and Employment）和《欧洲数字议程》（Digital Agenda for Europe），旨在改善信息技术，增强网络安全，建立一体化的充满活力的数字市场。为了进一步打破欧盟内部数字市场壁垒，欧盟于2015年发布了《欧洲数字一体化市场战略》（A Digital Single Market Strategy for Europe），创造有利于数字网络和服务繁荣发展的环境，以最大化地实现数字经济的增长潜力。随着数字技术的快速发展，欧盟又相继推出《建立欧洲数据经济》（Building A European Data Economy）（2017年）、《欧洲人工智能》（Artificial Intelligence for Europe）（2018年）和《欧洲数据战略》（A European Strategy for Data）（2021年）等，以推动人工智能等数字化技术在工业生产和居民生活方面的应用，构建欧盟在数字经济层面新的竞争优势。为保障数字经济的健康稳定发展，欧盟还出台了《通用数据保护条例》（General Data Protection Regulation）（2018年）、《开放数据和公共部门信息再利用指引》（Directive on Open Data and the Re-use of Public Sector Information）

（2019年）等条例法案，《数字服务法》（Digital Services Act）、《数字市场法》（Digital Markets Act）的立法也在推进之中。法律手段在加强数据保护、打破数字经济垄断、促进数字要素的自由流动等方面的作用正逐渐得到体现。

从发展情况看，以窄口径的信息和通信技术部门（Information and Communication Technologies，ICT）统计的数字经济规模占比虽然较小，但近年来呈现上升趋势。2018年，欧盟各成员国通信技术部门增加值占GDP比重的均值达到4.47%，就业人数占总就业人数的比重均值达到3.11%（见图4）。

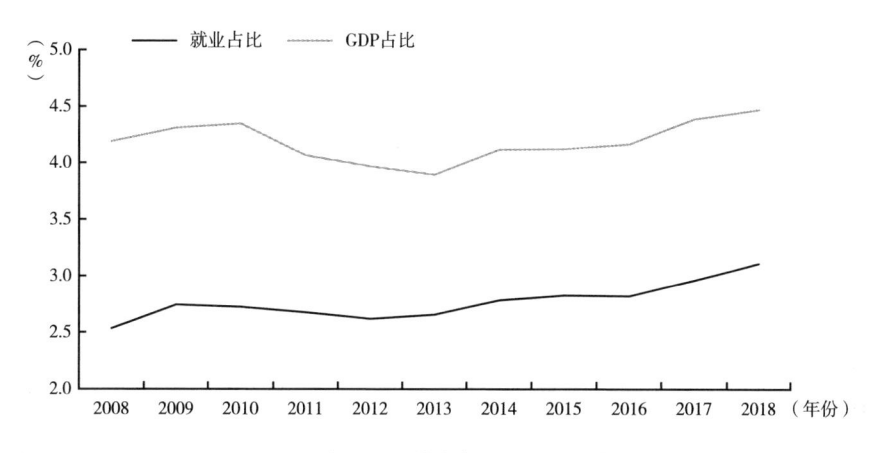

图4 欧盟通信技术部门的相对规模

注：图中所示为各成员国占比的均值。
资料来源：欧盟统计局。

数字基础设施日益完善。总体上看，企业互联网接入率水平较高且呈现稳中有升的态势；家庭互联网接入率较低但上升趋势显著（见图5）。与此同时，欧盟各国间家庭互联网接入率的差距逐渐缩小。据欧盟统计局数据，2012年互联网接入率最高的国家冰岛达到了95%，而最低的国家保加利亚为51%；2020年接入率最低的国家波黑也达到了73%，最高的国家仍为冰岛，上升为98%。

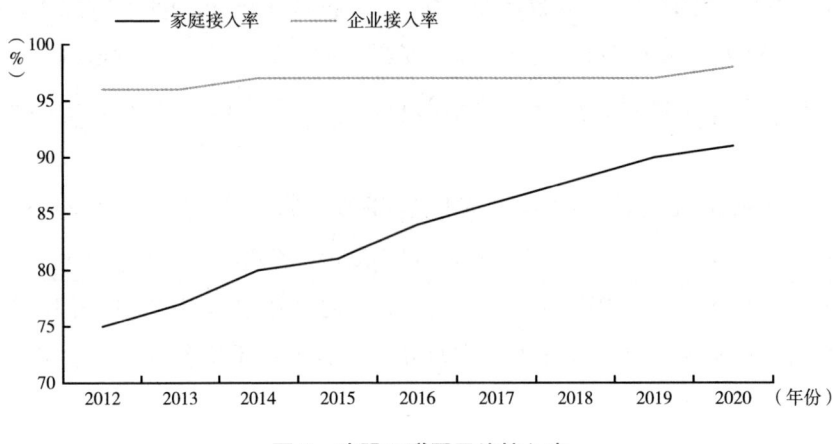

图 5　欧盟互联网平均接入率

资料来源：欧盟统计局。

随着数字经济的普及，数字活动在生产生活各个领域的活跃度不断提升。就业方面，欧盟一直致力于数字人才的培养。2009~2020年，欧盟受信息和通信技术教育的人数不断攀升，由2009年的184.4万人上升到2020年的270.3万人（见图6）。市场活动方面，使用互联网订购商品和服务的居民人数比例不断攀升，企业进行电子商务的活动日益增加，电子商务销售收入占营业额的份额也呈现上升的趋势。随着电子政务的使用率不断提升，数字经济的发展也为民众与公共部门间的互动提供了更多途径。但欧盟国家间数字经济的社会化应用程度仍存在差距。典型的是，2019年电子政务使用率最高的国家冰岛达到了94%，最低的罗马尼亚只有13%；网络购买使用率最高的国家丹麦达到84%，最低的国家保加利亚则为22%；企业网络销售使用率最高的冰岛为44%，最低的希腊则只有4%。[1]

总的来看，欧盟在数字经济立法方面处于领先地位，数字经济的发展规模与应用水平也居于世界前列。进一步推动数字技术创新，并减小各成员国之间的发展差异，或将成为欧盟数字经济提升发展质量的重点。

---

[1] https://ec.europa.eu/eurostat/web/digital-economy-and-society/data/database.

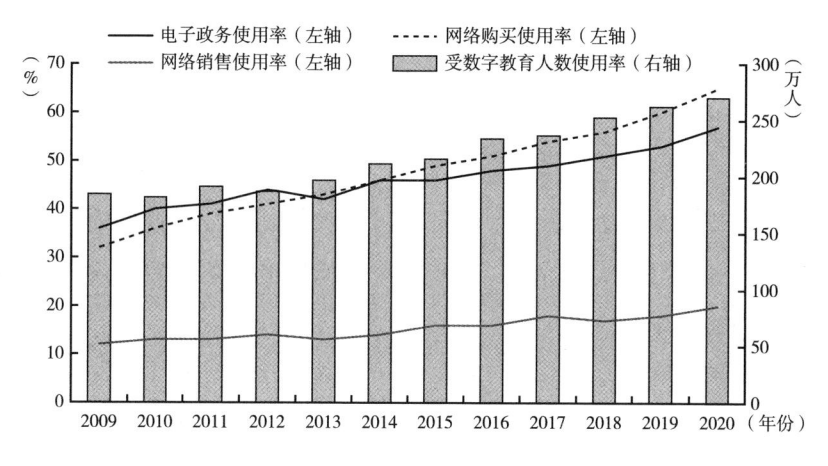

图 6 欧盟数字经济应用情况

资料来源：欧盟统计局。

3. 日本的数字经济发展历程

日本政府也对发展数字经济给予了充分重视。1957 年，日本就制定了《电子工业振兴临时措施法》。此后，日本数字信息产业方面的政策不断推陈出新，为数字经济发展奠定了良好的产业基础。1994 年，日本政府提出了"电子政府"的概念，努力使日本成为高度信息化的国家。2000 年，日本成立了"IT 战略总部"，专门促进数字信息产业发展。2001 年，日本进一步提出《e-Japan 战略》，集中力量投入宽带等基础设施建设，明确要推进电子商务的发展，并在 5 年内将日本打造成世界先进的 IT 国家。2003 年，日本又制定了《e-Japan 战略 2》，拟在初步完成基础设施建设的基础上，推进数字信息技术在社会其他产业发展中的应用，并具体选定食品、医疗、中小企业金融、电子政务等领域进行试点。2004 年，日本总务省提出《u-Japan 战略》，建设"泛联网络社会"，即运用包括物联网等在内的新兴技术，构建数字信息与经济社会的广泛联系，实现任何物体和任何人随时随地的连接。2009 年，面对通信基础设施建设世界领先，但数字信息技术的推广和应用成效甚微的状况，日本政府提出了《i-Japan 战略 2015》，进一步推动数字信息产业发展在社会经济各方面的普惠应用。随着大数据、物联网、人工智能等技术的快速发展，日本2013年发布《科学技术创新综合战略》并在此后多次更新，加强数字技术的投入，推动数字技术在工业制造、社会生活等各方面的应用。2018年日本政府发布《未来投资战略2018：为实现"社会5.0"和"数据驱动型社会"的变革》，明确指出数字经济新时代已经到来。与此同时，日本政府也通过《反不正当竞争法》《提高生产率特别措施法》等法案保障数字经济健康发展。

在发展规模方面，日本内阁府在2020年发布的报告显示，2015年日本数字经济关联产业增加值占GDP的比重约为7%。[1] 同时，日本拥有较高的互联网普及率，2019年达到89.8%。智能手机、平板电脑等移动设备的应用也十分广泛，特别是智能手机，其民众拥有率在2016年首次超过了固定电话和电脑（见图7）。

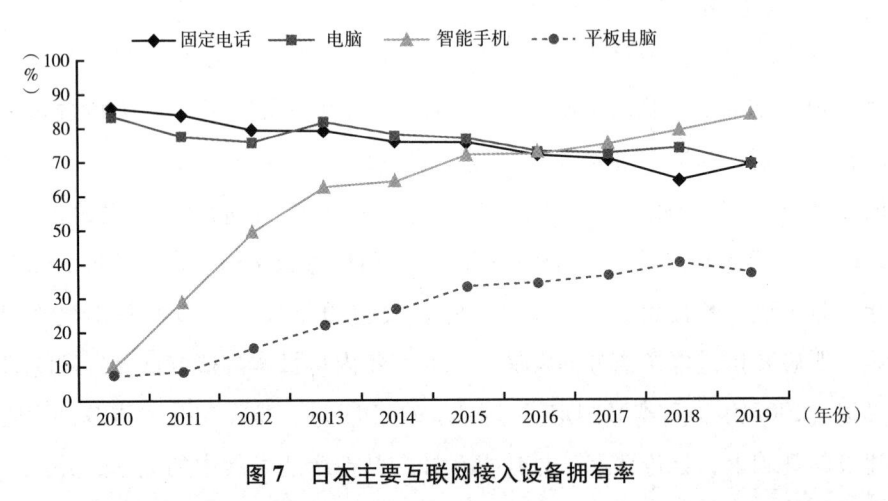

图7 日本主要互联网接入设备拥有率

资料来源：日本经济产业省《电子商务市场调研报告》（電子商取引に関する市場調査）。

在数字经济商务使用方面，近年来日本B2C与B2B电商市场规模总体呈上升态势，且占零售、批发环节的比重（电商化率）也明显上升。受新

---

[1] 《デジタル経済を測るGDPの7%、内閣府試算》，日本经济新闻，2020。

冠肺炎疫情影响，2020年B2C、B2B市场规模均有缩减，但电商化率有所增加。横向比较，批发（B2B）环节电商化率高于零售（B2C）环节，2020年，B2C的电商化率为8.08%，而B2B为33.50%（见图8）。

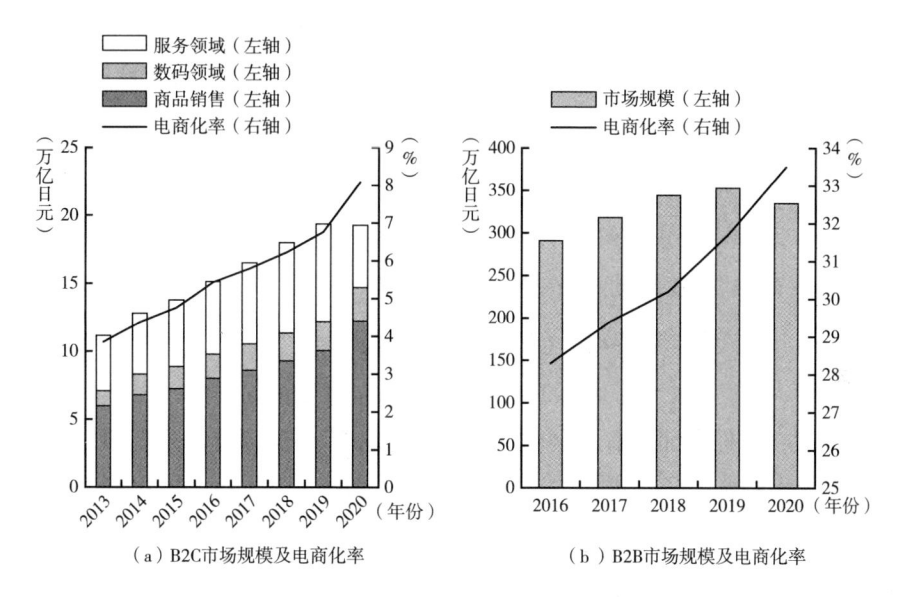

图8 日本B2B、B2C电商市场规模及电商化率

（a）B2C市场规模及电商化率

（b）B2B市场规模及电商化率

资料来源：日本经济产业省《电子商务市场调研报告》（電子商取引に関する市場調査）。

总的来看，日本为数字经济发展建立了良好的政策环境，信息化基础设施也达到了较高的水平。在推动电子商务发展的同时扩大数字技术在社会经济领域中的应用，是当前日本推动数字经济发展的着力点。

4. 印度的数字经济发展历程

印度是一个人口大国，庞大的潜在互联网用户群体为发展数字经济提供了良好的基础。据统计，截至2021年1月，印度有6.24亿互联网用户，互联网普及率达到45.0%；移动连接端口数接近11亿个，相当于总人口的79.0%。①

为推动数字经济的发展，印度政府制定了一系列政策法规和发展战略。

---

① Kemp, S., "Digital 2021: India", https://datareportal.com/reports/digital-2021-india.

1994年推出的《国家电信政策》（National Telecom Policy），标志着印度电信和信息技术行业改革的开始。2004年，印度政府制定了旨在加强国家宽带建设、推动网速和互联网用户快速增长的《宽带政策》（Broadband Policy）。2006年，印度政府颁布了《国家电子政务计划》（National eGovernance Plan），着力创建一个连接电子政务在线服务的全国性网络。为了推动农村地区网络的普及，印度政府于2011年出台了《国家光纤网络计划》（National Optical Fiber Network），提出将25万个村庄连接到高速网络。2014年，印度政府正式提出"数字印度"（Digital India）战略，后续又出台了一系列政策以推动数字经济的发展，包括发展政府数字化服务的eKranti、制定保护个人数据安全的《个人数据保护法案》（Personal Data Protection Bill）等。

印度在软件方面具有显著的优势，在全球IT外包领域占据重要的地位。印度国家投资促进与推进局（National Investment Promotion & Facilitation Agency）官网数据显示，2020年印度IT & BPM（信息技术与业务流程管理）部门产值占全国GDP的比重达到8%，占服务出口的比重超过45%，在全球外包中的份额超过55%，是印度经济增长的重要动力。[①] 从变化趋势上看，2010~2020年，印度数字经济进出口额均呈逐年递增的趋势，但进口增长略快于出口，贸易顺差额存在缩小的趋势（见图9）。[②] 从数字经济进出口结构看，出口以电信、计算机和信息服务为主，占比超过了70%；而进口以技术、贸易和其他服务为主，占比65%以上（见图10）。从这一进出口结构可以看出，印度以IT & BPM部门为代表的数字经济领域具有利用国外技术和资源为国外市场提供产品和服务的特点，已经融入了国际市场分工。

---

① https://www.investindia.gov.in/sector/it-bpm.
② 这里数字经济产品的统计口径包含：知识产权使用（Charges for the use of intellectual property）、电信、计算机和信息服务（Telecommunications, computer, and information services）、研发（Research and Development）、技术、贸易和其他服务（Technical, trade-related, and other business services）。

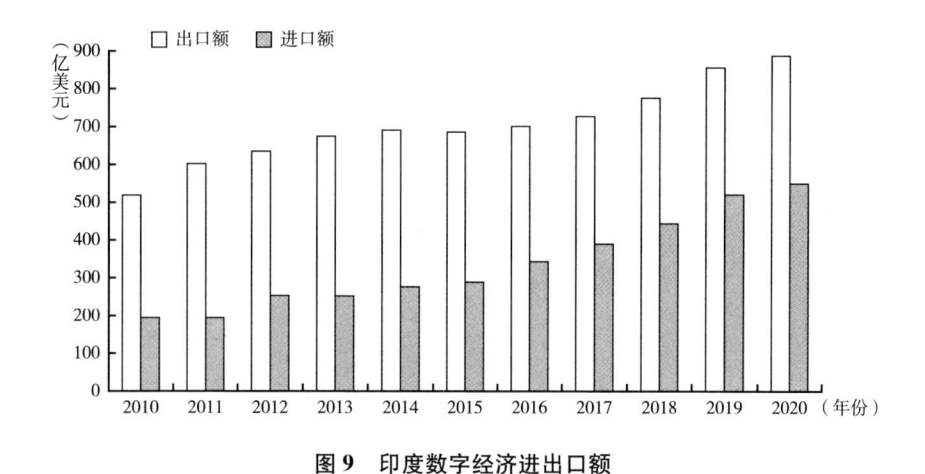

图 9 印度数字经济进出口额

资料来源：联合国贸易与发展会议统计（UNCTADstat）。

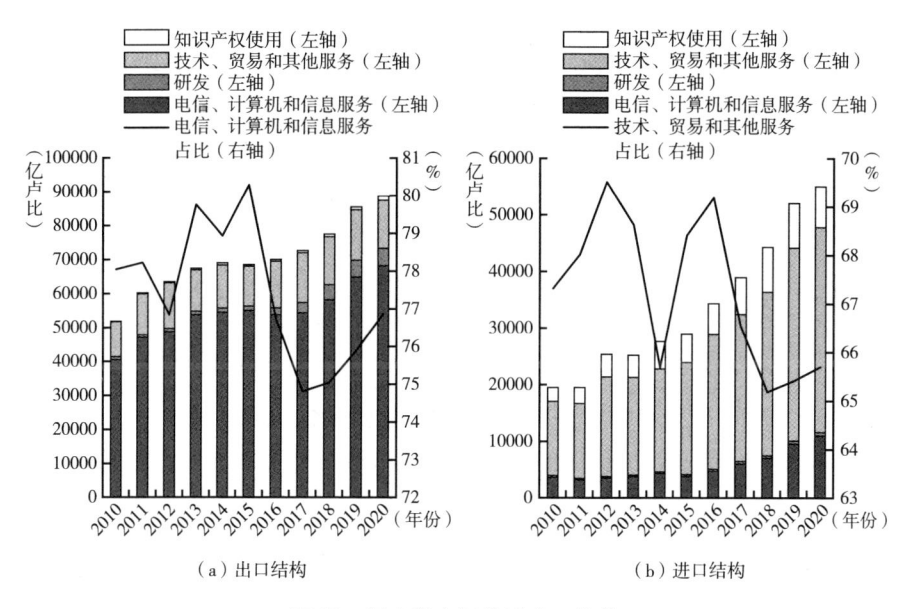

(a) 出口结构

(b) 进口结构

图 10 印度数字经济进出口结构

资料来源：联合国贸易与发展会议统计（UNCTADstat）。

近年来，面对全球数字经济发展的激烈竞争环境，印度政府大力鼓励和支持国内数字经济的发展。2013~2020年，数字经济有关的项目申请由

8项增加到286项，增长了近35倍。相关计划投资额也呈现快速增长的趋势，由2013年的1129亿卢比增加到2020年的79951亿卢比［见图11（a）］。但目前，印度数字产品生产能力仍然很不均衡。印度将电子产品分为消费类电子产品、工业用电子产品、计算机硬件、移动电话、战略电子产品、电子元器件和LED产品等类别，其中移动电话占比逐年上升，在2020~2021财年达到了44.22%，而第二位的工业用电子产品占15.63%［见图11（b）］。

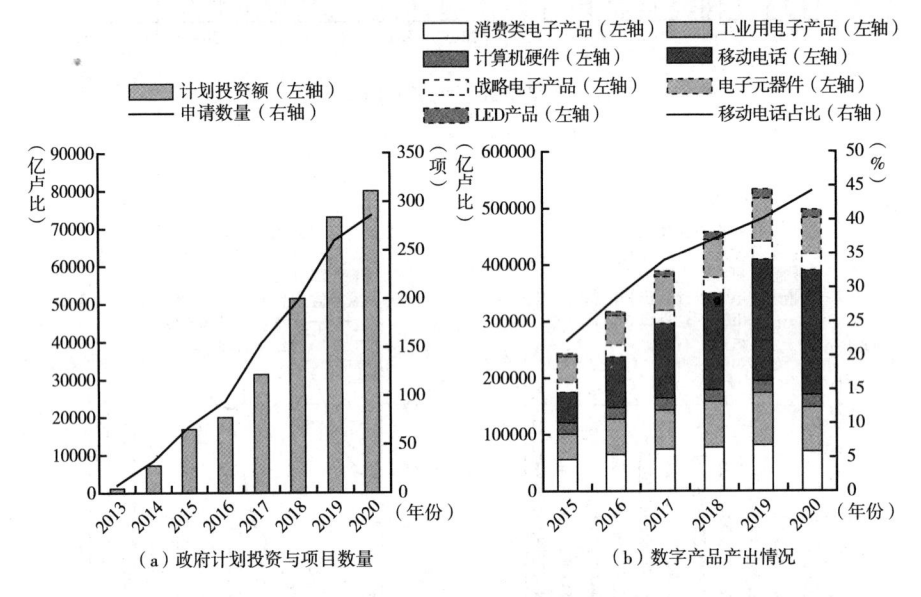

（a）政府计划投资与项目数量　　　　（b）数字产品产出情况

图11　印度数字经济产业发展情况

资料来源：印度电子和信息技术部《数字经济年报2020-21》，2021。

总体上看，印度IT & BPM部门在全球外包市场上具有较大优势，已经实现了开放发展，但数字经济其他部门的发展水平相对滞后，数字产品生产能力不平衡，整体协同效应还有待形成。

5.中国的数字经济发展历程

20世纪90年代是中国数字经济形成发展基础的初创期。1994年，中国实现了与国际互联网的全功能链接。同年，《国务院办公厅关于"三金工程"有关问题的通知》（国办发明电〔1994〕18号）发布，电子信息产业基础设施建设开始提速。不少互联网行业中的领军企业是在这一时期创办的。1998年，首家网址分类查询和搜索引擎"搜狐"诞生。同年，腾讯公司成立并于次年推出面向个人用户的实时聊天软件"OICQ"。年底，"新浪网"建立，并逐渐发展成为具有影响力的互联网内容媒体网站。1999年，阿里巴巴公司成立，建立了批发贸易线上平台。同年，主营电子商务的"易趣"也在上海成立。

在进入新千年以后的十多年时间里，中国的数字经济经历了快速成长期。据国家统计局数据，2002年中国的互联网普及率不到5%，而到2015年超过了50%（见图12）。2004年，早先以线下销售多媒体产品创业的"京东"决定全面转向线上。2005年，《国务院办公厅关于加快电子商务发展的若干意见》（国办发〔2005〕2号）发布。当时，以购物、售物为主要目的的上网用户占比仅为0.1%；而2016年，网上商品零售额超过了5万亿元。经过十多年的发展，数字技术与互联网应用逐渐拓展至生产生活的方方面面。不仅是通信和购物，在社交、办公、娱乐、理财、教育、医疗、出行等领域也出现了大量数字化服务提供商，数字化应用逐渐成为人们工作、生活中不可或缺的一部分。2016年底，人均周上网时长由2008年的16.6小时增加到了26.4小时。[①]

2017年召开的中国共产党第十九次全国代表大会指出，中国经济由高速增长阶段转向高质量增长阶段。数字经济领域大致也在2017年前后进入了成熟发展期。由快速普及应用带来的量增阶段接近尾声，"补短板"与"建长板"共同成为行业发展的内生要求。2017年起，社会消费品零售总额中的网上零售额增速明显下滑，此后一直呈下降态势（见图12）。也是在这一时期，包括阿里巴巴、京东、苏宁等大型数字化企业开始加大农村市场布局，寻找新的增长空间。与此同时，日趋激烈的市场竞争推动着更进一步的

---

① 此后，除2020年3月因疫情影响上升至30.8小时以外，均保持在27小时左右。数据来自中国互联网络信息中心（CNNIC）发布的第24次、第47次《中国互联网络发展状况统计报告》。

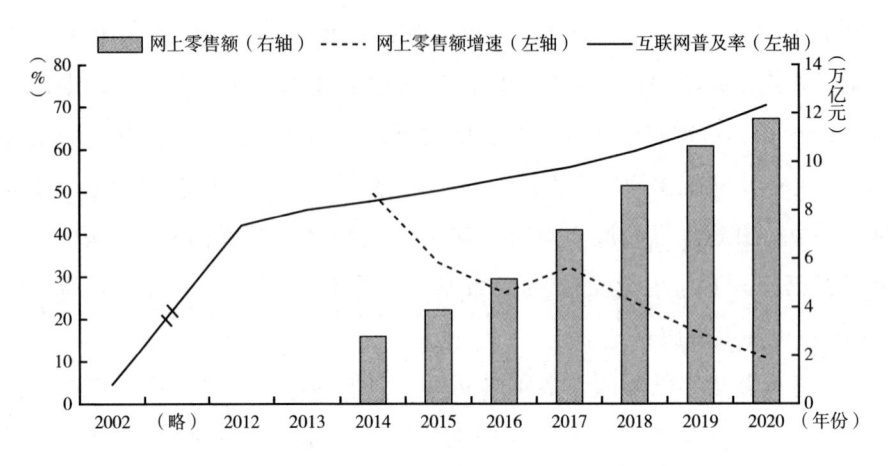

图 12　中国数字经济由快速成长期进入成熟期

资料来源：国家统计局网站。

创新发展。以打通线上与线下、融合餐饮与零售为特点的"盒马鲜生""超级物种""7FRESH"等新型业态纷纷出现。① 不仅是商业领域，从供应链金融到个人信贷，从生产制造到农林水产，新技术、新模式不断产生并迭代发展，在拓展数字经济应用范围的同时也提升了相应领域的创新发展能力。

进入追求更高质量的成熟发展期以后，数字化资源与服务的整合应用成为突出特点。越来越多的服务提供商开始重视通过彼此合作来形成应用终端之间的相互关联，产生引流效应。社交通信、电商平台、内容门户、本地生活、快递物流等数字化应用之间的界限被逐渐打破，拥有更广泛数据基础和应用能力的数字化"生态圈"由此形成。这不仅提升了企业直接服务消费者的能力，还催生出一系列以"能力输出"为表现的新型商业模式，并开始在推动传统产业转型升级、提升经济整体发展水平等方面发挥积极作用。与此同时，随着行业发展格局的变化，大型数字化企业依托市场势力采取不正当竞争行为等现象逐渐进入公众视野，围绕数字经济的立法与执法也进入了新的阶段。

---

① 2016 年，阿里巴巴旗下"盒马鲜生"上海首店开业。2017 年，永辉旗下"超级物种"在福州开出首店。2018 年，京东推出首家线下生鲜超市"7FRESH"。

二 新发展理念引领中国数字经济高质量发展

党的十九届五中全会通过的《中共中央关于制定国民经济和社会发展第十四个五年规划和二〇三五年远景目标的建议》指出，要"把新发展理念贯穿发展全过程和各领域，构建新发展格局，切实转变发展方式，推动质量变革、效率变革、动力变革，实现更高质量、更有效率、更加公平、更可持续、更为安全的发展"。以新发展理念引领高质量发展，是新阶段经济社会发展必须遵循的原则。新发展理念包含创新、协调、绿色、开放、共享五个方面，是高质量发展的核心维度（詹新宇、崔培培，2016；陈景华等，2020），同时也对数字经济的高质量发展提出了要求、指明了方向。接下来，本文将从这五个方面分别考察当前中国数字经济发展的特点，并简要说明其对整个社会经济的延伸意义。

（一）创新：形成数字经济发展的内生动力

数字经济是创新活动最为活跃的领域之一，其中既包括技术突破，也涵盖现实应用。创新是数字经济得以不断发展进步的内生动力，是其永恒的主题。在通过技术创新突破瓶颈的同时，将创新成果更好地与应用实践中产生的各种需求相结合，是中国数字经济进入高质量发展阶段的重要特点。

数字经济领域的技术创新为高质量发展提供了更多的可能性。作为移动通信与传统互联网相融合的产物，移动互联网正由4G进入5G时代，连接速度和带宽不断提高，信息传输服务也由简单的通话、文字扩展到图像、多媒体视频，大大拓宽了可获取数据的范围和形式。大数据技术改变了传统数据记录、存储和使用的方式，使人们可以利用从各种来源渠道获取的有用信息，通过全面的汇总处理形成更为科学的决策参考。以数据积累为基础，人工智能可以利用各种数学模型或计算模型，让经过学习的机器实现语义理解、模式识别、因果分析、智能控制等功能。物联网技术为智能控制提供了实现途径。利用无线射频、近场通信、全球定位、红外感应、激光扫描等各

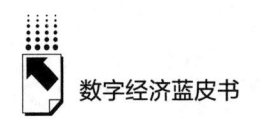

种装置实时采集物品信息并连入网络,可以完成物与物、物与人之间的信息传递,进而在智能感知并识别物品的属性、状态的基础上,实现监控、互动、过程管理等一系列应用功能。为完成这一过程中巨大的数据计算任务,云计算技术通过网络"云"将计算程序分解并交给服务器集群处理,得到结果后再合并返回给用户,使数据处理的时效大大提升。

建立在技术创新基础上的模式创新是数字经济优势的集中体现。例如,通过对用户购买习惯、购物车内容及商品关注情况的大数据分析,电商企业可以更加精准地预测未来销量。由此产生在用户下单前先将商品运送至临近消费地仓库存储的"前置仓"模式,能够降低同等配送时效下的物流成本。又如,提供实时位置及需求信息发布功能的网约车、快递服务平台,改变了过去由调度中心统筹安排车辆或人员的模式,使服务需求方与供给方实现了更加自主、高效的匹配。以实时供求匹配平台为基础,还产生了能够调动更多闲散资源的"众包模式"和交通工具的"分时租赁模式"。再如,"消费者到工厂"(C2M)模式在生产与销售环节紧密合作的基础上,通过对顾客评论的大数据分析了解产品的不足或缺陷,能够为制造企业提供更有针对性的新产品设计或旧产品改进的方向,从而提升产品满足消费者需求的能力,使多方获益。

应用场景的不断创新也是中国数字经济进入高质量发展时代的典型特征。场景是指场合、情境,场景创新的核心是要运用新技术、新模式来满足特定情境下的用户需求,并不断优化使用体验。典型的是,"健康行程码"应用能够在不到一分钟的时间里获取并提示人们的出行轨迹与新冠肺炎感染的风险,满足了公共场所防控疫情的场景需求。对移动通信信令等数据的分析运用则是其实现的基础。利用基于互联网的金融结算手段,数字支付免去了携带现金和找零的烦琐,给人们的日常生活带来了便利。线上会议、线上教学平台可以实现实时的音视频、图像和文字信息传输,满足了远程交流、研讨与教育的场景需求。其中,云处理技术大大提升了编转码效率,实时互动也离不开高速互联网的信息传输。智能健康应用能够利用物联网与可穿戴技术采集并分析人们在体育运动、生活作息等多个方面的信息,并结合位移、心率、血压等各项数据，帮助用户更好地了解自己的身体状况。可以看到，围绕用户特定需求，综合运用多种技术手段来形成解决方案，是场景创新得以实现的关键。

数字经济领域的创新活动还常常突破传统界限，催生具有跨界融合特征的新业态。业态是企业为满足顾客不同需求而进行的服务要素组合，业态创新也就体现为要素组合的创新。例如，线上与线下零售融合产生了O2O业态，零售超市与堂食餐饮融合形成了"新物种"，使顾客体验更为立体、丰富；视频直播、内容网站与线上销售相结合，产生了直播电商、内容电商，成为带动新型消费的重要力量。可以看到，以需求为导向的创新活动，为数字经济企业不断推出新的服务要素组合提供了动力，而技术的综合运用则是其中的支撑。

数字经济的创新发展还产生了提升中国经济整体创新水平的效果。一方面，数字经济的快速发展为中国在人才培育、市场规模、技术储备等方面创造了有利条件，使中国在海量数据储存与计算、法定数字货币研发与推广等领域处于全球较为领先的水平。另一方面，5G、大数据、人工智能、云计算等技术的发展正在推动农业、采矿、制造、电力、建筑、服务业等众多传统领域朝着数字化、网络化、智能化的方向转型升级，创新发展。一个典型的例子是，华为等公司已经开始推进"智能矿山"项目，运用ICT技术提高煤矿的智能化水平，在创新开采管理运营系统、提高开采效率的同时，增强了井下作业安全保障。

（二）协调：助力实现更平衡、更充分的发展

现实中，信息技术拥有程度和数字化应用水平的提升速度是存在差别的，这种差别有可能造成更大的信息落差，并成为新的贫富差距来源，即出现"数字鸿沟"（胡鞍钢、周绍杰，2002）。近年来，数字鸿沟不仅出现在国家之间，在区域间、城乡间、行业间乃至不同人群间的表现也越来越突出。而数字经济具有规模经济和范围经济效应，促进其协调发展，既有助于提升增长空间，也有助于增强应用能力。在由快速成长期到进入高质量发展时期的过程中，缩小发展差距的意义日益凸显。

从城乡间差别来看，我国网民人群构成比例正越来越接近城乡人口比

例。2020年底，农村网民占比达到31.3%，略低于乡村人口占总人口的比重36.1%。① 从变化过程来看，农村网民的数量也呈现总体上升态势。其中，2006~2009年、2018~2020年是两个上升较快的时期（见图13），这分别与宽带互联网和移动互联网普及应用的后期时段相对应。从互联网普及率来看，2018年以后农村的普及率上升速度略快于城镇，2020年末农村达到55.9%，城镇为79.8%（见图14）。

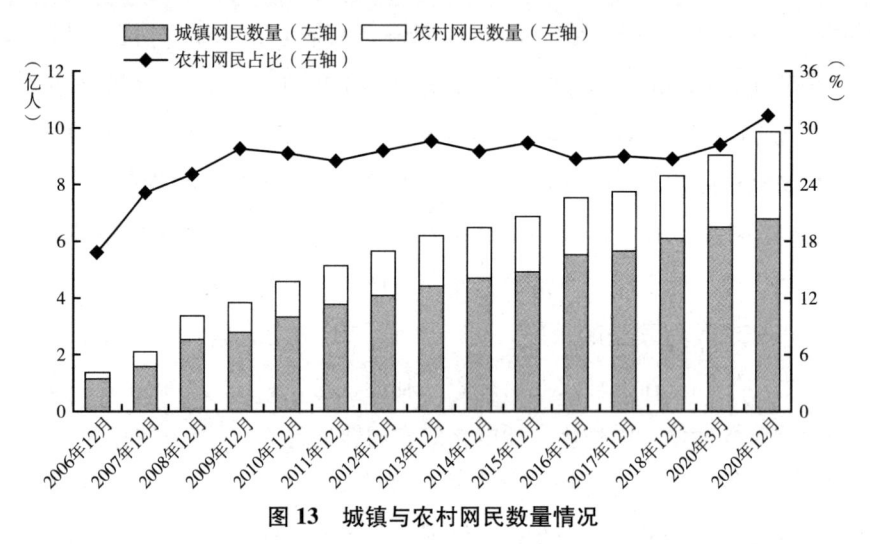

图13　城镇与农村网民数量情况

资料来源：CNNIC历次《中国互联网络发展状况统计报告》。

分地区看，东部与中西部之间的互联网基础设施及应用水平的差距也在不断减小。从互联网宽带接入端口数来看，2019年底全国端口总数超过9亿个，其中46.5%位于东部，中部、西部和东北地区分别占20.5%、25.2%和7.8%（见图15）。目前，四个地区的人口占比分别为39.93%、25.83%、27.12%和6.98%。相比2010年东部地区拥有超过50%的端口数，人口数占37.78%的情况来看，宽带端口数分布正与人口分布靠近。② 在移动互联网方

---

① 农村网民占比数据来自CNNIC第47次《中国互联网络发展状况统计报告》，人口比例数据来自《第七次全国人口普查公报（第七号）》。
② 各地端口数和流量数据来自CNNIC第47次《中国互联网络发展状况统计报告》，人口比例数据来自《第七次全国人口普查公报（第三号）》。

图 14　城镇与农村互联网普及率

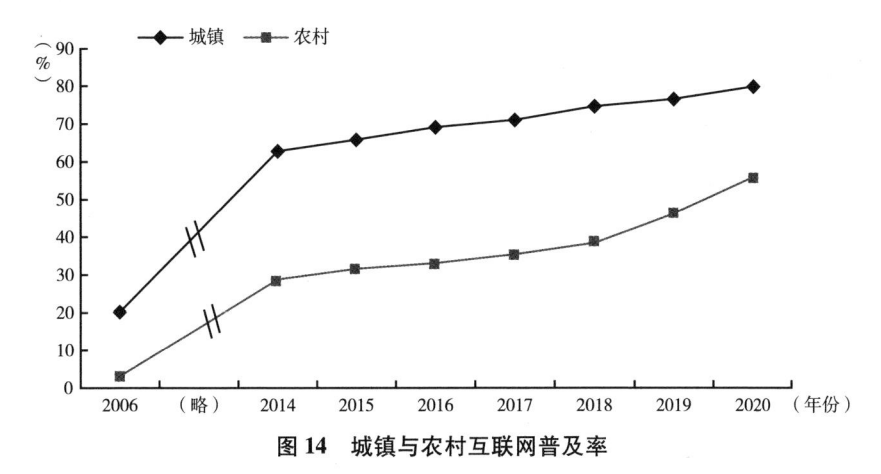

资料来源：CNNIC 历次《中国互联网络发展状况统计报告》。

面，其接入用户数和流量分布的表现优于宽带，尤其西部地区流量占比上升较快（见图16）。这与移动互联网接入无需购置电脑并接入专线，使用方式更加便捷有关。

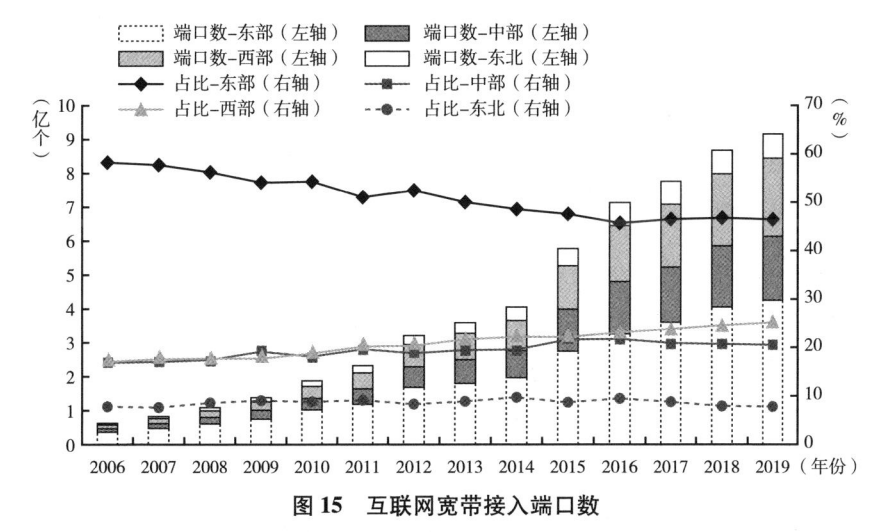

图 15　互联网宽带接入端口数

注：按照国家统计局现行划分方式，东部地区是指北京、天津、河北、上海、江苏、浙江、福建、山东、广东和海南10省（市）；中部地区是指山西、安徽、江西、河南、湖北和湖南6省；西部地区是指内蒙古、广西、重庆、四川、贵州、云南、西藏、陕西、甘肃、青海、宁夏和新疆12省（区、市）；东北地区是指辽宁、吉林和黑龙江3省。

资料来源：国家统计局网站。

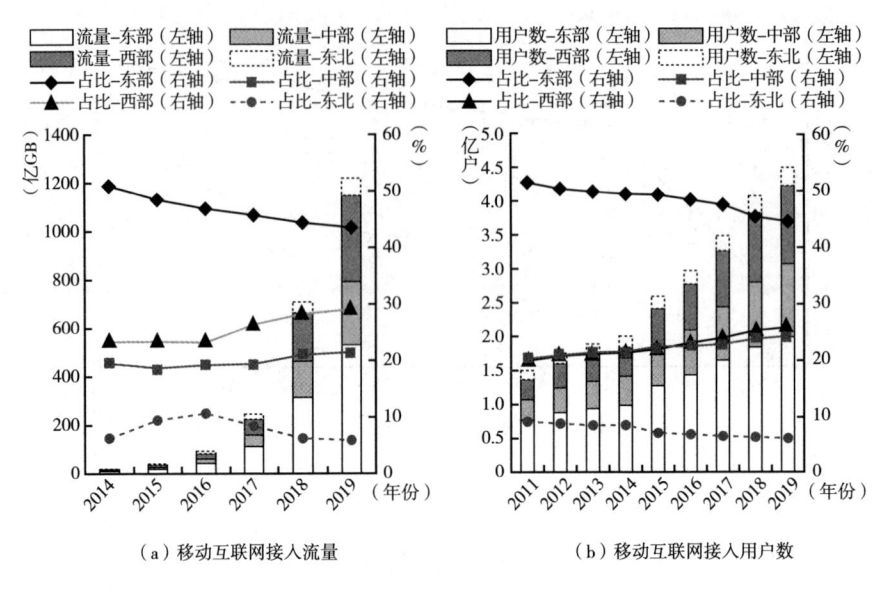

(a）移动互联网接入流量　　　　　　（b）移动互联网接入用户数

图 16　移动互联网发展情况

资料来源：国家统计局网站。

从年龄情况看，60 岁以上网民占比由 2010 年的 1.9%增加至 2020 年的 11.2%，但老年人口上网依然面临较大困难。在 CNNIC 对非网民不上网的原因调查中，"年龄太大/太小"的占比在 2020 年底仍占到 15.1%。老年人因不熟悉手机使用而在出行、消费、就医等方面面临诸多困难，这在 2020 年应对新冠肺炎疫情期间表现得尤为突出。

数字经济的协调发展需要政府与企业共同努力来实现。近年来，国家出台了多项政策文件，其内容既包括宽带网络、移动通信等基础设施建设，也涉及网络资源和数字化产品应用，关注的焦点也由城乡间、地区间拓展到不同年龄人群之间（见表 2）。与此同时，数字化企业也在不断加大在农村和中西部地区的投入。例如，京东在 2014 年就提出农村电商战略，在 2019 年进一步提出物流下沉战略，缩小农村居民与城镇居民在网购体验上的差距，在 2020 年还提出以"数智化社会供应链"助力产业降本增效，带动更多上下游实体企业转型升级。阿里巴巴也因为"搭建中国城乡间的数字化桥梁"而上榜美国《财富》(Fortune)杂志"改变世界"(Change the World)排名。① 企业的这些做法与企业拓展市场、实现自我发展的目标是相互契合的。随着基础设施的不断完善和数字化应用的推广普及,数字鸿沟有望逐渐缩小,这也体现了发展数字经济为更多人带来美好生活的初衷。

表2 构建数字经济协调发展基础的政策文件

政策文件	主要涉及内容
《国务院关于印发"宽带中国"战略及实施方案的通知》(国发〔2013〕31号)	推进区域宽带网络协调发展。支持东部地区先行先试开展网络升级和应用创新;给予政策倾斜,支持中西部地区宽带网络建设;将宽带纳入电信普遍服务范围,重点解决宽带村村通问题。 建设"宽带乡村"工程、"贫困学校和特殊教育机构宽带应用示范工程"等
《国务院办公厅关于加快高速宽带网络建设推进网络提速降费的指导意见》(国办发〔2015〕41号)	完善电信普遍服务,开展宽带乡村工程,加大农村和中西部地区宽带网络建设力度,2015年新增1.4万个行政村通宽带,在1万个行政村实施光纤到村建设,着力缩小"数字鸿沟"。到2015年底……95%以上的行政村通固定或移动宽带。建成4G基站超过130万个,实现乡镇以上地区网络深度覆盖
《国务院办公厅关于印发三网融合推广方案的通知》(国办发〔2015〕65号)	扩大农村地区宽带网络覆盖范围,提高行政村通宽带、通光纤比例。加强农村地区网络资源共建共享,努力缩小"数字鸿沟"。 完善电信普遍服务补偿机制,形成支持农村和中西部地区宽带网络发展的长效机制。对三网融合相关产品开发、网络建设、业务应用及在农村地区的推广给予政策支持
《国务院关于印发促进大数据发展行动纲要的通知》(国发〔2015〕50号)	发展农业农村大数据。建设"现代农业大数据工程"
《国务院办公厅关于深入实施"互联网+流通"行动计划的意见》(国办发〔2016〕24号)	加大农村宽带建设投入,加快提速降费进程,努力消除城乡"数字鸿沟"。 深入推进农村电子商务

---

① https://fortune.com/change-the-world/2019/alibaba-group/.

续表

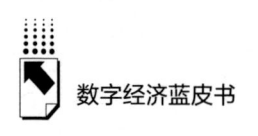

政策文件	主要涉及内容
《国务院关于印发"十三五"国家信息化规划的通知》（国发〔2016〕73号）	推进农业信息化。 开展"农业农村信息化工程"。 指导中等城市着眼城乡统筹,缩小数字鸿沟,促进均衡发展。 缩小城乡学校数字鸿沟
《国务院办公厅关于促进"互联网+医疗健康"发展的意见》（国办发〔2018〕26号）	重点支持高速宽带网络普遍覆盖城乡各级医疗机构,深入开展电信普遍服务试点,推动光纤宽带网络向农村医疗机构延伸
《国务院办公厅关于全面加强乡村小规模学校和乡镇寄宿制学校建设的指导意见》（国办发〔2018〕27号）	配齐配强乡村教师,大力提高乡村教师素质,运用"互联网+教育"方式,全面提升办学水平
《国务院办公厅印发关于切实解决老年人运用智能技术困难实施方案的通知》（国办发〔2020〕45号）	到2022年底前,老年人享受智能化服务水平显著提升、便捷性不断提高,线上线下服务更加高效协同,解决老年人面临的"数字鸿沟"问题的长效机制基本建立

　　填补数字鸿沟还有助于在更广泛层面促进城乡间、区域间协调发展。尤其是电商平台和快递物流体系的成熟,使得传统意义上受限于本地销售的农副产品得以扩大销售半径,大量农村土特产开始流向城市、直达消费者,获得更高的市场定价,从而助力农民增收;同时,一批传统村镇转型成为诸如"淘宝村"那样的产业聚集高地。总体而言,数字经济过去在脱贫攻坚、全面建设小康社会的过程中做出了贡献,未来在乡村振兴的过程中也将发挥积极作用,持续助力城乡协调发展。"西数东算"等数字基础设施重大工程布局,就有助于释放贵州、甘肃、宁夏等地的比较优势,促进区域协调发展。

（三）绿色：实现绿色化与低碳化发展转型

　　人类的生产生活离不开自然资源,也不可避免地会对环境产生影响。如何提高资源利用效率,构建人与自然相和谐的产业体系,已经成为社会经济发展的内在要求。数字经济作为一个新兴领域，其对资源与环境的影响正在逐渐显现。推动数字经济领域的绿色化发展，已逐渐成为行业共识。

数字经济所依赖的基础设施正越来越节能化。典型的是，大型服务器群在数据处理过程中往往会产生巨大的热量，而降温冷却过程又需要很大的能耗。这个问题若得不到很好的解决，将会成为数字经济长远发展的制约。京东首个位于江苏宿迁的自建数据中心在2016年投入运营（一期工程），其设计、建造和运营过程都将运用绿色环保技术作为核心理念。该数据中心采用了"FreeCooling"自然冷却系统，可以根据不同季节的室外平均气温调节冷却水温，从而充分利用自然冷源，节约耗能成本。2021年，采用液冷技术的"京东云"数据中心全年运行PUE（Power Usage Effectiveness，能源使用有效率）低于1.1，基础设施能耗节省30%，碳排放总量减少10%。此外，包括华为等在内的一批数字技术企业将数据中心项目选址在内蒙古乌兰察布，也是要充分利用当地的自然地理条件，减少运营能耗。阿里巴巴也在2016年推出了利用"浸没式冷却服务器"的麒麟数据中心。该解决方案以阿里巴巴自主研发的液冷深层水冷等技术为基础，能够节省90%以上的机房冷却能耗，并大大降低运行噪声。2020年初，阿里巴巴宣布对外开放"浸没式液冷数据中心技术规范"，以吸引更多参与者。

数字经济推动了生产流通与居民生活方式的改变，而这一过程有可能产生新的资源与环境问题，需要采取措施加以有效解决。电子商务的兴起大大增加了快递物流的需求，其中包装、运输等环节的绿色化正日益受到关注。围绕包装使用问题，京东在2015年初就对胶带进行了优化，将宽度由53毫米缩减至45毫米；同时，还通过研发使用可降解胶带进一步降低其对环境的污染。同年，京东启动"纸箱回收计划"，以发放京豆的方式鼓励用户将纸箱交还配送员重复使用。2016年，京东联合"东港股份"建立包装实验室，围绕减少包装耗材用料及制造新型环保替代材料等方面开展研发活动，并形成了一系列专利产品。2017年底，京东物流联合多家消费品生产企业、快递物流企业及绿色消费与绿色供应链联盟共同发起"青流计划"，力图通过"新模式创造""新设备引入""新标准建设"来提升全供应链的绿色化

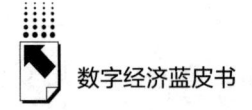

水平，并初步形成科技化、专业化与规模化效应。目前，"青流计划"已经延伸到更多的领域，包括废弃物回收利用与逆向物流，基于大数据的企业包装精细化、智能化与动态化管理等，逐渐成为京东数字物流与供应链能力的重要组成部分。在运输方面，京东物流于2017年10月联合多家电动汽车厂商组建新能源产业联盟，希望以新能源汽车逐渐替换其物流体系中的燃油汽车，从而达到环保减排的效果。京东物流用4年多的时间在全国7个大区50多个城市布局使用约2万辆新能源车，并大量使用清洁能源充电基础设施，每年减少约40万吨的二氧化碳排放——相当于2000万棵树每年吸收的二氧化碳量。

阿里巴巴也在推动绿色物流发展方面采取了诸多举措。2016年，菜鸟联合30多家物流合作伙伴发起环保活动，将绿色包裹、绿色回收、绿色智能与绿色配送作为四项主要内容。2018年5月，包括天猫、淘宝、菜鸟、闲鱼、零售通、盒马、饿了么等在内的阿里巴巴核心业务板块共同启动"绿色物流2020计划"，在环保快递袋替换、纸箱减量、新能源城配车使用、纸箱回收等方面提出愿景。目前，菜鸟已拥有电子面单、智能路由、智能切箱等诸多科技手段，具备了为客户提供绿色物流与供应链解决方案、实现绿色化改造的能力。

在数字经济时代，餐饮外卖极大地便利了人们的生活，但也产生了大量使用餐盒包装等问题。对此，美团在2017年宣布启动"青山计划"，设立"首席环保官"，组建专门团队，推动外卖行业绿色化发展。除了在外卖App增加"不需要一次性餐具"选项以外，美团还与政府、科研机构、公益组织等一起策划并推动"环保餐盒包装推广工程"。2021年，美团又投入5亿元成立"青山科技基金"，对低碳创新技术研发及成果转化进行资助。

可以看到，在数字经济领域，资源与环境问题有时会随着一种模式或业态的快速发展而很快凸显。因此，一方面迅速地发现新问题、认识新问题，另一方面以高效的手段科学地解决问题，是数字经济实现绿色发展的必然要求，而其支撑条件仍在于不断产生的新技术、新模式。

此外，数字技术应用与数字经济发展还能在更广泛层面促进绿色发展理念的贯彻落实。例如，风力发电、光伏发电的供电量不稳定，容易造成电网运营安全隐患，这在过去长期以来是限制风电、光电等绿色能源大比例入网的一个掣肘；而随着电网智能化程度的不断提升，未来电网体系对于风力发电、光伏发电等低稳定度电源的包容度会不断提高，从而为降低煤炭等化石能源消耗创造空间。又如，网络购物、线上会议等数字化生活和工作方式，减少了人们的交通出行需要，也能在一定程度上促进节能减排。再如，未来随着住房、家电、汽车的智能化水平不断提高，也有助于全社会能源使用效率和总体能耗的降低。

（四）开放：适应和引领新一轮高水平开放

当今世界已处于全球化时代，生产与服务超越国界，一个经济体的发展与其所处的国际环境密切相关。数字经济要不断适应社会经济整体的发展趋势，就必须将国际化作为一个重要目标。在开放发展的过程中不断扩大其产品与服务的用户群体与应用范围，也能够为数字经济自身的迭代提升提供动力。一般而言，跨国的商品贸易、资本投资、技术转移与服务提供是实现经济全球化的重要途径。对于数字经济领域来说，其国际化是由使用数字化的商品与服务贸易，即数字贸易活动开始的，并逐渐延伸至数字化企业通过国际化经营实现的各类新模式、新技术的跨国应用。

近年来，我国数字贸易发展迅速。商务部发布的《中国数字贸易发展报告2020》显示，"十三五"时期，中国数字贸易额由2015年的2000亿美元增长到2020年的2947.6亿美元，年均增长8.1%。数字贸易的对象大致可以分为货物、服务和数字化产品。其中，由"跨境电商"实现的数字化货物贸易是数字贸易的主要部分。据海关总署数据，通过系统验放的跨境电商进出口额由2015年的360.2亿元增长到2019年的1862.1亿元，年均增速50%左右。随着我国数字经济发展水平的提升，软件和信息服务的出口规模也稳步增长。据国家统计局数据，规模以上企业软件业务出口额由2015年的494.9亿美元增长至2019年的569.4亿美元，年均增长3.6%。

以跨境电商为代表的数字贸易快速增长连通了国际与国内两个市场，使

"数字生态圈"的涵盖面更加完整。这能够帮助希望拓展国外市场的企业打通产品从出厂到出口批发,再到国外零售的整个渠道环节。京东在2012年就上线了"海外站",并于2014年设立了专门的海外事业部。目前,京东已构建起包括跨境B2B、B2C在内的全方位供应链体系,并面向境内外商家推出了多个海外站站点。自2015年开始布局东南亚以来,京东已经先后在印度尼西亚(简称印尼)和泰国与当地合作伙伴落地了电商合资公司京东印尼(JD.ID)和京东泰国(JD CENTRAL)。经过5年多的发展,京东印尼让当日达和次日达配送覆盖了印尼85%的地区;京东泰国已经成为谷歌商店评分最高的电商平台。阿里巴巴在2010年成立面向中小卖家的B2B平台"速卖通"(AliExpress)以后,又在2014年底提出建设国际版"淘宝",现已面向马来西亚、新加坡、澳大利亚、新西兰、加拿大、美国、日本及中国港澳台等多个国家或地区开展业务。2016年,阿里巴巴还以收购方式控股了东南亚零售电商"Lazada",并与速卖通等内部数字生态服务产品实现对接,对其入驻商家进入发展中国家及新兴市场产生直接的帮助作用。

同时,大量运用新一代数字信息技术的智能化运营模式也走出国门,进入国际化应用阶段。前已述及,建立在大数据预测基础上的前置仓模式能够通过库存迁移缩短交付时间。2016年,天猫旗下"菜鸟"位于西班牙马德里的首个海外仓投入运营,中国商家可以根据预测实现提前备货。到2020年初,菜鸟已拥有约90家跨境物流合作伙伴,物流能力覆盖224个国家或地区,跨境仓库数量达到231个。① 京东也建立了覆盖超过220个国家或地区的国际线路,以及约50个保税仓库及海外仓库。依托其在印尼搭建的仓配一体化物流,85%订单的配送时效从5~7天缩短为1天内交付(徐佩玉,2021)。2022年1月10日,京东宣布在荷兰开启全新模式的"超级仓店"——ochama。当日,位于荷兰鹿特丹和莱顿市的两家ochama仓店正式开业,另两家位于阿姆斯特丹和乌得勒支市的新店也将在近期开业。这两家店的问世,是京东国际化布局在东南亚之外,首次在欧洲落地独立零售品牌

---

① 兴业证券:《菜鸟网络研究之二:助力快递行业国际化》,行业研究报告,2020年8月1日。

业务，ochama 也成为荷兰首家提供包含生鲜在内的全品类线上购物的零售商。ochama 将自动化备货仓前置于店内，从机械臂、AGV 自动搬运机器人到料箱传送系统，所有线上购物订单均由机器人在店内完成商品储存、分拣和传输工作，进店顾客能够亲身领略自动出货科技的未来既视感。此外，顾客还可以在店内展示区亲身体验精选商品，获得店员人性化的售后服务。

随着数字经济的开放发展，越来越多的数字化服务产品也进入了国际市场。其中，数字支付是较为典型的代表。阿里巴巴的"支付宝"和腾讯旗下的"微信支付"都在 2016 年获得香港金融局发布的首批第三方支付牌照，并先后推出了香港版支付应用作为其国际化的首站。利用国际化的数字支付服务，一个国家的用户既可以在当地接入服务的商家完成餐饮、交通、旅游、医疗等消费活动的本币支付，也可在其他国家完成自动货币兑换或直接支付，从而不再需要提前兑换和携带外币。截至 2019 年，中国的数字支付服务已经进入约 60 个国家或地区，全球主要币种均可支持直接支付。这有助于提高跨境交易效率，既为不同国家间人们的交往、消费与生活带来了便利，也为更多数字化应用的国际化提供了更好的条件。

此外，数字经济的国际化发展也有助于促进我国经济实现更高水平的对外开放。在国际贸易方面，跨境电商的发展进一步增强了我国与其他国家之间商品服务贸易的便捷度。在国际投资方面，我国已经提出共建"数字丝绸之路"的倡议，加强与其他国家或地区特别是"一带一路"国家或地区在数字基础设施领域的合作将成为未来我国企业"走出去"的一个重要抓手。在国际金融合作方面，数字货币作为新技术、新理念，正在成为推动全球货币金融体系调整、打破美元霸权的动因，这也为人民币国际化提供了新的历史契机。

（五）共享：以融合联通促进更广泛的共享

数字经济的共享发展，是要通过分享数据资源、推广数字技术等途径，使更多的产业部门能够融入数字经济之中。其核心是打破数据孤岛，让数据在共享与"流动"中创造更大价值。推动数字技术在多个领域中的应用，

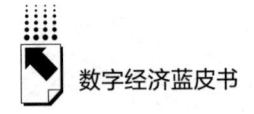

还能够创造出更多跨领域的协同应用场景，扩大数字经济本身的发展基础。

数字经济具有实现共享发展的内生激励。对于多数产业而言，边际成本递减属性都只能在一定范围内成立，而数字经济则几乎不会触及这一规律的限界。其关键原因是，作为核心资源，数据和技术是不具有消耗性的，一旦形成，便可以接近于零的边际成本向用户提供。即便考虑应用过程中可能存在的硬件损耗，增加用户对服务提供商的成本影响也并不明显。更重要的是，数字经济的"规模效应"主要体现为建立在双边或多边平台基础上的"网络外部性"。用户越多，平台能够产生的价值就越大，也就越能够吸引更多的用户进入，对平台的发展也就越有利。正因为如此，连通的应用领域越多，数字经济所能创造的价值也就越大。

在数字经济共享式发展的实现过程中，云技术的运用对扩大用户规模产生了重要意义。目前，"大平台+小前端"的"云端制"已经成为数字经济较为普遍的组织方式（汤潇，2019）。在这种形式下，开放式平台是数据汇聚与共享的核心，也是基础服务和增值服务的主要提供者；大量的用户则以手机App、客户终端等形式接入平台，获得其所需的信息和服务。平台的接入者之间可能原本不存在直接联系，但平台通过各种应用服务将其整合起来，使之存在于同一个数字生态之中，成为共同价值的创造者。对于作为服务提供者的平台和作为用户的接入者而言，这个过程是共赢互利的。一方面，新的用户能够为平台增加信息的提供者和使用者，这是其形成网络外部性的基础。另一方面，接入者可以通过平台获得具有价值的经营或决策信息。这些信息可能是其他用户提供并由平台筛选推送的，也可能是平台基于大量用户的大数据分析得到的，但都是接入者自身难以低成本获得的。这也是数字经济能够向包括中小企业乃至个人在内的大量用户"输出能力"的核心原因。

在扩大用户规模的基础上突破传统边界、创新应用场景，是数字经济共享式发展的直接体现。在数字化生产供应链方面，中小制造企业以信息化手段完成上下游主体之间的数据共享与业务协同，能够以更低的成本实现生产柔性化、定制化及快速反应。例如，阿里巴巴旗下"天天工厂"平台为中小企业提供信息服务，企业在生产车间接入物联网传感器之后，可以实现库存、负荷、流水线进度等数据的云端化，厂商、品牌商和网店都可以实时查看、优化决策。对于拥有多家委托加工厂的企业，线上实时共享的质检信息还能驱动一线流水线及时排查问题、缩短纠正时间（张昊，2021）。京东的智能供应链Y业务部打造了C2M智能制造、品类与供应商管理、价促管理、库存管理、履约管理五大业务板块，在双十一期间每天可给出超过46万条包括补货、调货等在内的智能供应链决策建议。京东的JC2M平台还可以精准洞察消费者需求，帮助上游伙伴设计出最适合消费者的商品。

在数字金融领域，更多的征信场景被联系起来，使基于大数据的信用记录成为降低金融服务风险的有效工具。例如，"芝麻信用"将用户在阿里巴巴生态中的大量使用记录、互联网金融数据与其自主提供的数据相整合，并运用云计算、机器学习等技术手段对信用情况进行综合评分。其结果不仅被用于蚂蚁花呗、借呗等信贷业务，还在支付宝的共享单车、汽车租赁、房屋租赁以及诸多城市服务中得到了应用。

在数字零售方面，线上与线下、商品与服务，甚至时间与空间上的限制被突破，零售活动的边界得到拓展，消费者体验得到进一步改善。例如，京东旗下的"京喜通"（原"京东新通路"）将线下便利店接入其数字化平台，以大数据分析为基础，在选品、促销、定价等多个方面为后者提供优化指导。选址在写字楼附近的便利店还根据周边顾客的需求特点，引入了快捷早餐和数码打印服务。京东在利用现有仓配资源的同时，还与本地化供应商建立联合仓配体系，共同提升便利店的商品与服务供应能力。

数字经济的共享式发展，使供给和需求都逐渐转变为一个"界面"，任何一侧的个体都可以在这个界面上得到精准匹配。以数据平台的共享信息为依托，供给者可以了解到特定用户的多种需求，并为之提供服务。同时，需求者可以找到涉及多个领域的服务提供商，其作为特定个体的全方位需求将得到更加便利、高效的满足。例如，在母婴市场，过敏是很多家长颇为关注的问题，然而这并不完全是由产品质量问题所致，还与每个婴儿的体质有关。京东注意到这一市场"痛点"后，推出了"萌宝安心尝""红屁屁无

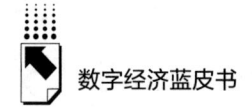

忧"等服务，在正品销售的基础上，为出现奶粉和尿布过敏的宝宝提供专门的售后保障。"盒马鲜生"在经营生鲜餐饮服务的同时，接入了清洗、维修等家政项目，为周边社区提供更为丰富和有针对性的服务。

此外，数字经济的发展还能够促进全体人民尤其是中低收入群体和弱势群体共享发展成果。例如，支付宝、微信支付等新型支付工具在短短几年时间内快速推广普及，提高了支付效率，激发了个体工商户等小微市场主体的创新创业活力。这在催生大量中低端就业机会的同时，也提高了我国商贸流通体系的效率。又如，大型开放式网络课程（MOOC）使得乡村特别是边远地区的青少年能够享受到一流的知识服务；网络挂号、在线问诊和远程医疗在一定程度上缓解了看病难、看病贵问题。再如，新冠肺炎疫情发生之后，腾讯会议等在线会议系统的快速推广，使得原本缺乏视频会议系统的中小微企业和灵活就业者得以在疫情防控常态化条件下正常进行内部沟通，维持商业运行。

三 中国数字经济高质量发展面临的问题与挑战

随着我国经济由高速增长阶段转向高质量发展阶段，数字经济作为整个国民经济中占比越来越高、辐射面越来越广、渗透度越来越深的重要构成部分，也正在经历过渡——由此前高速扩张的外延式增长阶段逐渐转向更加注重内涵提升的高质量发展新阶段。进入新发展阶段之后，完善数字经济治理的必要性和紧迫性愈加凸显出来。完善数字经济治理，一方面是保障数字经济健康、稳定、持续、高质量发展的内在要求，另一方面也是完善社会主义市场经济体制的应有之义，事关建设现代化经济体系全局。

（一）中国数字经济发展过程中暴露出的问题与挑战

数字经济在前期高速发展的过程中逐步暴露出一些问题与挑战，集中体现在如下三个方面：一是资本无序扩张与垄断问题；二是个人信息保护与数据安全隐患；三是互联网金融与金融科技领域风险。

1. 资本无序扩张与垄断问题

互联网平台经济（以下简称平台经济）是数字经济领域一类快速增长的新型商业组织形态。互联网平台是指"通过网络信息技术，使相互依赖的双边或者多边主体在特定载体提供的规则下交互，以此共同创造价值的商业组织形态"①。由于具有规模效应、网络效应等特性，平台经济领域的市场组织结构与一般行业之间存在较大差异。其一，一旦某家平台企业在早期竞争中脱颖而出成为头部平台，那么后续就有较大概率在"头部效应"作用下持续聚集用户和资源，最终占据较大的市场份额。反之，那些在早期竞争中落后的平台，在后续与头部平台的竞争中差距会越拉越大。正因如此，平台经济各个细分领域在发展的早期阶段，竞争往往异常激烈，而一旦某家平台奠定了头部地位之后则市场格局趋于固化——在线支付平台、网约车平台、共享单车平台、外卖平台等领域，莫不如此。其二，平台搭建初期成本投入大、回报周期长，往往要经历较长的负利润期；然而一旦市场地位奠定之后，平台的边际维护成本较低，现金流和利润较为稳定。因此，资本市场在对平台企业进行估值时，在用户增速指标和利润指标之间，相对而言更看重前者；这又反过来导致创投资本热衷于为早期平台项目提供大量资金，支持其持续"烧钱"抢用户。其三，当市场达到近似均衡状态后，平台经济领域的市场集中度高于传统行业，通常是一两家或少数几家平台就占据了绝大部分市场份额，小平台生存空间逼仄。

在平台企业的成长过程中，资本发挥着重要作用：一方面，平台企业需要借助资本的优势快速抢占用户，积累数据，提高市场占有率；另一方面，资本也希望通过依附平台，在其估值上升的过程中实现高额投资回报。在此过程中，平台企业与资本之间形成了共生关系，平台企业是资本的附着载体和增值媒介，资本是平台企业的股权所有者，同时也为其提供赖以扩张的资源。尤其是在全球金融危机之后主要经济体经济增速普遍放缓而货币流动性较为充裕的背景下，平台经济作为为数不多的高成长、高估值板块，成为资

---

① 此处互联网平台的概念引自国务院反垄断委员会发布的《关于平台经济领域的反垄断指南》。

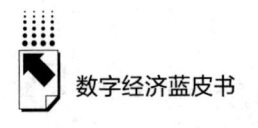

本竞相追逐的热门领域。

于是，在促进平台经济快速发展的同时，也容易滋生资本无序扩张和不正当竞争行为，主要表现在如下几点。一是恶性竞争。平台企业为了争抢客户，通过发放红包、提供补贴、虚标价格附加高折扣等多种形式，以不合理的低于成本的价格销售商品或服务，从而达到排挤竞争对手的目的。短期来看，低于成本销售似乎是对消费者让利，但长期来看则可能损害市场竞争秩序，不利于行业健康可持续发展，一旦竞争压力缓解，消费者利益又会受到垄断定价的侵害。二是违法违规达成和实施垄断协议。部分平台企业通过书面或口头形式，达成排除或限制竞争的横向垄断协议、纵向垄断协议或轴辐协议，抑或通过数据、算法、平台规则或其他方式实施协同行为。三是滥用市场支配地位。"二选一"、"大数据杀熟"、搭售或附加不合理交易条件等滥用市场支配地位的行为在平台经济领域时有发生，有的甚至成为社会热点问题，在舆论中引发了较为普遍的不满情绪。四是违法违规实施经营者集中。包括平台经济在内的数字经济领域资本运作活跃，企业间并购重组较为频发，其中大量可能产生排除、限制竞争效果的并购重组案件并未按照相关法规要求进行申报和接受反垄断审查。五是互联网巨头频繁并购对创新创业形成"双刃剑"。几大互联网巨头企业凭借流量和资金优势，在创业投资市场上频繁发起针对众多领域创业项目的收购，扩大自身势力范围，有的甚至采取限制流量入口等有争议的手段迫使中小创业团队接受收购邀约。这一方面为创新创业提供了更为丰富的资金支持和退出渠道，另一方面也可能不利于中小企业成长，限制数字经济整体的创新活力。

2. 个人信息保护与数据安全隐患

个人信息保护和数据安全隐患是数字经济在发展过程中产生的另一类重要挑战。数字经济活动区别于其他传统经济活动的一个基本特征是，数据在数字经济中发挥着特殊而重要的作用。数据既可能是数字经济活动的投入品或作用对象，也可能是数字经济活动的载体和介质，还可能是数字经济活动的产出。随着数字经济的发展，数据正在成为独立于土地、劳动、资本之外的一类新型生产要素。《中共中央国务院关于构建更加完善的要素市场化配置体制机制的意见》以中央文件的高度，正式提出数据是一种生产要素。鉴于数据要素在数字经济中的重要作用，如何规范数据收集、处理、使用，如何保护个人信息和个人隐私安全，如何确保公共数据安全，成为数字经济治理中必然要回应的挑战。

从近年来我国的数字经济实践来看，个人信息保护与数据安全领域面临的治理难题主要包括以下三方面。

第一，数据滥采滥用问题。一是部分企业和互联网应用程序违法违规采集和记录个人数据，或过度采集不必要的个人信息。二是部分互联网平台企业通过对个人数据进行分析挖掘，实施不合理的针对性定价等有损消费者权益的行为。其中，"大数据杀熟"作为数据滥用的一种具体表现形式，已经成为当前平台经济治理领域消费者抱怨较多的焦点问题之一（冯煦明，2021）。

第二，个人信息安全和个人隐私保护问题。一是部分企业出于商业利益意图，在未经个人知晓和同意的情况下交易或使用内含个人信息的数据。二是由于安全技术缺陷、黑客攻击、操作风险、暗箱交易等，个人数据泄露事件时有发生。这些都是个人信息安全和个人隐私保护的隐患。

第三，关键信息基础设施安全和公共数据安全问题。一方面，当某家电信运营商、电商平台、网约车平台、在线地图等平台的用户数量达到一定规模时，相关企业主体就不再仅仅是一家普通的互联网服务提供商，而是变成了相应领域的"关键信息基础设施运营者"，开始带有较强的公共品属性。这些关键信息基础设施的平稳安全运营，成为数字经济安全乃至整个国民经济安全的重要构成部分；然而，相对于铁路、公路、机场、电网等传统基础设施而言，新型关键信息基础设施领域的安全保障体系仍处于探索之中。另一方面，鉴于对数据集合和数据网络进行挖掘分析可能产生新增信息，数据集合的价值往往会超过单体数据价值之和；此外，通过对某集合内数据样本进行分析还可能推断出集合之外其他主体的相关信息。因而，当数字经济领域的市场主体采集、记录、处理的用户信息量足够大时，这些数据集合也可能带有一定公共属性。如何保障这些带有公共属性的数据集合的安全，也成为当前数据要素治理中面临的一个新挑战。

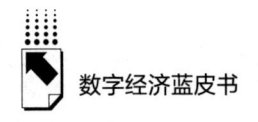

3. 互联网金融与金融科技领域风险

在移动互联网、大数据、云计算、人工智能、分布式记账等新兴技术的助推下，近年来互联网与金融深度融合，催生出一系列互联网金融和金融科技新业态。这在提高支付便捷度、降低金融服务成本、提升金融服务效率、促进普惠金融发展等方面发挥积极作用的同时，也带来了一些风险隐患，甚至在局部领域和局部地区已经爆发了显性风险事件。

其中教训最为深刻的是在互联网 P2P 网贷领域。2013 年之后，互联网 P2P 网贷在我国开始呈迅猛发展之势，短短几年时间，全国各地出现了数以千计的互联网 P2P 平台，在高峰时期全国实际运营的 P2P 网贷机构数量达到约 5000 家。① 本来应定位为金融信息中介的网贷机构纷纷开展信贷和理财业务。由于在股东资质、资本金、投资者适当性等方面缺乏明确的监管约束，加之合规意识的淡薄和风控制度的欠缺，在平台数量和业务规模迅猛扩张的同时，风险也加速积聚。2018 年之后，P2P 平台爆雷事件开始集中发生，其中不乏大量百亿元以上资金规模的大型头部平台，涉及投资者人数动辄以 10 万计。

此外，数字货币 ICO 等披着金融创新外衣实施非法集资的行为在一段时期较为活跃；比特币、以太币等虚拟数字货币市场价格波动剧烈；一些互联网金融平台绕过监管漏洞不合理设置计息方法和还款要求，使大量老人、学生等弱势群体的财产安全乃至人身安全受到侵害；互联网货币市场基金借助第三方支付平台的网络效应，规模呈指数式扩大，而其即时赎回条款如不加以限制，则可能对金融体系流动性造成冲击。总体而言，在互联网金融和金融科技发展的初期阶段，一些新型经营主体快速涌入金融这一特殊领域，其性质和影响尚未充分显现；一些业务模式创新对传统金融业务的边界形成了冲击，使得金融混业经营格局更加复杂化；一些互联网金融新业态尚未纳入既有金融统计核算和监管体系覆盖范围，透明度和规范度不够……这些都对金融监管和防范化解金融风险提出了更高要求（冯煦明，2020）。

---

① 数据来源：2020 年 11 月 27 日银保监会首席律师刘福寿在财经年会上的发言。

（二）完善数字经济治理，促进数字经济高质量发展

1. 强化反垄断和防止资本无序扩张

2020年12月，中央政治局会议提出要强化反垄断和防止资本无序扩张。在随后召开的中央经济工作会议上，将强化反垄断和防止资本无序扩张列为2021年要抓好的几项重点任务之一。相关工作主要围绕两条线索展开，一是完善反垄断立法，二是加强反垄断执法。

首先，完善反垄断立法。我国现行《反垄断法》颁布于2007年8月，随着数字经济领域的科技进步和产业实践发展，已经难以完全适应当前数字经济发展的新形势。在此情况下，修订完善《反垄断法》的工作被提上立法日程。2020年1月，国家市场监管总局就《反垄断法》修订草案（征求意见稿）面向社会公开征求意见。在修订完善《反垄断法》这一基本法的同时，2019~2020年，国家市场监管总局先后出台了《禁止垄断协议暂行规定》、《禁止滥用市场支配地位行为暂行规定》以及《经营者集中审查暂行规定》三部部门规章。2020年9月，国务院反垄断委员会印发《经营者反垄断合规指南》。为了更有针对性和更有效地预防和规制平台经济领域的垄断行为，国务院反垄断委员会于2021年2月印发《关于平台经济领域的反垄断指南》（见表3）。

表3 反垄断领域相关法律法规和重点政策梳理

时间	法律法规
2007年8月30日	《反垄断法》由第十届全国人民代表大会常务委员会第二十九次会议通过，自2008年8月1日起施行
2019年6月18日	国家市场监管总局发布《禁止垄断协议暂行规定》《禁止滥用市场支配地位行为暂行规定》
2020年9月11日	国务院反垄断委员会印发《经营者反垄断合规指南》
2020年1月2日	国家市场监管总局就《反垄断法》修订草案（公开征求意见稿）面向社会征求意见
2020年10月20日	国家市场监管总局发布《经营者集中审查暂行规定》

续表

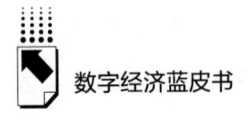

时间	法律法规
2020年12月11日	中央政治局会议提出,强化反垄断和防止资本无序扩张
2020年12月16~18日	中央经济工作会议将强化反垄断和防止资本无序扩张列为2021年要抓好的几项重点任务之一
2021年2月7日	国务院反垄断委员会印发《关于平台经济领域的反垄断指南》

其次,加强反垄断执法。2020年以来,相关部门明显加大了对数字经济特别是平台经济领域涉嫌不正当竞争的行为和垄断行为的立案调查工作力度,一批违法违规行为受到制止和处罚。其中,较具代表性的案件如表4所示。

表4 平台经济领域反垄断代表性案件

立案调查时间	处罚决定时间	当事企业	处罚事由	处罚依据	处罚内容
2020年11月	2020年12月14日	阿里巴巴等	阿里巴巴投资收购银泰商业股权、阅文集团收购新丽传媒股权、丰巢网络收购中邮智递股权、百度控股收购小鱼集团股权等,未依法申报违法实施经营者集中	《反垄断法》第四十八条、第四十九条	罚款50万元
2020年12月	2021年4月10日	阿里巴巴	在中国境内网络零售平台服务市场实施"二选一"垄断行为	《反垄断法》第四十七条、第四十九条	责令阿里巴巴集团停止违法行为,并处以其2019年中国境内销售额4557.12亿元4%的罚款,计182.28亿元
2021年1月	2021年7月24日	腾讯	违法实施经营者集中,对相关市场具有或者可能具有排除、限制竞争效果	《反垄断法》第四十八条、《经营者集中审查暂行规定》第五十七条	责令腾讯及关联公司采取于30日内解除独家音乐版权、停止高额预付金等版权费用支付方式、无正当理由不得要求上游版权方给予其优于竞争对手的条件等恢复市场竞争状态的措施

续表

立案调查时间	处罚决定时间	当事企业	处罚事由	处罚依据	处罚内容
2021年1月	2021年7月10日	腾讯等	经营者集中具有或者可能具有排除、限制竞争效果，不利于市场公平竞争、可能减损消费者利益，也不利于网络游戏和游戏直播市场规范健康持续发展	《反垄断法》第二十八条、《经营者集中审查暂行规定》第三十五条	依法禁止此项经营者集中
2021年1月	2021年2月8日	唯品会	开发并使用巡检系统……通过影响用户选择及限流、屏蔽、商品下架等方式，减少品牌经营者的消费注意、流量和交易机会，限制品牌经营者的销售渠道等不正当竞争行为	《反不正当竞争法》第十二条	罚款300万元
2021年1月	2021年3月12日	百度	百度控股收购小鱼集团股权未依法申报违法实施经营者集中	《反垄断法》第二十一条	罚款50万元
2021年4月	2021年10月8日	美团	在中国境内网络餐饮外卖平台服务市场实施"二选一"垄断行为	《反垄断法》第四十七条、第四十九条	责令美团停止违法行为，全额退还独家合作保证金12.89亿元，并处以其2020年中国境内销售额1147.48亿元3%的罚款，计34.42亿元

（1）阿里巴巴"二选一"垄断行为案和美团"二选一"垄断行为案。国家市场监管总局于2020年12月对阿里巴巴在中国境内网络零售平台服务市场滥用市场支配地位行为立案调查，于2021年4月对美团在中国境内网络餐饮外卖平台服务市场滥用市场支配地位行为立案调查。2021年4月和10月，国家市场监管总局分别公布了两个案件的调查结果：认定阿里巴巴

和美团两家公司分别在中国境内网络零售平台服务市场和中国境内网络餐饮外卖平台服务市场具有支配地位，两家企业均滥用其在相关市场的支配地位对平台内商家提出并执行"二选一"要求，并在相关市场上起到了排除和限制竞争的效果，构成《反垄断法》禁止的"没有正当理由，限定交易相对人只能与其进行交易"的滥用市场支配地位行为。[①] 国家市场监管总局根据《反垄断法》第四十七条、第四十九条规定，责令两家公司停止违法行为，综合考虑两家公司各自违法行为的性质、程度和持续时间等因素，对阿里巴巴和美团分别处以182.28亿元和34.42亿元罚款，并要求两家公司按照《行政指导书》进行整改。

(2) 腾讯收购中国音乐集团股权涉嫌违法实施经营者集中案。2016年7月，腾讯以业务投入的方式获得中国音乐集团61.64%股权，掌握了对后者的单独控制权。2021年1月，国家市场监管总局对该并购涉嫌违法实施经营者集中进行立案调查，并于当年7月发布调查结果，认为腾讯在中国境内网络音乐播放平台市场上与主要竞争对手合并，获得了较高市场份额，并进一步提高了相关市场进入壁垒，构成违法实施经营者集中，对相关市场具有或可能具有排除、限制竞争效果。国家市场监管总局根据《反垄断法》第四十八条、《经营者集中审查暂行规定》第五十七条规定做出行政处罚决定，责令腾讯及关联公司采取于30日内解除独家音乐版权、停止高额预付金等版权费用支付方式、无正当理由不得要求上游版权方给予其优于竞争对手的条件等恢复市场竞争状态的措施。[②] 值得说明的是，该案件是我国自《反垄断法》实施后"对违法实施经营者集中采取必要措施恢复市场竞争状态的第一起案件"[③]，相关判定理由和处理办法对于后续引导和规范平台经营者实施股权并购、与上下游签署限制协议等行为具有重要参考意义。

---

① 详见《国家市场监督管理总局行政处罚决定书》（国市监处〔2021〕28号），2021年4月；《国家市场监督管理总局行政处罚决定书》（国市监处罚〔2021〕74号），2021年10月。
② 详见《国家市场监督管理总局行政处罚决定书》（国市监处〔2021〕67号），2021年7月。
③ 详见国家市场监督管理总局官方网站公告。

除此之外，国家市场监管总局还依法对多起违法实施经营者集中案做出行政处罚决定或禁止交易实施。前者如国家市场监管总局先后对阿里巴巴投资收购银泰商业股权、阅文集团收购新丽传媒股权、丰巢网络收购中邮智递股权、百度控股收购小鱼集团股权等数十起未依法申报违法实施经营者集中案件做出行政处罚。① 后者如国家市场监管总局于 2021 年 1 月对腾讯申报的虎牙公司与斗鱼国际控股有限公司合并案进行经营者集中反垄断审查，认定该合并在中国境内网络游戏运营服务市场和游戏直播市场具有或者可能具有排除、限制竞争效果，并根据《反垄断法》第二十八条和《经营者集中审查暂行规定》第三十五条规定禁止了此项经营者集中。②

（3）多起不正当竞争案件受到行政处罚。一是国家市场监管总局对橙心优选、多多买菜、美团优选、十荟团、食享会五家社区团购企业以排挤竞争对手为目的、低于成本销售商品，利用虚假或易使人误解的价格手段诱骗消费者等不正当价格行为进行行政处罚。对电商在"双十一"前后先提价后打折、虚假促销、诱导交易等不正当价格行为进行行政处罚。③ 二是对唯品会开发并使用巡检系统获取竞争对手交易信息，通过影响用户选择及限流、屏蔽、商品下架等方式限制竞争对手交易机会等不正当竞争行为进行行政处罚。④ 三是对作业帮、猿辅导两家校外教育培训机构虚构教师任教经历、引用不真实用户评价等"实施虚假或引人误解的商业宣传行为"，以及不合规标价等"利用虚假的或者使人误解的价格手段诱骗消费者交易的行为"进行顶格行政处罚。⑤

2. 加强个人信息保护与强化数据安全

近年来，我国正在加快建立健全个人信息保护和数据安全领域的法律法

---

① 详见国家市场监督管理总局官方网站公告。
② 详见《市场监管总局关于禁止虎牙公司与斗鱼国际控股有限公司合并案反垄断审查决定的公告》，2021 年 7 月。
③ 详见国家市场监督管理总局官方网站公告。
④ 详见国家市场监督管理总局官方网站公告。
⑤ 详见国家市场监督管理总局官方网站公告。

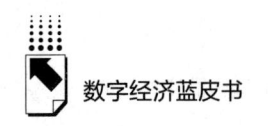

规。总体上,《网络安全法》《数据安全法》《个人信息保护法》三部法律共同构建起了我国数据安全保护和数据治理领域的基本法律框架,为包括个人信息保护和数据安全的相关市场主体活动、政府行为、司法执法实践提供了法律遵循。

2016年11月,全国人大常委会通过了《网络安全法》,[①] 明确了网络产品和服务提供者以及网络运营者的安全义务,提出建立关键信息基础设施安全保护制度,明确了关键信息基础设施运营者的若干安全保护义务,并对关键信息基础设施重要数据的储存和跨境传输做了规定。

2021年6月和8月,全国人大常委会先后表决通过了《数据安全法》和《个人信息保护法》。《数据安全法》明确提出建立数据分类分级保护制度、数据安全审查制度等制度体系,以及国家数据安全工作协调机制,数据安全风险评估、报告、信息共享、监测预警机制,数据安全应急处置机制等机制体系;并要求开展数据处理活动的主体建立健全全流程数据安全管理制度,加强风险监测,定期开展风险评估,强化数据安全保障和风险处置措施。《个人信息保护法》作为我国个人信息保护领域的基本法律,对数字经济环境下的个人信息保护做了较为完善的规定。该法采用了类似于欧盟《通用数据保护条例》(GDPR)的"告知-同意"原则,明确提出除特殊情况外,处理个人信息应当取得个人同意,而且个人信息处理者在处理个人信息前应当以显著方式、清晰易懂的语言真实、准确、完整地向个人告知处理目的、处理方式、处理信息种类、保存期限等事项。针对"提供重要互联网平台服务、用户数量巨大、业务类型复杂的个人信息处理者",该法还规定了若干特殊义务,如建立健全个人信息保护合规制度体系、成立负责个人信息保护情况监督的独立机构、定期发布个人信息保护社会责任报告等。《个人信息保护法》的出台有助于规范互联网领域过去长期存在的过度采集个人信息、滥用个人数据、私自转让交易个人数据

[①] 在此之前,2015年7月颁布实施的《国家安全法》中就对数据安全与信息系统安全做了专门规定。

等不正当行为。

除了上述三部法律之外,国家网信办联合多部门于 2020 年 4 月印发了《网络安全审查办法》;国务院常务会议于 2021 年 4 月通过了《关键信息基础设施安全保护条例》,这些规章进一步为确保关键信息基础设施安全提供了细化法律遵循。同时,一些具体行业、具体领域的数据安全规章制度也处于逐步探索建立之中,例如 2021 年 8 月国家网信办联合多部门出台了《汽车数据安全管理若干规定(试行)》。

在完善立法的同时,相关政府部门也加强了针对个人信息保护和数据安全的执法活动。一方面,组织开展了针对 App 违法违规收集使用个人信息的专项治理。另一方面,强化了针对国家信息基础设施运营主体的数据安全审查工作。如 2021 年 7 月,国家网络安全审查办公室对滴滴出行实施网络安全审查,随后国家网信办联合公安部等七部门进驻滴滴出行开展网络安全审查。除滴滴出行之外,相关部门还对运满满、货车帮、BOSS 直聘等平台启动了网络安全审查,并对一些重要云平台开展安全评估。

3. 强化互联网金融风险整治工作

互联网金融是从属于广义数字经济范畴的一个特殊领域,近年来针对互联网金融领域的规范治理主要沿着两条线索展开:一是有针对性地防范化解互联网金融领域的重大风险;二是健全互联网金融领域相关监管制度体系,促进相关业务模式规范健康可持续发展。

首先,有针对性地防范化解互联网金融领域重大金融风险。2017 年,党的十九大报告提出要坚决打好三大攻坚战,其中防范化解重大风险攻坚战中的一个重要子战场就是互联网金融风险。在此后几年时间里,相关政府部门针对互联网金融领域的若干突出风险进行了有针对性的处置、化解和整顿,取得了显著的阶段性成效。一是整顿清理互联网 P2P 平台。互联网 P2P 网贷业务存在资本金保障不足、风控缺失、股东资质参差不齐、业务不透明等问题,且业务涉及主体数量巨大、容易触发涉众风险和群体性事件,一度成为我国"影子银行"体系中风险隐患最突出的环节。在 P2P 平台爆雷事件频发的背景下,相关部门果断决定叫停该类业务,对存量平台进行整顿清理。截至2020年11月,我国P2P网贷机构数量实现归零。二是防范和处置虚拟货币交易炒作风险。从法律上明确了虚拟货币及相关业务活动的属性,明确比特币、以太币等虚拟货币不能作为货币在市场上流通使用,明确虚拟货币相关业务活动属于非法金融活动。① 建立了应对虚拟货币交易炒作风险的部门协同联动、属地管理等工作机制和风险防范处置体系,加强虚拟货币交易炒作风险监测预警。对虚拟货币"挖矿"等存量业务进行清理退出,并严格限制增量。总体而言,经过一段时期的整顿和治理之后,互联网金融领域一些前期表现突出的风险隐患得到处置或化解,风险形势相比2017年之前已有明显好转。

其次,在防范化解风险的同时,逐步健全互联网金融与金融科技领域相关监管制度体系。监管当局遵循着三条理念来推进相关监管实践:一是金融作为特许行业须持牌经营,做到同业同管;二是为避免金融风险跨部门跨行业传播构建防火墙;三是断开金融信息与商业信息之间的不当连接,防止"数据—网络效应—金融业务"闭环效应产生垄断(易纲,2021)。在上述原则之下,近年来监管当局重点在如下几个方面加强了对互联网金融和金融科技领域的监管与治理。一是适度分离互联网支付业务与其他金融业务。要求互联网支付平台断开与平台上其他金融产品的不当连接,防止支付平台因支付业务的网络效应而垄断其他业务。推进大型互联网平台开放封闭场景,推动支付领域互联互通。二是防范互联网货币市场基金流动性风险。通过对T+0赎回提现实施限额管理、要求部分互联网货币市场基金主动压降产品余额等手段,缓解互联网货币市场基金流动性管理压力,防范流动性风险。三是建立金融控股公司管理制度。要求从事多种金融业务的大型科技公司设立金融控股公司,在隔离科技服务与金融业务的同时,规范不同金融业务板块之间的关联交易,实施并表管理。

---

① 详见2021年9月最高人民检察院、工业和信息化部等联合印发的《关于进一步防范和处置虚拟货币交易炒作风险的通知》。

四 数字经济的未来发展趋势与政策思考

（一）驱动力量发生转变，对接现实需求成为重点

当前，数字经济的发展正在由以技术驱动为主转向技术与场景、供给与需求共同作用。技术是推动经济增长的重要力量，从蒸汽机、电气化引发两次工业革命，到信息通信技术带来的信息革命与互联网时代，都以新技术在生产生活领域中的深化应用为标志，同时极大地促进了经济社会的发展。以大数据、人工智能、移动互联网、云计算等为代表的新一代信息技术，则成为数字经济时代的发展基础。并且，这些技术还在不断地发生自我迭代与相互融合，由此产生持续的推动力。

当过去的种种限制在技术的帮助下被逐渐突破，业务场景与应用需求的作用开始凸显出来。在新技术的推动下，数字经济所形成的生产与服务能力不断提升，在空间与时间、成本与效率、共享与安全、数量与速度等多个方面达到了过去无法实现的水平。而充分考虑用户需求、降低应用门槛，在包括生产、流通在内的多个领域促进技术红利的全面释放，将成为接下来数字经济发展的关键。在加快构建"新发展格局"的背景下，尤其要将发展数字经济与畅通国内国际循环结合起来，一方面使数字经济领域的创新更好地契合实际需求，另一方面能更好发挥新技术、新模式在连接供求、促进产需协同方面的作用。数字经济进入高质量发展阶段，不仅要有高新技术的应用，也要通过契合市场需求的模式创新，以更加高效、有效的方式来实现要素组合的不断优化。因此，还要不断优化数字技术创新成果向实践应用转化的体制机制，使应用创新、场景创新与技术创新一起，成为未来引领数字经济发展的关键力量。

（二）服务对象不断拓展，消弭数字鸿沟更显重要

近年来，数字经济的范畴不断扩大，体现出以满足最终消费者需求（to

C）为主向服务包括上游企业在内的多元主体（to B）拓展的趋势。以电子商务为基础形态的数字经济最初是在零售领域发展起来的。为了以更低的成本给顾客提供更加丰富的商品、更加便捷的服务，供应链与物流的整合优化成为进入21世纪以来商业领域最为明显的发展特征。从传统运输与仓储活动的标准化、自动化改造，到更加智能高效的订单处理、库存管理和快递配送，再到以大数据应用为基础的需求预测及前置仓模式，消费者得以不断地刷新体验、获得满足。

在这一过程中，服务提供商也由主要面向消费者的零售企业逐渐成长为具有完整的供应链服务能力乃至跨行业影响力的大型数字化技术服务商。它们在经营发展中形成并积累数据资产，同时掌握了云技术、物联网、区块链等新一代数据采集、共享与处理技术。这些企业可以通过运用自有核心能力、整合社会资源等方式形成数字化服务生态圈，为更加广泛的经营主体提供具有战略性和可行性的解决方案。对于拥有大量中小企业的传统产业而言，它能够有效地降低新技术、新模式的导入门槛和变革成本，从而实现转型升级。由此，工业互联网将迎来更快速的发展，并与不断深化的消费互联网一起，共同构成数字经济的两大支柱。

数字经济服务对象的扩大，使数字鸿沟可能影响的范围也更加广泛，消弭数字鸿沟就显得尤为重要。当前，要借助数字信息技术本身快速扩张渗透的力量，针对不同地区、不同行业乃至不同人群形成更有针对性的数字化解决方案，实现数字经济的协调发展。同时，也要积极促进传统模式向数字化模式过渡，或建立两种模式间有效衔接的实现机制，防止因数字经济发展而带来分化问题。

（三）竞争环境加速演化，强化治理日益紧迫

数字经济高质量发展的前提之一是优化竞争秩序。尤其是在我国互联网用户人数接近上限、外延式增长空间相对缩小、传统领域大型互联网企业流量基础和市场份额已经奠定、新进入者"流量红利"趋于衰减的背景下，强化反垄断和维持正常的市场竞争秩序对于未来数字经济健康持续高质量发

展的重要性进一步凸显。

维护和优化竞争秩序、加强和完善数字经济治理，需要市场和政府的共同努力、协调配合。在市场端，相关市场主体要强化合规经营的意识。一是不滥用市场支配地位排除和限制竞争，不达成垄断协议或实施协同行为，杜绝采用不正当竞争手段排挤竞争对手。二是更加注重个人信息保护和数据安全，在收集个人信息前充分履行告知义务，不滥采滥用个人信息，在技术手段和运营管理方面多管齐下保障个人数据和公共数据安全。三是在金融等特许领域严格依法合规经营，主动防范风险，加强自身风险监测预警和化解处置能力。在政府端，相关部门应进一步完善数字经济领域的法律法规体系和监管体系，统筹发展与安全。一是结合平台经济领域的技术特性和国内外产业实践，持续优化完善我国反垄断法律法规体系。既要对垄断行为和不正当竞争行为进行规制，营造公平的市场竞争环境；也要促进市场效率提升，激发市场活力和创新动力。二是探索个人信息保护与数据要素市场化配置相统筹的体制机制，重点加强关键信息基础设施数据安全保障。三是进一步理顺数字经济条件下新兴金融业态与传统金融业态的关系，健全相关监管体系，持续防范化解互联网金融和金融科技领域重大风险。

（四）参与主体更加丰富，数字生态圈需多方共建

随着数字经济在各个领域的不断渗透，越来越多的主体参与到了其发展之中。数字经济离不开技术、模式、数据、规则等多种要素支撑，作为其提供者，需要包括科技公司、生产与流通企业、社会公众、政府等在内的多元主体共同发挥作用。与此同时，诸多数字经济的创新应用场景都依赖网络外部性，这也意味着参与者的数量越多，数字经济所体现的优势就越明显。数据资产的积累应用经历了由电商企业自身积累运营数据并以自我服务为主，扩展至涵盖金融信贷、交通出行、通信信令、监管记录等多个领域，并通过综合应用提升数据价值、满足最终需求的过程。至此，几乎每个企业、每个人都成了数字经济的贡献者和获益者。这也为抗击新冠肺炎疫情期间数字经

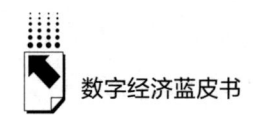

济发挥重要作用提供了基础。

当前,要充分发挥大型数字化服务企业的主导作用,构建并完善涵盖多个行业的数字生态圈,尤其要促成更为充分的数据公开与共享,依托规模经济与范围经济提升社会整体数字化水平;同时,要在技术、人才、资金等多个方面做好保障,积极探索可行、有效的模式,促进不同产业、不同规模的企业融入数字化发展趋势,使数字经济的积极效应在更大范围内得以发挥。

此外,政府需要在数字经济发展过程中扮演重要角色。除了市场监管与秩序维护,政府在建设智慧城市、实现数字治理等方面做了大量投入。这些做法的目的是通过接入数字化技术手段,为企业和居民提供更加优质的政府服务,其效果已经开始显现。另外,政府数据开放程度正在提升,并有望在社会治理创新、经济运行机制优化以及建设开放透明政府等方面产生新的积极意义。以此为契机,推动政府部门间数据共享,也有助于打破传统行政流程下形成的数据孤岛,实现适应数字经济高质量发展的体制机制创新。

参考文献

陈景华、陈姚、陈敏敏:《中国经济高质量发展水平、区域差异及分布动态演进》,《数量经济技术经济研究》2020年第12期。

冯煦明:《加强"大数据杀熟"监管与治理》,《新理财》2021年第6期。

冯煦明:《金融科技发展与监管,也需持续的基础理论研究》,《21世纪经济报道》2020年11月6日。

胡鞍钢、周绍杰:《新的全球贫富差距:日益扩大的"数字鸿沟"》,《中国社会科学》2002年第3期。

刘伟、许宪春、熊泽泉:《数字经济分类的国际进展与中国探索》,《财贸经济》2021年第7期。

马化腾、孟昭莉、闫德利、王花蕾等:《数字经济:中国创新增长新动能》,中信出版社,2017。

汤潇:《数字经济:影响未来的新技术、新模式、新产业》,人民邮电出版社,2019。

兴业证券:《菜鸟网络研究之二:助力快递行业国际化》,行业研究报告,2020年8

月 1 日。

徐佩玉：《海外仓，助力"中国造"畅销全球》，《人民日报（海外版）》2021 年 1 月 19 日。

易纲：《中国大型科技公司监管实践——在国际清算银行（BIS）监管大型科技公司国际会议上的讲话》，2021 年 10 月 7 日。

詹新宇、崔培培：《中国省际经济增长质量的测度与评价——基于"五大发展理念"的实证分析》，《财政研究》2016 年第 8 期。

张昊：《现代流通企业促成产销供应链协同——畅通国民经济大循环的微观基础》，《商业经济与管理》2021 年第 6 期。

中国信息通信研究院：《全球数字经济白皮书——疫情冲击下的复苏新曙光》，2021 年 8 月。

《デジタル経済を測る GDPの7％、内閣府試算》，日本経済新聞，2020。

OECD，*OECD Digital Economy Outlook 2015*（Paris：OECD Publishing，2015）.

Tapscott，D.，*The Digital Economy：Promise and Peril in the Age of Networked Intelligence*（New York：McGraw-Hill，1996）.

平台经济篇
Platform Economy

B.2 平台经济对税收制度及政府间税收划分的影响与应对

蒋 震[*]

摘 要： 平台经济快速发展正在改变着经济社会运行格局及现行税收制度，对居民纳税人的认定、以常设机构为主要依据的非居民所得税分配规则带来影响，无形资产在产品或服务中的实际贡献更加难以度量，收益分配及相关税收分配尚未充分考量用户参与、数据价值等因素，对现行增值税体系也有着影响。此外，平台经济发展对政府间税收划分以及税收征管制度有着多方面的影响。更加深刻、准确地把握新时代赋予税制体系的新要求、新任务，更好地适应平台经济等新产业、新业态、新模式的发展，更好地发挥新时代税制体系的功能和职能，以为平台经济高质量发展目标实现提供有力保障。

---

[*] 蒋震，经济学博士，中国社会科学院财经战略研究院副研究员，主要研究方向为税收理论与政策。

平台经济对税收制度及政府间税收划分的影响与应对

关键词： 平台经济　税收制度　政府间税收划分　税收征管

历史经验表明，税收制度在国家治理中发挥基础性、支柱性、保障性作用，时代在变，税收制度也随之而变。党的十九届五中全会指出："完善现代税收制度，健全地方税、直接税体系，优化税制结构，适当提高直接税比重，深化税收征管制度改革。"时代在变，经济发展模式以及相关制度体系必须随之而变。贯彻落实党的十九届五中全会精神，准确把握新发展阶段，深入贯彻新发展理念，加快构建新发展格局，全面提升我国"十四五"时期乃至2035年的高质量发展水平，以更全面视野、更高起点推动实施完善现代财政制度，强化使命担当。当前，人类社会正处于从工业社会向数字社会转型升级的重要节点，数字技术领域的快速突破正在不断催生众多新产业、新业态、新模式，平台经济的快速发展正在改变着传统工业社会形成的经济社会运行格局，带来价值创造方式的重大变化，给税收制度及政府间税收划分带来了显著冲击和影响，我们必须充分、深入考虑产业发展的新特征、新形势，统筹施策、顶层设计。

一　平台经济的概念、产业分类及资源配置特征

当前，数字技术领域的快速突破正在创造更多的新产业、新业态、新模式，平台经济在人们生产生活中的地位和作用不断上升。人类社会从传统农业社会向工业社会，进而向数字社会转型升级的过程中，经济社会运行模式在变，税制体系也随之而变。无论经济社会发展阶段如何转型升级，税制体系的基本功能始终如一，即更好地为国家治理提供坚实的财力保障。劳动价值创造方式、社会分工形态等因素都会显著影响税制体系。税收收入必须与社会价值创造之间保持一定的关系，主体税种的类型和形态取决于既定经济社会形态下的价值创造主体部门，同时，税制设计还需要更好地实现社会公平正义。

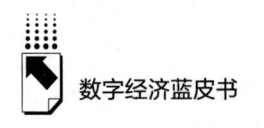

（一）平台经济的概念和主要分类

从本质来看，平台经济从属于数字经济。2016年9月，二十国集团领导人杭州峰会通过的《二十国集团数字经济发展与合作倡议》对数字经济做如下定义："数字经济是指以使用数字化的知识和信息作为关键生产要素、以现代信息网络作为重要载体、以信息通信技术的有效使用作为效率提升和经济结构优化的重要推动力的一系列经济活动。"数字化、网络化、智能化的数字技术使资源配置更加灵活、敏捷、智慧。2021年5月，国家统计局通过《数字经济及其核心产业统计分类（2021）》（国家统计局令第33号），该文件提出："数字经济是指以数据资源作为关键生产要素、以现代信息网络作为重要载体、以信息通信技术的有效使用作为效率提升和经济结构优化的重要推动力的一系列经济活动。"并将数字经济产业分为五大类：01数字产品制造业、02数字产品服务业、03数字技术应用业、04数字要素驱动业、05数字化效率提升业。其中，04数字要素驱动业包含0401互联网平台这个领域（见表1）。此外，在其他类型中还有着多方面利用互联网平台开展应用的行业类型。由此来看，平台经济类型是多种多样的。

表1 《数字经济及其核心产业统计分类（2021）》关于"互联网平台"分类

★04		数字要素驱动业		国民经济行业代码及名称（2017）
	0401	互联网平台		
		040101	互联网生产服务平台	指专门为生产服务提供第三方服务平台的互联网活动，包括工业互联网平台、互联网大宗商品交易平台、互联网货物运输平台等	6431 互联网生产服务平台

续表

		数字要素驱动业		国民经济行业代码及名称（2017）
★04				
	040102	互联网生活服务平台	指专门为居民生活服务提供第三方服务平台的互联网活动，包括互联网销售平台、互联网约车服务平台、在线旅游经营服务平台、互联网体育平台、互联网教育平台、互联网社交平台等	6432 互联网生活服务平台
	040103	互联网科技创新平台	指专门为科技创新、创业等提供第三方服务平台的互联网活动，包括网络众创平台、网络众包平台、网络众扶平台、技术创新网络平台、科技成果网络推广平台、知识产权交易平台、开源社区平台等	6433 互联网科技创新平台
	040104	互联网公共服务平台	指专门为公共服务提供第三方服务平台的互联网活动，包括互联网政务平台、互联网公共安全服务平台、互联网环境保护平台、互联网数据平台等	6434 互联网公共服务平台
	040105	其他互联网平台	指其他未列明的互联网平台	6439 其他互联网平台

资料来源：国家统计局网站。

平台经济的快速发展对税制体系有着重要影响。平台经济正在改变着全球经济格局，世界各国都在致力于推动多边共识，以更好地应对数字经济（平台经济）发展对现行税制体系的影响。

（二）平台经济资源配置模式的新特征、新形态

经济决定税收，税收反作用于经济。早在2013年6月，经济合作与发展组织（OECD）就发布了《税基侵蚀与利润转移行动计划》（BEPS行动

计划），其中第一项是共同探讨、研究税收制度如何面对数字经济发展的挑战并寻找应对之策。在经过多次会议磋商并征求各国、各界人士意见后，2014年6月，OECD的数字经济工作组完成了《关于数字经济面临的税收挑战的报告》。在这项成果中，其中有一项内容就是深入分析数字经济（平台经济）资源配置模式的主要特点。全面、系统研究平台经济发展对税收制度的影响，必须深入分析税制与平台经济资源配置模式之间的内在逻辑关系，在此基础上，才能够更好地把握税收制度变革方向。从现实来看，平台经济资源配置模式的新特征、新形态主要如下。

第一，不需要设立常设机构便可以开展国内及跨国交易。随着数字网络技术的快速发展，平台企业不需要在国内外设立常设机构便可以开展国内及跨国交易，相当大比例通过线上交易即可以实现产品或服务的销售，在很大程度上摆脱对常设机构的依赖，不需要固定交易场所，整个交易过程可以突破时间或空间的限制，甚至有些服务不具有物理实体形态、不需要现场交割，直接以数据形式通过网络传输。京东跨境电商业务通过在线上设立店铺，不需要在境外设立实体店铺便可以将产品或服务销售给境外用户。由此带来的一个结果是，平台企业的供应链价值链管理更加具有灵活性，通过数字平台便可以对供应链价值链上的任何一个环节进行管理，比如决定是否将物流、支付结算甚至数据算法环节进行外包，而在传统模式中这些必须由常设机构来参与才能够得以实现。然而，该特征也决定了平台经济资源配置效率高度依赖网络速度和连通性，网络基础设施成为决定平台经济发展的新型硬件设施。

第二，对实体资产依赖度不断下降，对无形资产和人力资本的依赖度较高。由于不再需要设立数量较多的常设机构，整个资源配置大多数可以在线上完成，平台企业对厂房、机器设备等有形实体资产的依赖度下降，而大数据、数据算法、软件专利权等无形资产以及具有创意思维的工程师等成为平台企业的主要资产类型，并在价值创造中发挥主导作用。大数据以及数据算法是平台企业的核心竞争力，用户及相关数据本身就是平台企业的重要生产要素，它们是平台企业开展资源配置和社会价值创造的主要工具，数据算法的价值创造成为市场分工不断拓展、延伸的重要领域。

第三，用户参与及其行为数据成为决定平台经济资源配置效率的重要因素。注册用户规模是衡量平台经济价值规模的重要依据，在平台经济的资源配置模式中，用户不仅仅是在线产品或服务的消费者，平台企业通过实时搜集用户行为数据，更好地降低供给和需求之间的信息不对称程度，根据需求开发更加符合消费者习惯、偏好的产品或服务，甚至平台企业可以根据行为数据向消费者精准推送需求信息。此外，随着用户数量的增长，还会产生"网络效应"或"协同效应"，即某一个用户会对其他用户的行为选择产生影响，随着平台用户的增加，相互之间的协同效应不断强化，用户的体验感不断增强，显然会给用户行为带来决定性影响，平台销售量因此会快速增长。比如，京东用户的数量不断增多，所发布的反馈信息也越多，潜在用户可以根据数量众多的反馈信息来决定是否购买，而且平台借此进行算法分析，向消费者有针对性地投送个性化服务（比如广告）。很多平台因此都建立了用户评论反馈机制，"老用户"对某些已购产品或服务的评论反馈有助于其他用户做出最利于自己的选择，而且能够迅速找到与其兴趣一致的产品或服务。

第四，平台上的资源配置和参与用户均具有极大的流动性。与常设机构为资源配置基本单元的传统模式相比，平台经济资源配置的流动性更大，经济主体能够瞬时与全国乃至全球任何一个区域的交易对象开展线上交易。流动性主要表现在以下几个方面。一是平台用户的流动性。信息与通信技术（ICT）的快速发展，能够让平台用户身处任何一个角落都可以使用互联网，随时开展网络交易，甚至他们在境外旅行时都能够与国内客户进行互动，用户流动性使得平台经济资源配置的地点变得更加复杂，产生了诸如用户所在地、平台所在地、产品或服务生产地、仓储地、服务器所在地等更加复杂区域的分离。二是平台业务功能的流动性。平台企业能够利用数字管理软件、计算设备、通信技术和互联网实现远程交易、远程管理控制，大大降低了远程交易的组织和协调成本，使得平台企业的交易半径大大拓展，显著提升了它在全球范围内开展业务的管控能力，业务的流动性大大增加，快速拓展到全国和全球,使经营地不再局限于传统常设机构所在地。三是平台上无形资产的高度流动性。无形资产(比如数据软件专利权)的所有权与开发活动不断分离,可以打破时空限制进行瞬时转移,相关无形资产的流动性增加。

第五,平台经济能够更加满足消费者个性化、灵活多元的需求。传统工业社会下,供给和需求间存在巨大的信息不对称,生产者生产什么、生产多少往往都是凭借主观预测,很多情况下难以做到精准预测,资源配置效率难以达到最优、出清。平台经济的供给和需求衔接更加精准、有效,随着用户数量的大规模增加,平台掌握消费者习惯、偏好的精准性大大提高,供给和需求间的信息不对称大大降低,生产什么、生产多少能够被精准确定,甚至能做到以需求来组织供给,不需要仓库进行备货,资源配置效率大大提高,平台企业也能够将大部分精力用于满足细分用户个性化、灵活多元的需求。

第六,平台经济与传统产业深度融合,衍生出多元化的新产业、新业态、新模式,产品与服务的生产更加融合。平台经济的快速发展已经渗透到传统产业的各个领域、各个方面,产业边界变得更加模糊,难以清晰区分彼此之间的边界,数字产业化和产业数字化,数字经济和实体经济深度融合。

第七,平台经济具有一定程度的自然垄断特性。平台经济的垄断性不是通过传统的规模经济或渠道垄断,而是算法垄断和先入优势垄断。有些平台企业通过拥有独特的数据算法而进行技术垄断,有些平台企业是凭借网络效应优势,在行业最初发展时,以低价或零价来获得大规模用户,迅速占领市场,由于用户数量带来的网络效应使得平均成本足够低,后进企业难以与之竞争,形成所谓的"赢者通吃"。然而,平台企业凭借自身优势,在监管不到位的情况下,容易利用其垄断地位实施垄断行为,屡见媒体报道的"二选一""大数据杀熟""滥用用户信息"等,均属于少数平台企业的违规甚至违法行为。此外,由于平台经济的模式创新周期较短,先入者往往会投入大量的资源用于模式创新,甚至不断搜寻并收购发明创新模式的创业企业,从而保持市场上的主导地位。

二 平台经济发展对现行税收制度的冲击和影响

平台经济发展对现行税收制度的冲击和影响体现在国内税制和国际税收规则，主要包括且不限于如下几条。

（一）平台经济发展对居民纳税人的认定有着显著影响，容易引发避税行为

按照现行国际所得税规则，对于居民纳税人，按照居民管辖权原则，所在国对其源于境内和境外所得都要行使所得税课税权，在判定居民纳税人时，往往以实际管理机构所在地为主要依据；对于非居民纳税人，按照地域管辖权原则，所在国仅对源于境内所得行使所得税课税权。在居民管辖区和地域管辖权发生重叠时，不同国家会就此签订税收协定，解决其中的重复征税问题。各国在判定居民纳税人时，往往将实际管理机构作为主要判定标准，然而，平台经济发展给实际管理机构作为居民纳税人判定依据带来影响，有些平台企业甚至可以将实际管理机构放在低税负区域，通过数字平台进行远程管理控制就能够全面开展线上业务，这也使得平台企业更加容易利用避税地、无形资产转让定价等实施税基侵蚀和利润转移（BEPS）。由此出现了各国难以凭借居民管辖区和地域管辖区认定所得税课税权的情况，甚至出现了"无利润归属国"的情况，这给全球税收秩序和国际税收分配带来了挑战。

为了实现整体税负降低目标，平台企业可以通过特许权许可定价、成本分摊协议等工具，将无形资产收益转移到低税负地区；同时还可以弱化消费地所在国常设机构功能，使之成为准备性或辅助性活动，免于被认定为常设机构，导致消费地所在国难以充分足额分享税收；此外，有些数字服务往往更加体现个性化、定制化、灵活多元的需求，存在不可复制、非标准化的特征，会缺少市场可比价格依据，使得更加难以判定转让定价行为；等等。

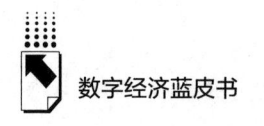

（二）平台经济发展对现行以常设机构为主要判定依据的非居民所得税分配规则有着重要影响

平台经济往往不需要在消费地所在国设立实体结构，对现行主要以常设机构（PE）为价值创造依据的非居民所得税分配规则有着重要冲击和影响。在传统工业经济的资源配置模式下，跨国企业往往通过在全球各国设立常设机构来销售产品或服务，在判定消费地所在国是否来源于本国的所得行使属地所得税管辖权时，往往以常设机构或与之相关的实质经济活动[①]作为判定是否在本国开展实质性价值创造活动的重要依据（即价值创造的"物理联结度"原则），亦将这个标准作为消费地所在国参与所得税分配的重要依据，这是过去一百多年来世界各国达成的多边共识规则体系。按照税收协定的一般原则，对于A国跨国企业在B国销售产品或服务取得营业收益进行课税时，如果该企业在B国设立常设机构，那么与常设机构直接相关的营业收益部分应由B国行使属地管辖权，相关所得税交给B国。然而，平台经济的发展给常设机构原则带来了冲击和影响，平台企业在很多情况下无需在消费地所在国设立常设机构便可以开展产品或服务的销售活动，从而获得营业收益，按照现行国际税收规则，相关营业收益所得税将缴纳给平台企业所在国。而且，平台企业在消费地所在国设立仓库、物流机构等活动，在现有规则下通常被认定为准备性或辅助性活动，无法界定为常设机构，因而无法作为消费地所在国行使所得税属地管辖权的依据。但事实上，这些"准备性或辅助性"活动本身就是平台经济的实质性核心业务。

[①] 实质经济活动是指跨国企业开展的经济活动相当于设立常设机构，比如跨国公司虽然没有在另一国设立常设机构，但是以法定形式设立了委托代理人或代理机构，这类机构也通常被认定为常设机构。当然，对常设机构的判定在实践中极其复杂，开展准备性或辅助性活动的机构就不能判定为常设机构。根据《OECD关于对所得和财产避免双重征税的协定范本》："当外国企业在来源地国进行一项或多项准备性或辅助性活动可免于被认定为构成常设机构。"

（三）无形资产在产品或服务中的实际贡献难以度量，影响国际税收分配

平台企业在对外销售产品或服务时，对于部分无形数字服务的交易实质认定非常复杂，销售产品、提供劳务与转让无形资产等行为更加融合，带来的收益难以清晰区分、界定。在跨境交易的企业所得税中，数字服务交易所得被认定为特许权使用费所得还是营业收益，对于国际税收规则处理具有至关重要的决定作用。只有当跨国企业在消费地所在国设立常设机构时，消费地所在国能够行使地域管辖权，对该跨国企业来源于本国的营业收益课征所得税。然而，按照现行国际税收规则，如果数字服务交易被认定为营业收益，而平台企业是直接通过线上交易，并没有在数字服务消费地所在国设立常设机构，那么无需向数字服务消费地所在国就其营业收益缴纳所得税，然而这笔服务费一旦被认定为特许权使用费，不管是否设立常设机构，数字服务消费地所在国都会要求境内支付方在支付数字服务交易费用时代扣代缴预提所得税。曹亚楠和王沛晗（2018）就此分析了一个典型案例，Right Florist 是一个位于印度的小花商，向谷歌和雅虎支付一年 300 万卢比的广告费以便在这两家搜索引擎上发布广告，订立合同与提供服务的过程完全自动，没有任何人工干预。广告费的支付对象是谷歌爱尔兰有限公司和雅虎美国，这些款项都在没有征收预提税的情况下被跨境打入谷歌和雅虎的账户。由于印度税务机关认定谷歌和雅虎在境内没有设立常设机构，而且也无法证明广告费中包含了多少特许权对价，最终印度法院根据《经济合作与发展组织关于对所得和财产征税的协定范本》及其注释做出判决，认定谷歌和雅虎在印度境内提供互联网广告服务时不具有任何常设机构，因此 Right Florist 不需向印度税务机关纳税。现实中，云计算、App 软件下载、在线广告、线上支付清算等数字服务均存在于特许权和服务过程，难以精确度量特许权在数字服务价值创造中的贡献，因此也就难以对这类数字服务进行税法定性，显然会影响消费地所在国主张国际税收分配权利。

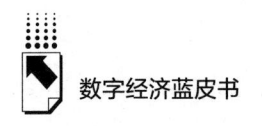

（四）收益分配及相关税收分配尚未充分考量用户参与、数据价值等因素

无论经济运行模式如何变化，在全球分工情况下，税收分配总是与区域价值创造相适应，随着平台经济的快速发展，国际税收规则在不断变化，而这个原则始终是创新国际税收规则的支柱性原则。然而，平台经济的资产结构发生重要变化，无形资产、人力资本在数字价值创造中的贡献作用更大，特别是平台企业搜集了与用户相关的大量数据，消费者同时成为生产者，形成所谓"产销者"，也为平台企业开展价值创造提供了实质性贡献，但当前这些因素并没有在收益分配及相关税收分配中予以考虑。特别是用户覆盖到全球各国、全国各地，如何更好地以数据价值创造为依据，为各国、各地制定多方共识的税收分配方案，显然是一个富有挑战性的工作。比如，优步或滴滴专车利用司乘人员或顾客的乘车起点和终点位置信息，为这些位置附近的商场、餐厅、旅游景点等提供数字广告服务，专车会将相关广告投送至司乘人员或顾客的移动网络终端，作为广告服务对价，商场、餐厅、旅游景点等会向专车平台支付广告费。相关广告费收入是否应该与乘车起点和终点位置信息所在地进行分享？其分配依据是否应该以司乘人员或顾客位置数据信息作为基础？

这本质上反映了一个非常迫切而基础的问题，即数据增值如何度量并进行合理分配。大数据的搜集、整理、转让已经成为新产业类型，蕴含着巨大的商业价值，而数据供应商在获取数据时并没有发生相关支出或支出较少，而且随着数据量的不断累积，大数据的价值在不断增加，它既不同于传统服务，又不同于有形产品，对于这个产业的价值增值如何课税，显然是一个新问题。

（五）平台经济发展对现行增值税体系有着不同程度影响

按照增值税的全球多边共识原则，各国普遍采取目的地（消费地）课税原则，在产品或服务的消费地予以课征增值税，在产品或服务出口时，将境内已征增值税在出口环节退税，在产品或服务入境时，在消费地所在国课征进口环节增值税。

当平台企业在线销售有形产品时，无论是向境外销售还是向国内销售，必须在线下与用户发生产品交割行为，现行增值税也适用于有形产品交易，在进口环节或国内销售环节课征增值税。而问题在于平台企业往往直接将有形产品向个人销售，导致交易频次高、单位价值高，在以票控税模式下，显然会提高增值税管理成本。很多国家考虑到征管成本问题，对平台在线销售低价值有形产品往往设定免税额度，这不同程度地为避税提供了空间；平台经济发展对增值税制度的最显著影响在于平台企业完全可以通过在线提供数字服务的增值税问题。如果接受数字服务的对象是法人纳税人，那么这个问题也并不是特别突出，税务机关可以凭借企业接受服务的发票信息在消费地判定增值税法定义务；然而，如果接受数字服务的对象是个人，增值税问题就会变得非常突出。近年来，特别是疫情后，发展起来的各种在线服务，诸如在线医疗、在线教育、网络直播等，接受服务的对象是个人，何时接受服务、服务价值、服务时间、服务地点等问题，税务机关都无从判断，而且如果服务提供商是境外平台企业，则难以按照现行消费地课税原则课征进口环节增值税。此外，现实中，平台企业提供数字服务的税法定性问题也成为增值税的重要问题之一。比如，平台企业销售网络游戏产品的税法定性至今仍然存在争议，诸如有些网络游戏产品涉及积分、游戏币等，单位价值很高，但它不能作为通常的产品或服务进行定性；3D打印服务属于技术服务还是特许权；在线电子图书资料属于货物还是服务；等等。这些问题会引发增值税征管实践中关于定性的争议，亟待通过法定途径来解决。

三　平台经济发展对国内区域税收分配的影响

平台经济发展对国内区域税收分配的影响包括短期和中长期两个维度，从短期来看，主要是按照现行税收制度，平台经济资源配置模式对不同区域

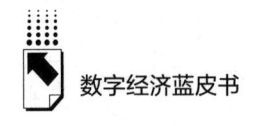

税收分配方式有着不同影响；从中长期来看，平台经济发展能力的差异会造成区域税收收入能力的分化。

（一）从短期来看，平台经济对区域税收分配有着不同程度影响

现实中，平台经济运行模式较为复杂，总体来看有两种模式。一是自营模式。这种模式下，平台企业作为中间销售商，从上游供应商购进货物后，通过平台向消费者销售，白话说"自己进货、自己卖"，平台要自行承担产品或服务的销售风险，但与销售相关的价值增值基本归平台所有。二是信息中介模式。这种模式下，平台仅发挥协调、衔接供货商和消费者的信息中介功能，平台并不是中间销售商，不承担产品或服务的销售风险，平台仅就交易收取信息中介服务费。

自营模式：当平台企业采取自营模式时，上游供应商无论是个体工商户或企业法人，还是个人，其向消费者的销售行为可以视同两个阶段，即上游供应商向平台企业销售，而后平台企业向消费者销售。当上游供应商是个体工商户或企业法人时，无论产品还是服务，上游供应商以向平台企业的销售额为计税依据向A地税务机关缴纳增值税，平台企业以向消费者的销售额为计税依据向B地税务机关缴纳增值税；当上游供应商是个人时，无论产品还是服务，上游供应商和平台企业的增值税纳税地点均为平台所在地B地。

信息中介模式：假设我们分析一个简单的平台销售模型，仅存在平台企业、上游供应商、消费者三个利益主体，分别地处A、B、C三地。当上游供应商是个体工商户或企业法人时，会依法规范履行税务登记程序，属于税法定义的"固定业户"，根据现行《中华人民共和国增值税暂行条例》第二十二条"（一）固定业户应当向其机构所在地的主管税务机关申报纳税"以及《财政部、国家税务总局关于全面推开营业税改征增值税试点的通知》（财税〔2016〕36号）附件一《营业税改征增值税试点实施办法》第四十六条第一款"（一）固定业户应当向其机构所在地或者居住地主管税务机关申报纳税"，则上游供应商以销售额为计税依据向A地税务机关缴纳增值

税，平台企业以信息中介服务费为计税依据向 B 地税务机关缴纳增值税。当上游供应商是个人时，情况有所变化，从现实情况来看，大多数个人没有履行税务登记，属于"非固定业户"，根据现行《中华人民共和国增值税暂行条例》第二十二条"（三）非固定业户销售货物或者劳务，应当向销售地或者劳务发生地的主管税务机关申报纳税"以及《财政部、国家税务总局关于全面推开营业税改征增值税试点的通知》（财税〔2016〕36 号）附件一《营业税改征增值税试点实施办法》第四十六条"（二）非固定业户应当向应税行为发生地主管税务机关申报纳税"，如果个人通过平台向消费者销售有形产品，那么增值税应该缴纳给销售地 C 地，这种情况下，A 地的增值税会转移至 C 地。如果个人通过平台向消费者销售在线服务，平台应该作为应税行为发生地，那么增值税应该缴纳给平台所在地 B 地，由此 A 地的增值税会转移至 B 地。

由此可见，平台经济发展对增值税的区域分配有着非常显著的影响。在当前大多数个人不实施税务登记的情况下，在线服务销售将成为增值税区域转移的主要原因。以上情景仅是三个主体的理想状况，如果再加上物流服务所在地、仓储所在地，情况更加复杂。对于所得税来说，平台经济运行模式基本上不改变三个主体的区域所得税分配关系。

（二）从中长期看，平台经济发展能力的差异会造成区域税收收入能力的分化

平台经济发展的核心在于数据算法，大量使用数据要素作为投入，能够更好地提升算法的有效性、精确性，改善资源配置效率，改善供给和需求之间的信息不对称情况，对产品和服务的供给能够做到精准施策、个性化定制。围绕数据算法相关的市场分工将成为平台经济产业链不断延伸、拓展的重要动力。与传统产业相比，数据算法更加依赖高存量人力资本的创新能力，因此高存量人力资本的数量往往成为影响平台经济发展的重要因素，拥有丰富人力资本的大城市往往会有较强的平台经济发展潜力。2020 年 12 月，中央广播电视总台上海总站和中国信息通信研究院政策与经济研究所联

合发布了《中国区域与城市数字经济发展报告（2020年）》，该报告指出："2019年，数字经济竞争力指数排名在前十五位的城市主要集中在东部经济发达地区，有11个东部城市，北京、上海、深圳位列前三位，有1个中部地区城市武汉，有成都、重庆、西安3个西部城市。"[①] 平台经济发展能力的差异会造成区域税收收入能力和公共服务保障能力的分化，不同程度上产生"马太效应"。

四 平台经济发展对现行税收征管制度的影响

平台经济发展对现行税收征管制度也有着全方位、系统性的影响，平台经济与传统产业融合发展，正在催生更多的新产业、新业态、新模式，价值创造方式、数据信息结构、供应链价值链形态等都与传统资源配置格局有着非常大的差异，给现行税收征管制度带来多方面影响。顺应平台经济发展趋势，深化税收征管制度改革，既要更好地依法规范平台经济税收征管，又要适应平台经济资源配置模式变化，创新税收征管制度，依法依托平台经济更好地提升税收征管效能。

（一）平台经济对现行税务登记制度有着显著影响

平台经济的快速发展，大量法人和个人纷纷在平台上注册用户并开展各类经营业务，以较低成本融入全国统一市场体系，创造更多就业岗位、提升不同类型就业的包容性，社会化用工、新就业形态等层出不穷，为稳定经济基本面发挥了重要作用。根据国家信息中心《中国共享经济发展报告（2021）》数据，2020年共享经济参与者人数约为8.3亿人，其中服务提供者约为8400万人，同比增长约7.7%，平台企业员工数约为631万人，同比增长约1.3%。[②]

---

① 央视网AI频道。
② 国家信息中心：《中国共享经济发展报告（2021）》，国家发展改革委网站，2021。

税务登记是税收征管制度的基础事项，也是各级税务机关了解辖区纳税人经营范围和经营活动特征的法定依据。现行《税收征管法》第十五条规定："企业，企业在外地设立的分支机构和从事生产、经营的场所，个体工商户和从事生产、经营的事业单位自领取营业执照之日起三十日内，持有关证件，向税务机关申报办理税务登记。税务机关应当于收到申报的当日办理登记并发给税务登记证件。"现行《税务登记管理办法》第二条规定："企业，企业在外地设立的分支机构和从事生产、经营的场所，个体工商户和从事生产、经营的事业单位，均应当按照《税收征管法》及《实施细则》和本办法的规定办理税务登记。前款规定以外的纳税人，除国家机关、个人和无固定生产、经营场所的流动性农村小商贩外，也应当按照《税收征管法》及《实施细则》和本办法的规定办理税务登记"。

然而，根据现行《税收征管法》和《税务登记管理办法》，在平台企业上注册并开展经营活动的个人究竟如何定性，是否可以定性为个体工商户，其税务登记程序是否具有法定强制性等，从目前来看这些问题尚未明确。事实上，从现行税务登记相关法律法规来看，仍然是适应于传统模式，应该以专门条款制定针对平台经济的税务登记程序和规定。从现实平台企业运行来看，税务登记的法律地位尚未完全明确，并不以税务登记作为用户注册经营的前置条件。

2019年1月1日，《电子商务法》开始施行，其中第十条规定："电子商务经营者应当依法办理市场主体登记。但是，个人销售自产农副产品、家庭手工业产品，个人利用自己的技能从事依法无须取得许可的便民劳务活动和零星小额交易活动，以及依照法律、行政法规不需要进行登记的除外。"第十一条规定："电子商务经营者应当依法履行纳税义务，并依法享受税收优惠。依照前条规定不需要办理市场主体登记的电子商务经营者在首次纳税义务发生后，应当依照税收征收管理法律、行政法规的规定申请办理税务登记，并如实申报纳税。"第二十八条规定："电子商务平台经营者应当依照税收征收管理法律、行政法规的规定，向税务部门报送平台内经营者的身份信息和与纳税有关的信息，并应当提示依照本法第十条规定不需要办理市场主体登记的电子商务经营者依照本法第十一条第二款的规定办理税务登记。"然而，从《税收征管法》相关条款来看，登记是税务登记的前提条件，根据《电子商务法》的相关条件，有些经营者可以不经过工商登记就履行税务登记程序，从实践来看，如果没有工商登记作为前置，税务机关恐怕缺乏有效"抓手"，难以明确哪些群体需要履行税务登记程序。毕竟，《电子商务法》实施刚两年多，应该将电子商务相关立法理念和精神与税收征管法进行衔接，为平台上个人用户开展税务登记奠定法律基础。国内有些地区在尝试试点电子税务登记，但绝大多数地区仍然没有推动相关制度改革。

（二）税务机关对平台用户交易信息难以充分及时了解

随着平台经济的快速发展，大量在平台注册的用户依托平台开展非常丰富多样的交易，这也给税务机关充分及时了解用户交易信息带来了难题。从传统交易模式来看，代扣代缴是税务机关了解部分纳税人交易信息的重要手段，在帮助税务机关实现税收征管目标中发挥着至关重要的作用。但从平台企业和平台上注册的个人用户之间的关系来看，平台企业是否为个人用户履行代扣代缴义务，其法律依据尚不明晰，这显然不利于平台经济充分实现税收征管目标。

事实上，平台经济发展改变了"从厂商到批发商，再到零售商，最终到达用户"的传统分销模式。传统模式下，链条上环节众多，涉及主体的利益环环相扣，代扣代缴环节也相应较多。平台经济使整个分销模式呈扁平化，转化为"从厂商到平台企业，再到用户"，有时候，平台企业所承担的角色是通过平台提供信息撮合厂商和用户的交易，而不是承担中间商角色，甚至不垫付资金，由厂商和用户直接交易。然而，根据现行《个人所得税法》和《个人所得税扣缴申报管理办法（试行）》，"个人所得税以所得人为纳税人，以支付所得的单位或者个人为扣缴义务人"，这项关于扣缴义务人的规定显然范围太窄、太局限，难以适应平台经济发展。如果按照现行《个人所得税法》的立法精神理念，在平台企业仅承担信息服务的情况下，其并不是支付所得税的一方，因而不需要承担个人所得税代扣代缴义务。而且，很多直播平台的参与者虽然是个人在开展直播活动，但是与平台签订合同时，并不是以主播个人名义，而是由公司与之签订，这种情况下直播平台也没有义务为主播代扣代缴个人所得税。从税法的实质正义来看，平台企业对交易过程及相关信息拥有完全掌控力，无论从税收征管成本还是从平台在交易双方承担信用担保功能来看，似乎有着承担代扣代缴（起码也是向税务机关共享交易信息）的空间。从增值税来看，现行制度亦没有赋予平台企业代扣代缴增值税的法定义务，而且平台经济上的交易往往存在频次高、单位价值小、种类多的特点，如果由平台企业强制、统一为用户去税务机关代开发票，恐怕会为平台企业增加大量成本，如果平台企业对交易开票没有强制性要求，恐怕个人用户和个人之间的交易不开票情况会非常常见，这显然不利于增值税征管。其中的法律权责关系应该如何界定，恐怕也是一个重要问题。

（三）平台经济对现行属地化税收征管体制有着显著影响

总体来看，当前我国税收征管呈现以行政区划为基本单元的资源配置格局，不同层级、不同区域的税务机关各自负责本辖区的征管职责，彼此形成以行政区划为导向的征管专业化横向和纵向分工格局，这种模式基本上能够适应常设机构为主体内容的征管对象。由于平台经济的资源配置不再以常设机构为资源配置的主要单元，平台企业上的法人和个人用户往往覆盖到全国甚至全球各地，属地税务机关已经难以全面了解平台企业及相关用户的涉税信息，越来越多的传统纸面信息被电子数据信息替代，平台交易无址化、无纸化，交易方式在线化，交易空间虚拟化，对税收征管的模式、流程和方法都提出了新命题、新挑战。在这种情况下，必须推动税收征管制度改革，更好地适应平台经济发展趋势。2021年3月，中共中央办公厅、国务院办公厅印发《关于进一步深化税收征管改革的意见》（以下简称《意见》），明确提出："围绕把握新发展阶段、贯彻新发展理念、构建新发展格局，深化税收征管制度改革，着力建设以服务纳税人缴费人为中心、以发票电子化改

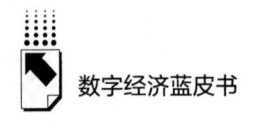

革为突破口、以税收大数据为驱动力的具有高集成功能、高安全性能、高应用效能的智慧税务，深入推进精确执法、精细服务、精准监管、精诚共治。"以此为依据和方向，适应于平台经济发展趋势，税收征管制度改革如下。

第一，税收风险管理成为引导税收征管资源配置的核心导向。《意见》提出："到2023年，基本建成'无风险不打扰、有违法要追究、全过程强智控'的税务执法新体系，实现从经验式执法向科学精确执法转变。"税收风险管理将成为引导税收征管资源配置的核心导向，围绕税收风险管理的分工将成为税收征管专业化分工的重要方向。《意见》提出"持续深化拓展税收共治格局"，税收风险管理的核心是税收大数据和税收风险算法，推动构建完善税收大数据共享体制机制，将为税收风险管理提供坚实基础和保障。除搜集、挖掘、利用税务机关内部数据之外，按照依法治国原则，推动数据共享相关法律法规立法，厘清平台企业、相关管理部门等在数据共享中的法定权责关系，明确数据共享的技术标准、周期、安全要求等，拓宽第三方数据的来源渠道。

第二，依托平台经济等统筹协同开展税收信用治理。《意见》明确指出："建立健全以'信用+风险'为基础的新型监管机制。健全守信激励和失信惩戒制度，充分发挥纳税信用在社会信用体系中的基础性作用。建立健全纳税缴费信用评价制度，对纳税缴费信用高的市场主体给予更多便利。"税收信用治理不仅是社会信用体系的重要组成部分，更是推动国家治理现代化的重要手段，特别是契约信用正在向数据信用转变，将平台企业信用管理和税收信用治理更好地结合起来，不仅可以促进平台企业上用户的信用水平提升、更加精准地开展市场资源配置，还要将之放在国家治理现代化和税收信用治理的站位下开展这项工作，让守法、守信的用户获得应有的社会价值。

第三，依托平台经济，帮助税务机关更好地做好精准管理、个性服务。不同渠道、不同维度的数据信息能够精确刻画纳税人的行为偏好，各级税务机关和平台经济更好地结合，在确保数据安全前提下对纳税人实施科学分类、画像，成为纳税服务体制机制创新的重要方向之一，也是平台经济大有作为的空间。据人民网报道："2020年以来，各地税务机关通过税收大数据为企业'画像'，了解企业困难和实际需求，第一时间跟进服务，助力企业复工复产。税收大数据不仅可以定向推送优惠政策，而且能精准筛选出可能在申报时没有及时享受到优惠政策的纳税人，确保应享尽享。"[①] 通过数据分析，能够将大多数标准化的纳税服务需求和小部分个性化、具有行业区域特色的需求分离开来，更好地实现精准管理、个性服务。

五 平台经济背景下的税制改革

深入学习、贯彻党的十九届五中全会精神，准确把握新发展阶段，深入贯彻新发展理念，加快构建新发展格局，更加深刻、准确地把握新时代赋予税制体系的新要求、新任务，更好地适应平台经济等新产业、新业态、新模式的发展，以推动国家治理体系和治理能力现代化为根本目标，更好地发挥新时代税制体系的功能和职能，为平台经济高质量发展目标实现提供有力保障。

（一）全球各国应对平台经济发展的税制改革

平台经济发展对税收制度的影响是全球性的，全球化趋势从根本上还没有改变，反而因为新冠肺炎疫情、气候变化等非传统威胁而得以强化，从目前全球各国积极应对平台经济发展情况来看，有一些国家已经采取单边措施应对平台经济发展带来的国际税收分配问题，例如部分欧洲国家的数字服务税，印度的"衡平税"方案，有些国家修改常设机构定义，等等。然而，单边措施仅仅是本国根据数字经济发展提出的单方面应对措施，缺乏国家之间的税收规则协调，可能带来不同程度的重复征税问题，给全球分工带来一定影响。鉴于此，世界各国正在不断磋商、协调，寻求多边共识，提出全

---

① 王观：《税收大数据，成了企业的"好帮手"！》，人民网，2021年2月5日。

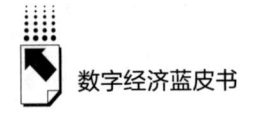

面、系统、可以为各国共同接受的规则，较有代表性的多边共识方案是OECD的"双支柱"方案，目前该方案正在积极推进。2019年1月，OECD发布的《应对经济数字化的税收挑战——政策说明》明确提出"双支柱"方案思路。同年5月，OECD发布《应对数字经济税收挑战的共识性方案工作计划》，提出如下"两大支柱"方案。

支柱一：对利润分配与联结度规则进行修改、完善（Pillar One：Revised Nexus and Profit Allocation Rules）。支柱一对各国提出的"用户参与"提案（The user participation proposal）、"营销型无形资产"提案（The marketing intangibles proposal）和"显著经济存在"提案（The significant economic presence proposal）相关内容进行融合，提出"统一方法"（unified approach）。严格限定支柱一适用的门槛及范围，达到门槛并纳入适用范围的跨国企业，其利润所得必须进行重新分配，将税收更多分配给消费者所在国，以更好地解决平台经济因不设立常设机构导致消费者所在国征不到税的问题。修改后的联结度规则以价值创造为根本依据，只要跨国平台企业在某个国家或地区实现了价值创造，衡量价值创造的标准就从常设机构转为在线数字服务或无形资产（数据、专利权、品牌等）。即，无论跨国平台企业是否在上述区域设立常设机构，该国家或地区都可以行使税收管辖权；修订利润分配规则，跨国平台企业充分考虑用户参与和数据价值等因素，在跨国平台企业所在地和消费者所在地对利润进行重新分配，支柱一区分了三种给消费者所在国分配利润的方法，即金额A（Amount A）、金额B（Amount B）、金额C（Amount C）。

支柱一的门槛和适用范围包括：自动化数字服务企业和"面向消费者"的大型企业，并由此建立了具体目录，这种门槛直接排除了通常开展B2B业务的中间品生产企业；设定跨国企业规模门槛，包括营业收入规模、净资产、人员总数、利润率等方面，避免将中小企业纳入适用范围导致遵从成本提高；将自然资源开采业和金融保险业排除在适用范围之外。

支柱二：全球反税基侵蚀方案（Pillar Two：Global anti-base erosion proposal）。该支柱的最终目标是在全球范围内构建最低税制度（global minimum tax),使跨国公司来自全球各国的税率至少不低于最低税率,有效遏制税基侵蚀与利润转移行为,有效避免双重不征税。具体包括四个规则。一是所得纳入规则。当跨国企业在境外设立分支机构或子公司时,如果分支机构或子公司适用的实际税率低于全球最低税率,这部分所得转移纳入跨国企业所在国(居民国)税基实施课税。二是低税支付限制规则。如果跨国企业向关联方的资金支付实际税率低于全球最低税率,那么这部分资金支付无法在跨国企业中税前列支,或者向跨国企业所在国支付预提税。三是应予课税规则。如果跨国企业对关联方的资金支付实际税率低于全球最低税率,则不能享受协定优惠。四是转换规则。如果跨国企业在境外常设机构利润以及所属境外不动产所得实际税率低于全球最低税率,那么该跨国企业从境外获得所得的税收协定规则从免税转换为境外所得抵免。

2021年10月8日,G20/OECD包容性框架内136个辖区就构建适应经济数字化的国际税收规则达成共识,并发布了《关于应对经济数字化税收挑战"双支柱"方案的声明》,提出将在2022年推进"双支柱"方案立法,2023年开始正式生效执行。这标志着国际税收规则的新开始。

(二)我国平台经济税收制度的优化调整措施

完善现代税收制度,深化税收征管制度改革,既要顺应平台经济发展趋势,又要更好发挥平台在推动税收治理现代化中的功能、作用,全面统筹、精准施策,促进平台经济高质量发展和更好发挥税收在国家治理中的基础性、支柱性、保障性作用。

1. 基本原则

按照加快构建以国内大循环为主体、国内国际双循环相互促进的新发展格局要求,在全球化的新形势、新特征下,立足于多边协调共识,构建包容、发展、确定、开放、公平的国内和国际税收制度体系。平台经济发展已经对100多年来形成的国际税制体系产生了巨大冲击,我国既是全球平台经济的重要消费地(我国广大人民群众的消费升级趋势仍然是当前和未来一段时间的方向),又是平台经济的重要供给方、生产者(拥有京东等一系列

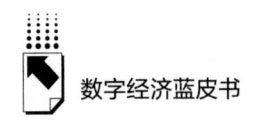

全球著名的平台企业），因此，我们既要推动营造更加透明、公平的平台经济营商环境，又要立足本国平台企业的合法权益，提出我们自己的诉求。

总体来看，对于"双支柱"方案对我国平台经济发展和相关税收收入增长的影响必须科学、客观评价。"双支柱"方案强调，数字价值创造及其税收分配要考虑到消费者所在国的正当权益，更好地体现用户参与在平台经济价值创造中的地位和作用。跨国平台企业在我国加快布局，特别是为国内消费者提供越来越多元化、多样化的服务，显然有助于维护我国及我国平台企业的合法税收权益；我们国内平台企业也会向欧洲、美国等主要经济体提供服务，也会受到相关规则的约束。与此同时，跨国企业在中国还有着规模巨大的投资，在过去相当长的时间内，我国始终是吸引FDI数量增长最快的国家之一，大量跨国企业通过转让定价转移利润，使我国税收合法权益受到一定的侵蚀，"双支柱"方案有利于解决这个问题。以上思路同样适用于国内不同区域的税收分配。在推进税制改革时，要坚持以下基本原则。

第一，平台经济各个环节的价值创造与税收贡献相适应。要对平台经济涉及的供应链价值链每个环节的价值创造方式、价值创造数量做精确区分，以此作为税收分配的核心依据。第二，公平原则。既要实现平台经济供给方所在国和消费者所在国之间的公平，又要充分把握线下和线上方式的公平，还要注重个人和法人之间的公平以及不同规模企业之间的公平。第三，促进平台经济高质量发展和深化税制改革相结合，要坚持审慎、渐进的改革原则。发展仍然是当前高质量发展的核心主体，它对于提升全体社会成员的包容性发展能力、实现共同富裕目标有着至关重要的意义。不能因为追求税收收入目标而影响平台经济的健康、可持续发展，要不断增强平台企业的创新驱动能力，更不能让与平台经济发展相关的突出税收问题迟迟得不到解决，两者必须有一个结合。

科学、合理测算"双支柱"方案对平台企业的影响至关重要。要明确按照"双支柱"方案中"统一方法"适用的门槛及范围，明确哪些平台企业达到门槛并被纳入适用范围，要对新方案涉及的平台企业的税收分配方案及调整事项进行分析、研究，对改进"双支柱"方案提出适合于本国和平台经济发展的诉求。

2. 深入研究平台经济下如何实质判定"常设机构"标准

无论是 BEPS 行动计划，还是"双支柱"方案，正确处理国际税收以及国内税收分配的基本原则就是价值创造与税收分配相适应、相一致。以与平台经济发展相适应来改进"常设机构"标准，按照实质课税原则，强化数字价值创造作为联结度标准，无论是对国际税收还是对国内税收分配都有着非常重要的意义。

第一，强化显著数字存在的概念（Significant Digital Presence）。显著数字存在这个理念源于 OECD 关于 BEPS 行动计划的工作成果《关于数字经济面临的税收挑战的报告》。虽然跨国企业设立的物理实体"常设机构"在不断减少，但是显著数字存在概念表征着虚拟、无形"常设机构"，实质上发挥着与常设机构一样的作用。

第二，重新审视"准备性和辅助性"活动在平台经济价值创造中的功能和作用，将物流设施、仓储设施等纳入平台经济价值创造、实施区域税收分配的重要因素。要重新审视"准备性和辅助性"活动对开展平台经济资源配置的实质性贡献，改变物流设施、仓储设施不构成传统"常设机构"的做法，将此作为实施国际或国内税收分配的重要因素。另外，服务器、云平台、数据中心、支付结算机构等在平台经济价值创造中也发挥了重要作用，应该纳入平台经济税收分配的因素。当然，平台经济的细分行业、领域纷繁复杂，个性化趋势明显，要考虑一定的灵活性，为不同细分行业、领域提出指导性意见。

第三，国内企业所得税区域分配中，加入显著数字存在的相关因素。现行《跨地区经营汇总纳税企业所得税征收管理办法》规定，汇总纳税企业实行"统一计算、分级管理、就地预缴、汇总清算、财政调库"的企业所得税征收管理办法，应按照上年度分支机构的营业收入、职工薪酬和资产总额三个因素计算各分支机构向所在地分摊所得税款的比例。这个方法显然难以适应平台经济发展，应该更好地在区域税收分配理念中加入显著数字存在的相关因素，比如数据流量、不同区域平台用户数量等，据此优化企业所得

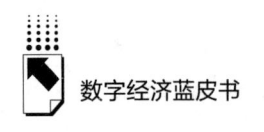

税区域分配方案。

3. 适应平台经济发展模式、不断优化增值税制度

平台经济不同模式对现行增值税制度的影响是不同的。对于境外平台企业或者境外企业通过平台向境内企业或个人销售有形产品时，在有形产品进入关境时，境内海关可以在出口环节履行征收手续，无论境内购买有形产品的是企业还是个人，均可以通过海关在进口环节实施征管，这个部分问题并不大。而对于境外平台企业或者境外企业通过平台向境内企业或个人以在线形式销售服务时，数据通过网络传输，无法像有形产品一样通过海关在进口环节代征，这个问题是平台经济跨境增值税征管的"短板"，可以采取以下方法来补短板。

第一，如果境内购买在线服务的主体是企业，那么采取逆向征收方式来课征增值税，由境内购买方替代境外销售方来申报纳税。第二，如果境内购买方是个人，而且境外销售企业在境内有代理商或合作商，那么以代理商或合作商替代境外销售方申报纳税。第三，如果境内购买方是个人，而且境外销售企业在境内没有代理商或合作商，这类交易中购买方往往是处于最终消费环节的消费者，他们需要把上游进项税额作为抵扣项，缺乏对境外销售方代扣代缴的激励，这类情况可以考虑规定境外销售方进行注册登记自主申报纳税，比如针对境外向境内提供在线服务实行牌照管理，并将之作为牌照的前置条件。

4. 不断完善预提所得税规则

通常预提所得税是指非居民纳税人在中国境内未实质设立机构、场所，就其来源于中国境内的利润（股息、红利）、利息、租金、财产转让所得、特许权使用费和其他所得，均应就其收入全额按照一定比例预提所得税。按照预提所得税的理念和方法，对境外平台企业向境内企业或个人获取收入时在境内缴纳预提所得税。

5. 完善与平台经济领域的无形资产转让定价相关规制措施

无形资产在平台经济发展中发挥着巨大作用，也为部分跨国企业实施税基侵蚀与利润转移行为提供了机会，因此，针对平台经济领域的无形资产转让定价行为要实施立法规制。深入研究平台经济领域的无形资产类型，精准区分其参与价值创造环节和成本形成机制，形成平台经济无形资产目录指引，实现正列举。

（三）适应平台经济发展的税收征管优化调整措施

2021年3月，中共中央办公厅、国务院办公厅印发的《关于进一步深化税收征管改革的意见》提出：到2022年，在税务执法规范性、税费服务便捷性、税务监管精准性上取得重要进展。到2023年，基本建成"无风险不打扰、有违法要追究、全过程强智控"的税务执法新体系。这为适应平台经济发展深化税收征管制度改革指出了明确导向，结合平台经济自身特点，我们提出如下税收征管优化调整措施。

1. 建立与平台经济发展相适应的税务登记制度

在平台上注册的法人及个体工商户用户，往往会线上线下同时开展经营业务，会计核算比较规范、合法，基本上履行了税务登记程序，税务机关大多数情况下能够对这类用户进行有效监管，仅仅需要履行线下线上合并登记手续即可。

对于在平台注册的个人用户要制定专门的电子税务登记办法：有效区分具有商业目的的个人用户和不具有商业目的的个人用户，在平台交易时设置一定最低交易额，一旦实际交易额超过最低交易额，平台将电子注册信息推送给税务机关，由税务机关自动对该个人用户完成电子税务登记，税务登记以此作为厘清平台个人纳税义务的基础条件。

2. 明确平台和第三方支付机构代扣代缴个人用户税款的法定权责关系

在平台上注册的法人及个体工商户用户往往在线下进行税务登记，税务机关能够按照现行规则实施税收征管，平台和第三方支付机构对这类主体不需要履行代扣代缴义务，只需要将相关信息定期与税务机关共享即可。而平台个人用户一旦完成电子税务登记，那么平台便负有代扣代缴义务。基于便利原则并降低代扣代缴成本，对经营收入总额设定一定水平的税负率，平台和第三方支付机构就个人用户的经营收入按照税负率进行预缴，年终由个人

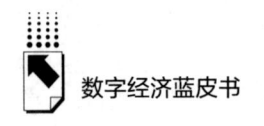

用户向税务机关申报并按照适用税种进行汇算清缴。

2021年5月25日开始施行的《网络直播营销管理办法（试行）》第十六条规定，直播营销平台应当提示直播间运营者依法办理市场主体登记或税务登记，如实申报收入，依法履行纳税义务，并依法享受税收优惠。直播营销平台及直播营销人员服务机构应当依法履行代扣代缴义务。这个规定显然在推动平台企业履行代扣代缴义务方面起了一个好头。

3. 更好发挥平台在税收信用体系建设中的作用

平台经济快速发展，税收信用治理成为有效的监管方式和手段。人们在使用平台开展与生产、生活有关的交易行为时，积累了大量与之相关的数据，而且数据能够充分留痕、易保存，为优化完善税收信用体系建设、开展基于平台的税收信用治理提供了得天独厚的基础条件，因此，税收信用体系建设应该更好地结合平台针对用户的信用评价，平台主动将税务信用体系作为重要内容纳入用户信用评价体系，同时各级税务机关也将平台用户的信用评价结果作为税务机关实施税收风险管理以及相应税收征管资源分配的重要依据，完善以税收信用为导向的税收风险管理体制机制。

4. 明确平台企业在开展税收信息交换时的法定权责关系

随着越来越多的企业、个体工商户和个人用户通过平台企业来开展资源配置活动，平台上积累的数据越来越丰富、多元，如何安全、稳妥地使用好数据，更好发挥平台企业在社会共治中的功能作用，显然是一个新课题。当前，我国正在推动新一轮《税收征管法》修订工作，对此，要顺应平台经济发展趋势，明确平台企业开展税收信息交换的法定权责关系，厘清相关法律责任，明确平台向税务机关交换的频率、种类、用途，构建相关数据安全制度体系等。

参考文献

曹亚楠、王沛晗：《数字经济背景下广告服务商常设机构税收规制的新发展》，《税务研究》2018 年第 7 期。

段炳德：《加强国际税收协调 应对数字经济挑战》，《中国经济时报》2019 年 10 月 25 日。

樊轶侠、王卿：《经济数字化背景下国际税收规则发展——对 OECD 统一方法的解读与研究》，《税务研究》2020 年第 6 期。

高培勇：《构建新发展格局要统筹发展安全两件大事》，《经济日报》2020 年 10 月 27 日。

高运根：《BEPS 行动计划 1、成果 1 数字经济面临的税收挑战》，《国际税收》2014 年第 10 期。

管彤彤：《数字服务税：政策源起、理论争议与实践差异》，《国际税收》2019 年第 11 期。

国家信息中心：《中国共享经济发展报告（2021）》，国家发展改革委网站，2021。

蒋震：《"十四五"时期完善现代税收制度的分析与思考》，《财政监督》2021 年第 2 期。

刘奇超：《论经济数字化国际税收改革中统一方法的规则设计：一个观点综述》，《国际税收》2020 年第 2 期。

王观：《税收大数据，成了企业的"好帮手"！》，人民网，2021 年 2 月 5 日。

杨文溥：《数字经济与区域经济增长：后发优势还是后发劣势？》，《上海财经大学学报》2021 年第 3 期。

姚丽：《数字经济价值实现与新征税权利润分配难题》，《国际税收》2021 年第 5 期。

姚丽：《愿景与现实：OECD 应对经济数字化税收挑战的"统一方法"》，《税务研究》2020 年第 6 期。

张斌：《数字经济对税收的影响：挑战与机遇》，《国际税收》2016 年第 6 期。

张志勇：《近期国际税收规则的演化——回顾、分析与展望》，《国际税收》2020 年第 1 期。

B.3
平台反垄断监管的国际趋势与政策建议

沈建光　朱太辉　张晓晨　薛　瑶*

摘　要： 2021年以来，我国互联网平台反垄断监管态势迅速趋严，对于互联网平台垄断的调查、处罚等明显增多。为更好把握未来我国平台反垄断监管政策的发展方向，本文对国内外互联网平台反垄断监管的现有框架、最新动态、未来发展进行了梳理分析。目前来看，如何解决"差异化定价""掠夺性定价""算法合谋""利益冲突""新型实体企业差异化监管"等问题，将是后续完善平台反垄断监管的关注重点。下一步，建议围绕"高质量发展"和"共同富裕"的中长期战略部署完善平台反垄断监管，把握好抓规范和促创新的平衡：一是突出行为监管，提升平台反垄断"良法善治"水平；二是探索分类监管，全面释放"新型实体企业"效能；三是筑牢全链条监管，切实加强数据安全保护；四是兼顾效率与公平，促进各类资本规范健康发展。

关键词： 平台经济　反垄断　公平竞争　数据安全　新型实体企业

近年来，互联网平台作为数字经济和平台经济发展的核心节点，展现出强大生命力，规模和影响力不断扩大，为经济增长注入了巨大活力。但与此

---

* 沈建光，经济学博士，京东集团副总裁、首席经济学家，京东经济发展研究院院长，主要研究方向为宏观经济、宏观政策、数字经济；朱太辉，经济学博士，京东经济发展研究院副院长，国家金融与发展实验室特聘研究员，主要研究方向为金融科技、数字经济、宏观经济；张晓晨，经济学硕士，京东经济发展研究院高级研究员，主要研究方向为宏观经济、数字经济；薛瑶，经济学硕士，京东经济发展研究院研究员，主要研究方向为宏观经济与政策。

同时，有关互联网平台的竞争争议也在持续发酵，出于维护市场公平有序竞争、保护消费者权益等目的，当前对超大型互联网平台加强反垄断监管已在全球范围内成为共识。我国互联网平台反垄断监管态势迅速趋严，2021年以来对互联网平台垄断的调查、处罚等明显强化。促进平台经济规范健康发展、持续为经济高质量发展提供动力，需要深刻理解平台反垄断的监管框架，下一步监管政策如何演进，已成为行业发展和政策制定所要解决的重大现实问题。

"平台垄断"是指，平台经济中常见的"赢家通吃"现象可能演化为少数互联网平台长期维持"通吃赢家"地位，对良性市场竞争和消费者福利造成损害，其垄断行为的影响较传统企业垄断并未发生改变（熊鸿儒，2019）。但平台垄断较传统垄断也有较大的差异：一方面，平台企业始终受到新技术的竞争和新商业模式的竞争，平台与平台之间存在激烈的寡头竞争，特别是平台客户具有多归属性和普遍的跨界竞争，一个人/企业既可以是此平台的客户，也可以同时是其他平台的客户，现有平台也可能由于客户的转移而被竞争者超越或者淘汰（吴敬琏，2018；陈永伟，2018）；另一方面，多边市场的价格结构具有非中性，平台可以向市场一边收取较多费用，相应减少对另一边的收费，从而影响交易量，平台可以通过设计价格结构来吸引两边或者多边的客户（Tirole和Rochet，2003）。正因如此，在传统竞争政策和反垄断监管中，价格反映成本、反映社会价值等理念对平台企业不一定适用，而且平台企业的定价合理性判断成为监管的大难题。

国内学者关于平台垄断的研究，很大一部分集中在平台的经济特征和垄断成因方面。陈永伟（2018）认为平台同时具备企业和市场的双重属性，应根据其双重属性分析平台的经营发展行为是否属于正常的商业行为，以及是否需要实施反垄断监管。李勇坚（2021）认为，平台垄断除互联网平台的成本次可加性之外，更是因为网络效应、多边市场效应、特定行为模式等因素，具体可体现为数据垄断、流量垄断和算法垄断，从而给市场带来排斥竞争、数字扭曲、垄断自我强化等影响。苏治等（2018）的研究则提出了"分层式垄断竞争"市场结构，认为垄断集中于大型互联网平台类企业的主

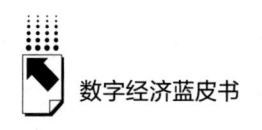

营业务中，竞争则由中小型互联网平台类企业与衍生业务主导，且这种市场结构是长期均衡现象。

互联网平台经济领域越发突出的垄断问题在全球范围内引起担忧，[①] 近年来平台反垄断政策在全球快速演进，欧美等国均在积极探索反垄断监管政策，但各国在具体监管思路上存在不少分歧。Jia 等（2021）使用 Airbnb 和 VRBO 在美国 10 个城市的订单数据，研究了支持客户取消和支持房东取消两种情形下的"亲客人规则"（pro-guest rule），发现平台竞争并不一定会降低平台不公平（不对称）对待双方的动机，制定任何平台竞争方面的公共政策时都必须考虑其对各方的影响。谭家超和李芳（2021）在总结海外经验的基础上，认为我国互联网平台经济领域的反垄断工作可以从加强制度建设、提高反垄断执法水平、完善相关司法制度三方面展开。冯然（2017）提出打破我国网络寡头垄断现状的根本在于对寡头平台拥有数据的"共享"处理，即基于基础设施原则，在用户自愿的前提条件下，使市场中的网络平台均获得拥有用户信息的机会。总体而言，多年来我国反垄断监管实践受美国芝加哥学派影响颇多，但近年"新布兰戴斯学派"在美国崭露头角，Khan（2017）已对多年来主导美国反垄断执法的以消费者福利为中心的方法提出了挑战，后续实践仍有待观察。

为更好把握未来监管方向、促进行业健康发展，本文将首先分析平台经济特有的经济属性，梳理分析国外平台反垄断监管的最新趋势，总结提炼我国当前的政策框架；在此基础上，分析研判平台反垄断监管的重点，提出未来平台稳健发展应当遵循的主要原则。

一 平台经济特性对传统反垄断监管提出挑战

传统竞争政策和反垄断监管的目的是解决滥用市场支配地位导致的不正

[①] 中国信息通信研究院 2021 年发布的《平台经济与竞争政策观察》报告，对各国最新监管政策和判例动态进行了较为详细的梳理。

当竞争和非法竞争问题。相比传统企业，平台经济虽属于新业态和新模式，但垄断行为的本质并未改变；不同之处在于平台垄断行为的成因更加复杂，其不仅受传统视角下市场结构性因素（地场地位）的影响，更是互联网平台自身技术、数据和经济特征等特有因素的作用结果。这些特有因素使得互联网平台具有追求市场规模和支配地位的内在倾向，也对传统的竞争政策实施和反垄断监管的适用性、有效性提出了挑战，"二选一""大数据杀熟"等依托算法、大数据的"隐形"不正当竞争行为随之产生，扰乱了市场秩序、破坏了公平竞争、损害了消费者权益。

（一）多边网络效应下平台经济天然具有垄断倾向

一方面，互联网平台具有网络效应。网络效应又可称为网络外部性，其概念源于"梅特卡夫定律"（Metcalfe's law），该定律指出网络价值取决于其连接的用户数量，用户数量增加将带来越来越大的规模回报。对互联网平台而言，显然符合用户越多、商品越多、交易越多的网络效应。另一方面，平台的网络效应呈现多边属性。互联网平台本身作为中介同时服务需求侧和供给侧，形成了双（多）边的新型经济组织形式。在平台上，供给侧和需求侧的双（多）边用户相互依赖、从彼此获得价值或收入，依托跨边的网络效应创造出"供给创造需求、需求创造供给"的正反馈机制。在正反馈机制下，早进入市场的互联网平台由于先发优势，在竞争中占据更有利的位置，凭借用户、技术以及数据等方面的优势，在跨边网络外部性的影响下形成自我强化的"反馈循环"，促使资本、流量（供给者和需求者）、数据等资源集中，呈现"强者恒强，弱者恒弱"的马太效应。

（二）身份"二重性"冲突加大平台垄断认定难度

互联网平台具有身份"二重性"。一方面，互联网平台作为企业而存在，这意味着其需要履行市场主体职责、公平参与市场竞争；另一方面，互联网平台同时具备市场功能，作为交易中介连接双（多）边市场，推进供需双方的交易和互动、发挥强大的资源配置能力。互联网平台的"二重"

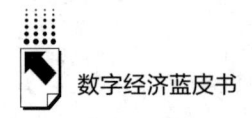

身份是其不同于传统企业组织形式的最根本特征，也是当前平台治理和竞争政策争议的根源所在。就平台反垄断监管而言，互联网平台作为市场存在，掌握了平台用户的接入权、拥有控制用户的先天力量，具备制定并执行市场交易规则的权力；既是"运动员"又是"裁判员"的双重身份，对内激发了互联网平台实施反竞争行为的冲动，对外则大大模糊了反竞争行为的合理认定边界。

（三）数据算法对平台反垄断监管提出全新技术挑战

数据是互联网平台垄断的核心支撑。表面上，大型互联网平台的市场支配地位体现为超高市值规模、海量用户和庞大互联网生态体系。但数字经济条件下，数据要素成为平台竞争的关键要素，互联网平台之间的竞争主要围绕数据和流量展开，通过数据封锁形成进入壁垒，从根本上看其市场支配地位来自对海量用户数据的支配优势。

数据垄断和算法滥用等不正当竞争行为极大挑战传统监管技术。例如，为打击竞争对手，一些大型互联网平台利用数据支配优势阻止平台间的对接兼容与互联互通，提高用户的转换成本、强迫商户"选边站队"，产生平台"二选一"现象；一些大型互联网平台利用数据支配优势，通过收集用户个人信息、以算法控制产品匹配和价格变化，可对具有不同购买力、购买频率的消费者实施差异化定价，进行"大数据杀熟"。随着新一代信息技术的发展，上述不正当竞争行为智能化程度越来越高、隐蔽性大幅提升、越来越难以辨识，给反垄断行为的识别和证据收集带来了实质性的技术挑战。

（四）平台跨界扩张进一步加大平台反垄断监管难度

为追求范围效应，大型互联网平台间的跨界竞争极为普遍。在数字经济条件下，平台相关产品和服务的市场进入门槛极低，可以以较低成本并通过交叉补贴迅速进入相邻领域开展跨界竞争，使得提供不同产品和服务的平台经营者视彼此为竞争者成为现实，双方之间围绕吸引用户"注意力"和锁定用户展开争夺，而且平台跨界经营规模扩张几乎没有时空限制，这就为实力雄厚、技术领先、数据占优的头部平台资本无限扩张打开了方便之门。跨界竞争叠加创新因素和多元经营，促使互联网平台的市场支配地位更大，市场垄断的界定更加复杂，导致反垄断监管难度更大。

二 平台企业反垄断监管的国际经验与发展趋势

从国际来看，欧盟和美国对互联网平台的反垄断都进行了积极探索，但二者采取的策略并不相同。欧盟实行严格的规制策略，对巨头互联网平台企业频频开出巨额罚单；而美国采取了审慎的规制策略，从相对宽松逐步趋严。

（一）欧盟"一以贯之"严格的规制策略

1. 对互联网平台治理秉持一贯严苛的立场

由于历史惯性和培育数字经济领域"欧洲冠军"的目标，欧盟对平台反垄断的态度一贯严苛，较为重视市场竞争和注重保护弱势群体的利益，追求统一市场和自由竞争。这在一定程度上与欧洲本土缺乏像微软、亚马逊这种超大的互联网经济平台的现实有关，但其数据保护规则与反垄断制度并行的做法在全球范围内较为先进。

在立法上，欧盟前期没有互联网平台反垄断的专门法律，而是分散体现在《欧洲联盟条约》（1992）、《欧盟小企业法案》（2008）、《通用数据保护条例》（GDPR）（2018）、《非个人数据在欧盟境内自由流动框架条例》（2018）等法律的具体条款中。这些法律应用于反垄断，体现了欧盟保护中小企业平等竞争、普通消费者福利以及公民数据权利和隐私权等目的。在适用范围上，欧盟反垄断的审查力度大、范围广、时间长，涉及数据聚合的合并交易等事项不断被纳入审查范围。在惩罚力度和执法手段上，欧盟以高额罚款等结构性救济方案为主，以行为性救济措施为辅。

2017年以来，欧盟持续加大监管力度，其反垄断调查的频率、处罚力度以及方式方法的创新均位居前列，对其他国家/地区起到了示范作用。

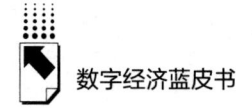

2017~2019年，欧盟对谷歌做出三次反垄断处罚，总计罚款82.5亿欧元，其中最大一笔罚款达43.4亿欧元，占谷歌2016年在欧利润的35%。2019年7月，欧盟对亚马逊就利用平台数据为自营品牌获取不公正竞争优势展开反垄断调查。2019年8月，欧盟对Facebook就加密货币Libra存在潜在反竞争行为展开反垄断调查。2020年6月，欧盟对苹果应用和苹果支付是否存在利用市场力量排除竞争的行为展开反垄断调查。2020年11月，欧盟委员会对亚马逊提起反垄断指控，指控源于2019年7月的调查。

2. 出台新法案弥补现有反垄断制度在数字经济下的短板

为弥补现有反垄断工具的"失灵"问题，欧盟于2020年12月15日公布了专门针对数字巨头的反垄断法案《数字服务法案》和《数字市场法案》。

两项法案创新性地引入了"看门人"（Gate Keeper）平台概念。"看门人"平台是指那些对欧盟市场具有强大影响力、提供"核心平台服务"并作为企业用户接触终端用户的重要通道、在市场中持久占据或可预见将会占据牢固地位的平台。一方面，《数字市场法案》中设置了"看门人"界定三大量化指标：一是平台过去三个财年在欧盟年营业额达65亿欧元或在上一财年平均市值或估值达650亿欧元（约5200亿元人民币）；二是平台上一财年中月活终端用户超过4500万户（约10%欧盟人口）或年活企业用户超过1万户；三是在过去三个财年中每年都能达到以上两个条件。另一方面，《数字市场法案》共对"看门人"平台提出了18条具体义务，要求其确保不实施这些限制竞争或造成不公平竞争的行为。"看门人"平台概念和定量指标的引入直接避开了反垄断工具对相关市场界定、支配地位认定的难题和复杂程序，从而使其成为与反垄断一样具有巨额罚款威慑，但又超越了现有反垄断框架的新型竞争监管工具。

新法案力求推动数据开放，直接影响互联网平台的业务模式和商业利益。《数字市场法案》第6条第1款j项规定，"提供在线搜索引擎服务的'看门人'平台须应任何第三方在线搜索引擎要求，以公平、合理和非歧视的条件，向其提供终端用户在'看门人'平台上产生的免费和付费搜索的排名、查询、点击和查看数据，相关个人信息需匿名处理"。这极有可能意味着，各家互联网平台将不得不面临向其他搜索服务平台提供数据的情景。

此外，《数字市场法案》的内容范围可能进一步扩大。《数字市场法案》草案公布后，欧盟委员会联合研究中心（JRC）成立了一个高水平经济学家小组，对草案提出独立的经济学评估意见。2021年6月该小组发布评估报告，总体认可"看门人"概念及相关义务规定，同时提出应创设一个只有在极端情况下才可豁免的"禁止行为清单"，并建议将"自我优待行为"列入"禁止行为清单"。

目前，上述法案仍处于草案阶段，需待欧洲理事会和欧洲议会最终审议通过，从以往经验来看，这可能仍需数年时间。但就当前来看，其颁布必将给超大型数字平台带来显著影响。

（二）美国"从包容到审慎"的规制策略

1. 反垄断思潮的演进：结构主义与行为主义之争

美国是历史上最早施行反垄断监管的国家之一，背后的理论支撑是哈佛学派的结构主义。该学派认为市场结构会影响参与者的行为，从而导致垄断。受此影响，美国早期出台了严厉的反垄断法（《谢尔曼法》、《克莱顿法》和《联邦贸易委员会法》等）。但到20世纪70年代，针对哈佛学派的批判认为垄断与绩效问题、结构问题并无太大关联，芝加哥学派基于价格对反垄断的分析在1970~1980年逐渐占据了主流地位、替代了基于结构的观点。该学派观点的核心是"看待反垄断问题，最合适的工具是价格理论"，背后的理论基础是"竞争者追逐利润最大化，推动市场效率"。哈佛学派和芝加哥学派之间，属于结构主义和行为主义的争论。

2. "新布兰戴斯学派"引领反垄断监管思路转变

近年来在反垄断法理论准备方面，"新布兰戴斯学派"在美国崭露头角。布兰戴斯是美国历史上著名的律师和联邦大法官，曾推动美国几部重要反托拉斯法律的出台。他的核心反垄断思想就是反对大企业，认为大企业的市场力量会侵蚀美国的立国之本——民主自由，因此主张拆分大企业。在反对大企业和主张结构主义救济方法这一点上，布兰戴斯的思想与后世的哈佛

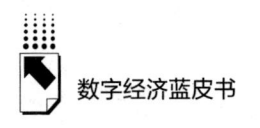

学派又不谋而合。

2017年,"新布兰戴斯学派"旗手、反垄断问题专家、哥伦比亚大学法学院副教授Lina Khan在《耶鲁法学杂志》上发表了《亚马逊的反垄断悖论》,对多年来主导反垄断执法的以消费者福利为中心的方法提出了挑战。该文背后隐含着互联网平台反垄断监管思路的三个重大转变:要从关注当期转为关注跨期,要从关注单行业转为关注多行业,要从关注消费者福利转为关注全社会福利(消费者福利+生产者福利)。

2020年3月,美国总统拜登宣布提名Lina Khan为美国联邦贸易委员会(FTC)委员,其委员身份于2021年5月被参议院正式确认,随后拜登火速任命其为FTC"一把手"。2021年9月,美国联邦贸易委员会主席Lina Khan在给工作人员的一份备忘录中概述了她在执行反垄断方面的愿景和政策重点,包括应对"猖獗的合并"、对"占主导地位的中间商"或"看门人"下手、瞄准那些设置不公平竞争方法或欺骗性做法的合同等。作为一名学者,Lina Khan以呼吁更严格的反垄断执法著称,其领导的FTC的新方向可能对大型科技公司(GAFA)等产生重大影响。

3. 反垄断实践:从包容宽松到审慎规制

美国早期力求保持在数字经济领域的国际领头地位,加上芝加哥学派思潮占据主流,对互联网平台的反垄断监管态度以包容宽松、保护创新和消费者福利为主。但近年来国内反垄断呼声高涨、"新布兰戴斯学派"兴起,最新的平台反垄断态度明显从宽松转为审慎。

2019年,美国司法部宣布对技术行业进行广泛的反垄断调查。美国众议院开始调查谷歌、脸书、苹果、亚马逊(GAFA)四家科技公司的垄断行为。2020年7月,国会召集GAFA举行反垄断听证会。同年10月,众议院司法委员会反垄断小组委员会发布《数字市场竞争调查报告》,指出GAFA存在垄断行为,阻碍行业的创新与发展、损害消费者利益,应对其实施更严格的监管及"结构性分离",如强迫企业拆分或者调整业务结构、禁止其经营与自己占主导地位的类似业务等;同时,该报告还提出应把持续收集和滥用消费者数据作为认定企业在互联网相关市场具有市场力量的重要指标。随后,美国司法部与佛罗里达等 11 个州联手对谷歌提出反垄断诉讼;美国联邦贸易委员会和 48 位州检察长也对脸书提起反垄断诉讼。

2021 年 9 月游戏开发商 Epic Games 诉苹果反垄断案的判决可能成为一项标志性事件。虽然美国联邦加州地区法官并未判定苹果违反"反垄断法",只是相对温和地认定其"危害消费者的反竞争行为",但判决命令苹果"不得禁止应用开发商设置连接、引导用户选用苹果以外的应用内购买方式",此举为应用开发商规避苹果的 30% 佣金机制提供了可能。此案可能会为目前提交法院的、针对苹果的更大规模反垄断诉讼开创先例,推动重塑应用商店本身的结构,并重新定义美国全球大型科技公司的监管方式。

4. 酝酿出台专门针对大科技公司的平台反垄断系列法案

2021 年 6 月 23 日,美国国会众议院审议通过了六项反垄断相关法案:《终止平台垄断法案》《选择与创新在线法案》《平台竞争和机会法案》《通过启用服务切换(ACCESS)法案》《收购兼并申请费现代化法案》《州反垄断执法场所法案》。前四项法案均明确"针对大型科技公司"(见表1)。

《终止平台垄断法案》或导致 GAFA 的自营品牌和业务面临拆分,其规定在线市场平台将不得拥有可以利用该平台完成销售或提供产品或服务的自有业务,或者不得将购买服务作为客户访问该平台的条件,运营市场平台的公司也不能拥有造成利益冲突的业务。《选择与创新在线法案》旨在打击"'看门人'的自我偏好行为",禁止占主导地位的市场平台运营商让自营产品和服务优于平台上竞争对手的产品和服务,要求主导平台不得有其他类型的歧视行为,禁止主导平台使用在其服务中收集的、不对外公开的数据来助长自营产品和服务等。《平台竞争和机会法案》将禁止平台利用主动地位优势消除竞争威胁,即平台扼杀式并购,规定大型在线平台收购竞争对手或潜在对手是非法的,并在收购审查中将举证责任转移至占主导地位的市场平台一方。《通过启用服务切换(ACCESS)法案》要求在线平台降低用户和企业将数据转换到其他服务的障碍,其规定主导市场平台需要同竞争对手建立符合一定标准的数据可迁移与互操作性。虽然这些法案距最终落地实施尚远,但美国两党均对法案表示支持,并罕见合作推动,释放了美国强化平台反垄断监管的强烈信号。

表1　美国平台反垄断立法最新进展

法案名称	主要内容
《终止平台垄断法案》	授权联邦贸易委员会和司法部采取行动防止具有支配地位的在线平台运用自己的垄断势力扭曲竞争；规定在线市场平台不得拥有可以利用该平台销售产品或提供服务的自有业务，或者不得将购买服务作为客户访问该平台的条件；运营上述市场平台的公司也不能拥有造成利益冲突的业务
《选择与创新在线法案》	禁止占主导地位的市场平台运营商让自营产品和服务优于平台上竞争对手的产品和服务；要求主导平台不得有其他类型的歧视行为，禁止主导平台使用在其服务中收集的、不对外公开的数据来助长自营产品和服务等
《平台竞争和机会法案》	规定大型在线平台收购竞争对手或潜在对手是非法的，并在收购审查中将举证责任转移至占主导地位的市场平台一方，即平台需要证明其收购合法，而不再由政府证明这种收购会遏制竞争
《通过启用服务切换（ACCESS）法案》	规定主导市场平台需要同竞争对手建立符合一定标准的数据可迁移与互操作性，例如令消费者更容易将自己的数据带到其他平台、不同社交媒体的用户可以进行交流，或允许电商卖家将客户评论从一个平台导入另一个平台等
《收购兼并申请费现代化法案》	提高价值超过10亿美元的并购案向美国联邦贸易委员会和美国司法部反垄断司申请审议的费用，同时降低价值不足50万美元并购的备案申请费
《州反垄断执法场所法案》	确保向联邦法院提起反托拉斯案件的州总检察长不会因此类案件转移到其他地点而面临延误或更高的费用

5. 私人诉讼成为推动反垄断法实施的重要支柱

大多数国家的反垄断法都有私人诉讼的规定。私人诉讼在美国、加拿大、欧盟、德国、澳大利亚、新西兰都有着非常良好的表现。统计数据表明，美国在《谢尔曼法》开始实施的第一个50年（1890~1940年），美国反垄断法私人执行案件数量并不多，总共只有175件，平均每年3.5件。而从20世纪60年代到70年代后期，私人反托拉斯案件增长很快，私人执行和公共执行案件的比例超过了20∶1。从20世纪80年代开始，私人执行案件的绝对数量和相对数量都有所减少，私人执行和公共执行案件的比例降到10∶1。目前基本上维持在10∶1左右，也就是说私人执行案件占了整个反垄断执行案件的90%或更多。

三 我国平台反垄断监管的思路框架与主要措施

与欧美相比，我国反垄断监管起步较晚，2008年8月首次施行《反垄断法》。但近年来我国数字经济、平台经济迅猛发展，针对平台反垄断的监管力度也在不断加大。尤其2019年以来我国互联网平台反垄断监管态势逐步趋严，相关法律规范及时出台之下，监管部门频繁出手打击平台垄断和不正当竞争行为，目前相关思路框架和主要措施已基本明确。

（一）强化平台反垄断监管呈纵深推进态势

早在2019年7月17日国务院常务会议上，李克强总理就已提及要"强化信用约束，科学合理界定平台主体责任，依法惩处网络欺诈、假冒伪劣、不正当竞争、泄露和滥用用户信息等行为"，2020年以来中央层面更多次部署强化平台反垄断监管。2020年中央经济工作会议和2021年政府工作报告要求"强化反垄断和防止资本无序扩张""坚决维护公平竞争市场环境"；"十四五"规划明确"强化竞争政策基础地位"，重点部署"加强互联网平台经济监管，明确平台企业定位和监管规则，完善垄断认定法律规范，打击垄断和不正当竞争行为"。

反垄断规则方面，2021年1月，国家市场监督管理总局公布《〈反垄断法〉修订草案（公开征求意见稿）》，明确将互联网平台垄断认定纳入考量，提出"认定互联网领域经营者具有市场支配地位还应当考虑网络效应、规模经济、锁定效应、掌握和处理相关数据的能力等因素"；2021年2月7日，国务院反垄断委员会正式发布《关于平台经济领域的反垄断指南》（以下简称《指南》）。

反不正当竞争规则方面，2017年11月《反不正当竞争法》修订案发布，针对利用互联网技术实施的不正当竞争行为，包括误导、欺骗、强迫用户修改或者卸载他人的合法网络产品等做出规定；在此基础上，2021年8月，最高人民法院发布《关于适用〈中华人民共和国反不正当竞争法〉若

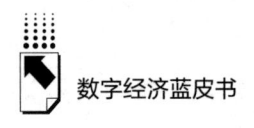

干问题的解释（征求意见稿）》，对经营者利用网络从事生产经营活动实施的不正当竞争行为做了进一步规定，对数据收集与保护相关不正当竞争行为的司法认定进行了明确。

（二）平台反垄断监管将坚持规范与发展并重

《指南》明确提出了针对互联网平台领域的具体监管原则，即"保护市场公平竞争、依法科学高效监管、激发创新创造活力、维护各方合法利益"，其核心指导思想是规范与发展并重。数字时代的互联网平台极大地突破了交易的时空界限，更有效地连接了供需两端，在国内经济新型大循环中构建起了更加精准的匹配机制。平台经济的健康成长能够助推我国经济的高质量发展，为大众提供更高品质的生活服务。互联网平台已经成为经济生活中必不可少的一部分，对平台经济进行监管是为了规范平台的行为，而规范是为了更好地发展。监管部门要规制的是个别平台企业的个别有害行为，这些行为有可能会损害创新、破坏公平竞争、降低社会福利，但不能用其代表整个平台经济，对平台经济进行监管不是打压和抑制，而是为了建设更加健康的市场环境，推动平台经济的可持续发展。

（三）利用数据、算法实施垄断成为整治重点

《指南》将诸多常见互联网反竞争行为纳入反垄断监管。例如，针对"二选一""大数据杀熟"等现象，《指南》着重指出了利用搜索降权、流量限制、技术障碍等手段限定交易的非法性；针对平台企业在社区团购等领域通过低价倾销挤出传统经营者的现象，《指南》在第十二条关于"不公平价格行为"的规定中，不只考虑其他平台经济领域经营者，而是将所有"其他同类业务经营者"纳入商品价格比较的范畴，可以对传统行业中的企业及从业者起到一定保护作用。此外，《指南》提出了对算法合谋的监管，明确利用数据和算法实现的价格协调一致行动（即"算法合谋"）也涉嫌违法。

在此基础上，2021年4月，国家市场监管总局对阿里巴巴"二选一"

滥用市场支配地位等垄断行为做出巨额行政处罚，首次从反垄断角度对"二选一"行为进行规制，随后又宣布对美团涉嫌垄断行为立案调查；同月，在国家市场监管总局会同中央网信办、国家税务总局召集34家互联网平台企业召开的行政指导会上，明确提出"强迫实施'二选一'、滥用市场支配地位、实施'掐尖并购'、烧钱抢占'社区团购'市场、实施'大数据杀熟'、漠视'假冒伪劣'、'信息泄露'以及实施涉税违法行为等问题必须严肃整治"。

（四）防止资本无序扩张成为平台反垄断重要目标

《指南》着重防止平台企业利用垄断协议扩大对上下游产业的控制力。一方面，首次将轴辐协议作为与横向、纵向垄断协议并列的垄断协议形式，进行重点监管。轴辐协议作为兼具横向、纵向特征的垄断协议，通常由一个合谋轴心和若干一般参与者构成，是平台企业控制平台内经营者、取得上下游产业定价权的有效手段，《指南》对其高度重视。另一方面，加强对平台并购行为的监管。《指南》高度重视"扼杀式并购"，规定对未达事前申报标准的并购行为，特别是针对初创企业、新兴平台的并购，反垄断执法机构认为有必要的可以开展事后调查；同时，明确将VIE架构平台纳入并购审查，2020年12月，国家市场监管总局对阿里巴巴投资收购银泰商业、腾讯控股企业阅文收购新丽传媒、丰巢网络收购中邮智递三起未依法申报案件进行了实质处罚，就是这一监管思路的预演。

（五）明确相关市场和市场支配地位的界定方法

一方面，提出整体界定相关商品市场，为监管具有多元化业务的平台企业创造便利。在当前法律框架下，相关市场界定是反垄断执法的基础。《指南》规定，当数字平台存在的跨平台网络效应能够给平台经营者施加足够的竞争约束时，可以根据该平台整体界定相关商品市场，从而为对其进行整体监管提供了基础和依据。另一方面，在认定市场支配地位的过程中，创新市场份额的计算指标和考量因素。《指南》提出在市场支配地位的认定过程

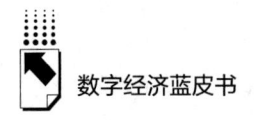

中，可使用点击量、使用时长等新的指标来计算市场份额，并引入网络效应、用户多栖性、数据获取的难易程度等平台经济特征作为考量因素辅助认定。

（六）事前监管和自律整改成为平台反垄断的重要手段

在加大垄断和不正常竞争打击力度的同时，充分发挥案件警示作用，强化对平台的事前监管和自律整改将成为平台反垄断的重要手段之一。在国家市场监管总局对阿里巴巴"二选一"案的行政指导书中，明确要求阿里巴巴"立即对照《反垄断法》开展全面深入自查，检视并规范自身经营行为"，在严格落实平台企业主体责任、完善企业内部合规控制制度、保护平台内经营者和消费者合法权益、积极维护公平竞争促进创新发展等方面给出了详细的指导意见。在2021年4月国家市场监管总局会同中央网信办、国家税务总局召集34家互联网平台企业召开的行政指导会上，强调充分发挥阿里巴巴"二选一"案警示作用，明确提出互联网平台企业要知敬畏、守规矩，限期全面整改问题，建立平台经济新秩序。

（七）注重司法审判与行政执法的有效衔接

2021年1月9日，中央政法工作会议提出"加强反垄断和反不正当竞争执法司法"。2021年5月，最高人民法院召开的反垄断审判工作专家座谈会提出，要加强反垄断司法与行政执法的有效衔接，支持、监督反垄断行政执法部门依法履行职责，构建协调一致、高效有力的执法司法体系。2022年1月，最高法院在对《关于强化互联网反垄断执法，防止资本干涉舆论的建议》的答复中，进一步强调强化反垄断司法与行政执法有效衔接。据统计，截至2020年底，全国法院共审理反垄断民事一审案件894件。其中，2020年新收反垄断一审案件61件，审结107件。2022年2月14日，最高人民法院发布的《关于充分发挥司法职能作用 助力中小微企业发展的指导意见》提出，要加大反垄断和反不正当竞争案件审理力度，依法严惩强制"二选一"、低价倾销、强制搭售、屏蔽封锁、刷单炒信等垄断和不正当竞争行为；依法认定经营者滥用数据、算法、技术、资本优势以及平台规则等排除、限制竞争行为，防止资本无序扩张，保护中小微企业生存发展空间。

四 我国平台反垄断监管有待解决的重点问题

基于平台经济独有的经济学特征和创新技术属性，平台反垄断监管规则仍有较多领域存在争议、实践中仍有不少问题需要解决，未来将持续快速动态演进，以下方面需要重点关注。

（一）"差异化定价"监管

一方面，针对同质商品和服务的平台差异化定价行为，现有反垄断规则仍相对模糊。如2021年7月国家市场监管总局发布《价格违法行为行政处罚规定（修订征求意见稿）》，针对"新业态中的价格违法行为"规定"电子商务平台经营者利用大数据分析、算法等技术手段，根据消费者或者其他经营者的偏好、交易习惯等特征，基于成本或正当营销策略之外的因素，对同一商品或服务在同等交易条件下设置不同价格的"行为将构成"违反价格法第十四条规定"（不正当价格行为）。该规定明确禁止"大数据杀熟"，但又同时认为互联网平台出于降低成本、改善营销等目的，可以利用数据、算法等手段对部分同质商品和服务进行差异化定价，难点在于证明和判定其正当性和合理性。另一方面，针对不同消费需求和支付能力的消费者提供差异化产品和服务行为，本身符合经济学和商业原则。例如，商业银行作为平台经济的一种类型，针对不同客户信用及风险水平实施差异化定价、提供差异化金融服务；互联网平台也可根据不同客户的需要提供定制化服务，进而实施差异化定价。考虑到平台经济结构形态的复杂性、多变性，针对差异化定价行为的监管规则可能进一步细化。

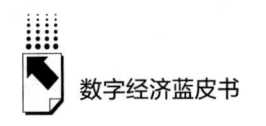

（二）"掠夺性定价"监管

掠夺性定价行为是指以排挤竞争对手或独占市场为目的，无正当理由地以低于成本的价格销售商品的行为。《反垄断法》和《指南》对掠夺性定价行为的规定是禁止具有市场支配地位的经营者没有正当理由、以低于成本的价格销售商品。但平台经济条件下，互联网平台企业的跨边网络外部性、非对称价格策略、复杂价格成本关系（如不同业务间的交叉补贴）均给相关行为的取证和判定带来困难。目前，规制掠夺性定价行为的大多数判例来自美国，欧盟近年来也有此类判例；"社区团购大战""网约车烧钱补贴""拼多多低价销售"等现象已引起我国官方舆论和反垄断监管的负面关注，但相关判例仍然较少，未来存在不确定性。

（三）"算法合谋"监管

互联网平台间的默示算法共谋行为，使得传统反垄断法中的垄断协议制度和我国反垄断法中关于滥用市场支配地位的界定显得捉襟见肘。只要平台之间有协调价格的动机，算法联动可以在无"意思联络"的情况下即可实现价格和非价格等行为的协调。尽管《指南》已明确利用数据和算法实现的价格协调一致行动（即"算法合谋"）也涉嫌违法，但要证明平台企业存在算法合谋，需要大量的实证研究，未来有待进一步明确判定细则，并根据算法的发展而动态更新。

（四）"利益冲突"监管

从国际来看，欧美地区针对科技巨头的"看门人""自营业务""自我优待"等垄断问题已做出监管应对，我国目前尚未就上述问题做出反应。但欧盟《数字市场法案》、美国《终止平台垄断法案》《选择与创新在线法案》为解决上述问题提供了潜在方案，未来不排除我国也跟进上述问题、采取一定监管措施。互联网平台具有"基础设施"特征，解决利益冲突问题是大势所趋。这对体量巨大、同时拥有平台自营业务的大型互联网平台的影响不容忽视。

（五）"新型实体企业"监管

随着科技创新的快速发展，"新型实体企业"作为一类新兴企业，正在加速推动新产业、新业态、新模式发展，实现降本增效和推陈出新，对我国实体经济高质量发展的作用越来越突出。"新型实体企业"是数字化运营实体业务和技术性赋能产业链、供应链的结晶，经营目的是以技术进步赋能实体产业链高质量发展，而非资本无序扩张。这类企业集四重属性于一身，"实体性""科技性""生态普惠性""网络外部性"共同构成了其内涵本质（见图1）；在财务上往往呈现"三高一低"的典型特征，即"技术研发投入高""员工薪酬支出高""纳税额高""利润低"。从中长期来看，促进"新型实体企业"健康发展将为产业转型升级、推动乡村振兴、促进共同富裕等国家战略提供重要助力。本轮反垄断监管以互联网平台企业为主要对象，一些"新型实体企业"在经营组织形式上带有平台属性，但在"实体属性""商业模式""价值取向""市场竞争策略""社会和经济功能"等诸多方面与传统的"互联网平台"存在本质差异，在反垄断监管上需要采取差异化安排。

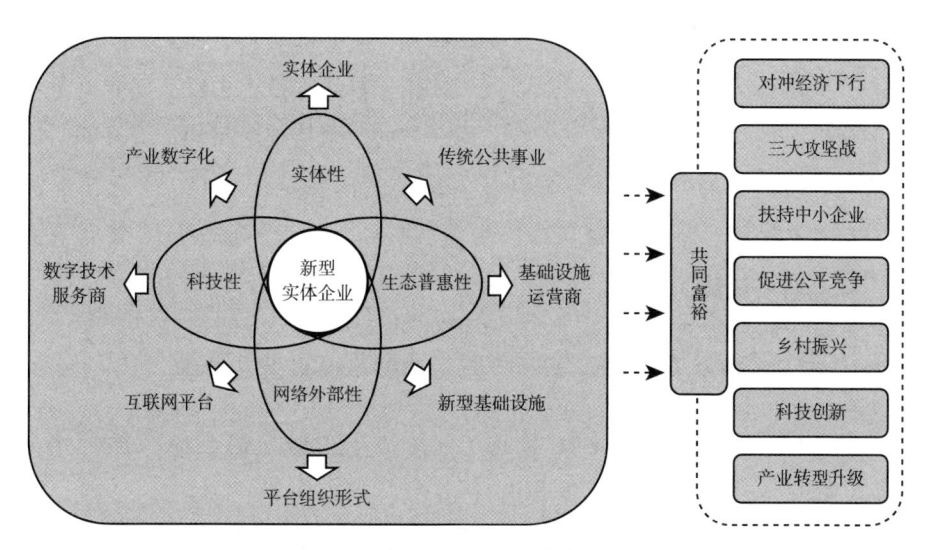

图1 "新型实体企业"的内涵框架

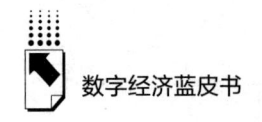

五 完善我国平台反垄断监管的政策建议

反垄断、反不正当竞争，是完善社会主义市场经济体制、推动经济高质量发展的内在要求，随着我国数字经济的发展，平台反垄断强监管将"常态化"推进。2021年8月17日中央财经委员会第十次会议明确了共同富裕这一社会主义本质要求，明确了在高质量发展中促进共同富裕。下一步完善平台反垄断监管应紧扣这个大方向，把握好抓规范和促创新的平衡，围绕不断提升"良法善治"水平、释放"新型实体企业"效能、强化数据保护与安全、促进资本规范健康发展等方面针对性施策。

（一）突出行为监管，提升平台反垄断"良法善治"水平

2021年8月，中共中央、国务院印发《法治政府建设实施纲要（2021—2025年）》，明确提出"以良法善治保障新业态新模式健康发展"。平台反垄断的"良法善治"，应贯彻积极的包容审慎监管原则，围绕公平竞争和鼓励创新，持续完善法律依据、全面提升监管能力。一方面，构建高质量的平台反垄断制度体系。以《反垄断法》《反不正当竞争法》《指南》为核心，突出行为监管理念，加强对运用数据、算法等技术手段实施非竞争行为的研究，持续完善数字竞争规则。另一方面，坚持技术赋能，提升部门协作能力、提高智慧监管水平。加快反垄断监管的数字化转型，实现精准监测、分析和预警，推动监管从事后覆盖到事前、事中，减少反垄断监管成本、提高监管效能。

（二）探索分类监管，全面释放"新型实体企业"效能

在当前日益复杂的国内外环境下，中国经济高质量发展的核心在于"以实促实"。要充分发挥"新型实体经济"在稳定经济增长、支撑科技创新、激活中小企业、畅通现代流通体系等方面的关键作用，推动产业转型升级、全面乡村振兴，促进实现全社会共同富裕，积极优化相关政策措施，全

面支持"新型实体企业"的健康发展。一是科学界定"新型实体企业"内涵。区分"传统实体企业""新型实体企业""平台企业"等不同企业类型，精准分类施策，明确支持"新型实体企业"发展的政策导向，避免与平台企业混同监管。二是健全支持"新型实体企业"发展的政策框架。在"三新"经济和数字经济统计监测的基础上，推出"新型实体企业"统计监测体系；加大执法力度，打击线上偷税漏税、售卖假冒伪劣商品、"二选一"、掠夺性定价等不正当竞争行为。三是加大支持"新型实体企业"发展的政策力度。严格筛选、框定名单，树立一批"新型实体企业"的良好典型，在财税、金融、科技、产业、人才等方面全方位给予政策支持，发挥好"新型实体企业"的联动辐射作用，带动全链条、全产业更好更快发展。

（三）筑牢全链条监管，切实加强数据安全保护

数据要素是平台竞争最为关键的要素，互联网平台之间的竞争主要围绕数据和流量展开，通过数据封锁形成进入壁垒，企业在追求垄断利润和创造社会福利之间面临抉择。建立涵盖数据形成、采集、存储、加工、流通、分析、应用全链条的安全管理体系，切实加强数据安全保护是平台反垄断监管的重要一环。一是健全数据安全管理法律法规。以《数据安全法》《个人信息保护法》为核心，加快补齐数据确权、交易流转的规则短板，制定分行业分领域数据安全管理实施细则，建设数据泄露通知制度，完善数据安全保障、评估体系及安全审查制度。二是创新监管方式。应用沙盒监管等多种方式，探索包容审慎监管和社会共治模式；基于区块链的数据溯源体系，实现对算力资源、数据资源和算法资源流通的追溯，探索建立可追溯、可审计的数据交易登记管理制度。三是强化数据监管政策协调。国家安全与个人信息保护并重，明晰部门权责，在规则制定、工作推进、调查研究等方面加强部门协同。

（四）兼顾效率与公平，促进各类资本规范健康发展

中央财经委员会第十次会议明确要求"促进各类资本规范健康发展"，

这与2020年12月中央经济工作会议提出的"防止资本无序扩张"在逻辑上是一致的，重点关注的是资本扩张背后的价值取向，而非资本扩张本身。一是注重发展公平，持续加强经营者集中监管。强化平台并购行为的"事前审查"和竞争性评估，提前防范通过金融扩张和垄断市场实现快速盈利的资本扩张，促进市场公平竞争。二是保障发展效率，避免抑制创新活力。完善反垄断监管需要调整监管范围、力度和框架，最终目的在于规范创新发展，而非抑制创新活力和生产效率。例如，作为全球覆盖面最广的个人数据隐私保护法规，欧盟《通用数据保护条例》（GDPR）的实施效果与立法目标背道而驰，"惩罚性监管"不仅抬高了企业合规成本、严重限制了数字经济创新主体的发展，也未能够达到有效保护消费者数据隐私的理想效果。三是优化配置资源，突出共同富裕大方向。积极引导和支持各类资本投向科技创新、人才强国、产业转型升级、乡村振兴等战略方向，助力拓展高质量发展空间。

（五）加快审理典型反垄断案件，积极对接行政突破效果，彰显"执法司法合力"

2021年，国家市场监管总局加强和改进平台、医药、公用事业、建材等民生发展重点领域反垄断监管执法，查处垄断案件176件，罚没金额235.86亿元。在"4·13"行政指导会上，国家市场监管总局明确指出，强迫实施"二选一"问题是平台经济领域资本任性、无序扩张的突出反映，是对市场竞争秩序的公然践踏和破坏；强迫实施"二选一"行为限制市场竞争，遏制创新发展，损害平台内经营者和消费者利益，危害极大，必须坚决根治。从国内外的法律和实践看，反垄断的治理不能仅依靠行政执法的力量，还要充分发挥司法审判和私力救济的力量，通过典型反垄断司法案件的审理，巩固和加强行政执法成效。通过这种衔接和协调，坚决制止互联网领域垄断行为，寻求两种实施机制优势的结合，将国家公权力优势与市场主体的私权救济有机结合起来。

参考文献

陈永伟：《平台反垄断问题再思考："企业-市场二重性"视角的分析》，《竞争政策研究》2018 年第 5 期。

冯然：《竞争约束、运行范式与网络平台寡头垄断治理》，《改革》2017 年第 5 期。

李勇坚：《互联网平台寡头垄断：根源、影响及对策》，《人民论坛》2021 年第 Z1 期。

苏治、荆文君、孙宝文：《分层式垄断竞争：互联网行业市场结构特征研究——基于互联网平台类企业的分析》，《管理世界》2018 年第 4 期。

谭家超、李芳：《互联网平台经济领域的反垄断：国际经验与对策建议》，《改革》2021 年第 3 期。

吴敬琏：《平台经济与公共政策》，《比较》2018 年第 98 辑。

熊鸿儒：《我国数字经济发展中的平台垄断及其治理策略》，《改革》2019 年第 7 期。

中国信息通信研究院：《平台经济与竞争政策观察（2021 年）》，2021 年 5 月。

Jia, J., Jin, G., and Wagman, L., "Platform as a Rule Maker: Evidence from Airbnb's Cancellation Policies", NBER Working Papers 28878, 2021.

Khan, L. M., "Amazon's Antitrust Paradox", *Yale Law Journal*, 126（3）, 2017: 710-805.

Tirole, J., and Rochet, J., "Platform Competition in Two-side Markets", *Journal of the European Economic Association*, 1（4）, 2003: 990-1029.

数字金融篇
Digital Finance

B.4
数字经济对利率形成机制的影响研究

李扬 费兆奇 陆洪 曹婧 丁一[*]

摘　要： 本文从三个视角分析了数字经济对利率形成机制的影响。其一，当前我国较高的利率水平可视为金融中介效率偏低的一个佐证，在数字经济背景下，金融中介依托金融科技和科技金融两种主要模式实现效率提升、降低交易成本，并最终达成降低利率水平的目标。其二，自然利率作为价格型货币政策调控的实际利率锚，是中央银行制定政策利率的重要依据。数字经济通过资金需求、资金供给及资金匹配过程，对自然利率产生全方位影响。其三，近年的国际基准利率改革将对全球金融市场带来深

---

[*] 李扬，研究员，中国社会科学院学部委员，国际欧亚科学院院士，国家金融与发展实验室理事长，中国社会科学院经济学部主任，主要研究方向为金融、宏观经济、财政；费兆奇，经济学博士，国家金融与发展实验室高级研究员，中国社会科学院金融研究所研究员，主要研究方向为宏观金融、货币政策；陆洪，中国社会科学院研究生院金融系博士研究生，主要研究方向为宏观经济、货币政策；曹婧，经济学博士，中国社会科学院金融研究所助理研究员，主要研究方向为财税理论与政策；丁一，经济学博士，中证金融研究院助理研究员，主要研究方向为数字经济。

远影响,但新型基准利率在形成机制上仍然存在一些不足。数字经济能够通过信用关系技术化弥补新型基准利率关于信用风险的缺失,利用机器学习技术辅助新型基准利率构建利率曲线,并通过央行数字货币减缓美元对非主要货币国家的冲击。

关键词: 金融中介 自然利率 基准利率

一 利率本质、金融中介与数字经济

马克思利息理论认为,利息是剩余价值的一部分,剩余价值表现为利润。因此,利息水平不应超过生产部门创造的总利润,相应的利率上限由一般利润率水平所决定。但是,近些年我国实体经济利息总支出持续超出各年度新增 GDP,实体融资的利率水平在主要经济体中处于高位,金融业增加值占 GDP 比重持续攀升并超过多数经济体。其本质原因在于我国的货币经营业作为交易中介,其交易成本受多重因素影响而处于较高水平,具体表现形式便是利率的总体水平偏高。由于金融业属于流通部门,利率体现的是流通费用或成本,因此较高的利率水平可视为金融中介效率偏低的一个佐证。而数字经济在近年的快速发展,使得传统金融中介理论赖以存在的理论前提和现实环境发生了质变,数字经济创新将为金融中介理论提供研究和分析的新范式,更好地丰富和发展金融中介职能。而这为我国提升金融中介效率、降低实体融资的利率水平提供了新的契机。

(一)利率本质与金融中介

马克思对利息的研究始于生息资本概念的引入和对生息资本运动规律的揭示。在资本主义经济条件下,生息资本的形态表现为借贷资本,利息产生的必要条件是借贷资本在货币资本家和职能资本家之间进行运动。职能资本家先向货币资本家借款从事剩余价值生产,取得平均利润,然后再把平均利

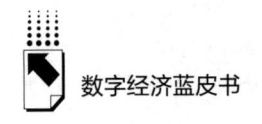

润的一部分作为利息支付给货币资本家,另一部分作为企业利润留归自己。因此,利息是借款人(职能资本家)使用借贷资金偿付给贷款人(货币资本家)的报酬,本质上是剩余价值的一种转化形式,等价于利息是对平均利润的分割。

马克思认为,利率是货币资本家和职能资本家之间分割利润时竞争的结果。因此,利率取决于两个因素:一是平均利润率;二是平均利润在货币资本家和职能资本家之间进行分割的比例。考虑利率在短期和长期的不同变化,马克思进一步将利率区分为一般利率和市场利率,指出长期内一般利率以社会平均利润率为上限,而短期内市场利率由借贷资本的供求关系决定。从长期来看,一般利率的变化范围介于0与社会平均利润率之间,社会平均利润率是一般利率水平的上限,但并非决定因素。由于社会平均利润率在较长时期内是个相对稳定的量,因此,受其制约而形成的一般利率在一定时期内也保持相对稳定。短期内,在社会平均利润率相对不变的情况下,货币资本家和职能资本家之间的竞争决定了市场利率,这一竞争的决定因素是借贷资本的供求关系。马克思利息理论的分析框架可总结为:利息来源于利润,长期内社会平均利润率通过货币资本家和职能资本家之间的竞争形成了一般利率,短期的借贷资本供求关系决定了市场利率,市场利率围绕一般利率水平上下波动。

在资金融通过程中,金融中介因具有便利支付结算、降低交易成本、改善信息不对称、有效管理风险等功能,使社会资源得以优化配置并最终实现价值增值。金融中介大大降低了交易成本、信息成本和参与成本,但随着金融中介数量快速增长和金融市场同业竞争日趋激烈,金融中介的经营成本不断提高。在金融中介运营过程中,机构日常运营支出、人力资源管理支出、资产配置机会成本、金融技术创新成本等构成了金融中介的经营成本。金融中介必须在维持自身机构正常运营的基础上,通过扩大机构建设和完善人员福利与其他金融中介竞争,从而提高整体盈利能力和市场占有率。但需要注意的是,金融运行效率并非以金融中介盈利水平来衡量,而是体现为金融服务实体经济的质量和效率。从成本加成定价模型来看,金融中介产品定价或贷款利率应至少覆盖资金成本、风险成本、经营成本和目标收益率。金融中介的高经营成本和高利润挤占了实体经济的盈利空间，因此较高的利率水平可视为金融运行效率偏低的一个佐证。

（二）中国利率水平偏高的理论分析

实体经济是国民经济的根基，融资成本高企成为制约我国实体经济发展的一个重要因素。具体表现在以下几个方面。一是商业银行贷款利率普遍高于制造业平均盈利水平。2012~2021年，我国金融机构人民币贷款加权平均利率约为7%，高于规模以上工业企业营业收入利润率约1.48个百分点。2014年以来，我国货币政策多次微调并引导降低实体融资成本，金融机构人民币贷款加权平均利率整体呈下行趋势，但与规模以上工业企业营业收入利润率基本持平（见图1）。二是从宏观视角看，2012年以来我国实体经济的利息支出持续高于各年度名义GDP增量（见图2）。三是我国存在"宽货币与高利率并存"的现象。以M2同比增速衡量货币供应量变化，可以发现货币供给与金融机构人民币贷款加权平均利率之间并非严格意义上的此消彼长关系，这背离了"货币供求决定利率水平"的凯恩斯利息理论。而马克思利息决定理论和金融中介理论给出了较为合理的分析视角。我们认为，以下五个结构性失衡问题是导致当前我国实体经济融资成本偏高的主要原因。

1. 一般利率与社会平均利润率不匹配

马克思指出，一般利率以社会平均利润率为变动上限。这一论断的现实意义在于，中国人民银行自2013年7月起全面放开金融机构贷款利率管制之后，金融机构根据商业原则自主确定贷款利率水平时应以社会平均利润率为基础。值得注意的是，马克思所说的社会平均利润率不是社会各部门利润率的简单平均，而是各部门利润率在竞争规律作用下趋向平均化而形成的。形成社会平均利润率的基础条件是生产要素可以自由流动，产业能够自由进出，市场竞争实现充分公平。然而，这些条件在我国尚未完全具备，导致我国长期以来未能形成社会平均利润率，从而难以确定合理的一般利率水平。在实践中，银行贷款利率通常是以市场平均利率为依据确

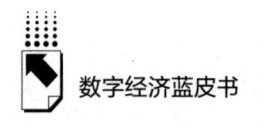

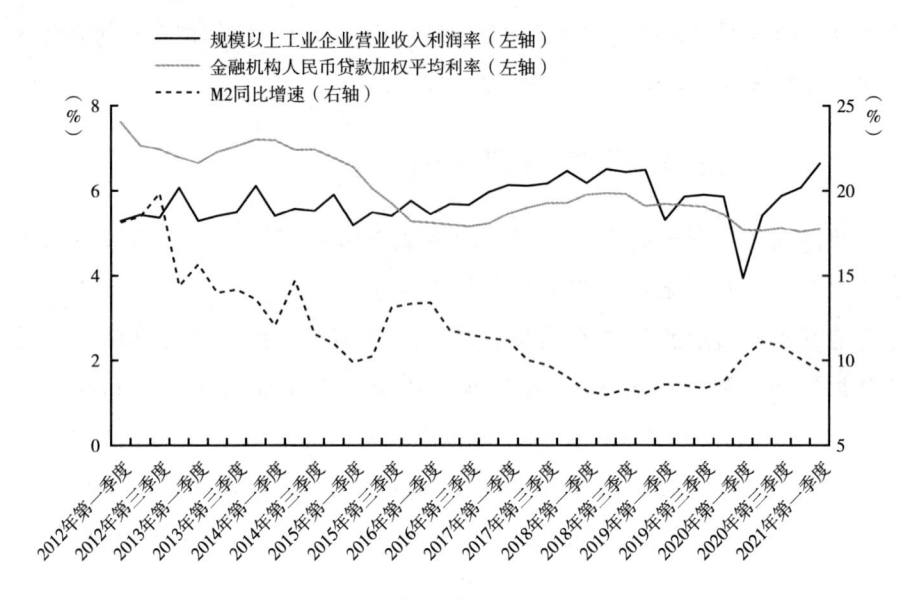

图1 中国工业企业利润率、贷款平均利率和M2增速走势

资料来源：Wind资讯。

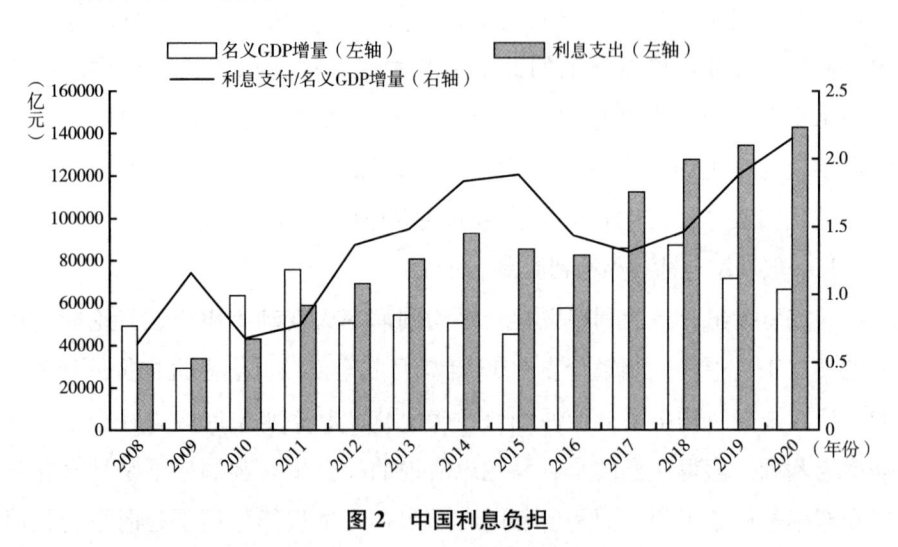

图2 中国利息负担

资料来源：国家金融与发展实验室国家资产负债表研究中心。

定的，而市场平均利率由实体经济和虚拟经济的利润率共同决定。与金融业等虚拟经济以及房地产业等高利润行业相比，以制造业为主体的实体经济往往投入成本较高、产出周期偏长、利润空间有限，尤其是中小型民营企业大多处于微利甚至无利状态。实体经济利润率走低而虚拟经济利润率过高将扭曲社会平均利润率水平，催生"银行贷款利率高于实体经济利润率"的怪象。虚拟经济的资本回报率偏高，加之信贷资金具有趋利性特征，致使人民银行通过降准降息向市场释放的流动性大量流入虚拟经济，进一步推高虚拟经济的资本利润率，最终陷入"实体经济融资成本高—降准降息释放流动性—实体经济与虚拟经济利润率差距拉大—实体经济融资成本抬升"的恶性循环中。

马克思认为，金融中介自身并不创造财富和价值，金融活动中耗费的财富和获得的收益最终都来自实体经济的让渡。从这个视角出发，金融中介是从实体经济部门中分离出来专门从事金融服务的专业化机构，实体经济是金融业的本源。但我国金融中介发展与实体经济出现了较为明显的背离趋势，具体表现为：一是金融中介规模过度膨胀，2020年末我国银行业金融机构总资产达319.7万亿元，远超美国、欧盟和日本；二是金融业增加值占比快速上升，2020年金融业增加值占GDP比重为8.27%，在全球名列前茅；三是金融与实体经济利润严重失衡，2012年以来A股金融类上市公司占全部上市公司净利润的比重维持在50%以上，2015年曾高达61.34%。金融资本利润挤占产业资本利润导致金融中介服务实体经济的效率有所下降，企业融资难、融资贵问题突出。

马克思指出，货币金融对实体经济疏远化，早在货币的原初形式中便已存在。货币的出现极大地促进了实体经济的发展，其主要功能是解决了储蓄和投资的跨时期配置问题，但在储蓄向投资转移过程中蕴含着货币与经济相疏远的倾向。一是货币一经产生，就有了价值和使用价值的分离，两者不相一致是常态。二是货币并不直接代表商品，只是宏观地用一堆货币与一堆商品相对应，货币的产生只是商品自身内部客观存在的"实"（可以满足人们的物质需求）与"虚"（可以用来与别的商品相交换）之对立的最初的外化形式。由于货币供应很可能而且经常与货币需求不对应，价格和利率变动就有可能发生。三是金融活动借助货币流通产生之后，尤其是随着直接融资

（如股票、债券、基金等）规模逐渐增大，以及金融衍生工具的产生和发展，经济活动进一步虚拟化。直接融资自身就是交易对象且有特殊的定价方式，易于受到自身供求关系的影响，价格可能严重背离其赖以产生的实体资产的价值，"脱实向虚"成为常态。金融衍生产品（如远期、调期、互换、期货、期权等）彻底割断了金融与实体经济的关联，因为金融衍生产品并非根据实体经济来定义的，它的全部价值仅存在于其赖以产生的金融原生产品（如货币、股票、债券等）的价格波动之中。过度使用金融衍生品、操纵金融原生产品价格变化导致金融市场的运行逐渐远离实体经济基础，间接提高使用金融原生产品的企业的融资成本。

2.货币供应宽松与信贷资金供给不一致

在货币信贷总量宽松的背景下，实体经济融资成本居高不下的一个重要原因是信贷供给紧缩。马克思认为货币和借贷资本是截然不同的两个范畴，货币转化为资本的前提是货币资本家购买劳动力商品。利息生于货币之资本式的借贷，而与流通的货币数量无关。马克思指出，市场利率取决于借贷资本的供求关系，而不是流通中货币的供求关系。分别以M2和金融机构人民币各项贷款余额同比增速反映货币供应量和信贷资金供给变化，可以看出两者短期波动并非完全同步，一些区间甚至出现截然相反的走势。如2019年下半年，M2同比增速企稳回升，金融机构人民币各项贷款余额同比增速却显著回落；2020年上半年，M2同比增速走高趋势明显，而金融机构人民币各项贷款余额同比增速仅小幅抬升（见图3）。种种迹象表明，宽货币并未有效传导至宽信用，尽管市场货币供应量增加，以人民币贷款余额为代表的金融机构信贷投放却呈收缩态势，"宽货币、紧信用"矛盾突出，从而推高银行贷款利率。因此，降低实体经济融资成本不应仅以短期货币流动性充裕为目标，更需强调保持长期资本流动性合理充裕。

宽货币难以传导至宽信用的主因在于金融中介信贷渠道传导有效性的下降。我国金融中介体系以银行为主，信用传导机制高度依赖银行。在信贷供给方面，中小银行资产质量和资本补充压力较大，授信意愿不足。在信贷需

图 3　M2 与金融机构人民币各项贷款余额同比增速

资料来源：Wind 资讯。

求方面，基建和房地产行业加杠杆空间受限，民营、小微企业抵押担保品不足，难以获得银行融资。在金融结构方面，近年来我国产业结构转型升级，轻资产、高风险的中小企业成为经济发展的主要驱动力，而金融中介以大型银行为主，缺乏定位于小微金融服务的中小金融机构，金融结构转变滞后于实体经济结构升级。金融机构在向企业提供贷款时有所顾虑的根源在于实体经济中存在越来越大的风险，金融业的收益来自实体经济，金融机构规避这一风险恰恰是一种理性的行为。我国经济进入新常态后，经济发展的基本特征是实体经济长期疲弱，投资收益率持续下滑，经济风险不断积累。这使得金融体系的融资功能失去了目标和依托，表现为金融不能有效服务实体经济。因此，改善经济基本面与提升金融服务实体经济能力二者相辅相成，讨论实体经济融资成本问题，不可或缺的前提是对实体经济发展情况进行分析判断。

3. 所有制偏好抑制金融资源配置的充分竞争

马克思利息理论认为，资本所有权与资本使用权的分离是利息产生的经济基础，只有资本家分为货币资本家和职能资本家，才能使一部分利润转化为利息，即利息是职能资本家使用借贷资本而支付给货币资本家的一部分剩余价值。借贷资本的运动形式体现为资本主义信用，为满足资本主义扩大再生产的需要，银行信用应运而生。资本主义社会中货币资本的借贷，主要是通过银行来进行的。一方面，银行通过吸收存款把社会上大量闲置的货币资本集中起来，替货币资本家贷出资本；另一方面，银行通过发放贷款为职能资本家借入资本，银行信用是银行以贷款方式向职能资本家提供的信用。因此，银行是连接货币资本家和职能资本家的金融中介，也是经营货币资本的企业，充当货币资本的所有者和使用者。马克思指出，只有货币资本家和职能资本家之间的经济利益相互对立并开展充分竞争，才能创造出利率，利率的水平、其风险结构和期限结构由资金供求双方在市场上通过反复交易的竞争来决定。从短期来看，在社会平均利润率既定的情况下，市场利率是由这两类资本家之间的竞争决定的。随着金融中介的发展，银行吸收存款后成为名义上的货币资本家，其与职能资本家相互竞争决定利率。

在以国有商业银行为主导的间接融资体系下，金融机构所有制偏好使得我国信贷资源配置存在不完全竞争，难以形成公平合理的市场利率水平。国有商业银行和国有企业的出资人均为政府，银政企之间的政治关联性使其利益存在一定程度的一致性。银行与国有企业之间并不存在实质性的债权债务关系，它们之间的借贷好比同一个所有者"自己同自己进行借贷"。这种虚拟借贷关系弱化了贷款额度限制和利率约束，因此国有企业易于以低利率大量获取银行信贷资源。一方面，地方政府通过行政手段（如人事任免、家属利益等）干预国有商业银行的信贷决策，将大量金融资源低成本配置给国有企业。国有企业获得银行信贷优惠后实现规模或利润扩张，有助于提高地方政府在税收、投资和就业等方面的政绩。银行为国有企业提供低利率贷款可能产生一定的效用损失，但地方政府可利用其掌握的经济资源（如财政性存款、基建项目、公务员个人业务等）为银行提供其他潜在收益来弥补这一损失。因此，银行接受地方政府干预从而为国有企业提供信贷优惠，是经过三方利益互动博弈之后，银行所做的使其效用最大化的理性选择。另一方面，政府对国有企业融资提供隐性担保①，当国有企业经营发生亏损或出现流动性危机时，政府往往会增加对其的投资和补贴，通过降低税负或协助重组等方式对其进行救助。政府信用背书保障了国有企业在出现危机或信用违约时银行贷款本息的安全偿付，因此国有企业更容易获得优惠的融资条件。民营企业的偿债资金多局限于其主营业务收入、资本市场直接融资、银行借新还旧等，资金来源不稳定，债务风险不可控。银行放贷过程中面临的逆向选择和道德风险突出，必然提出相应的风险补偿要求，这会增加实体经济融资成本。在金融资源供给有限的情况下，银行向国有企业倾斜资源会对民营企业融资产生"挤出效应"，借贷资本供不应求将推高民营企业贷款利率，国有企业和民营企业融资成本两极分化的趋势愈发明显。由于信贷额度紧张和信贷偏好，2017 年以来，金融机构执行上浮利率贷款占全部人民币贷款的比重明显上升，两三成贷款执行基准利率上浮50% 以上（见图4）。

根据金融中介的风险配置理论，金融中介的核心业务在于以最低的成本向社会提供有效配置风险的功能。从风险分类看，一些风险可以通过交易转移到其他金融市场参与者，而有些风险必须由金融中介自行管理和规避。金融中介风险转移和管理功能的增强通过降低银行风险偏好，加剧中小企业融资难、融资贵问题。一方面，为追求风险最小化，银行对开展中小企业信贷业务普遍缺乏意愿，或设置较高的抵押贷款门槛，加大企业融资难度。另一方面，为实现风险转嫁最大化，银行往往要求缺乏抵押资产的中小企业通过寻求担保机构的信用担保争取银行贷款，担保机构收取担保费抬高企业综合融资成本。

4. 金融市场分割条件下难以形成有效的利率传导机制

市场基准利率作为市场参与者进行资产定价的参考依据，以及央行实施货币政策调控的目标利率，在政策利率向实体经济的传导过程中发挥基础性

---

① 隐性担保是指企业面临信用违约时，会有无明确合同义务的第三方动用其他资源、以各种方式对其进行救助或代替其偿还债务本息。

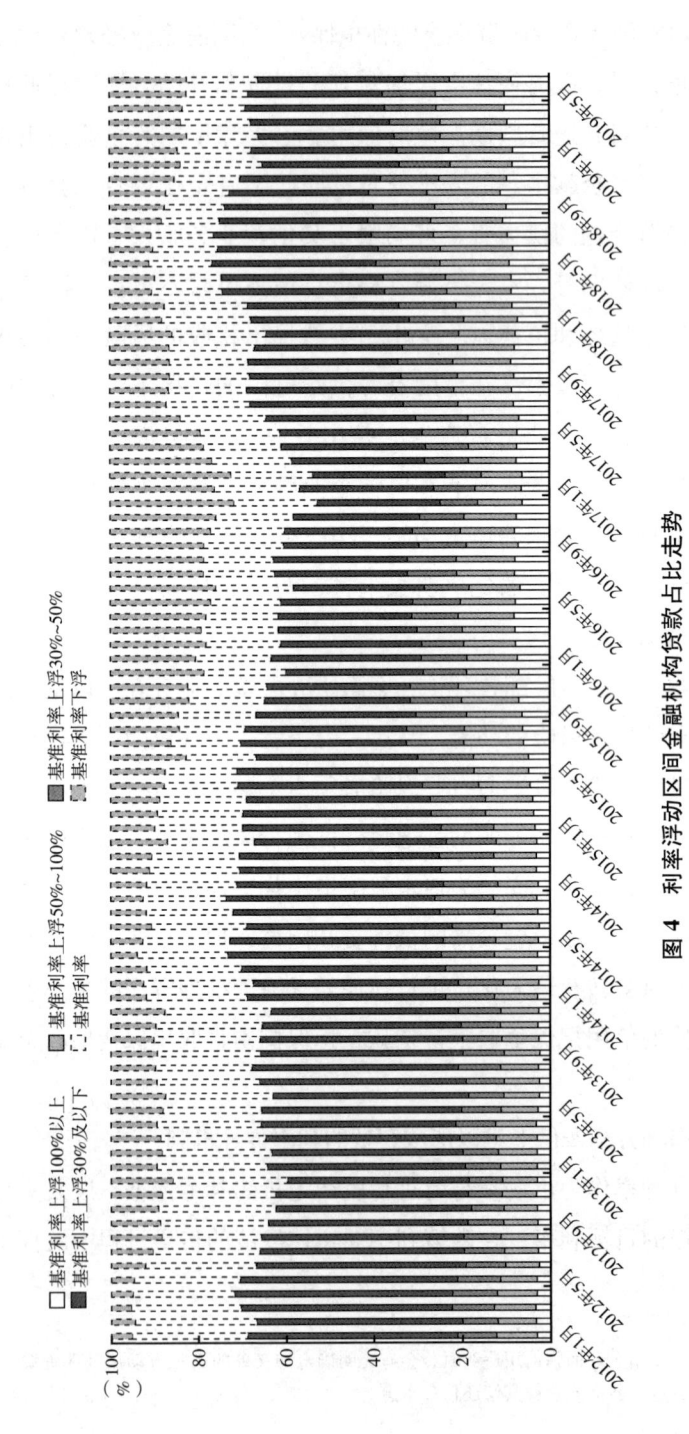

图 4 利率浮动区间金融机构贷款占比走势

资料来源：Wind 资讯。

作用。从主要发达国家利率市场化的发展经验来看，市场基准利率是金融市场参与者和货币当局共同选择的结果。按照马克思的观点，利率既是由社会平均利润率通过货币资本家和职能资本家之间竞争决定的内生变量，也是货币当局为调节借贷资金供求而决定的外生变量。货币当局通过市场操作调控基准利率，其他市场利率锚定基准利率并在套利机制作用下做出适应性调整，进而影响实体经济融资成本。但我国金融市场有效性不足且存在严格的业务准入限制，造成金融市场分割和套利不充分，不同期限的资金难以完全替代和自由转换，无法形成有效的基准利率和利率网络。我国金融市场分割主要表现在以下两大方面。

（1）货币市场和资本市场内部彼此分割

其一，货币市场主要包括银行间同业拆借市场、银行间债券回购市场和票据市场，尽管同业拆借市场已于1996年实现全国联网交易，但其他子市场之间以及同一子市场的不同局部范围仍处于彼此分割的状态，造成货币市场利率难以真实地反映资金供求关系。

其二，信贷市场分割体现为正规金融部门和非正规金融部门间的分割，以及地域性市场的分割。商业银行作为信贷投放的主体，选择贷款对象时会优先考虑违约风险较低或具有政府背景的国有企业和大型企业。受抵押品缺失、信息不对称等因素制约，银行发放贷款时对民营企业和小微企业更多地执行上浮利率。一些难以获得银行信贷资金的企业只能更多依赖民间金融市场，由于进入门槛高、交易合法性问题、信用制度不规范等，民间金融市场的借贷利率远高于正规金融市场利率。分别以金融机构人民币贷款加权平均利率和温州民间借贷综合利率衡量正规金融和非正规金融信贷成本，发现二者之间相差2倍左右（见图5）。这种信贷资源配置的结构性失衡导致市场利率扭曲，具体表现为国有大型企业低成本占用过多金融资源，而中小民营企业融资难、融资贵。此外，银行对本地区企业开展资信评级时相较于地区外企业更具信息优势，因此银行偏好对本地企业给予信贷支持，而对异地授信业务实行严格管理。地域性市场分割在一定程度上限制了金融资源跨区域流动，企业融资需求受本地资金供给约束导致利率上升。

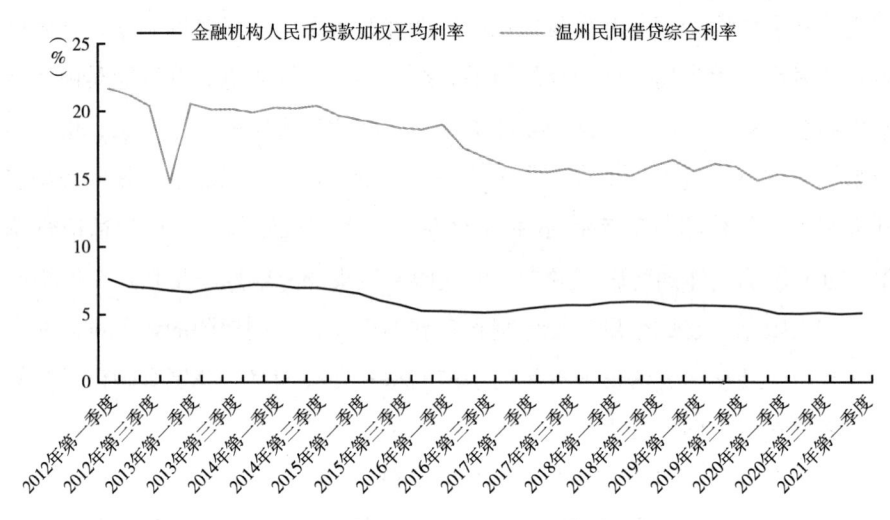

图 5　金融机构贷款平均利率和民间借贷利率走势

资料来源：Wind 资讯。

其三，由于历史原因，我国债券市场长期存在制度性市场分割，① 银行间债券市场和交易所债券市场之间形成了相互独立的审批、托管、交易、清算、监管等两套体系，导致债券市场定价效率偏低，债券发行人融资成本相应提高。一方面，由于银行间市场和交易所市场在投资者主体、市场定价机

---

① 我国从 1981 年开始恢复国债发行，1988 年开始国债流通转让试点，初步形成了无记名实物券国债的场外交易市场。1990 年，上海证券交易所和深圳证券交易所成立，开辟交易所债券市场，成为银行以及金融机构交易债券的主要场所。1997 年 6 月，大量银行信贷资金通过交易所国债回购违规进入股市，加剧股市炒作，导致股市过热产生严重泡沫，中国人民银行出台《关于各商业银行停止在证券交易所证券回购及现券交易的通知》（银发〔1997〕240 号），要求商业银行退出交易所债券市场，同年全国银行间债券市场成立。2010 年 9 月，证监会、中国人民银行和银监会联合发布《关于上市商业银行在证券交易所参与债券交易试点有关问题的通知》（证监发〔2010〕91 号），允许试点上市商业银行参与交易所债券市场的现券交易，交易所债券市场和银行间债券市场的相同债券得以实现跨市场交易。2019 年 8 月，证监会、中国人民银行和银保监会联合发布《关于银行在证券交易所参与债券交易有关问题的通知》（证监发〔2019〕81 号），除了非上市农商行、农信社以外绝大部分商业银行都获准进入交易所债券市场参与现券交易。2020 年 7 月，中国人民银行、证监会联合发布《中国人民银行 中国证券监督管理委员会公告》（〔2020〕第 7 号），同意银行间债券市场与交易所债券市场相关基础设施机构开展互联互通合作。至此，银行间和交易所债券市场结束了长达 23 年的割裂。

制、市场流动性和转托管效率等方面有所不同,相同品种的债券在不同市场的定价存在利差。银行间市场利率多高于交易所市场利率。原因在于:一是交易所债券质押式回购实行标准券制度,有利于提高质押债券流动性,因此银行间债券市场投资者要求更高的流动性溢价作为补偿;二是交易所市场采用的是以中国证券登记结算有限责任公司为中央对手方的集中撮合式标准券回购交易方式,而银行间市场主要以一对一询价方式达成回购交易,交易对手风险更高,因此银行间市场债券风险溢价更高。虽然国债、地方债和企业债基本实现了跨市场发行和交易,但金融债、非金融企业债务融资工具(包括短期融资券、中期票据、非公开定向发行债务融资工具、资产支持票据)等品种集中于银行间市场,债券利率中的流动性利差提高了发债企业的融资成本。另一方面,市场分割问题造成债券市场没有实现有效竞争,不利于营造低成本的融资环境。发债企业难以根据自身融资需求灵活选择债务筹资工具,同时金融机构通过压降票面利率、托管费率、承销费率等方式主动让利实体经济的激励不足,增加了债券发行人的综合融资成本。

(2) 货币市场和资本市场相互割裂

货币市场和资本市场是一国金融市场的重要组成部分,其基本功能在于将储蓄有效地转化为实际投资,服务于实体经济。货币市场侧重于金融资产的短期流动性,而资本市场侧重于金融资产的长期收益性,在完善的市场收益率曲线体系中,货币市场和资本市场利率分别构成收益率曲线的短端和长端。马克思论述了市场利率与实际产业发展之间的联系,实际产业资本扩张会加大对借贷资本的需求,借贷资本供不应求导致利率上升,实际产业资本收缩则会导致利率下降。因此,决定市场利率波动的直接原因是借贷资本供求的非均衡,根本原因却是实际产业发展和经济增长周期。在经济周期的繁荣阶段,实体经济需要将短期资金转化为长期资本,扩大固定资产投资;而在萧条阶段,往往需要将长期资本转化为短期流动性以满足收益下降带来的流动性需求。短期资金与长期资本的转化过程离不开货币市场和资本市场之间的连通,否则将扭曲长短期利率。

我国货币市场和资本市场长期处于分割状态。自 1993 年我国实行分业

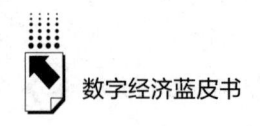

经营、分业管理的金融体制以来，一系列法律法规导致货币市场和资本市场的相互连通并不顺畅。由于贷款资金违规炒股和国债回购资金挪用问题，以1997年商业银行全面退出交易所为标志，我国逐步形成了人民银行监管下的货币市场和证监会监管下的资本市场。货币市场和资本市场分别以商业银行和券商为主导机构，两个市场分立制约了商业银行和券商对另一市场的参与，合规的融资渠道只限于证券公司、基金管理公司等可以进入银行间货币市场，以及证券公司可以向银行申请股票质押贷款，跨市场产品主要是证券投资基金和跨市场国债产品。由于《商业银行法》禁止商业银行从事信托投资和证券经营业务，商业银行对资本市场的直接参与有限，大量银行资金转而借助券商、信托、保险、基金子公司等跨市场通道，通过委托理财、委托贷款等形式迂回进入资本市场。2004年《国务院关于推进资本市场改革开放和稳定发展的若干意见》（简称"国九条"）颁布后，相关部门出台了多项吸引合规资金进入资本市场的规定，促进了资本市场的初步繁荣。2014年《国务院关于进一步促进资本市场健康发展的若干意见》（简称"新国九条"）又提出支持证券期货经营机构与其他金融机构在风险可控前提下以相互控股、参股的方式探索综合经营，进一步明确了货币市场和资本市场以机构为核心实行混业经营的互通方向。

当前我国货币供给宏观总量宽裕，市场利率总体上处于下降通道，但部分地区、部分企业反映融资成本偏高，一个重要原因就是货币市场和资本市场的衔接不够通畅。其一，"国九条"出台前，资本市场合规资金供给远低于融资需求，资金供求长期不匹配推高了融资利率，银行信贷资金违规入市的现象愈发严重。其二，2008年金融危机后，随着宽松货币政策的实施，我国银行间货币市场积累了大量的流动性，银行资金利用银证合作、银信合作等形式进入资本市场，获得资本市场的高收益。在货币总量宽松的情况下，由于缺乏合格的抵押品，货币市场陷入钱荒困境，实体经济融资成本高企。其三，资本市场的多数金融创新活动偏离实体经济融资需求，成为金融机构规避监管以及体系内资金自我循环、谋取利润的工具。例如，网络经济催生的互联网金融、第三方支付等在内的低成本、低门槛新型金融产品，通过高于银行存款的收益率募集社会资金,委托银行做资产管理。此类金融创新本质上是一种金融资源的体系内循环,加剧了资金在金融系统内空转,资本脱实向虚间接推高实体经济融资成本。此外,随着金融创新不断深化,货币当局使用传统手段(控制利率和货币供应)来对实体经济进行调控,其传导机制越来越不畅通,以至于货币政策降低融资成本的效果日趋弱化。其四,银行表内资金成本由于竞争加剧而呈上升趋势,且表外业务提供的资金融资成本高于表内业务。利息是职能资本家使用借贷资本偿付给货币资本家的报酬(马克思,1975),由此推断,非银行金融机构收取的通道费用与银行贷款利息并无本质区别。金融机构经营信贷业务或通道业务,与工商资本家投融资一样,都是为了获取利润。金融机构所要求的利润率不会低于社会平均利润率,否则金融资本家将把资本由金融业转移到工商业部门。金融中介的价值增值理论支持这一论断,金融中介不仅是居于最终储蓄者和投资者之间的代理人,也是一个独立经营、自负盈亏的市场主体,主要业务是通过向顾客出售金融服务而从中获利。从资金供给侧来看,银行发行理财产品、互联网金融等金融创新通过争夺存款推高了银行资金成本,银行为转嫁成本而提高贷款利率,保持利息差稳定。从资金需求方结构来看,实体经济部门对利率变化较为敏感,房地产业和政府融资平台的利率弹性较低,往往不计成本地融资,中小企业资金供给不足导致融资成本上升。鉴于政府投资项目和房地产开发项目融资需求旺盛,银行在表内贷款受到严格控制的情况下,通过表外业务提供了大量资金。2018 年《关于规范金融机构资产管理业务的指导意见》(简称资管新规)实施前,影子银行通道业务为监管套利而进行多层嵌套,拉长实体经济融资链条。经过信托公司等多层通道,资金最终到达企业时综合融资成本较高。

5. 银行内部资金转移定价管理与贷款定价机制不协调

随着银行业竞争的日益激烈和利率市场化进程的不断深入,我国银行业长期存在的存贷利差保护被打破,净息差持续收窄对商业银行的经营业绩及精细化管理提出新的挑战。为此,近年来商业银行纷纷引入内部资金转移定价(Funds Transfer Pricing,FTP),完善以利率风险和流动性风险管理为核心的资产负债管理基础。FTP的本质是金融机构根据外部定价基准和自身经营导向制定的内部资金价格，鉴于价值增值是现代金融中介发展的主要驱动力，FTP的建立和运用有助于金融机构核算业务成本与收益，评估金融活动带来的价值，管理资产负债规模和结构，对疏通利率传导渠道具有重要作用。FTP发挥作用的机理在于，将外部市场价格变化引入内部管理，并引导经营活动进行调整，使得业务结构改变适应外部市场变化趋势，以实现避险获利。达到上述效果的前提条件是，按照边际融资成本的总体思路构建FTP曲线，建立公平高效的内部资金交易市场，并使内部FTP价格与外部市场走势保持一定关联性。

理论上，市场利率对贷款利率的传导首先会对贷款FTP价格产生影响，进而通过贷款定价模型影响实际贷款利率。但从现实来看，贷款FTP调整与市场利率变动尚未同步。贷款市场报价利率（Loan Prime Rate，LPR）改革前，银行FTP体系构建主要参考中央银行存贷款基准利率，与存贷款定价机制基本相符。2019年8月以来，人民银行改革完善LPR形成机制，并通过LPR引导贷款市场化定价。LPR改革成效显著，贷款定价机制发生重大调整，"政策利率—LPR—贷款利率"的利率传导渠道有效疏通，贷款定价市场化水平明显提升；但原有FTP体系在反映市场价格变动上存在一定滞后。由于长期存在利率管制，商业银行已形成将人民银行基准利率作为定价基准的惯性思维和运作模式，虽然我国名义上实现了存贷款的利率市场化，但人民银行基准利率作为定价基准的状况并未完全改变，这一利率的变化与外部市场利率的走势并不完全一致。在此情况下，大多数商业银行仍以人民银行基准利率为参考，采用利差切割法构建存贷款FTP曲线，从而导致FTP价格与外部市场价格的脱节。即使目前监管机构已取消存贷比限制并调整存款口径，以人民银行基准利率构建的FTP仍与外部市场脱节。

此外，贷款FTP与贷款实际执行利率的联系较弱。虽然贷款FTP价格在测算贷款保本利率方面发挥了重要作用，但是贷款实际执行利率受多重因素影响，二者联动还不够紧密。对纯贷款客户定价时，贷款实际执行利率基于单笔成本加成法，与贷款FTP联动较为紧密。而对提供综合化金融服务的客户定价时，需要基于客户关系管理进行定价，参考客户的综合贡献程度、信贷资源投放策略、同业竞争与定价水平等因素，综合确定最终贷款实际执行利率。

由于贷款FTP价格无法及时反映市场利率变动，且贷款实际执行利率受多重因素影响，因此金融市场利率向贷款利率的传导机制不畅，导致信贷资源配置效率降低，实体融资利率呈上行趋势。尽管LPR改革引导市场利率整体下行，但若FTP价格滞后变动且维持稳定，银行出于绩效考核压力将主动调整信贷结构来维持盈利水平，适度压缩低收益资产、提升高收益资产占比，信贷资源向定价相对较高的客户倾斜，间接推高社会平均融资成本。

（三）数字经济背景下的中介效率提升

我国实体经济融资成本高企的成因复杂，在以间接融资为主的金融体系下，金融中介服务质效是重要影响因素。以商业银行信贷为例，在"央行—国有商业银行"或"中小银行—实体经济"的资金流动过程中，利率传导的关键在于打通资金在国有商业银行和中小银行的流通环节，充分发挥金融中介的资金融通职能。面对数字经济的快速发展，传统金融中介理论赖以存在的理论前提和现实环境发生质变，数字金融创新将为金融中介理论提供研究和分析的新范式，更好地丰富和发展金融中介职能。

1. 金融中介理论沿革与职能演进

早期金融中介理论始于20世纪60年代，以Gurley和Shaw（1960）、Benston和Smith（1976）、Fama（1980）为代表，围绕金融中介降低交易成本和信息成本展开研究，提出金融中介是解决信息不对称问题的有效途径。20世纪80年代后，信息经济学、新增长理论和新金融发展理论蓬勃发展，拓宽了金融理论研究的边界（李扬，2017）。Chant（1992）将金融中介理论分为新论和旧论，所谓"新论"即现代金融中介理论以信息经济学和交易成本经济学作为研究工具，将风险管理、流动性中介、金融中介与金融市场的动态关系纳入研究范畴，归纳出金融中介具有支付清算、资金融通与分

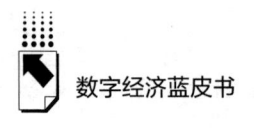

散投资、资源的时空转移、风险管理、提供价格信息、克服信息不对称六项基本职能（Merton，1995）。在此基础上，欧洲央行的Boot等（2020）进一步指出金融中介活动的核心要素是信息职能和沟通职能，这两大职能分别对应信息摩擦和沟通摩擦，金融中介克服这两种摩擦的能力越强意味着效率越高。具体如下。

金融中介的信息职能是指金融中介对各类信息的收集、分析和整合过程，信息既包括借款人、贷款人、投资可行性等私人信息，也包括市场、行业公开信息。信息摩擦表现为信息不对称和监督成本，以商业银行贷款活动为例，信息摩擦在贷款前表现为借贷双方信息集的显著差异，贷款人不了解投资机会的真实状况和未来收益，因此金融中介代替贷款人收集、整理和分析潜在借款人的信息，发挥专业化分工优势，提供投资可行性判断（Campbell和Kracaw，1980）。信息摩擦在贷款后表现为借款人逆向选择和道德风险带来的状态监督成本，借款人在生产经营过程中会受到异质性冲击，而贷款人无法直接观测冲击具体信息，因此专业化金融中介将承担一定的状态监督成本，从而代替贷款人监督借款人的活动（Townsend，1979）。

金融中介的沟通职能是指金融中介与借款人、贷款人建立联系，由金融中介向借贷双方提供支付、清算、储蓄、贷款等各类金融产品和服务。沟通摩擦在空间上表现为借贷双方因分布于不同地区而难以直接沟通，存在搜寻成本。金融中介设立了遍布全境的分支机构，提供自动取款机（ATM）、电话银行、手机银行等服务以解决空间维度的沟通摩擦问题。沟通摩擦在时间上表现为借贷双方储蓄和投资需求不同步带来的期限错配，金融中介通过提供具有期限转换功能的金融产品，维持贷款人当期消费支出和长期资金投入之间的收支平衡，解决时间维度的沟通摩擦问题。

2. 数字经济创新应用与金融中介效率提升

为有效克服信息摩擦和沟通摩擦，近年来金融机构利用包括大科技平台、大数据、云计算等数字技术，不断创新金融产品、商业模式、技术应用和业务流程。数字技术与金融服务加速融合，在催生新兴数字金融业态、提高金融中介效率的同时，也深刻影响着实体经济融资成本和可得性。在数字金融背景下,金融中介将依托"金融科技"(FinTech)和"科技金融"(BigTech)两种主要模式实现效率提升和交易成本降低(Stulz,2019;Frost等,2019)。

(1) 金融科技——应用数字技术升级传统业务

金融科技是指传统金融机构借助技术手段改善金融服务,利用数字技术对支付、贷款、保险、投资等金融工具进行升级。如前所述,以国有银行为主导的传统金融体系难以有效服务中小企业和民营企业,除了潜在的所有制偏好,一个重要障碍是信息不对称。尽管中央不断加大小微企业信贷支持力度,但受获客难和风控难制约,信贷资金难以顺利输送到小微企业。金融科技有助于传统金融中介提高信息获取和处理能力,为解决信息不对称难题提供了可行路径。

其一,金融科技可以提高金融中介的获客效率。中小企业大多规模小、数量大、地理位置分散,使得金融中介搜寻客户的难度大、成本高。金融科技推动线上和线下营销渠道融合互通、优势互补,能改善获客难题。一方面,线上获客具有触达广泛精准、服务高效便捷、用户反馈及时等优点,可以扩大金融服务覆盖面。另一方面,数字技术可以为金融机构线下物理网点布局优化提供决策依据。例如,银行可以借助数字化技术监测物理网点的排队、业务量、业务类型,及时捕捉用户位置、需求信息、用户特征,进而裁撤和新增线下网点实现精细化管理,提高线下运营效率。

其二,金融科技可以提高金融中介的风控效率。传统金融风控模式主要依靠企业财务数据、抵押资产、软信息(企业声誉、企业主社会地位和人品)等线下数据,以及专家主观经验判断、"3C 分析法"、"5P 分析法"、"三品三表法"等风险评估技术(刘元庆,2017)[①],但对于缺乏财务信息和抵押资产的小微企业,传统风控方法难以对其风险进行有效识别。金融机构

---

① "3C"指借款人的品格(character)、能力(capacity)和资本(capital)。"5P"指借款人的个人因素(personal factor)、资金用途(purpose factor)、还款来源(payment factor)、债权保障(protection factor)和借款人展望(perspective factor)。"三品"指产品、押品和人品。"三表"指电表、水表和纳税申报表。

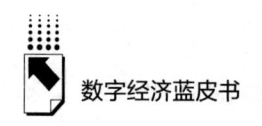

应用大数据、人工智能等数字化技术能够实现内外部数据多维连接、动态交互和深度挖掘，尤其是用户的数字足迹、行为数据（如实时库存数量、车辆物流轨迹、电商平台交易评价、社交网络数字痕迹等），为用户精准画像并建立更加完整、全面的信用档案，提高信用风险管理效率和贷款定价准确性（Gambacorta 等，2020）。

其三，金融科技可以降低金融中介的运营成本。银行、保险等传统金融机构存在大量重复性工作（如客服、柜台等前台业务）和高额的物理网点运营费用，人工智能、在线平台、电子签名、自动化交易系统等线上基础设施的应用有助于减少金融服务对时间、空间、场地、人员的依赖，降低金融机构业务成本。商业银行逐步将贷款申请、审批、放贷、还款等流程迁移到线上，以大数据风控作为贷款风险定价基础，建立高效、实时的全流程金融风险控制模型。这不仅能引导银行降低对抵押担保的过度依赖，减弱信贷供给规模和成本随资产价格的波动性，还能减少信贷投放的运输成本、追踪成本和验真成本（Goldfarb 和 Tucker，2017），推动企业综合融资成本下降。

其四，金融科技可以提供差异化金融服务。银行信贷、保险、基金等传统金融产品标准化、同质化程度较高，难以兼顾不同客群对金融服务的个性化需求。金融科技能够采集海量数据并全面分析用户消费习惯和风险承受能力，更精准地识别用户潜在需求和融资偏好，并结合用户反馈实时动态迭代金融产品，提升金融服务差异化、精细化定价水平，增强金融产品的包容性和适应性（Hong 等，2020）。

（2）科技金融——将传统业务解构和再分工

科技金融是指新型科技企业为金融交易提供科技解决方案，通过对传统金融业务进行解构和再分工，提供低成本、高附加值的"类金融"服务。过去 10 年间，中国一些主营业务为在线购物、社交媒体、搜索服务的科技企业率先利用大科技平台获客并积累数字足迹，再以大数据风控支持信用风险评估为中小企业提供大科技信贷服务。大科技信贷的核心工具是大科技生态系统和大数据风控模型，应用于中小企业贷款领域的工作机制，如图 6 所示。

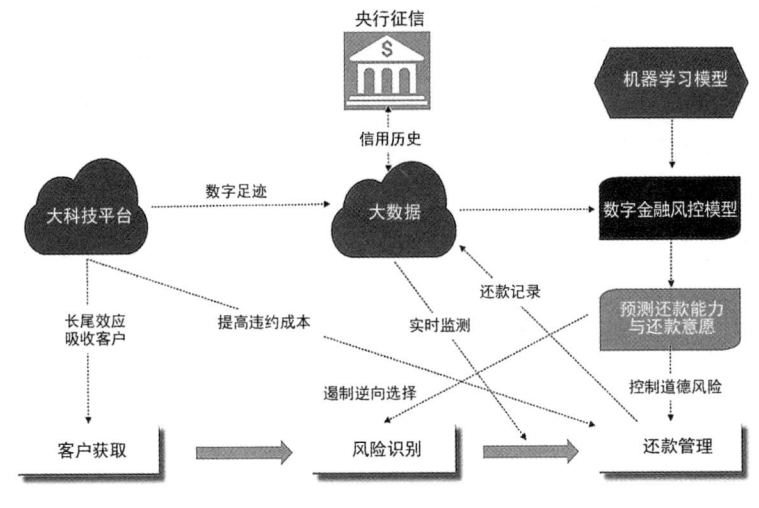

图 6　大科技信贷的工作机制

资料来源：黄益平和邱晗（2021）。

其中，大科技平台的主要功能是海量、快速、低成本地获客以及积累数字足迹，而大科技生态系统是基于大科技平台建立起来的包括商业、金融、社交、娱乐等活动的综合服务体系，可以实现从客户获取、贷款申请、信用评估、贷款发放直至还款管理的全流程监管。数字金融生态系统的特点在于：一是利用大科技平台的"长尾效应"优势，以极低的边际成本主动触达客户；二是基于丰富实时的用户数字"足迹"生成用户画像；三是提高还款管理的有效性。大数据风控模型的主要作用是借助大数据和机器学习技术，识别潜在借款人的偿还能力和偿还意愿。与依赖财务数据和评分卡的传统银行风控模型相比，大数据风控模型具有突出的信息优势和模型优势：一是互联网实时数据和行为数据具有更强的动态性和交互性；二是机器学习模型可以抓住复杂的非线性关系以及变量之间的交互作用，能够更加准确地预测违约。

大科技信用贷款依靠大科技生态系统和大数据信用风险评估两大支柱，有效降低信息不对称性以甄别和监管借款人，在服务小微企业和低收入群体等"长尾"客户方面具有显著优势。科技企业与金融机构既紧密合作又相

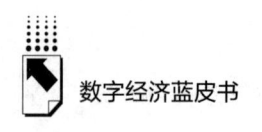

互竞争，使得大规模、低成本、高效率、可持续的普惠金融贷款成为可能。

其一，科技金融可以发挥金融中介和科技企业的比较优势，提升信贷覆盖广度和投放效率。科技金融催生了一批科技企业进入金融领域并创办互联网银行，同时推动着传统商业银行与新型科技企业加强合作，联合贷款是一种较为成熟的合作模式。在该模式下，贷款业务流程被解构为资产负债管理、获取客户、风险评级、利率定价、贷款支付和贷后管理六个环节，根据科技企业和商业银行的比较优势再分工后，由互联网银行进行线上获客、风控评估、利率定价和贷后管理，银行进行二次风控后根据约定的比例与互联网银行共同为客户提供贷款、承担风险和分享利息收入，同时支付互联网银行一定的服务费以覆盖其获客、技术和管理成本。通过解构和再分工，科技企业和商业银行最大化自身禀赋优势：一方面，商业银行发挥资金组织和分配职能，解决互联网银行自有资金短缺问题；另一方面，科技企业向商业银行输出风险识别、定价和管理能力，并为传统信贷业务的线上获客引流，解决商业银行获客和风控难题。科技金融缓解了正规金融和非正规金融之间的市场分割，促进银行、证券和保险等不同领域的业务相互交叉渗透，有助于扩大金融服务范围和控制金融服务成本。

其二，科技金融可以强化金融机构之间的竞争，加快利率市场化进程。由于货币政策传导机制不畅和金融机构风险定价能力不足，银行难以完全自主决定贷款利率，进而弱化为实体经济提供高质量金融服务的意愿与能力。在传统金融机构强监管与新兴数字金融弱监管的差异化环境下，一方面，科技企业参与金融服务市场竞争促使传统金融机构拥抱数字技术，在金融监管边界内降低金融服务成本、提高金融服务效率；另一方面，科技金融本质是一种放松管制（例如利率管制）的金融活动，有利于打破金融抑制和促进利率市场化，实现资金有效配置和合理定价，降低实体经济融资成本。

二 数字经济背景下的自然利率

自然利率反映了实体经济在潜在产出水平和预期通胀目标运行时的实际

利率水平（Wicksell，1936），此时经济处于均衡状态，央行的货币政策应维持中性，自然利率对观测经济运行、制定货币政策和管理通胀预期等均具有重要的作用（Rees 和 Sun，2021）。主要发达国家自 20 世纪 80 年代基本实现利率市场化后，普遍放弃了以货币数量为目标的调控机制，转向以物价稳定为主要目标的政策调控体系。自然利率由此在各国央行利率政策实践中承担了极为重要的作用（Taylor，1993；Laubach 和 Williams，2003；Yellen，2015a，2015b；李宏瑾、苏乃芳，2016）。虽然针对自然利率的测算方法尚没有形成统一的范式（Andrés 等，2009；Barsky 等，2014；Holston 等，2017；Laubach 和 Williams，2003；Neiss 和 Nelson，2003；Woodford 和 Walsh，2005），但从可贷资金的供给和需求分析自然利率的研究框架取得了一定程度的共识。在供给层面，人口结构和收入分配均影响着储蓄能力和意愿（Auerbach 等，1987；Bielecki 等，2018；Laubach 和 Williams，2016；Lis 等，2020；Lukasz 和 Smith，2015；Rannenberg，2018），是决定可贷资金供给的长期因素；在需求层面，经济潜在产出水平的提升是推动可贷资金需求增长的主要原因（Del Negro 等，2017；Edge 等，2008；Ikeda 和 Saito，2014；Lagos，2006；Michaelides 和 Milios，2009；Moran 和 Queralto，2018；Okazaki 和 Sudo，2018）。此外，中短期信贷市场摩擦对资金错配的影响也会导致需求端的金融需求难以得到满足，从而抑制产能和创新，最终影响到自然利率水平（Jiménez 等，2017）。

近年来，伴随着区块链、大数据、云计算和人工智能等新兴技术的发展，数字经济的演进给传统经济运行模式带来了深远的影响。从增长的视角看，数字经济对提升全要素生产率、缓解信贷市场摩擦、改善资本收益率等均有重要影响，并进一步影响自然利率。为此，厘清数字经济对自然利率的影响路径和机制，对评价数字经济的发展成果和管理相应的风险具有重要意义。

（一）数字经济的内涵

不同国家和组织都对数字经济有所诠释，例如美国经济分析局（Bureau

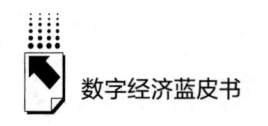

of Economic Analysis，BEA）认为数字经济主要包括三个类型的商品和服务：一是支撑计算机网络和数字经济的信息和通信类（Information and Communications Technology，ICT）基础设施及服务；二是基于互联网络的电子商务；三是基于计算机和通信的付费数字服务。中国信息通信研究院在《中国数字经济发展白皮书（2020年）》中对数字经济的定义是："数字经济是以数字化的知识和信息作为关键生产要素，以数字技术为核心驱动力，以现代信息网络为重要载体，通过数字技术与实体经济深度融合，不断提高数字化、网络化、智能化水平，加速重构经济发展与治理模式的新型经济形态。"同时，该报告还提出了数字产业化、产业数字化、数字化治理、数据价值化的"四化"数字经济框架。

横向看，有关数字经济的内容可大致划分为三层：一是底层技术；二是技术应用；三是融合场景。其中，底层技术是数字经济的基础设施和应用前提，如ICT、5G、物联网、区块链，以及大数据、机器学习等。技术应用和融合场景是数字经济价值实现的输出方式。技术应用是指直接面向企业和个人提供产品和服务的行业，如电信、电子信息制造业、软件及信息技术服务业等"数字产业化"行业；融合场景是指类似电商、互联网服务业和数字经济带动的传统产业等"产业数字化"行业。据统计，我国产业数字化占数字经济比重由2005年的49.1%提升至2019年的80.2%，之后持续扩大。

总体来说，数字经济对经济活动的影响具有三重效应。一是数字经济具有规模经济效应。尽管前期具有较高的技术研发成本或软件、服务等采购支出，但数字经济借助互联网、通信技术等，具有便捷性、可复制性等特性，会降低边际成本，使边际收益递增。二是数字经济具有范围经济效应。范围经济是指由厂商的范围而非规模带来的经济性，即同时生产多种产品的成本低于分别生产每种产品的总成本，这是数字经济对产业逻辑的重构。当企业积累了较大的用户规模和市场占有率后，可以开发更加多元化的产品和服务，拓宽市场边界，从而降低平均成本，提高经济效益。三是数字经济具有溢出效应。数字经济具有高渗透性、关联性的特点，数字经济尤其是底层技术的扩散，会从数字产业迅速扩展到其他行业。除了企业自身获益外，数字产业会以技术扩散等方式，通过横向、纵向产业关联，使其产业链上下游以及其他行业企业因为溢出而受益。溢出效应可以增加需求、匹配供需，之后，需求与供给的响应又会倒逼数字产业各技术升级迭代，使溢出效应不断放大、叠加。

数字经济作为一种新经济形态，以数字化信息技术作为一种全新的、关键的生产要素，一方面不断推动以此为基础的新型业态涌现和发展，另一方面与各类传统产业不断交叉、深度融合，促进产业的转型升级，从而实现经济增长，势必对影响自然利率的各类因素产生作用，从而影响自然利率的形成。

（二）数字经济对自然利率的影响：资金需求

长期来看，宏观经济基本面和较高的潜在产出水平是资金需求的决定因素，较高的全要素生产率和资本有效配置提升了资金需求，促使需求曲线右移，推动自然利率上行。从政策实践来看，实际利率低于自然利率时，有助于刺激和推动经济进入扩张阶段，因此通过提升潜在产出水平提高自然利率能够进一步拓宽货币政策发挥作用的空间，避免当前部分经济体货币政策常常触及零利率下限的尴尬局面。从微观视角看，社会平均生产率的提升促使企业增加资金需求以扩大生产，对较高资本回报的预期反过来使企业愿意承担更高的资金成本。

1. 数字经济提升全要素生产率

全要素生产率是推动潜在产出水平提升和影响资金总需求的重要因素，通常涵盖了技术进步和技术扩散两层含义，长期看均与自然利率有正向关联。数字经济发展是以科技的研发和应用为前提，包含了传统业务的数字化转型和基于数字技术的模式创新，实际上是技术进步和技术扩散的表征提升了全要素生产率。具体来说，数字经济从基础设施效率、生产要素范畴和技术使用效率等多方面对全要素生产率产生了促进作用。

一是基础设施效率提升。一方面，以5G、区块链、人工智能、大数据

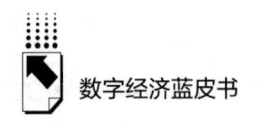

和物联网等技术为代表的科技手段重构了现有经济金融活动所依赖的载体，根本上保证了数据的传输速度和稳定性，形成了新兴数字经济基础设施，极大地提高了经济活动的稳健性。另一方面，互联网服务、区块链存证服务等相关技术产品和服务输出体现了底层技术的直接应用，如同机器生产代替了手工作坊一样，可以替代传统的耗时费力的人工环节，淘汰落后产能，降低成本，提高生产效率。

二是生产要素范畴扩宽。数字经济的发展极大地拓展了经济的纵深，使得与生产相关的各类活动产生了更加复杂的联系，而技术手段和存储成本的改善又使得这些更加复杂的联系以数据的形式被记录下来。2020年4月9日，《中共中央 国务院关于构建更加完善的要素市场化配置体制机制的意见》正式发布，指出了土地、劳动力、资本、技术、数据五个要素领域改革的方向，数据作为一种新型生产要素被明确提及。数据要素是数字经济发展的直接成果，具有排他性、规模报酬递增、正外部性和衍生性等一系列区别于传统生产要素的特征（徐翔等，2021），对提升企业决策水平和改善企业生产效率有良好的推动作用（Müller等，2018）。值得一提的是，数字经济的发展还有可能带来生产关系的变革。一方面，ICT等数字技术催生出各类新的产业业态和商业模式；另一方面，数字技术及潜在价值也在驱动各传统行业的数字化转型，进而形成包括数据、技术、产业、商业、制度的数字经济新型生产关系，可以进一步提高生产力。

三是技术运用效率改善。数字经济的产业应用包括新型业态创新和融合场景建设等。新型业态创新是指电信、互联网、电子通信等底层技术驱动的新一代数字产业。技术密集型的数字产业正处于高速上升期，技术迭代敏捷、创新活跃，且具有很强的外溢性。除技术创新外，还包括商业模式创新，如电子商务、共享经济等。正如BEA在界定"数字经济"时强调的基于互联网络的电子商务，企业间（B2B）、企业与消费者（B2C）、线上线下结合（O2O）等构成了数字经济的重要组成部分，其规模庞大，仍处在高速增长阶段，潜力巨大。融合场景建设是指制造业、农业、金融业等的数字化转型，即数字经济底层技术与传统行业逐渐深入的产业融合。例如，利用

ICT、智能分析等技术的工业物联网、智能制造等可以大幅降低产品成本，提高生产要素利用效率和制造效率，实现传统工业的智能化改造。农业虽自然属性较强，但也在进行着数字化转型，如农产品电商、农业物联网产品追踪溯源、动植物和环境的动态监测等智慧农业，促进了农业生产的发展。在金融领域，互联网、信息通信及大数据等技术手段与传统金融的结合更加紧密，如移动支付、网上银行、网上金融产品销售、智能风控等。数字经济带来的技术运用效率改善既包括技术运用对于原有业务效率的提升，也包括技术之间的协同运用，缩小了最大产出和实际产出的差距，提升了生产效率。

2. 由数字经济驱动的全要素生产率提升对自然利率的作用效果存在路径依赖

数字经济通过基础设施、生产要素和技术运用等几个方面提高全要素生产率，并进一步影响潜在增长水平（李建伟，2020；邱子迅、周亚虹，2021）和自然利率，其积极作用在理论研究和政策实践方面形成了部分共识。但数字经济所覆盖的技术创新过程和相应产业业态发展路径也有可能拉低潜在增长水平和自然利率，原因在于数字技术转化为经济增长动能取决于技术进步和技术扩散两个过程，而后一过程顺畅与否在很大程度上依赖技术路线和产业发展模式是否合适。例如，美国作为发达经济体，近十余年来，尽管各类新的技术不断涌现，其生产率增速却明显放缓。主要原因包括行业壁垒、"马太效应"下的头部平台企业垄断以及反垄断监管薄弱等，数字经济相关的创新难以向中小企业输出，损害了经济增长动能。因此，数字经济对自然利率的影响路径包括以下两个方面。

一是技术进步。技术进步是企业不断试错和创新的过程，暗示着较高的研发投入和较大的失败风险，随着技术水平的不断提升，这类投入和风险所对应的成本也越来越大，创新和进步的边际成本也快速增加，反映到市场层面便是对资金的需求进一步增强，同时，技术进步带来的资本收益也将得到大幅改善，企业对资金成本有了较高的容忍度，资金总体需求的上升和企业风险偏好的变化推动自然利率上行。

二是技术扩散。技术的创新与进步通常最初发生在那些处于行业前沿的

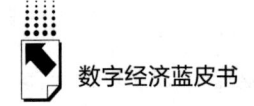

公司或者研究机构，距离真正变成经济增长的驱动力还需要经过技术扩散这一过程。目前看来，发达国家技术扩散的速率在金融危机后有显著的下降，主要体现在行业前沿企业的生产率增长快于非前沿企业，导致二者之间的差距越来越大。此外，包括中国在内，全世界当前的科技创新越来越向大型企业、平台型企业集中，大量的资金和人力也同时向这些"巨头"靠拢，创业型企业和小企业进入行业的壁垒提升，技术扩散由此缓慢下来。技术扩散减速一方面降低了创新技术转变为真实生产力的速率，另一方面也容易因社会对创新的资金需求长期集中在部分"头部"企业而产生资金总需求不足的情况（邱子迅、周亚虹，2021）。两个方面共同拉低自然利率。

由此可见，从纯粹技术进步角度来看，数字经济提升了全要素生产率，增强了资金需求，推动自然利率向上；而从技术扩散的角度来看，数字经济在提升全要素生产率的同时，有可能因为数据垄断和行业壁垒导致技术转变成生产的过程受阻、经济活动速率减缓，资金需求减少，进而促使自然利率降低。

（三）数字经济对自然利率的影响：资金供给

从资金供需的角度来看，长期资金的供给主要来自储蓄，如果不考虑信贷市场短期摩擦和失灵，储蓄长期大于投资就会使得自然利率下行，反之亦然。而储蓄在更长时间范围内主要受人口结构、收入分配等较稳定因素影响，数字经济对这些趋势性变量的影响也会传导至自然利率。

1. 数字经济对人口结构的影响

人口老龄化是当前主要发达国家和我国都面临的挑战，社会人口的老龄化趋势会带来供给端劳动力短缺以及需求端老龄人口消费和投资等的降低，提高了资金供给水平，因此人口老龄化会拉低自然利率，数字经济的规模化发展则有望改善这一负面作用。

劳动力供给减少方面，一些传统上依赖人工操作的流程化动作可以由数字经济环境下的智能制造、人工智能等手段替代，从供给上缓解人口老龄化引发的劳动力短缺问题，进而维持相对平稳的潜在增长水平。另外，数字经济发展过程中产生的新兴就业机会对劳动者体力要求逐步减少，对劳动者智力和经验的要求逐步增加，这反而有利于增强老龄人口重新参与劳动力市场的意愿。

资本需求方面，数字经济可以提升老龄人口的需求。生活环境的优化以及健康医疗的发展，有效地提高了老年人的生活质量。延迟退休、更长的工作时间，也会提高老年人的收入水平。因此，老龄化人口对消费和投资的需求虽有降低，但可以预见其降速随着经济和社会的发展在减缓。如今，很多数字经济的技术已经被应用到了为老年人提供产品和服务上。这些"老龄科技"创造了新的业态，激发出老龄人口新的需求。例如，"互联网+"的智慧医疗养老综合平台，可以为老年人提供多样化的服务，满足其精神需求和物质需求，智慧养老产业未来发展潜力巨大。另外，数字技术也与其他产业融合，更加精准地为老年人提供便捷服务，满足其各类需求。

2. 数字经济对收入分配的影响

收入分配也是影响储蓄和资金供给的重要因素。20世纪80年代以来，全球各国劳动报酬在国民收入中的比例均经历了明显下降，收入不平等在穷人和富人之间更加严重。以美国为例，2018年的数据显示其国内收入前1%的居民获得了19%的总收入。由于边际消费倾向随着收入水平提高而逐步降低，收入不平等程度会降低社会总体消费水平，这一方面不利于经济增长，另一方面也提升了可贷资金规模，对自然利率有负向作用。

数字经济的发展对收入不平等的影响具有正、反两个方面的效应。一方面，数字经济依赖其广泛的软件硬件基础设施，可以将产品和服务触达原本触达不到的地方，由更多人分享经济发展的成果，这也是数字经济具有普惠性的地方。从这个意义上讲，社会总财富借由数字经济网络分配给了更广泛的群体，收入不平等现象将有所改善。但另一方面，数字经济发展过程中，一些技术研发和商业应用天然与巨额的研发成本和技术壁垒挂钩，因此通常具有强者愈强的特性，这就导致创造的财富往往掌握在少数数字经济的直接受益人手中，会加剧财富不平等问题。数字经济普惠性带来的收入不平等的改善与其赢者通吃特点带来的财富不平等加剧作用刚好相反，这也促使政策制定者探讨如何遏制垄断、促进公平，确保数字经济发展的作用有利于潜在

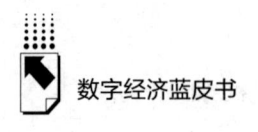

增长水平的提升。

3. 人口结构对自然利率的影响

人口是经济的核心要素,其对自然利率的影响主要是两个方面,一方面是通过就业人口、人口统计学特征等影响潜在增长水平并进一步影响自然利率;另一方面是通过消费、储蓄以及资本需求引起资本的边际回报改变进而影响自然利率。总的来看,如果人口结构偏老龄化,则会导致社会总体资本需求降低,储蓄意愿较高,自然利率下降。具体来说,主要包括以下三个方面。

(1) 资本需求

一般来看,全社会人口趋于老龄化的过程中会降低对资本的需求,进而降低资本收益率。主要原因是:一方面,伴随老龄化的通常是就业人口比例的降低、劳动供给下降,存量资本与就业人口的比例会紧接着上升,就业人口中总的消费和投资需求下降,资本需求也就随之下降;另一方面,进入老龄阶段的人口通常相比他们在就业时的消费和投资需求也有所下降,老年人占比较高的经济体,从微观主体反映出来的投资风险承受能力和风险承担意愿都较低,总体来看投资风格会更偏向能够提供稳定现金流的安全资产。因此,人口老龄化会影响资本需求,从而对自然利率起到拉低作用。

(2) 生产率

人口结构对生产率的影响主要有两个层面。一是对劳动者原所处行业生产率的影响,年龄偏大的劳动者相较年轻的劳动者在技术和经验方面都有更好的水平。二是对相关服务行业生产率的影响,例如老龄化会给保健、康养等服务行业带来增量需求,从而推动相关行业的生产率上升。因此,从生产率上看,适度老龄化的人口结构提升了生产率进而提升了自然利率,当然,这种提升会很快被就业人口减少所带来的下降抹平。

(3) 预期寿命延长

预期寿命延长意味着劳动者面临时间更长的退休生活,由于通常假设劳动者退休后不再产生收入,因此,理性的劳动者不得不调整自己的储蓄投资行为，愿意增加储蓄以便更好地度过退休后的生活。这也意味着，在同样的利率环境下，社会储蓄会进一步上升，或者说资金供给提升，资本要求回报降低，直接导致自然利率下行。这与消费储蓄的偏好改变类似，反映出微观主体更加有耐心（Brand 等，2018）。

总的来说，人口结构老龄化与收入不平等加剧会增加总的储蓄水平和资金供给，推动自然利率下行，数字经济从促进改善收入结构、新增就业范围和创造新兴消费领域等方面缓解了老龄化和不平等加剧问题，提振了资金需求，推动自然利率回升。

（四）数字经济对自然利率的影响：匹配过程

长期来看，需求层面，全要素生产率的停滞不前在宏观上意味着潜在增长水平受到抑制，降低了经济体对可贷资金的需求，在微观上反映出企业未来生产回报的下降，减弱了对资金成本的承担意愿，均对自然利率有负向影响。供给层面，人口老龄化和收入不平等加剧共同提升了可贷资金供给，降低了资本需求，均不利于自然利率上升。可贷资金供需均衡点上的自然利率由此长期低迷。数字经济的发展在不同层面对供需均有改善。

中短期看，包括财政货币政策、信贷市场和金融周期等因素也对可贷资金的供需有相当大的影响，并进一步影响自然利率，Krustev（2019）认为自然利率可以分为一个长期趋势项和一个短期波动项，而 Lee 等（2020）在将金融因子纳入自然利率的估算模型后，发现日本和韩国的自然利率均受金融周期的影响，Belke 和 Klose（2020）在测算欧盟成员国以及欧盟整体的自然利率时也发现纳入金融周期因素会产生更加合理的估计结果。中短期因素对于自然利率影响路径固然包括前述长期因子，如 Krustev（2019）指出宽松的货币条件导致生产要素错配，抑制生产增长，进而降低自然利率，但此处更多是指金融市场的摩擦无效率使得可贷资金难以从供给侧流向需求侧。

1. 匹配过程对自然利率的影响

事实上，如同技术从研发成功到形成经济绩效要经历多个阶段一样，可

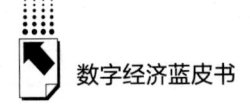

贷资金从供给侧到需求侧也同样需要经历一定的流通和匹配过程，这个过程是否顺畅一样影响均衡状态下的自然利率。微观上看，如果可贷资金的供需匹配过程摩擦扭曲无效率，资金供给方降低了资本要求回报却难以匹配需求，资金需求方缺少可用资金不得不收缩产能，进而造成总需求减少，金融市场的流动性难以与实体经济的需求联通对应起来，直观上看，可贷资金供需之间形成了一个"楔子"（Brand 等，2018），难以达到潜在均衡水平，实际自然利率始终落在均衡水平之下。

具体来说，这种匹配过程的效率损失主要有两个方面的原因。一是信息不对称。需求侧的企业经营风险高，抵押品等自身方面天然不足是主要原因（Levine，2005；谭之博、赵岳，2012），而企业在信息不对称的情况下可能受利益驱使存在传递虚假信息动机，导致逆向选择和道德风险，加大了需求满足的难度，同样地，信息不对称还导致供给侧的金融部门难以获取抵押品或者实体企业的真实经营状况，无法评估实体企业的偿还能力和偿还意愿，受到风险偏好和合规约束，难以提供资金供给（Saeed 和 Sameer，2015）。宽松信贷有可能加剧逆向选择问题，Gorton 和 Ordoñez（2016）指出随着技术扩散，产出高速增长导致内生的信贷宽松，但随着抵押品信息难以评估，逆向选择导致抵押品质量低劣，进而引发信贷和产出的崩溃（王博、陈开璞，2019）。

二是金融市场供需错配。全球金融危机之后，各个经济体普遍实行了提升短期流动性的举措，但全球货币宽松产生了大量投机性、套利性和交易性资本，这些资本并不以服务实体经济或者进入投资为目的，而是在金融市场上空转，利用低利率和高流动等政策，通过债务形成资金头寸，或者通过金融市场在全球进行投机套利。例如，当前全球大宗商品原材料价格畸高，反映出当经济基本面发生微小边际改善并提振总需求时，大量资本便很快一致性预期，推高上游成本，远远高于实体经济的需求改善，压制了经济复苏。

不难发现，信贷市场的信息不透明和金融市场错配是可贷资金难以传导至实体经济以及自然利率难以回升的重要因素，主要原因是金融机构的资金供给与实体企业的需求匹配缺乏较好的基础设施与良好的政策体系。

2. 量化宽松与自然利率

2008 年金融危机爆发之后，全球多数主要经济体实施了一系列非常规的货币政策，包括负利率、长期低名义利率和量化宽松等一系列旨在为实体经济注入流动性的举措纷纷出现在各国央行的政策实践中并持续了相当长的时间，这些非常规的货币政策对自然利率的形成机制以及测度自然利率的实证方法提出一定挑战。一方面，货币政策通常通过设定在自然利率左右的政策利率来达到扩张或者紧缩的目的，这客观上要求自然利率是独立于货币政策的基准变量；另一方面，非常规的货币政策的目的是使得产出从低水平恢复到潜在增长水平，这个过程中实质上意味着自然利率的上升。换句话说，自然利率在某种意义上成为与货币政策相关的内生变量，而量化宽松等旨在增加资金供给的货币政策对自然利率的影响机制将显得更加复杂。

事实上，中央银行跟随自然利率以实施量化宽松等扩张性的货币政策，试图将资金传导至实体经济以满足需求，旨在弥补产出缺口，拉高自然利率，但这一过程在当前的实践中会受到金融（信贷）市场的约束而产生负面影响。受资产配置、自身风险对冲和监管要求等因素影响，量化宽松政策所带来的新增资金反而扩大了市场上安全资产（如国债）的需求，造成安全资产的稀缺（Filardo 和 Nakajima，2018），宽松的流动性没有传导到实体经济，企业产能受到抑制，自然利率难以回升。进一步地，安全资产价格攀升造成市场基准利率下行，（间接地）重新为银行提供资本，可能会使"僵尸贷款"（即不良贷款份额较高的银行继续向不合资质的借款人贷款以推迟损失确认）导致的信贷错配长期存在，并最终损害生产能力（Acharya 等，2019）。

此外，对于安全资产的追逐还有助于理解自然利率的另一个维度，即资本收益率。据维克塞尔对自然利率的定义之一，自然利率是与实物资本收益率相符的利率，但 Marx 等（2019）观察到，各国的实际均衡利率下行的同时资本收益率相对稳定。Del Negro 等（2017）、Neri 和 Gerali（2019）认为，自 20 世纪 90 年代以来，美国和欧元区的自然利率就是由于风险溢价的上升而下降的。二者的背离反过来证明了当前自然利率的下降似乎更多是受到资金对安全资产的偏好影响，而储蓄增加起到的作用较小，否则资本收益率也会随之下降。事实上，资金对于国债和高评级公司债等资产的偏好暗示着安全资产带来了诸如流动性等额外的收益，使得投资者愿意放弃部分利息收入以交换获得前述潜在收益，安全资产短缺会使得这类潜在收益对投资者更具吸引力。Farhi 和 Caballero（2014）的研究表明，投资者愿意接受较低的利息回报，无风险资产短缺会将无风险利率推向政策利率的下限以下，即负利率。

3. 数字经济对匹配过程的影响

数字经济的发展对前述原因均有显著改善。

一是金融科技和数字技术的进步为企业的发展提供了新的赋能，企业得以通过应用新兴技术改善业务模式，管理生产经营过程中各类风险，提升决策的科学性，提高自身成长的稳健性，这是改善资金需金和供给匹配的基础动力。

二是数字经济既拓宽了传统金融服务的触达范围，也增强了金融服务的供给。触达范围方面，金融机构利用互联网技术和数字金融基础设施，基于社会信用和征信体系，结合信息系统采集的另类数据等，将支付和信贷等多种金融服务拓展至传统金融难以达到的地域和客群，实现了金融服务下沉和金融普惠增强。金融供给方面，金融机构得以利用新兴科技和金融工具提供较为个性化的金融产品和金融服务，覆盖风险分布中不为原有金融结构所覆盖的业务范畴，加深了金融对实体企业的支持程度，增加了金融包容性、灵活性和融资机会（Zavolokina 等，2017）。例如，数字经济有助于农村居民和低物质资本与低社会资本家庭创业行为，从而促进中国创业行为均等化，实现经济包容性增长（张勋等，2019）；研究发现，数字化的大科技信贷能够有效降低借款人融资门槛，提高金融普惠性（黄益平、邱晗，2021）。

三是数字经济改善了融资过程中的信息不对称等问题，大数据技术、另类数据的运用和支付结算等基础设施效率提升同样增强了匹配过程数据整合、传输和分析方面的效率，既体现在企业需求的匹配过程，也体现在实施效果评估方面。一方面，在满足实体经济金融需求的过程中，数字经济下的金融结构不仅可以提升金融机构对企业的信用评价，以便企业获取成本更低、效果更优的金融服务；还可以通过多层次的数据发掘对企业有价值的金融需求，并实现精准匹配。另一方面，金融机构在提供金融服务的过程中，可以实时观测和评估当前服务的效果，提升融资过程中监测和反馈的效率，并结合实际进展和外部环境实现动态调整，确保服务质量，管理过程风险，反过来提升融资意愿。

四是数字经济能提升政策有效性，有效防止金融市场资金空转。数字化基础设施通过多维数据提供有关宏观经济环境、行业发展态势，企业运营和资金流向的实际情况，效能较高的信息传递和运算体系能够综合多个来源的数据，有利于监管机构确定较为精确的政策实施节点，观测资金流向，确保政策导向和金融资本流向激励相容。

总体上，数字经济的发展提升了实体经济运行的稳健程度，同时通过提高基础设施效率、改善信息不对称、扩大金融服务范围等提升了信贷市场的匹配效率，消除了摩擦，使得量化宽松等政策带来的资金供给更好地传导至实体经济，提升总的生产水平，拉高自然利率。

（五）小结

数字经济从技术研发、应用输出和场景融合三个维度融合进了传统经济，并产生巨大的影响，促进经济增长，改善人口特征，形成了新型生态。同样地，数字经济对拓展风险承担机制、改善信息不对称等也有巨大作用，提升了信贷市场匹配效率，增强了相关政策有效性。

一是数字经济增强了经济体系韧性，风险更加可控。一方面，数字经济为经济增长提供了新的生产要素，提升了全要素增长率，改善了人口老龄化带来的冲击，并且创造了新型业态，从"基本面"提升经济运行的稳定性和可靠性。另一方面，数字经济推动传统产业转型升级，降低市场的壁垒并重塑竞争格局，有利于市场良性健康发展。例如，一些大型科技企业涉足金融业务之后，依托自身技术优势为客户提供服务，并与传统金融机构展开竞

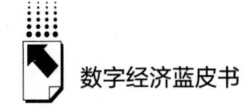

争，丰富了市场产品与服务。总之，数字经济对新业态的创造和对传统业态的改造提升了经济运行的稳健性，进一步降低了风险资产的系统性风险和相应的风险溢价，有利于社会风险偏好的改善。

二是数字经济提升了金融运行效率，风险更易管理。从市场参与主体来看，一方面数字经济降低了信息不对称，提高了市场主体对风险评估和定价的准确度。例如，大数据和人工智能技术可根据需求方的个性化需求和风险承担能力、意愿等要素快速匹配相应产品和服务的供给方，进而提高市场运行和各方风险管理的效率。另一方面，数字交易对全社会信用体系透明度也有提升。例如，金融机构引入交易追踪等技术，使尽职调查流程更加便捷，降低合规成本，也有利于落实反洗钱和反恐怖融资要求。从监管机构来看，数字经济的快速发展为监管机构提供了更加有效的手段和工具。例如，在股东准入管理、关联交易识别、流动性管理方面，利用大数据智能算法，围绕财务、股权、关联关系等信息对企业风险进行扫描，实现风险的实时分析与处理。

三是数字经济扩大了参与主体范围，风险更易分散。数字经济天然具有普惠性，能够将相关产品和服务带到原来物理网点无法触达的位置，进一步扩大参与主体的服务范围。例如，金融机构经由App、小程序等移动端向没有设置物理网点的客户提供资金服务，提升了金融服务的可得性和便利性，新纳入的客户多数是中小微企业，在总体风险敞口可控的前提下又具有较高的风险承担意愿，也意味着社会总体资金需求的风险厌恶程度降低。

三 数字经济与国际基准利率改革

伦敦同业拆借利率（LIBOR）操纵案发生之后，主要经济体分别对基准利率进行改革，并最终确定了基于真实交易的近似无风险利率的替代方案；而以LIBOR为代表的基于报价形成的旧型基准利率于2022年初开始退出。鉴于国际基准利率改革将对全球金融市场带来深远的影响，对新型基准利率和旧型基准利率的形成机制进行对比分析，特别是考察数字经济对新型基准利率形成机制的影响,具有重要的现实意义。其中,本节所称数字经济侧重于在金融领域得到广泛使用的"金融+科技"技术,包括算法交易和高频交易、大数据技术、机器学习技术、金融科技(FinTech)和央行数字货币等。

(一)新型基准利率与旧型基准利率形成机制的对比分析

国际基准利率改革的市场因素包括:一是全球银行间拆借市场萎缩,致使LIBOR交易规模与使用它定价的金融产品规模严重不匹配;二是商业银行的信用风险在次贷危机以来受到质疑,金融市场对无风险利率的诉求上升,以美债等高等级信用债为抵押的回购交易成为理想的替代者。

与旧型基准利率(IBORs)相比,新型基准利率(RFRs)具有一些显著的优势。一是RFRs基于市场的真实交易而形成,从而规避了报价型利率在特殊时期可能出现的操纵行为。二是RFRs形成的市场基础更为扎实,主要经济体将拆借市场的主体进行扩容,从银行间市场扩展到包含非银行金融机构,尽可能涵盖全部的金融市场交易者,如英镑隔夜指数均值(SONIA);或者直接将拆借市场替换为交易更为活跃的回购市场,如美国隔夜担保融资利率(SOFR)。三是RFRs剔除了银行的信用风险,从而强化了基准利率的无风险性。四是RFRs是隔夜期限利率,一方面在货币市场的交易中,隔夜期限的交易量通常远高于其他期限,由此市场的代表性优势更为显著;另一方面,其与多数国家政策利率的期限相同,能更好地反映政策利率调整的方向。

但是,事物具有两面性,RFRs的优势同时也为其形成机制带来了一些附加的问题。其一,从形成机制的变化来看,IBORs(旧型基准利率)的本质是信用市场基准利率,而RFRs接近无风险利率,二者的理论差异是银行信用风险。由于RFRs难以反映银行信贷的边际融资成本,银行资产负债表存在难以对冲的利率基差风险,为此RFRs与国债利率一样,将面临相似的"无风险利率烦恼"。其二,在收益率曲线估算方面,RFRs都是隔夜期限,长期交易无法像IBORs那样直接参考定期利率。其三,基准利率改革标志着离岸美元定价权回归。离岸美元流动性是美国系统性金融风险的重要组成，离岸美元流动性的调节问题比起在岸美元更难解决，因为离岸的货币流通和传导路径更为复杂，受市场供需关系的影响较多；但是，离岸美元定价权回归使得美国对离岸市场的调节更加直接和有效，这意味着美联储对全球金融市场的影响更加简单、粗暴。这对我国的直接影响是，非主要货币国（如中国）的境内美元定价，并不能直接反映境内美元市场的供需关系，而是主要取决于美联储的货币政策以及美国境内市场参与者的交易行为。这将给中国货币市场短期利率的形成机制带来新的冲击，并可能给央行货币政策的独立性带来新的挑战。

但数字经济近些年的快速发展有助于缓解新型基准利率在形成机制上出现的上述问题。

（二）高频交易对新型基准利率有着多重、复杂影响

基于真实交易的RFRs会受到多重复杂因素的影响，如真实交易的交易成本、市场流动性、抵押品供需关系变化等；为此，RFRs通常表现出比IBORs波动更高的特征，RFRs的过度波动对于将其作为市场基准利率使用造成了负面影响。综上，高频交易会给RFRs带来多重影响。

高频交易对新型基准利率形成机制的影响，主要通过新型基准利率对应的无风险抵押债券市场发挥作用。在正常市场环境下，高频交易的应用提升了无风险抵押债券市场的流动性水平，加快了价格发现速度，降低了交易成本。但是，需要注意买卖价差变窄等流动性指标与高频交易之间的因果关系：流动性指标改善可能是高频交易策略实施的必然结果，而不是市场流动性真实水平的反映。所以在新的市场质量指标（特别是流动性指标）出现前，现有指标存在低估无风险抵押债券市场的流动性风险。另外，高频交易对短期信号的敏感性更强，容易对未经充分验真的短期信息做出过度反应，并引发多个高频交易系统的"多米诺效应"过度放大负面冲击，形成价格"闪崩"（flash crash）。高频交易增加了无风险抵押债券市场的复杂程度，使得基准利率市场的"长尾"风险管理、交易对手风险管理变得更具挑

战性。

1. 高频交易的基本内容

数字交易技术近30年的进步,深刻改变了交易所、交易商和投资者进行金融资产交易的模式。交易商间市场和交易商－客户市场普遍使用电子交易取代了人工交易。电子交易平台的普及推广催生了基于算法创新的自动交易,自动交易是通过交易算法来控制计算机系统决定买卖、提交订单的系统,交易算法代替交易员的人工决策,提升了交易效率、加快了交易速度(Jones,2013)。

高频交易(High Frequency Trading,HFT)是自动交易的重要组成部分。高频交易是从人工交易无法捕捉的瞬息市场变化中获利的自动交易系统,具有交易量巨大、持仓时间短的显著特点。与人工交易相比,高频交易商的交易账号每日交易数量下限达到数以千计,单笔交易从买入资产到卖出的持仓时间以秒或分钟计算。美国证券交易委员会(Securities and Exchange Commission,SEC)对高频交易商给出定义:"高频交易商……是一类专业化交易商,其执行的策略每日能够产生巨量交易。"[①] SEC 归纳的高频交易的特征包括:一是使用复杂的计算机程序下单、匹配报价、执行订单;二是使用交易所代管服务和个人数据服务以减少网络延迟;三是持仓周期极短,仓位构成和持仓数量在短时间内快速变化;四是同时提交多笔限价订单(limit order),并可能在报价后快速撤销订单;五是交易时段结束前尽可能平仓、减少或消除风险敞口(非交易时段保持空仓)。

2. 高频交易的交易策略

高频交易策略首先广泛应用于股票市场和期货衍生品市场,2010年以来应用范围逐步扩展到固定收益市场(Nagel,2016)。新型基准利率改革后,交易型融资利率替代了报价型银行融资利率。高频交易策略在无风险抵押债券市场的应用势必会对新型基准利率形成机制产生影响。

---

① SEC Concept Release on Equity Market Structure, 75 Fed. Reg. 3603, January 21, 2010: "…professional traders acting in a proprietary capacity that engage in strategies that generate a large number of trades on daily basis."

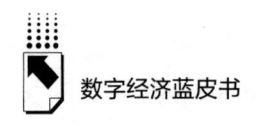

与人工交易相比，大部分高频交易策略的基本逻辑不存在本质区别（Biais 和 Foucault，2014）。高频交易的基本策略包括做市交易、套利交易和定向交易三种。在实践中，高频交易商根据市场变化和交易目的综合使用三种交易策略。

（1）做市交易

做市交易（market-making）是交易商向所有交易对手提供标的金融资产的买卖报价（limit order），并在该价格上接受交易对手的买卖要求、匹配交易对手的市价订单（market order），以交易商自有资金、自有证券与交易对手进行交易。交易商进行做市交易时按照卖价（bid price）买入，按照买价（ask price）卖出；买价和卖价之间价差是交易商的收益。对于交易商而言，做市交易的主要风险来自自身与交易对手间的信息不对称。如果交易对手下单前掌握了更全面信息、预判出交易商未察觉的价格走势，则交易商将被动面对"高买低卖"（交易对手在债券价格上涨前夕从交易商处低价买入，或在价格下跌前夕向交易商以高价卖出）的结果。

交易商应对信息不对称风险的主要对策是提高自身紧密追踪市场走势的能力、缩短对市场变化的反应时间，高频做市交易帮助交易商实现了这一目的。与人工做市交易相比，高频做市交易包含三方面的改进：一是高频交易系统显著提高了交易时段下单频率，增加单位时间下单次数，提高对市场变化的反应速度；二是高频交易系统缩小了单笔订单的买卖价差（bid-ask quotes），尽可能准确、及时地追踪交易信息变化，更好地拟合供需端价格冲击；三是高频交易系统的自动撤回机制增加了订单撤回的频率和次数，在信息不对称事件突然发生时通过撤单保护交易商。

高频做市交易客观上提高了基准利率市场的流动性，具体表现为流动性指标的改善（买卖价差收窄），单次交易从下单到执行时间缩短，佣金、手续费等交易成本降低。但是，需要特别注意高频交易系统中的自动撤单机制对市场流动性和资产短期价格的影响：当市场出现异常波动时，全体做市商可能会同时触发自动撤单，导致市场短期内出现买单（卖单）消失的流动性"枯竭"的情形。

(2) 套利交易

套利交易是交易商利用同一证券标的在不同市场之间的价格差低买高卖获得收益。高频套利交易相比手工交易套利窗口更短、套利价差更小，因此追求套利交易收益的各高频交易商需要不断增加在硬件、算法上的投入，并采用"赢者通吃"的"掠夺性策略"（Nagel，2016）。

高频套利交易的第二个特点是套利标的选择更为灵活、交易逻辑更为复杂。由于高频交易系统的计算能力相比人工交易得到的指数级增强，所以套利标的不局限于单一金融资产，而是扩展到股票、证券、衍生品、实物资产的跨类组合。例如，当原油期货价格上升时可能触发高频交易系统自动卖出航空公司的股票；短期债券期权价格波动触发高频交易系统卖出标的债券的现券或期货。

高频套利交易会对同一市场中人工交易的交易商、交易对手产生影响。高频交易商相比人工交易对手具有明显的速度优势和反应优势，因此存在"算法抢跑"的现象。以"潜伏套利"（latent arbitrage）为例，高频交易商在其他对手之前利用速度优势抢先与最有利的买方报价、卖方报价成交：假设市场中同时存在两个卖方报价，报价Ⅰ为1.00元，报价Ⅱ为1.10元，同时高频交易商收到委托人的买方报价（market buy order，按照最低市价购买的买方报价），高频交易商立即执行"潜伏套利"，即以1.00元买入，并按照1.09元卖给买方，套利结束后高频交易商获得0.09元收入。此类型算法抢跑交易是高频交易商与其他市场交易对手之间的"类零和博弈"，高频交易商的套利收入来自其他交易对手的福利减少。

(3) 定向交易

定向交易（directional trading）是对市场报价信息、新闻信息进行处理并预测价格走势后执行的交易。高频定向交易分析的目标信息流不仅包括公开新闻报道、宏观经济指标、市场信息披露，还包括市场其他主要交易商和高频交易商的报价信息、交易信息。与人工定向交易相比，高频交易系统的信息分析、处理能力大大增强；高频交易系统自动对大数据信息流进行实时记录、文字处理、机器学习，从中预测价格潜在变化趋势并捕捉交易信号。

当高频交易系统发现交易信号或其他交易商出现报价"异动"时（例如某交易对手突然大批买入某类金融资产），高频交易系统会自动执行定向买入或卖出交易进行"最优"应对。

3. 对无风险抵押债券市场的影响

高频交易在股票市场、外汇市场和衍生品市场早已广泛使用，现有研究也主要基于此类市场，但是高频交易对各市场波动性和市场质量影响的结论并不完全统一（Jones，2013）。高频交易策略用于固定收益市场的实践相对较晚、现有研究较少，结合其他市场的相关研究思路与基本结论，基于三种交易策略分析高频交易对无风险抵押债券市场的影响如下。

（1）做市交易：改善流动性与流动性"枯竭"

金融资产的流动性表现为在短时间内按照现价买入或卖出较大数量标的资产的难易程度。针对股票市场高频交易与市场流动性的研究（Hendershott等，2011）发现，引入高频交易后市场报价买卖价差（quote bid-ask spread）和有效买卖价差（effective bid-ask spread）显著收窄，证明高频做市交易会改善无风险抵押债券的市场流动性指标。高频做市交易相比人工交易显著减少了人工成本和时间成本（Jones，2013），表现为交易佣金降低和对市场冲击反应加快。基于相似的机制，高频做市交易应用于无风险抵押债券市场同样会改善流动性指标、降低各方交易成本。

高频做市交易的自动撤单机制对市场稳定存在潜在负面影响。由于高频交易做市商在交易系统中设计了类似的盯市机制，交易系统之间存在"多米诺效应"。例如，当一个交易系统预判证券价格可能急剧下跌，"撤单"机制被触发时，市场上所有高频交易做市商的限价买单（buy limit order）可能同时消失，此时投资者的卖单无法与高频交易商成交，只能转向其他人工做市商，市场流动性存在突然"枯竭"的风险。值得注意的是，当高频做市交易"撤单"时，人工做市交易在流动性"枯竭"时能起到稳定市场的作用。

综上，在无风险抵押债券市场中，正常市场环境下（无风险抵押债券的买单和卖单数量大致平衡），高频做市交易相比人工交易执行效率更高、交易成本更低；但是当市场遭遇异常冲击，买单、卖单数量严重失衡时，高频交易做市商在短时间内可能无法满足市场的匹配报价需求，这可能会对无风险抵押债券市场的弹性造成负面影响，引发短期流动性"枯竭"的状况，进而影响新型基准利率的价格走势，甚至造成价格"闪崩"。

（2）套利交易：提高价格发现效率，放大长尾冲击

高频套利交易加快了价格发现的速度，新信息被更快地反映在资产价格中。在无风险抵押债券市场中，高频套利交易买入无风险抵押债券的同时卖出期货合约，实现套期保值目的，有效控制风险敞口。高频套利交易的速度优势推动期货合约的价格紧密跟随现券价格的变动轨迹，提高了套期保值的有效性。

一方面高频套利交易加快了无风险抵押债券和相关衍生品价格在临时冲击后返回均衡的速度，另一方面高频算法通过套利算法连接了多种证券、债券、衍生品市场，增强了无风险抵押债券市场与其他市场、证券之间的相关性。在正常市场环境下，高频套利交易对交易资产价格的影响是中性或偏良性的，但是当市场出现"长尾冲击"（发生概率低、波动范围剧烈）时，相关性的增加可能导致冲击经过套利算法被不合意地"意外"放大。

（3）定向交易：时效性与准确性的取舍

高频定向交易与套期交易不同，套期交易通过长短头寸搭配控制风险敞口，高频交易商预测价格走势后直接通过定向交易建立单向头寸，信息的分析、处理、预测能力是定向交易成败的关键。相比长期信号，高频交易系统对短期信号更为敏感（Foucault，2012），即更为关注信号的时效性。但是信号的时效性与准确性之间存在矛盾与取舍，短期新闻的细节相对模糊、缺乏严谨验真，存在事后被证伪、推翻的风险，高频定向交易以此做出交易决策反而将"噪声"引入市场，造成市场波动，降低价格有效性（Dugast 和 Foucault，2018）。

（三）利用机器学习技术计算新型基准利率的收益率曲线

1. 收益率曲线计算方法的调整

国际基准利率改革前，构建基准利率收益率曲线的经典方法是息票剥离

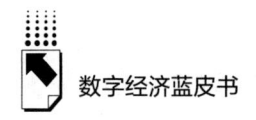

法,即提取短期到长期国债的现券交易价格信息以计算完整的债券收益率曲线。以 LIBOR 为例,计算收益率曲线时首先以隔夜、1 个月、3 个月、12 个月期限的 LIBOR 现货交易利率作为基础得到 LIBOR 零息利率曲线;再结合欧洲美元期货利率和利率互换率,将利率曲线的期限从 12 个月扩展至 24~60 个月(Hull,2017)。

基准利率改革后,包括 SOFR 在内的无风险抵押债券以隔夜交易为主,交易期限普遍较短,缺乏 1~12 个月无风险抵押债券的现货交易价格信息。以 ARRC(Alternative Reference Rates Committee)为代表的各国基准利率改革主导机构目前提出的解决方案是基于无风险利率的期货、互换等衍生品证券交易信息,根据短期利率加期限溢价和风险溢价的方式构建新基准利率收益率曲线。问题在于,现阶段 SOFR 等无风险利率债券衍生品市场尚处于起步阶段,衍生品交易品种不完备。机器学习等数字经济新技术早已在股票、外汇等衍生品市场交易实践中被广泛应用,并积累了丰富的计算经验,应用机器学习技术可以对新型基准利率收益率曲线的计算起到良好的补充和增强作用。

2. 机器学习技术的应用

机器学习技术是运用一般模式识别技术、通用逼近方法等手段识别复杂数据系统中没有显著解析解的数据模式、变量关系(Cybenko,1989)。机器学习应用于实践的两个前提是:原始数据(大数据)的积累和分析工具(机器学习)的进步。

基于衍生品市场的长期实践和不同国家的市场实证研究(Gu 等,2019),机器学习方法被证明适用于解决基准利率定价和收益率曲线的构建问题。其一,不同期限的基准利率定价需要参考远期、期货、互换等衍生品合约的价格,衍生品合约定价的常用方法之一是风险中性定价法,即根据无套利原理,假设标的资产的收益率期望为无风险利率,计算衍生品收益的条件期望,再用无风险利率对收益期望进行贴现得到衍生品合约价格,因此计算条件期望是合约定价的关键步骤,而机器学习方法的主要使用场景之一即为条件期望计算。其二,在求解期望利率的过程中相关因素数量多、影响机制复杂,不仅包括单个资产的个体因素(例如债券交易的买单卖单数量变化、价格波动率、期限溢价、风险溢价），还包括行业因素、宏观因素（例如标的证券发行数量、作为抵押物的债券发行数量）以及不同因素之间的复杂影响，这些因素作为解释变量，相互之间存在高度相关性，传统回归算法应用效果不佳，而机器学习方法中变量选择和降维技术专门用于解决变量复杂性问题。其三，基于风险中性定价法计算衍生品合约价格时常假设标的证券价格服从维纳过程（即标的证券的价格变化是随机过程，具有独立增量，该增量在任何有限时间上的变化服从正态分布，期望为 0，方差随时间区间长度线性增加），因此基准利率定价方程有时不存在解析解；在维纳过程假定下，使用线性方程或方程组进行计算效果不佳，机器学习方法使用的回归树方法、蒙特卡洛模拟、神经网络模型等数值方法用"黑箱"代替了求解析解的过程，适用于不存在解析形式的衍生品合约定价情形。所以，以机器学习方法为代表的数字新技术在交易型基准利率收益曲线的构建和完善方面能够发挥重要作用，弥补起步阶段无风险抵押债券市场不完备的问题。

（四）信用关系技术化弥补新型基准利率关于信用风险的缺失

1. 无风险利率到信用利率的传导机制

根据资产定价经典理论，信用利率等于无风险利率加期限溢价和风险溢价。基准利率改革后，货币市场整体资金供求信号的基础价格信号由拆借利率替换为无风险抵押债券利率。理想情况下，无风险抵押债券利率的变化影响商业银行负债成本，完全竞争市场中的商业银行根据负债端利率变化动态调整资产端贷款数量和价格，因此贷款利率（信用利率）随之发生变化；以上过程在理论上刻画了无风险利率变化传导到信用利率变化的过程。

但是，在经济实际运行中，商业银行的菜单成本、信用风险识别能力、负债端和资产端的竞争性会影响无风险利率变化的传导效率（Hanan 和 Berger，1991；Cottarelli 和 Kourelis，1994）。为此，无风险利率难以反映商业融资成本。旧型基准利率 IBORs 的本质是信用市场基准利率，反映的是银行负债端融资成本；而新型基准利率 RFRs 接近无风险利率，二者的理论

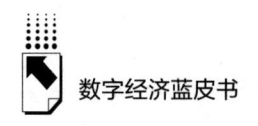

差异是银行信用风险。由于RFRs难以反映银行的融资成本，以RFRs作为基准利率，会显著增加银行资产负债管理的难度。

2. 信用关系技术化辅助新型基准利率刻画银行信用风险

数字经济对于新型基准利率传导关系的改善，主要表现为信用关系技术化，即商业银行综合使用算法交易、智能化技术、机器学习等多种技术手段提高资产、负债两端的风险管理水平和风险定价准确程度，进而优化无风险利率到风险利率的传导机制。

（1）负债端优化

在商业银行负债端交易过程中，电子交易平台、自动报价系统代替了人工交易、电话报价，将抵押债券交易和银行间拆借交易从线下转移到线上，不仅降低了交易成本，而且打破了负债端利率定价过程的时空限制，提高了交易的透明度。商业银行在资产负债管理中引入了基于机器学习技术的压力测试预警系统。商业银行压力测试预警新系统使用了随机树模型（random forests）、神经网络模型（artificial neural networks）等非线性结构，能够识别复杂数据系统中没有显著解析解的数据模式、变量关系；相比传统线性模型，系统运算结果显著减少了第一类错误和第二类错误①发生的概率（Suss和Treitel，2019）。

（2）资产端优化

商业银行使用人工智能、自然语言处理（natural language processing）技术将贷款客户的软信息（包括电商平台的交易评价、社交网络数字痕迹等）纳入违约风险计算模型，在减少对传统抵押物（房屋、土地、车辆等）依赖的前提下提高了违约风险的计算准确度。商业银行资产端贷款业务还与科技企业直接合作，科技企业将符合条件的贷款客户推荐给商业银行，商业银行和科技企业联合进行信用评审和利率定价，然后由商业银行发放贷款。商业银行与科技企业在资产端的密切合作将传统的贷款发放流程解构、改造和重新链接，商业银行借助科技企业在客户画像方面的比较优势，在有效控

---

① 第一类错误又称"拒真错误"，是原假设正确却拒绝原假设的错误，例如压力测试结果是准确的，但是没有被采用；第二类错误又称"纳伪错误"，是指原假设非真却没有拒绝原假设的错误，例如压力测试的结果不准确，但是被错误使用。

制风险的前提下对不同类型贷款客户设定异质性的资金成本,增加了信用风险定价的准确程度。

(五)央行数字货币减缓新型基准利率背景下美元对非主要货币国家的冲击

1. 央行数字货币的内涵和发展

央行数字货币概念可以追溯到 20 世纪 80 年代(Tobin,1987)。央行数字货币是中央银行的数字负债,分为零售型、批发型两种,前者主要在央行和金融机构之间流通,后者在居民、企业等部门间流通。批发型央行数字货币的作用类似央行准备金,自动化程度更高,更便于央行结算、管理。零售型央行数字货币类似电子钞票,是央行对居民和非金融企业的直接负债,其他金融中介的运行情况、金融市场流动性状况对央行数字货币的稳定性不产生影响。央行数字货币概念提出后,各国央行对发行数字货币的态度并不统一(Auer 等,2020)。近年来,随着支付宝、微信支付、脸书 Libra 等数字支付方式的全面普及和 2020 年新冠肺炎疫情后现金支付锐减的现实,各国加快了央行推进数字货币计划的实施进度。

2014 年厄瓜多尔央行推出名为"Dinero electrónico"的数字货币计划,该计划允许个人通过中央银行体系用数字货币进行移动支付(Valencia,2015)。荷兰银行于 2015 年推出了 Dukaton 的分布式记账货币。同一时期英格兰央行、新加坡货币局、加拿大银行等发达国家央行也开展了类似的数字货币实践。2017 年瑞典银行第一次公布了零售央行数字货币的计划;同年香港金融管理局启动了 LionRock 计划;日本央行和欧洲央行联合推出了名为 Project Stella 的数字货币计划。截至 2020 年底,超过 30 国央行公布了发行数字货币的计划,包括中国在内的 6 个国家启动了央行数字货币试运行。

央行数字货币的结构设计、部署实施离不开国家数字经济和金融发展的综合实力进步;国家数字移动网络基础设施、在线交易场景构建、数字技术创新、金融综合治理能力、金融数字法律框架等共同构成央行数字货币的基础。2017 年,中国央行牵头启动了数字人民币(e-CNY)体系的研发工作。

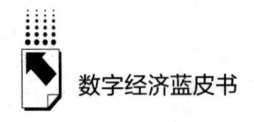

2019年底，数字人民币在深圳、苏州等地启动试点测试。截至2021年7月，试点城市已经扩展至10个。

2.央行数字货币的影响

央行数字货币相比传统货币（现金和银行活期存款）在便捷性、安全性、支付效率等各个维度具有比较优势。在跨国贸易领域，使用数字货币结算将减少银行等金融中介的参与，大大简化了支付清算流程。以出口国A向进口国B提供商品的进出口贸易为例，现有支付流程采用代理行模式，B国进口公司需要将其在国内商业银行账户内的本国货币兑换为美元，然后通过代理行将美元转账至A国出口公司开户的商业银行；A国出口公司收到美元后需再次兑换为A国货币。上述流程涉及两国公司与各自开户商业银行间、各商业银行与所在国中央银行间多次信息传输和支付清算结算，不仅支付指令和实际汇款之间存在时间差，交易流程时效性较差，而且商业银行和两国货币当局都需要付出成本、持有超额美元资产以维护支付流动性。

采用央行数字货币后，A国与B国通过签署"多边央行数字货币"（mCBDC）协议形成专门用于跨境支付的走廊网络。走廊网络包括A国、B国央行以及部分跨境支付银行，走廊网络中引入"存款凭证"载体内部交换媒介。B国进口公司用B国央行数字货币向A国出口公司发起"点对点"支付，在A、B两国"多边央行数字货币"框架下，B国数字货币通过"存款凭证"直接换算为A国央行数字货币，完成B国进口公司到A国出口公司支付流程。

央行数字货币用于国际贸易结算大大节省了跨国支付的时间成本和交易成本，更重要的是促进了不同国家货币当局的直接合作，减少了进口国与出口国对美元的依赖。我国作为进出口大国，通过央行数字货币及"多边央行数字货币"协议，将极大受益于跨国贸易支付计算的"去美元化"过程，减少对外贸易的汇率变动风险敞口，削弱美国国内货币政策对国内市场的外溢性影响。

在基准利率由报价型融资利率向交易型融资利率改革的进程中，现阶段无论是美国的 SOFR、英国的 SONIA、欧元区的 EONIA 等都处于市场培育、落地实施的改革进行时，各种 IBOR 替代品尚未形成市场垄断地位。对于我国而言，在同时期推进"多边央行数字货币"的签署过程中不存在历史包袱，我国央行在推动和参与这一进程中拥有较高的自由度和灵活决策空间，因此积极推进央行数字货币发行和形成"多边央行数字货币"计划是人民币国际化的重要窗口期和历史机遇。在此情形下，人民币国际化进程的稳步推进，将逐步降低美元对国内货币市场的短期冲击。

参考文献

陈标金、米运生：《套利约束、政策信号传递与市场基准利率生成——兼评我国金融市场利率体系的运行效果》，《财会月刊》2019 年第 10 期。

国家统计局：《数字经济及其核心产业统计分类（2021）》，2021。

黄益平、邱晗：《大科技信贷：一个新的信用风险管理框架》，《管理世界》2021 年第 2 期。

李宏瑾、苏乃芳：《自然利率估算方法文献综述》，《国际金融研究》2016 年第 6 期。

李建伟：《我国劳动力供求格局、技术进步与经济潜在增长率》，《管理世界》2020 年第 4 期。

李扬：《"金融服务实体经济"辨》，《经济研究》2017 年第 6 期。

刘义圣：《市场利率的理论范式与中国实践探索》，长春出版社，2016。

刘元庆：《信贷的逻辑与常识》，中信出版集团，2017。

马克思：《资本论》（第三卷），人民出版社，1975。

马克思：《资本论》（第一卷），人民出版社，1975。

彭家文：《LPR 改革与银行 FTP 管理》，《中国金融》2021 年第 1 期。

邱子迅、周亚虹：《数字经济发展与地区全要素生产率——基于国家级大数据综合试验区的分析》，《财经研究》2021 年第 7 期。

谭之博、赵岳：《企业规模与融资来源的实证研究——基于小企业银行融资抑制的视角》，《金融研究》2012 年第 3 期。

王博、陈开璞：《金融周期对自然利率的影响：金融失衡视角》，《经济学动态》2019 年第 10 期。

王勋、黄益平、苟琴、邱晗：《数字技术如何改变金融机构：中国经验与国际启

示》,《国际经济评论》2022年第1期。

邢兆鹏、高苗苗:《贯通我国货币市场与资本市场的研究》,《金融发展评论》2015年第4期。

徐翔、厉克奥博、田晓轩:《数据生产要素研究进展》,《经济学动态》2021年第4期。

〔美〕约翰·G.格利、爱德华·S.肖:《金融理论中的货币》,贝多广译,上海三联书店、上海人民出版社,1994。

张勋、万广华、张佳佳、何宗樾:《数字经济、普惠金融与包容性增长》,《经济研究》2019年第8期。

中国人民银行赣州市中心支行课题组:《市场分割与信贷配给:利率市场化的体制及经济效应》,《金融研究》2006年第1期。

Acharya, V. V., Eisert, T., Eufinger, C., et al., "Whatever It Takes: The Real Effects of Unconventional Monetary Policy", *The Review of Financial Studies*, 32 (9), 2019: 3366-3411.

Andrés, J., David, L.-S., J., and Nelson, E., "Money and the Natural Rate of Interest: Structural Estimates for the United States and the Euro Area", *Journal of Economic Dynamics and Control*, 33 (3), 2009: 758-776.

Auerbach, A. J., and Kotlikoff, L. J., *Dynamic Fiscal Policy* (Cambridge, MA: Cambridge University Press, 1987).

Auer, R., Cornelli, G., and Frost, J., "Rise of the Central Bank Digital Currencies: Drivers, Approaches and Technologies", BIS Working Papers, No. 880, 2020.

Barsky, R., Justiniano, A., and Melosi, L., "The Natural Rate of Interest and Its Usefulness for Monetary Policy", *American Economic Review*, 104 (5), 2014: 37-43.

Belke, A., and Klose, J., "Equilibrium Real Interest Rates and the Financial Cycle: Empirical Evidence for Euro Area Member Countries", *Economic Modelling*, 84, 2020: 357-366.

Benston, G. W., and Smith, C. W., "A Transactions Cost Approach to the Theory of Financial Intermediation", *The Journal of Finance*, 31 (2), 1976: 215-231.

Biais, B., and Foucault, T., "HFT and Market Quality", *Bankers, Markets & Investors*, 128, 2014: 5-19.

Bielecki, M., Brzoza-Brzezina, M., Kolasa M., et al., "Demographics, Monetary Policy, and the Zero Lower Bound", National Bank of Poland Education & Publishing Department, 2018.

Boot, A. W., Hoffmann, P., Laeven, L., and Ratnovski, L., "Financial Intermediation and Technology: What's Old, What's New?", ECB Working Paper, No. 2438, 2020.

Brand, C., Bielecki, M., and Penalver, A., "The Natural Rate of Interest: Estimates,

Drivers, and Challenges to Monetary Policy", Social Science Research Network SSRN Scholarly Paper, No. ID 3328536, 2018.

Brogaard, J., and Garriott, C., "High-frequency Trading Competition", *Journal of Financial and Quantitative Analysis*, 54 (4), 2019: 1469-1497.

Campbell, T. S., and Kracaw, W. A., "Information Production, Market Signalling, and the Theory of Financial Intermediation", *The Journal of Finance*, 35 (4), 1980: 863-882.

Chant, J., "The New Theory of Financial Intermediation", Dowd, K., and Lewis, M. K., eds., *Current Issues in Financial and Monetary Economics. Current Issues in Economics* (London: Palgrave, 1992).

Cottarelli, C., and Kourelis, A., "Financial Structure, Bank Lending Rates, and the Transmission Mechanism of Monetary Policy", *International Monetary Fund Staff Papers*, 41 (4), 1994: 587-623.

Cybenko, G., "Approximation by Superpositions of a Sigmoidal Function", *Mathematics of Control, Signals and Systems*, 2 (4), 1989: 303-314.

Del Negro, M., Giannone, D., Giannoni, M. P., et al., "Safety, Liquidity, and the Natural Rate of Interest", *Brookings Papers on Economic Activity*, 1, 2017: 235-316.

Diamond, D. W., "Financial Intermediation and Delegated Monitoring", *The Review of Economic Studies*, 51 (3), 1984: 393-414.

Diamond, D. W., and Dybvig, P. H., "Bank Runs, Deposit Insurance, and Liquidity", *Journal of Political Economy*, 91 (3), 1983: 401-419.

Diamond, D. W., and Rajan, R. G., "Banks and Liquidity", *American Economic Review*, 91 (2), 2001: 422-425.

Dugast, J., and Foucault, T., "Data Abundance and Asset Price Informativeness", *Journal of Financial Economics*, 130 (2), 2018: 367-391.

Edge, R. M., Kiley, M. T., and Laforte, J.-P., "Natural Rate Measures in An Estimated DSGE Model of the US Economy", *Journal of Economic Dynamics and Control*, 32 (8), 2008: 2512-2535.

Fama, E. F., "Agency Problems and the Theory of the Firm", *Journal of Political Economy*, 88 (2), 1980: 288-307.

Farhi, E., and Caballero, R. J., *On the Role of Safe Asset Shortages in Secular Stagnation* (London: CEPR Press, 2014).

Filardo, A., and Nakajima, J., "Effectiveness of Unconventional Monetary Policies in a Low Interest Rate Environment", Bank for International Settlements BIS Working Papers, No. 691, 2018.

Foucault, T., "Algorithmic Trading: Issues and Preliminary Evidence", Post-Print hal-00711389, HAL, 2012.

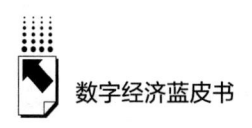

Frost, J., Gambacorta, L., Huang, Y., et al., "BigTech and the D=Changing Structure of Financial Intermediation", BIS Working Papers, No. 779, 2019.

Gambacorta, L., Huang, Y., Li, Z., et al., "Data vs Collateral", BIS Working Papers, No. 881, 2020.

Goldfarb, A., and Tucker, C., "Digital Economics", NBER Working Paper 23684, 2017.

Gorton, G., and Ordoñez, G., "Good Booms, Bad Booms", National Bureau of Economic Research Working Paper Series, No. 22008, 2016.

Gu, S., Kelly, B., and Xiu, D., "Empirical asset pricing via machine learning", *The Review of Financial Studies*, 33 (5), 2020: 2223-2273.

Gurley, J. G., and Shaw, E. S., *Money in a Theory of Finance* (Washington, D.C.: The Brookings Institution (London: Faber), 1960).

Hagströmer, B., and Nordén, L., "The Diversity of High-frequency Traders", *Journal of Financial Markets*, 16 (4), 2013: 741-770.

Hannan, T. H., and Berger, A. N., "The Rigidity of Prices: Evidence from the Banking Industry", *The American Economic Review*, 81 (4), 1991: 938-945.

Hasbrouck, J., and Saar, G., "Low-latency Trading", *Journal of Financial Markets*, 16 (4), 2013: 646-679.

Hendershott, T., Jones, C. M., and Menkveld, A. J., "Does Algorithmic Trading Improve Liquidity?", *The Journal of Finance*, 66 (1), 2011: 1-33.

Holston, K., Laubach, T., and Williams, J. C., "Measuring the Natural Rate of Interest: International Trends and Determinants", *Journal of International Economics*, 108, 2017: S59-S75.

Hong, C. Y., Lu, X., and Pan, J., "FinTech Adoption and Household Risk-Taking", NBER Working Paper 28063, 2020.

Hull, J., *Options, Futures, and Other Derivatives*, 10^h edition (New York: Pearson Education, 2017).

Ikeda, D., and Saito, M., "The Effects of Demographic Changes on the Real Interest Rate in Japan", *Japan and the World Economy*, 32, 2014: 37-48.

Jiménez, G., Ongena, S., Peydró, J.-L., et al., "Macroprudential Policy, Countercyclical Bank Capital Buffers, and Credit Supply: Evidence from the Spanish Dynamic Provisioning Experiments", *Journal of Political Economy*, 125 (6), 2017: 2126-2177.

Jones, C. M., "What Do We Know about High-frequency Trading?", Columbia Business School Research Paper, No. 13-11, 2013.

Krustev, G., "The Natural Rate of Interest and the Financial Cycle", *Journal of Economic Behavior & Organization*, 162, 2019: 193-210.

Lagos, R., "A Model of TFP", *The Review of Economic Studies*, 73 (4), 2006: 983-1007.

Laubach, T., and Williams, J. C., "Measuring the Natural Rate of Interest", *The Review of Economics and Statistics*, 85 (4), 2003: 1063-1070.

Laubach, T., and Williams, J. C., "Measuring the Natural Rate of Interest Redux", *Business Economics*, 51 (2), 2016: 57-67.

Lee, D. J., Hahm, J. -H., Park, H., et al., "Measuring the Natural Rate of Interest with Financial Gaps: The Cases of Japan and South Korea", *Japan and the World Economy*, 54, 2020: 101009.

Levine, R., "Finance and Growth: Theory and Evidence", in Aghion, P., and Durlauf, S., eds., *Handbook of Economic Growth* (Amsterdam: Elsevier, 2005).

Lis, E., Nickel, C., and Papetti, A., "Demographics and Inflation in the Euro Area: A Two-sector New Keynesian Perspective", European Central Bank Working Paper Series, No. 2382, 2020.

Lukasz, R., and Smith, T., "Secular Drivers of the Global Real Interest Rate", Bank of England Staff Working Paper, No. 571, 2015.

Marx, M., Mojon, B., and Velde, F. R., "Why Have Interest Rates Fallen Far Below the Return on Capital", BIS Working Paper, No. 794, 2019.

Merton, R. C., "A Functional Perspective of Financial Intermediation", *Financial Management*, 24 (2), 1995: 23-41.

Merton, R. C., and Bodie, Z., "Financial Infrastructure and Public Policy: A Functional Perspective", Harvard Business School Working Paper, No. 95-064, 1995.

Michaelides, P., and Milios, J., "TFP Change, Output Gap and Inflation in the Russian Federation (1994-2006)", *Journal of Economics and Business*, 61 (4), 2009: 339-352.

Moran, P., and Queralto, A., "Innovation, Productivity, and Monetary Policy", *Journal of Monetary Economics*, 93, 2018: 24-41.

Müller, O., Fay, M., and Vom Brocke, J., "The Effect of Big Data and Analytics on Firm Performance: An Econometric Analysis Considering Industry Characteristics", *Journal of Management Information Systems*, 35 (2), 2018: 488-509.

Nagel, J., "Electronic Trading in Fixed Income Markets", Bank for International Settlements Markets Committee Report, 2016.

Neiss, K. S., Nelson, E., "The Real-Interest-Rate Gap as an Inflation Indicator", *Macroeconomic Dynamics*, 7 (2), 2003: 239-262.

Neri, S., and Gerali, A., "Natural Rates across the Atlantic", *Journal of Macroeconomics*, 62, 2019: 103019.

Okazaki, Y., and Sudo, N., "Natural Rate of Interest in Japan", Bank of Japan Working

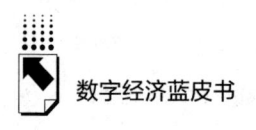

Paper Series, No. 18-E-6, 2018.

Philippon, T., "Has the US Finance Industry Become Less Efficient? On the Theory and Measurement of Financial Intermediation", *American Economic Review*, 105 (4), 2015: 1408-1438.

Philippon, T., "The FinTech Opportunity", BIS Working Papers, No. 655, 2017.

Rannenberg, A., "The Distribution of Income and the Natural Rate of Interest", National Bank of Belgium, Draft Paper, 2018.

Rees, D., and Sun, G., "The Natural Interest Rate in China", Bank for International Settlements, 2021.

Saeed, A., and Sameer, M., "Business Groups and Financial Constraints: Evidence from Pakistani Group Affiliated Firms", *Journal of Developing Areas*, 49 (2), 2015: 355-361.

Stulz, R., "FinTech, BigTech, and the Future of Banks", NBER Working Paper 26312, 2019.

Suss, J., and Treitel, H., "Predicting Bank Distress in the UK with Machine Learning", Bank of England Staff Working Paper, No. 831, 2019.

Taylor, J. B., "Discretion versus Policy Rules in Practice", Carnegie-Rochester Conference Series on Public Policy, 1993.

Tobin, J., "The Case for Preserving Regulatory Distinctions", Proceedings of Economic Policy Symposium, Jackson Hole, Federal Reserve Bank of Kansas City, 167-83, 1987.

Townsend, R. M., "Optimal Contracts and Competitive Markets with Costly State Verification", *Journal of Economic Theory*, 21 (2), 1979: 265-293.

Valencia, F., "Sistema de dinero electrónico, un medio de pago al alcance de todos", CEMA Bulletin, 2015.

Wicksell, K., "Interest and Prices", Ludwig von Mises Institute, 1936.

Woodford, M., and Walsh, C. E., "Interest and Prices: Foundations of a Theory of Monetary Policy", *Macroeconomic Dynamics*, 9 (3), 2005: 462-468.

Yellen, J. L., "Normalizing Monetary Policy: Prospects and Perspectives? A Speech at 'The New Normal Monetary Policy', A Research Conference Sponsored by the Federal Reserve Bank of San Francisco", Board of Governors of the Federal Reserve System (U.S.) Speech, No. 840, 2015b.

Yellen, J. L., "The Economic Outlook and Monetary Policy", Speech at the Economic Club of Washington, D. C., December 2nd, 2015a.

Zavolokina, L., Dolata, M., and Schwabe, G., "FinTech Transformation: How IT-Enabled Innovations Shape the Financial Sector", Lecture Notes in Business Information Processing, Vol. 276, 2017.

B.5
专项债风险管理的大数据解决方案

胡志浩　李晓花　孙　征[*]

摘　要： 地方政府专项债券的风险既源于其规模过大，超出了地方财政的承受能力，也源于其对应的资产质量参差不齐。本文估算了未来五年的专项债发行规模，并以此为基准计算出相关的专项债券总体风险指标。同时，报告也对未来五年省际专项债券进行了估算，并对比了区域间的结构性风险。研究发现，目前我国专项债券的总体风险可控，但部分省份的结构风险较为突出。另外，基于网络爬虫和穿透等大数据技术，报告还设计了一套专项债券项目风险管理的综合系统模块，用以监控和管理专项债的"借"、"用"、"管"和"还"全流程各个环节的风险。

关键词： 专项债券　结构化风险　大数据　模糊综合评判　项目财务风险

一　专项债管理中的风险

自2014年新《预算法》颁布实施以来，地方政府债务治理方面最显著的变化是"堵暗道，开前门"，即一方面压缩地方政府通过融资平台举借债务（如银行贷款、发行城投债和各类非标融资等）的空间，另一方面使地

---

[*] 胡志浩，经济学博士，研究员，教授，博士研究生导师，中国社会科学院金融研究所国际金融与国际经济研究室主任，国家金融与发展实验室副主任，主要研究方向为国际金融市场、金融风险、货币与财政；李晓花，理学博士，中国社会科学院国家金融与发展实验室研究员，主要研究方向为数理金融、金融风险；孙征，经济学博士，中国社会科学院国家金融与发展实验室研究助理，主要研究方向为金融风险、货币与财政。

方政府的预算内融资合法化,地方政府目前合法的举债途径是发行一般政府债券和专项政府债券。

一般政府债券是指地方政府为了缓解资金紧张或解决临时经费不足而发行的债券。专项政府债券是指为了筹集资金建设某个专项具体工程而发行的债券。两者之间的区别主要在于资金用途和偿还资金来源。一般债的应用范围较广,支出也更加多元化,哪里有需要就用于哪里,当然这里所指的需要是指公共预算账目,即俗称的"第一本账"。而专项债则具有固定的投资方向和投资项目,不能随意用于其他地方。在发行专项债之前,需要自下而上申报项目,编制项目收益平衡测算书,发行的专项债需要与这些项目对应,后期的项目运营收入也要纳入专项收入管理。

自2015年各地地方政府正式发行专项债以来,存量专项债的规模已经达到15万亿元以上,规模的快速增长和结构的动态变化,既蕴含了推进经济发展的巨大动能,也引发了不少亟待解决的风险。

根据风险层次和管理环节,我们将专项债的风险分为五类:宏观风险、申报风险、使用风险、管理风险和偿还风险。下文详细分析这五类风险。

(一)宏观风险

专项债的宏观风险分析,可以从全国的总量趋势和各省份的分类结构两个层次展开。分析表明,2015~2021年,专项债的发行量和存量都经历了快速增长,相对于GDP等宏观经济数据、政府性基金收入等财政数据而言,专项债的增长率都是偏高的,考虑到前期的大规模置换发行需求,这些相对数据在未来可能会得到缓解。对各省级行政区而言,各地区的经济发展程度不同,财政能力有高低不同,且对专项债的融资需求不同,这些因素综合叠加使得各地的专项债的发行和存量呈现巨大的结构化差异,相对保障比率的差异更为明显。我们认为,专项债的宏观风险,更多体现在部分经济薄弱省份的债务存量过高、偿债能力弱。

1. 专项债总量和趋势的风险

从地方政府专项债的存量和增量上看,2015~2020年的增长非常明显。

2015年新增地方政府专项债一共发行了959亿元，而在2020年这一数值是36019亿元，增长了近40倍。从存量上看，2015年底的地方政府专项债存量为9744亿元，2020年底的地方政府专项债存量为128927亿元（见图1），增长了12倍多，年平均增速为67.62%。每年增长2万多亿元，2020年增长了近3.5万亿元。

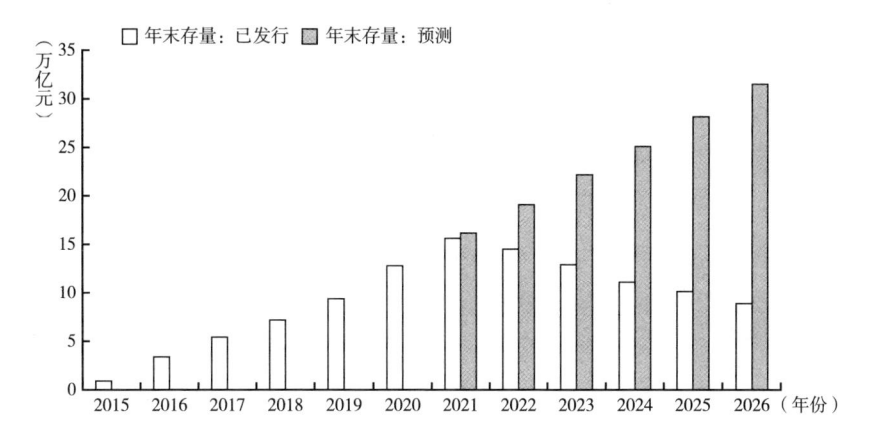

图1　全国地方政府专项债年末存量

资料来源：国家金融与发展实验室。

2015~2020年，地方政府专项债另一个值得关注的点是其内部结构，即在每年发行的专项债总额中，新增专项债和再融资专项债的相对比例变化。2015~2017年再融资专项债的发行额均为0，而从2018年开始，再融资专项债的比例开始上升。2018年的再融资专项债发行额为1358亿元，2019年的发行额为3439亿元，2020年的发行额为5386亿元，年均增长99.15%（见图2）。再融资券是用于偿还已经到期的专项债，可以视作债券到期滚动的一种形式，再融资专项债发行量的逐年增大，既反映了专项债到期额度的逐年变大，也反映了专项债偿还方式的缺陷。

预计2022~2026年专项债每年发行额为4万亿~5万亿元，新增专项债额度稳定在3.2万亿~3.6万亿元，略低于2020年和2021年，而再融资专项债则有较明显增加（见图3）。2025年再融资专项债偏低是因为根据实际发行债券测算，2025年专项债还本较少。预计至2026年，地方政府专项债

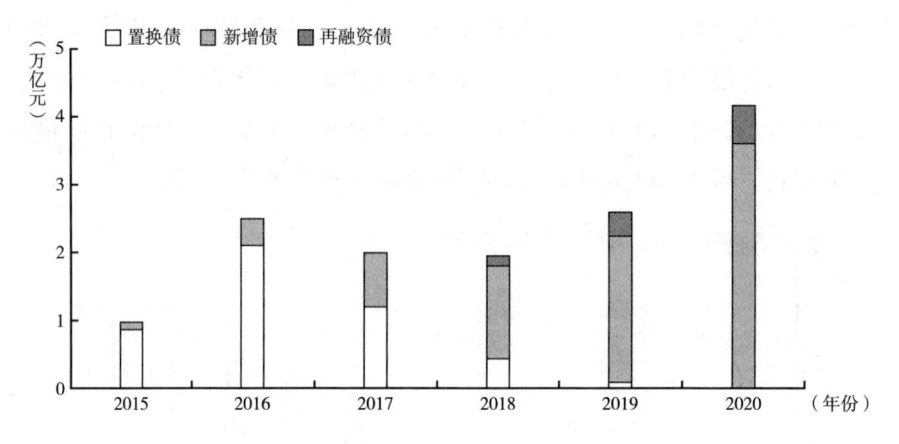

图 2　地方政府专项债新增和再融资情况

资料来源：国家金融与发展实验室。

累计总发行41.21万亿元。其中，置换债稳定在4.75万亿元，占比11.53%；新增专项债发行28.35万亿元，占比68.80%；再融资专项债发行8.11万亿元，占比19.68%。

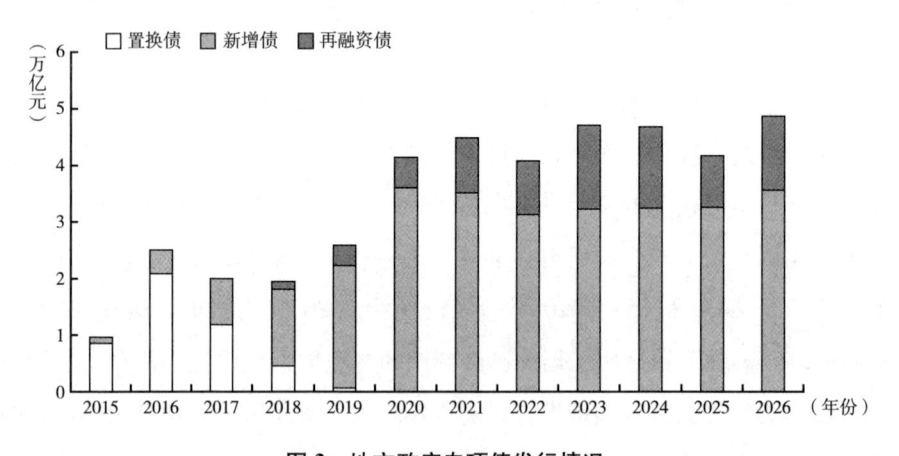

图 3　地方政府专项债发行情况

注：从2021年开始为预测值。

2.各省份专项债的结构化风险

各省份地方政府专项债余额与其经济发展水平呈正相关，即经济发展水平越高，专项债余额越高。根据 2020 年各省份 GDP 排序和专项债余额排序，两者的秩相关系数高达 0.91。截至 2020 年末，地方政府专项债余额从高到低的 5 个省份依次为江苏、山东、广东、浙江和四川。其中，江苏为唯一超过万亿元的省份，专项债余额为 10385 亿元。余额从低到高的 5 个省份依次为西藏、宁夏、青海、海南和黑龙江。其中，西藏余额为 97 亿元，低于 100 亿元（见图 4）。GDP 排序和专项债余额排序偏离最高的是天津和贵州。从高到低，天津 GDP 排序为 24，专项债余额排序为 13；贵州 GDP 排序为 20，专项债余额排序为 12。两地专项债余额排序大幅领先 GDP 排序，风险较高。

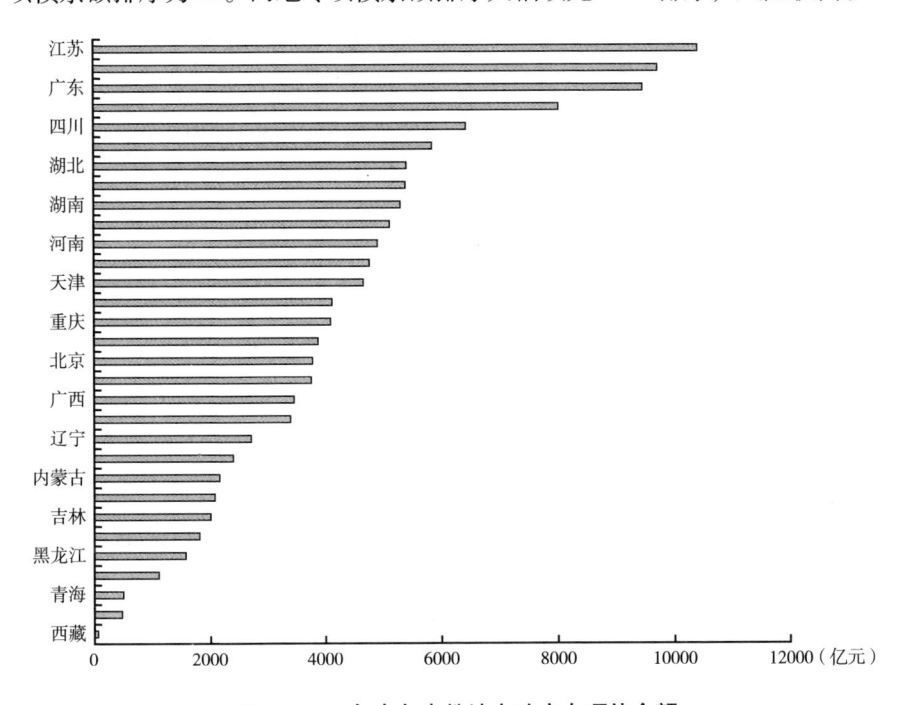

图 4 2020 年末各省份地方政府专项债余额

注：部分省份名称未展示。
资料来源：国家金融与发展实验室。

除了从债务余额维度来观察专项债风险，常用的维度还有债务率，债务率＝专项债余额/政府性基金年度收入，将各省份的 2020 年专项债余额与政府性基金收入数据代入公式，得出各省份的债务率，并进行排序，可得出图

5。由于统计时2020年大部分省份的政府性基金收入尚未公布，图5中的数据均为2019年值，且辽宁（含大连）、浙江（含宁波）、福建（含厦门）、广东（含深圳）、新疆（含兵团）均为全口径统计值。

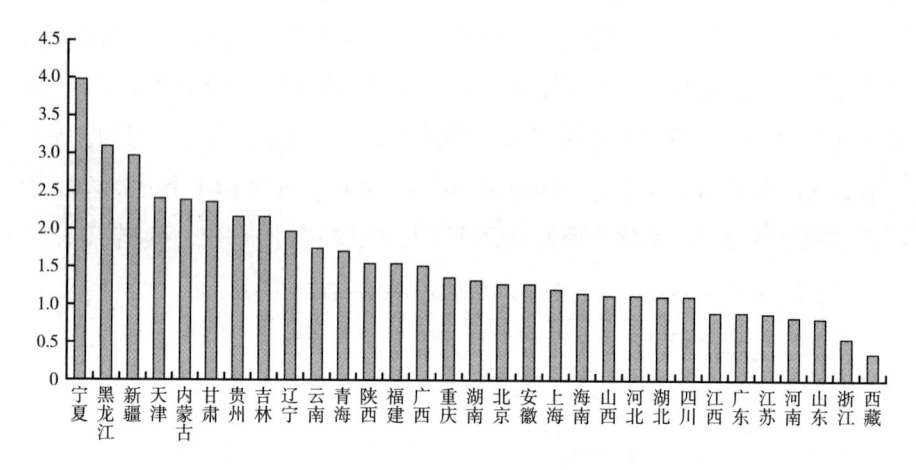

图5　2019年各省份地方政府专项债债务率

资料来源：国家金融与发展实验室。

从债务率的数值上看，宁夏的专项债风险最高，其债务率为3.97，即宁夏的政府专项债余额近4倍于当地的政府性基金收入。黑龙江、新疆、天津、内蒙古、甘肃、贵州和吉林的债务率均在2以上，反映了这些区域较高的专项债偿还风险。这些省份都是我国经济较为落后的省份，产业结构单一，以资源产业为主，受外界需求冲击大，财政收入相对少，因此发行的专项债面临较高的不确定性，由于地区产业结构单一，基础设施落后，这些地区的真实发债需求是否能够在发债绝对数额和比例上，还需要进一步研究确定。

西藏的债务率最低，为0.37，由于西藏的特殊性，这一数值并不具备太多参考意义。债务率较低的另外几个省份是江西、广东、江苏、河南、山东、浙江，均低于1。这些省份均为我国的经济大省和经济强省，产业基础好，市场化程度高，财政收入好，当地政府为资本性开支进行融资时，既可以使用专项债的方式，也可以采取更加市场化的方式，融资渠道较为多元，反映在数值上，即较低的债务率和较高的专项债余额。

截至2026年，预计各省份地方政府专项债存量相比2020年，基本有1倍以上的增长。江苏、广东和山东专项债存量继续保持在前三位，均超过2万亿元（见图6）。根据2026年各省份GDP排序和专项债余额排序，两者的秩相关系数仍达到0.89。GDP排序和专项债余额排序偏离最高的仍是天津和贵州，偏离度分别为9和10，与2020年相差无几。

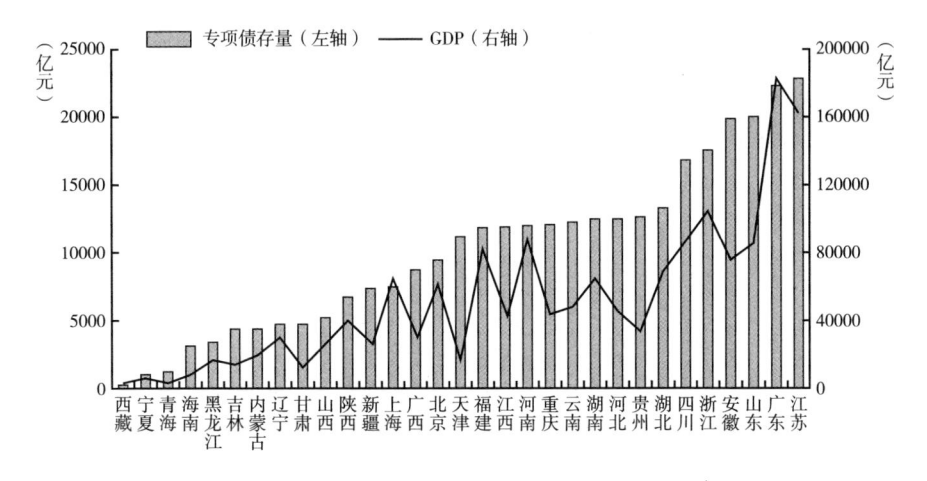

图6 2026年各省份GDP和地方政府专项债存量预测

资料来源：国家金融与发展实验室。

（二）申报风险

1. 项目申报人与专项债借还主体分离

目前专项债的发行人和偿还人都是省级政府，基层县市将所需要建设的项目逐级向上申报，财政部根据批复的项目将专项债额度分配给各省份后，省级政府统一发行并将募集资金转贷给市县级政府，由市县行政区内的项目运营机构负责资金的使用，再由运营机构将付息还本资金汇总后逐级上缴。从法律关系看，专项债的债权人只对名义债务人省级政府有约束，而对真实的债务人市县级政府无直接约束，市县级政府虽然应该按照转贷协议承担还本付息责任，但是省级政府以及债权人对于资金使用主体的约束是较弱的。

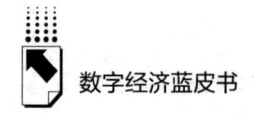

而且，由省级政府来发行该省范围内的所有专项债，天然地隐含了本省总体财政金融资源的信用增强，市场机构和债权人很难对市县级专项债项目质量和资金使用绩效做出准确判断，形成有效约束。这也是之前城投债市场显著特征的重演，即城投债具有"重发行省份，重发行城市级别，轻公司质量"的特点。

借用还主体不统一，可能会使省级政府和金融市场无法有效把握项目质量、项目资金使用效率和偿还保障，可能成为专项债偿还的重大风险点。

2. 项目收益的预期偏差

专项债在前期申报时需要编制融资资金平衡方案，但是专项债项目建设运营周期长，易受多种宏观因素影响，并且部分中介机构专业素养不高，客观上增加了收益预测的不确定性；另外，部分地区的资源禀赋有限，难以找到能自求平衡的公益性、资本性项目，为了能争取到更多资金，就对项目收益进行包装，从根本上加大了专项债的偿还风险。从目前的专项债偿还实践来看，前期申报的资金平衡方案对后期的利息偿付没有明确的约束作用，甚至连参考意义也有限。

在实际操作中，专项债发行安排与实际情况存在较大出入，甚至出现收益不足的项目被强行包装成为收益自平衡专项债的情况。从长远来看，这些无法实现足够收益或无收益的项目，不仅有悖"项目收益来自项目本身"的监管要求，而且最终将转化为地方政府债务，加剧债务风险。实际上，有的地方政府在发行项目收益专项债时，往往把子项目的融资额度分配到多期债券中，导致在不同债券中同一项目的本息覆盖测算结果均不一致，并且与实施方案的测算结果也不一致。在过去两年中，不仅有许多没有收益的项目使用了专项债券资金，还有更多的收益不足的项目强行包装成"收益自平衡"的项目，实际上没有收益或者收益严重不足。实际上，有很多项目通过夸大收益、强行纳入土地使用权出让（简称土地出让）收益来实现"资金自平衡"的目标，发行专项债。

作为例证，在本文中，我们用广东省和湖北省的收费公路专项债收入预测做了案例分析，采用时间序列和多元线性回归两种方式预测了2021年及以后的收费公路收入，结果显示，湖北省的项目预测与模型预测偏离度普遍达到了100%以上，可能存在较大程度的夸大收益现象。

（三）使用风险

专项债用途万能化。目前专项债可以使用的范围包括交通基础设施、能源设施、农村水利、生态环保、社会事业和产业园区等领域，从总体上看，这部分领域的社会公益色彩浓厚，投资期长，回报较慢，要做到专项债的项目收益平衡不算容易。

但是多省审计报告显示，专项债存在资金闲置以及投向不合规等情况，投向方面甚至出现了发放工资、差旅费及购买理财等问题。广东省审计厅称，组织对汕头、河源、中山、阳江四市2020年度专项债券资金管理使用情况进行审计后发现，部分地区超范围使用专项债券资金。具体而言，有1个市的2个区将专项债券资金用于偿还政府购买服务金、发放人员工资等支出；有1个市本级挪用债券资金支付其他项目工程款等。一些地方还将专项债资金用于发放差旅费及薪资等经常性支出。海南省财政厅披露，5个市县将436.86万元债券资金用于建设单位管理费、薪资福利及差旅费等经常性支出，1个市县将1亿元债券资金挪用于其他项目。一些地方则将专项债资金用于购买理财产品。山东省审计厅指出，4市20县将29.04亿元债券资金出借给乡镇、企业等周转使用，有的用于购买理财产品或其他项目建设等。

我们认为这种现象的出现，其根源在于专项债资源分配的行政化倾向。地方政府将专项债自上而下的额度分配等同于计划经济时代的财政资源分配，即使地方政府没有合适的投资项目，但是出于做大基数以防止下年额度被调减的考虑，也会尽量包装项目多往上报，在得到专项债资金后，或是闲置，或是挪用。

（四）管理风险

专项债对应的项目资金管理不严格。目前专项债券在发行募集资金后，

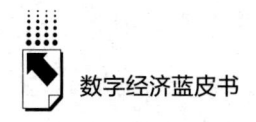

由省级财政根据申报的项目将资金分配给具体市县财政局，再由市县财政将资金投入项目公司，由项目公司负责专项债资金的具体使用。也就是说，专项债资金存在两个管理环节，一是国库内管理，二是离开国库后的项目管理。目前存在的问题是，当专项债资金在国库内管理时，各项监管措施都得到了严格的执行，但是当专项债资金在离开财政国库系统后，相关的监管措施就无法确保严格落实了，资金在项目运营公司账内存在被挪用、虚报等风险。

（五）偿还风险

目前专项债券的发行主体和最终偿还主体是省级政府，省级兜底的机制使得市县政府没有还款的意愿，导致重申报、轻使用和管理，市场机制无法发挥作用。一些金融机构也相应地放松了风险管控要求，使得市场约束进一步失效。专项债在分配额度、资金使用等环节还存在较浓厚的行政色彩，所有的问题最终都会在专项债的终端即偿还环节表现出来，而目前地方各级政府并没有建立制度化的专项债偿债准备金机制，面临到期还本时，可能会出现较大风险。

1.偿债压力过度集中在债务到期日

目前所发行的地方专项债券，都是执行的存续期内按年付息或半年付一次息，到期时一次性还本。这种安排造成了专项债风险的时间错配，过度将偿债压力后置在终端，与专项债资金所产生的项目现金流在时间上匹配度差，进入集中偿还期后财政压力过大。目前为了规避这种风险采取的通行做法是，每年从项目运营收入或者政府性基金账目中归集收入，转入偿债基金，由于专项债券项目全生命周期较长，而现金流等专项收入回收期限也较长，每年归集的还本资金额度大，这部分大额资金作为还本准备金沉淀在财政专户中，增加了地方财政的机会成本。

2.过度依靠再融资偿还本金

从专项债的内部结构比例来看，再融资专项债占年度发行总额的比例逐年走高，而发行再融资债的目的就是为了偿还已经到期的专项债本金。由此可见，债务滚动已经成了专项债还本的主要办法，虽然这样的办法可以降低专项债偿还面临的风险，但是也面临理论与现实上的重重制约。

一是债务是否可以无限制地扩大规模，目前学术界尚无定论；二是专项债滚动发行偿还本金，还需要在低利率、宽信用的宏观金融环境中进行，如果进入货币政策紧缩周期，此时发行再融资债不仅无法缓解财政压力，甚至还会极大增加财政负担；三是过度依靠再融资的方式还本，会造成地方政府的道德风险，专项债本身的信用也会因此受到市场质疑。

3. 过于依靠土地收入偿还

从偿债资金来源看，资金筹集渠道单一，过于依赖土地出让收入。而土地出让收入对地理位置、国家政策及宏观经济形势的敏感度非常高，具有很强的差异性、不稳定性和不确定性。

土地出让收入区域差异显著，发达地区和其他地区的该项收入差异巨大，不同等级的行政区之间也差异巨大。一些地区在扣除地方附着物、青苗补偿、被征地农民保险、综合地价补偿等刚性支出后也所剩无几。近年来，受经济结构调整和发展方式转变提速、新冠肺炎疫情以及"房住不炒"方针下国家对房地产行业的宏观调控等因素影响，土地出让速度放缓，出价价格回落，土地出让收入在各地都出现回落，这给地方专项债的偿还带来了新的挑战。

4. 真实偿债资金来源不透明，难以判断风险

理论上讲，专项债的偿还资金应该来自投资项目的运营收入或者政府性基金收入。在省级财政部门公开的年度预算报表中，有专门的专项债对应项目专项收入、地方政府专项债务支出科目和地方政府债务还本支出科目，但是相关科目列示的仅仅是年度总额，并没有说明偿债资金来源。相对于专项债付息金额，如果仅仅看项目专项收入的话可以忽略不计，这说明付息必须很大程度上依赖其他资金来源，如国有土地出让收入和上级转移支付等，但是统一且粗略的报表科目中相关信息是缺失的，这也是目前的偿债风险之一。

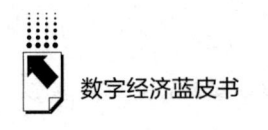

二 专项债风险管理的数据基础与评估局限

(一) 监测专项债风险的相关数据与难点

在分析专项债所面临的宏观风险、结构风险与项目风险时，第一步要做的就是进行数据搜集，数据是定量分析专项债风险的基础，也是动态监控专项债实际运营情况的必须前提。

在运用大数据分析专项债所面临的各类风险时，我们将所需要准备的数据分为七类：宏观经济数据、行业数据、招投标数据、资金管理数据、资金交易数据、工程建设数据、项目财务数据。

在实际搜集和处理上述数据时，我们所遇到的难度是不同的，部分数据通过网络可以获取，但是大部分数据需要从各个渠道汇总，再经过数据清洗、统一口径等流程，才能变为可用可比的数据。

1. 专项债风险监测的数据基础

（1）宏观经济数据

这部分数据包括：31个省份的GDP、总人口、财政收入、一般公共预算收入、政府性基金收入、税收收入等宏观基础数据；各省级行政区的专项债存量数据、新增专项债务数据、再融资债发行数据、每年各省份的还本付息等债务基础数据；行政级别低于省级的县市级政府的上述数据。以上数据均为持续若干年份的面板数据。

根据上述数据，我们还需要计算出衡量债务风险的若干比例数据，如专项债负债率、专项债债务率、还本付息率、利息保障倍数、利息支出率等。

（2）行业数据

行业数据主要是指专项债投向的交通基础设施建设、农林水利、生态环保等11大领域的主题大数据，它用于各投向领域的专项债风险评估。如建立一个收费公路大数据库，包含各省市县的收费公路里程数据、年度和月度车流量数据、汽车保有量数据、年度和月度公路收费数据等。

通过这一类数据，我们可以横向比较各省市县的公路收费的普遍情况，并可以从中归纳总结出一些普遍规律并建立相关的计量模型。如我们从直观上可以判断，某个省公路收费的多与少，应该会与该省的公路里程正相关，也会跟该省的车流量正相关，借助搜集整理的大数据，我们可以建立相关的计量模型，以验证上述的直观判断是否能够得到数据的支持。

（3）招投标数据

通过网络爬虫技术，获取招标采购网站的招、投标信息及投标供应商的工商、税务等信息，获取招投标工作中相关工作人员（包括审批人员、评审专家等）的信息，运用人企穿透、人人穿透等技术，绘制供应商及相关人员知识图谱，识别其中可能存在的串标、虚假投标等风险。

（4）资金管理数据

获取项目单位专项债资金专用账户和项目单位专项债项目财务数据并进行比对，及时发现偏离预算方向、违规使用专项债资金等问题，杜绝资金管理使用不规范情况的发生。

（5）资金交易数据

获取项目单位专项债专户资金流水数据以进行资金穿透。以往，专项债资金在从国库转出后，流向和使用情况都无法得到实时的监控，只能等待政府组织的集中审计才能发现其中的违规问题，这一方式不仅效率低下、成本高，而且时效性差，也无助于在问题萌芽时就遏止相关风险。而采用专项债专户资金流水数据进行实时监控，可以大幅度提高监管效率。

（6）工程建设数据

获取项目建设时间、项目的开工率、实物工作量、项目成本等数据，建立项目进度风险识别模型。由于上述变量存在一定的线性关系，基本上是同向变化，通过监测上述数据是否同向变化、比例关系是否异常以及与同类项目同一指标相比是否异常可以了解项目建设期的异常情况。

（7）项目财务数据

获取项目财务数据，包括项目资产负债表、利润表、现金流量表，重点

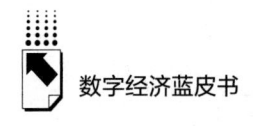

获取货币资金、应收账款、其他应收款、存货、投资性房地产、固定资产、在建工程、无形资产等资产科目明细。

2. 监测专项债风险的数据难点

（1）数据获取难度较大

在上述我们列出的七类数据中，最容易获取的是宏观经济数据集的省级数据，如GDP、人口和财政收入、债务存量等数据，这部分数据有相关法律规定要求强制公开，且获取途径多样化，如政府官网和各种宏观数据库等，易于交叉核对数据的可靠性。但是也仅止于此，行政级别低于省级的宏观数据，部分需要在各地年鉴和公开网络新闻等来源处搜集，效率较低，缺失的年份较多，且无法验证部分数据是否真实可靠。最难获取的是市县的专项债数据，由于目前专项债名义是由省级政府发行、省级政府偿还，所以理论上讲，专项债的存量与发行量是与县市政府无关的。但是实质上，专项债的使用和偿债主体都是基层政府，我们在评估专项债风险时，更应该做的工作是根据市县政府的财政状况和债务数据来展开分析微观风险，而不是仅仅从省级的总量数据来研判总体风险。而这部分缺失的数据，对专项债的风险分析和监测更为重要。

后面的招投标数据、资金数据和工程项目数据等，都是分析专项债的实质风险——项目运营风险时所不可或缺的，但是这部分数据的获取难度非常大，目前仅能够从发行文件中获取极少一部分参考。发行后的项目运营数据，更是很难获取全国范围内的所有样本。

（2）数据口径无统一标准

除了省级宏观经济数据和财政债务数据可以进行横向比较外，其他的数据目前都没有强制公开规定，比如项目运营数据，基层县市财政部分可以根据自己的需要决定是否公开数据，是公开部分还是公开全部，公开的口径是什么，也都没有制度规定，即使通过各种渠道获取了不同地区的专项债项目微观数据，也由于口径的不同，数据的价值大打折扣。

（二）目前专项债风险识别手段的局限性

目前在进行专项债的风险识别时，使用的主要办法是定量方式，其中又可以分类为非模型识别和模型识别。非模型识别的方式有初步的债务绝对数额衡量，相对比例识别指标，如用债务率、还本付息率等指标。模型识别包括常用的 KMV 模型、内部评级模型和灰色模型等（在报告第三部分有这些理论模型的详细说明）。

在识别专项债的风险时，不管是何种定量方式，都具有局限性，这些局限性严重地影响了评估效果，以及这些模型在运用中的实际效果。我们将局限性总结为以下三条。

一是非常依赖数据可得性。如 KMV 模型和内部评级模型，在运用中需要全国所有地市的财政经济和债务数据，财政和经济数据可以搜索到，但是部分年份有缺失，而地市的专项债数据目前仍无法通过公开渠道获取，那评估地市的债务风险也就无从谈起，只能从宏观上把握各省份的专项债风险。

二是模型的理论假设过多。比如在 KMV 模型中，做出了若干严格的前提假设，如债务主体仅出于资产和负债的简单比较就做出是否违约的决策，这在现实中明显是不可能的，而我们需要评估的专项债风险是一个现实色彩非常浓厚的问题。严格的假设有助于复杂问题的简化，却无法帮助解决专项债风险监测评估这一现实问题。

三是仅从数据比例关系上评估风险。上述的模型以及我们在前文中介绍的总量和比例指标，当然都有助于我们认识专项债的风险，如绝对规模是否过大，承担的债务相对于自身的经济实力和财政实力是否过度，这样的评估当然是不可或缺的，也能够在一定程度上揭示专项债的风险。但是我们需要注意到的一个事实是，专项债的实质风险，更多的应该体现在形成的资产质量上，即专项债资金是否被高效地运用，专项债资金所投入的项目能否产生足额的回报来覆盖专项债的还本付息现金流。单纯地比较各省份专项债总量的规模无助于识别专项债的风险，甚至比较专项债的负债率、债务率等指标，也只能是在一定程度上帮助我们判断偿还的压力到底有多大，但这和风险应该是有区别的。专项债真正需要评估的风险，潜藏在资金所流向的千千万万个实体项目中。

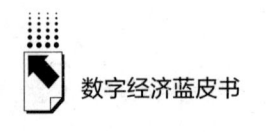

三 大数据运用于专项债风险分析的理论基础

（一）大数据的基本思想与原则

1. 大数据的思想

大数据泛指无法在可容忍的时间内用传统信息技术和软硬件工具对其进行获取、管理和处理的巨量数据集合，具有海量性、多样性、时效性及可变性等特征，需要可伸缩的计算体系结构以支持其存储、处理和分析。

大数据提供了一种人类认识复杂系统的新思维和新手段。就理论上而言，在足够小的时间和空间尺度上，对现实世界数字化，可以构造一个现实世界的数字虚拟映像，这个映像承载了现实世界的运行规律。在拥有充足的计算能力和高效的数据分析方法的前提下对这个数字虚拟映像深度分析，将有可能理解和发现现实复杂系统的运行行为、状态和规律。大数据为人类提供了全新的思维方式和探知客观规律、改造自然和社会的新手段，这也是大数据引发经济社会变革最根本性的原因。

2. 大数据分析的基本原理

大数据应用于分析的基本原理，同时也是大数据思维的特点，概括起来主要是三个词：更多、更杂、更好。

更多——样本＝全部，即人们处理的数据从样本数据变成全部数据，不再采用随机分析法这样的捷径，而采用对所有数据进行分析的方法。在大数据时代采用随机采样法，就像在汽车时代骑马一样，虽然特定情况下仍可取随机采样法，但是逐渐会被全量数据分析所替代。

更杂——由于是全样本数据，人们不得不接受数据的混杂性，而放弃对精确性的追求，这尤其体现在分析和预测上。在小数据时代，我们通常对数据的计算要精确到小数点后几位，而对于大数据的分析，我们可以忽略小数点位数，而将关注力更多地集中在趋势走向的分析和判断上。例如，我们对高速公路收费收入的预测、对医院住院收入的预测，都是基于历史数据在合理范围内进行的趋势预测。

更好——人类通过对大数据的处理，放弃对因果关系的渴求，转而关注相关关系，由此我们对经济现象可以获得更多维度、更加深入的洞察。例如，一般来说，高速公路收费收入与车流量、货物运输量有直接的因果关系，但它同时又与一个地区的经济发展水平和居民消费水平密切相关，因此我们可以建立高速公路通行费收入与CPI、GDP的方程，求解得到它们的相关系数，判断它们的相关程度，进一步解释相关经济现象。通过数据模型证明高速公路通行费收入确实与CPI、GDP呈正相关关系，由此验证我们前面的假设。

事实上，大数据时代带给人们的思维方式的深刻转变远不止上述三个方面。大数据思维最关键的转变在于从自然思维转向智能思维，使得大数据像具有生命力一样，获得类似于"人脑"的智能，甚至智慧。

（二）大数据应用的技术基础

1. 网络爬虫技术

通过网络爬虫，按照一定的规则，自动地抓取存在于互联网上的专项债风险管理所需的数据，包括宏观经济信息、招投标信息、上市公司财务报告信息等。

2. 机器学习

基于图神经网络算法，运用卷积核和池化技术，基于专项债风险管理的多种业务场景，抽取不同的数据特征，实现异构数据实时融合，提升算法模型的准确率、召回率、置信度，并将难以处理的高维图数据进行降维并可视化展示。

3. 自然语言处理技术

结合专项债相关政策及发行披露文件的语言特点，通过文本分析、深度学习、构建领域语料库等方法，构建专项债知识库、语料库，实现专项债发行评审的智能化、标准化。

4. 图计算和知识图谱

基于图计算引擎，运用灵活的实体及关系建模方法，面向大规模异构数据快速生成关联图谱，实现复杂网络中实体间潜在关系的深度穿透和挖掘分析，可用于构建专项债发行评审知识图谱和专项债风险图谱。

5. 数据采集和清洗技术

专项债风险管理所需的数据呈现多源异构的特点，即从地方政府各部门以及网络采集的数据格式、类型不同，既有结构化的数据，又有无法直接使用的非结构化数据，需要经过数据清洗、转换、匹配、存储、逻辑关联的处理流程，对各种结构、类型的原始数据进行标准化处理，以利于数据的存储及分析使用。

6. 穿透技术

按照财政部对专项债"穿透式监管"的要求，基于专项债资金交易数据、招标采购数据、企业股权数据、项目财务明细账数据等，运用图计算方法，构建资金关系、供应商关系、股权关系图谱，实现资金穿透、股权穿透、项目穿透、交易事项穿透等目标。

7. 模型技术及算法

专项债风险模型涉及的算法包括：逻辑回归算法、决策列表算法、贝叶斯网络模型、判别模型、KNN算法、LSVM经典局域支持向量机算法、随机森林算法、SVM支持向量机算法、CHAID算法等。

对同样的业务问题，可能有多种数据挖掘技术方法可供选用，此时可优选提升度高、置信度高、简单而易于总结业务政策和建议的数据挖掘技术方法，通过对海量数据的挖掘，发现数据中的规律，为专项债风险管理的多种业务场景提供分析、预测、决策支持。

（三）大数据的发展脉络

总体上说，大数据的发展历程可分为三个重要阶段：萌芽期、成熟期和大规模应用期。

1. 第一阶段：萌芽期（20世纪90年代至21世纪初）

大多数学者认为，"大数据"这一概念最早出现于1998年，美国高性能计算公司SGI的首席科学家约翰·马西（John Mashey）在一个国际会议报告中指出，随着数据量的快速增长，必将出现数据难理解、难获取、难处理和难组织四个难题，并用"BigData"（大数据）来描述这一挑战，在计算领域引发思考。

这一时期，随着数据挖掘理论和数据库技术的逐步成熟，一批商业智能工具和知识管理技术开始应用，如数据仓库、专家系统、知识管理系统等。

2. 第二阶段：成熟期（21世纪前10年）

2007年，数据库领域的先驱人物吉姆·格雷（Jim Gray）指出，大数据将成为人类触摸、理解和逼近现实复杂系统的有效途径，认为在实验观测、理论推导和计算仿真三种科学研究范式后，将迎来第四范式——"数据探索"。后来，同行学者将其总结为"数据密集型科学发现"，开启了从科研视角审视大数据的热潮。

这一时期，随着web 2.0应用迅猛发展，非结构化数据大量产生，传统处理方法难以应对，带动了大数据技术的快速突破，大数据解决方案逐步走向成熟，形成了并行计算与分布式系统两大核心技术，谷歌的GFD和MapReduce等大数据技术受到追捧，Hadoop平台开始大行其道。

3. 第三阶段：大规模应用期（2010年之后）

2012年，牛津大学教授维克托·迈尔-舍恩伯格在其畅销书《大数据时代》中指出，数据分析将从"随机采样"、"精确求解"和"强调因果"的传统模式演变为大数据时代的"全体数据"、"近似求解"和"只看关联不问因果"的新模式，从而引发商业应用领域对大数据方法的广泛思考与探讨。

2013年，大数据走向实践，有专家称之为"大数据元年"。此后，2014年后概念体系逐渐成形，对其认知亦趋于理性。大数据相关技术、产品、应用和标准不断发展，逐渐形成了包括数据资源与API、开源平台与工具、数据基础设施、数据分析、数据应用等板块构成的大数据生态系

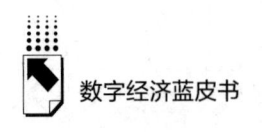

统,并持续发展和不断完善,其发展热点呈现了从技术向应用、再向治理的逐渐迁移。

(四)风险识别的常用数理模型与大数据手段的结合

1.现有的风险识别模型

目前在识别与评估专项债风险的时候,普遍运用的数量模型包括KMV模型、内部评级模型、多因子模型、GZ信用利差方法和Credit Metrics模型等。

(1) KMV模型的评估原理

我们以使用频率最高的KMV模型为例。KMV模型融合了BS期权定价理论和债务风险理论,能够准确计算违约距离,进而精确计算预期违约概率,因而被广泛应用于市政债违约风险的研究。

KMV模型的基本假设如下。第一,当公司的资产价值低于一定水平时,公司就会对债权人和股东违约。借款人资产价值大于其债务价值时,借款人不会违约;反之,借款人资产价值小于其债务价值时,借款人就会违约。与这一水平相对应的资产价值为违约点(DPT),即公司资产价值等于负债价值的点。第二,假设在未来给定的时期内,该公司的资产服从由资产价值的期望值与标准差(波动率)描述的某个分布,未来资产价值的均值到所需清偿公司负债的账面价值之间的距离称为违约距离(DD),由此算出预期违约率。第三,借款人资本结构只有所有者权益,短期债务、长期债务和可转化的优先股。

假设一个违约点,降至这个违约点以下,公司就会对它违约。假设公司的价值服从某种函数分布,其是什么样的分布要根据资产期望值及标准差来确定。预期违约概率(EDF)是分三个步骤来确定的。第一步,计算公司的市场价值及其波动性;第二步,估算出公司的违约点、预期价值;第三步,估计预测违约概率(EDF)。

要将KMV模型用于专项债的信用风险测度,还需要进行改造,通过建立修正的KMV模型来实现,其含义可理解为,地方政府将本级财政收入

"转移"给债券的购买者，同时可以通过偿还债券来"赎回"财政收入。当地方政府债券到期时，如果用于偿还债券的地方财政收入足以覆盖债券本息，地方政府将偿还债务，赎回财政收入；反之，地方政府就会违约，产生偿债危机和信用风险。作为地方政府偿债担保的地方财政收入具有波动性，这一特性会使得地方财政预期收入小于到期应偿还的债券面值时就会发生违约，而地方政府发生违约的概率可用来测度地方政府债券的信用风险。

修正后的 KMV 模型，用地方政府性基金的可偿债收入替代公司的资产市场价值，用可偿债收入的增长率和波动率分别替代公司资产市场价值增长率和波动率，用地方政府专项债券到期应偿还的本息规模替代公司负债规模。

当未来地方政府性基金收入低于某个水平，此时可偿债收入小于到期应偿还的本息，则会发生违约。预期违约概率计算方法如下：先根据地方政府性基金收入的历史数据得到期初的可偿债收入增长率和波动率；然后用未来年度地方政府到期本息与期初的基金收入增长率和波动率构建一个度量指标违约距离；最后根据地方专项债券的违约距离与预期违约概率之间的关系，求出地方专项债券的预期违约概率，违约距离越小，地方政府专项债券预期违约风险越大。

实证研究中，需要获取 334 个地市（含部分市辖区）2009~2017 年的政府性基金收入数据，通过平均增长率法测算 2018~2020 年的政府性基金收入，然后将该值代入 KMV 模型相关公式，得到 2018~2020 年三年数据的方差和均值，进一步得到 2018~2020 年的政府性基金收入。最后，将 2018~2020 年债务偿还量、政府性基金收入、方差和均值代入 KMV 模型相关公式，得到这三年的违约概率和违约距离。

（2）内部评级模型的评估原理

内部评级模型是《巴塞尔新资本协议草案》中提出的信用风险测度模型，它最初用于测度银行贷款的信用风险。由于专项债也属于债务，因此也可以用内部评级模型进行违约风险测度。

《巴塞尔新资本协议草案》中用于信用风险估值的内部评级法（IRB）

根据违约概率（PD）、给定违约概率下的损失率（LGD）、违约的总敞口头寸以及期限（M）等因素来决定一笔授信的风险权重，然后银行根据标准参数或内部估计确定其风险要素，并计算得出银行所面临的风险。这些风险要素主要包括：违约概率（PD），指债务人违反贷款规定，没有按时偿还本金和利息的概率；违约损失率（LGD），指债务人没有按时偿还本金和利息给银行带来的损失的状况，它表现为单位债务的损失均值；违约风险值（EAD），指交易对象违约时，对银行所面临的风险的估计；期限（M），指银行可以向监管当局提供的交易的有效合同期限。

使用内部评级方法计算专项债的预期损失输入4个指标：债务人违约概率、违约损失率、违约风险暴露以及债项到期时间。

实证研究中，需要获取31个省份2015~2017年的债务率和专项债平均期限数据，并通过将债务率转换成债券风险等级，参考标准普尔和穆迪同等风险等级的债券违约概率，最终将转换成违规概率。代入公式计算得到我国31个省份2014~2017年的专项债务期望损失。

（3）灰色模型的评估原理

灰色系统理论是解决数据缺乏、不确定性问题的。灰色系统理论模型，又称灰色模型或灰色动态模型（简称GM模型）。其中最典型的是灰色模型GM（1，1）。我们在报告中，主要是将该理论运用于分析预测高速公路通行费收入。

灰色建模是用原始数据序列作生成数后建立微分方程。由于系统被噪声污染，所以原始数据序列呈现离乱的情况，这种离乱的数列也是一种灰色数列，或者灰色过程，对灰色过程建立模型，便成为灰色模型。灰色建模方法适合对通车年限较长的高速公路进行通行费收入的预测，该模型的形式为：

$$\frac{\mathrm{d}R(t)}{\mathrm{d}t} + uR(t) = b \tag{1}$$

式中，u和b为待估参数。该微分方程的解是：

$$R(t) = \left[R(0) - \frac{b}{u}\right] e^{-ut} + \frac{b}{u} \qquad (2)$$

通过将历史通行费收入依据 $R^{(0)}$（1），$R^{(0)}$（2），…，$R^{(0)}$（t），…，$R^{(0)}$（n），即 $R^{(0)}$ 累加得到新的数列 $R^{(1)}$：

$$R^{(1)}(t) = \sum_{t=1}^{n} R^{(0)}(t), \quad t = 1, 2, \cdots, n \qquad (3)$$

根据数列 $R^{(1)}$ 可建立白化形式微分方程，并解 GM（1，1）模型，即求得通行费收入未来年份的预测值。

实际建模中，将运用 2015~2017 年上市公司高速公路通行费收入预测 2018~2020 年高速公路通行费收入。

2. 大数据手段与风险识别模式的结合

可以将大数据技术手段中的数据采集、统计分析和数据挖掘运用于上述的风险识别数量模型（以下简称风险识别模型）。

数据采集是将分布的、异构数据源中的数据如关系数据、平面数据文件等抽取到临时中间层后进行清洗、转换、集成，最后加载到数据仓库或数据集市中，成为联机分析处理、数据挖掘的基础。例如，在风险识别模型中，我们可以通过网络爬取技术获取分布在互联网中的与高速公路收费收入相关的数据包括宏观经济数据以及高速公路收入、通车里程、车流量等数据和文件，其中部分文件以 PDF 或图片的形式存在，我们通过文本识别和处理技术进行解析。这些数据最终成为风险识别模型的输入项。

统计分析是通过相关分析、差异分析、回归分析、主成分分析、因子分析、显著性检验等一系列手段，将数据之间的相关关系呈现出来。在风险识别模型中，我们可以考虑运用多元回归分析和假设检验方法揭示 GDP、CPI、汽车保有量与高速公路收费收入的相关关系。

数据挖掘是指从大量的数据中通过算法搜索隐藏于其中信息的过程。解决实际问题时，将已知数据库信息转换成数学语言，建立数学模型，之后便可以通过模型代入新的数据，从而预测未来的数据。数据挖掘的方法包括分类、估计、预测、相关性分组或关联规则、聚类、描述和可视化、复杂数据

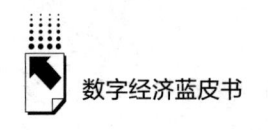

类型挖掘（Text、Web、图形图像、视频、音频）等。在具体案例中，我们考虑运用"预测"这一大数据分析方法，以湖北省、广东省高速公路收费的历史数据预测其未来的通行费收入。

四 大数据在专项债风险分析中的设计

专项债微观风险主要是专项债项目风险，贯穿其生命周期的各个阶段，在不同阶段呈现不同的风险特点。例如，在专项债项目准备阶段，主要的风险是立项风险；专项债发行后，在资金使用和项目建设阶段，主要是资金挪用、沉淀、项目开工率不足、不能形成实物工作量等风险；在项目运营阶段，主要是运营风险、市场风险（竞争对手风险）等导致项目收入和现金流不及预期，存在偿债风险。

针对专项债风险管理的借、用、管、还四个环节，我们根据各自的风险特征和要求，设计了一系列匹配的模型用于分析和监测特定环节的专项债风险。

（一）"借"的环节

1. 收入预测模型

专项债"借"的阶段，根据政府专项债的相关要求，项目必须实现融资与收益之间的平衡，确保项目资金的封闭运行、专款专用，以有效隔离市场风险。然而在实务中，部分项目存在通过刻意包装或虚增虚列收益以满足专项债券发行条件的做法，这给项目后期运营带来了巨大的经济风险。因此，在专项债发行前，需要对专项债项目的合理性进行评价，及时发现项目风险。如果项目出现投资大、回报周期长、专项债收益与融资规模不匹配、严重超过概算等风险因素，就要对这些风险因素出现后的影响程度进行定性估计，为是否通过发行专项债为项目融资提供依据。

专项债项目未来现金流包括经营活动的现金流、投资活动的现金流和筹资活动的现金流。经营活动的现金流主要包括项目建成后的收入（现金流入）和付现运营成本及税费（现金流出）；投资活动的现金流包括购置固定资产发生的支出（现金流出）；筹资活动的现金流包括资本金和专项债融资（现金流入）及还本付息（现金流出）。对项目未来现金流合理性评估的主要目的是估算其偿债能力。由于投资活动和筹资活动的现金流可以由资金计划获取并进行验证，因此评估项目未来现金流合理性的方法主要集中在经营活动现金流的合理性上。具体而言，对经营活动现金流的合理性评估又主要集中在收入的合理性评价。合理性的评价一般会对预测基础进行验证。例如，某收费公路专项债中，公路收费收入是基于该省份的收费标准和车流量测算。根据交通大数据，可以通过获取该省份五年之内的车流量、车辆保有量等数据来检验车流量预测数据的合理性。

2. 医院项目收入预测案例

（1）数据准备

医院建设项目中，预期收益的关键数据指标为门诊人数和住院人数，基于这两个指标，需准备以下数据：该地区近十年的人口数据；该地区的经济发展数据，并以进行项目类别划分；该地区同类项目最近五年的实际收入。

（2）采用的方法

① 时间序列预测法

时间序列预测法是一种回归预测方法，属于定量预测。基本原理是：一方面承认事物发展的延续性，运用过去时间序列的数据进行统计分析，推测出事物的发展趋势；另一方面充分考虑偶然因素影响而产生的随机性，为了消除随机波动的影响，利用历史数据进行统计分析时，需要对数据进行适当处理才能进行趋势预测。

例如，项目运营期从2022年（第1年）开始，为进行收入预测，选取案例库中同类项目2015年（第1年）的实际收入作为对标样本。考虑到2015年和2022年宏观经济情况存在差异，将这些差异叠加到2022年的数据上，形成可比口径的数据。

② 社区发现或聚类分析

通过积累历史项目，逐步形成包括项目实际收入、实际成本等数据的基础数据库，通过社区发现算法或聚类分析，将项目打上类别标签（同一地区、

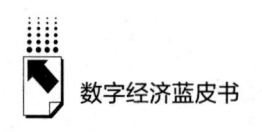

同等规模等），进行类别划分。运用统计方法对同类项目进行分析，即对同类项目的同年单位收入计算其均值、方差、变异系数等，分析其离散程度。

实际应用：收集近三年湖北省武汉市医院专项债项目发行文件中医院住院收入、门诊收入的2023~2027年预测值（住院收入预测值见表1、表2），计算其均值、方差、变异系数。从结果看，各年度的住院收入和门诊收入离散程度不大，说明各年的预测方法基本一致。住院收入和门诊收入的离散程度均为中等（根据相关文献，变异系数在0~15%为小变异，在16%~35%为中等变异，大于35%为高度变异），但住院收入相对于门诊收入离散程度更大，这可能与住院收入受时间和病情、病种等方面的影响更大有关。

表1 武汉市二级医院住院收入预测

单位：元/人，%

年份	武汉常福医院建设项目			武汉儿童医院妇幼综合大楼及配套项目	
	全国二级医院住院收入预测值（参考标准）	发行项目预测值	偏离度	发行项目预测值	偏离度
2023	7375.26	7649.09	3.71	8470.35	14.85
2024	7640.80	7878.56	3.11	8470.35	10.86
2025	7898.13	8114.92	2.74	8470.35	7.25
2026	8159.60	8358.37	2.44	8470.35	3.81
2027	8404.99	8609.12	2.43	8470.35	0.78

表2 武汉市三级医院住院收入预测

单位：元/人，%

年份	武汉市第三医院首义院区新建烧伤门诊楼及设备配套项目			武汉市第八医院迁建项目	
	全国三级医院住院收入预测值（参考标准）	发行项目预测值	偏离度	发行项目预测值	偏离度
2023	15125.66	14100.05	-6.78	11919.61	-21.20
2024	15517.90	14452.55	-6.87	12253.36	-21.04
2025	15955.56	14886.12	-6.70	12596.46	-21.05
2026	16405.03	15332.71	-6.54	12949.16	-21.07
2027	16832.80	15792.69	-6.18	13311.74	-20.92

（3）今后需完善的方向

由于专项债发行时间较短，没有可获取的历史已产生收入的专项债项目样本，且发行的项目中同类地区的医院项目数量较少，因而统计分析的结果解释程度不高。未来将逐步收集和完善宏观经济数据、医院项目数据等基础数据，持续跟踪项目全生命周期的各项数据，为模型输入和分析预测提供支持。

3. 高速公路收入的回归预测

高速公路车辆通行费收入与国民经济发展水平有着密切的联系，因此可以选定国内生产总值、工农业生产总值、人均 GDP 等国民经济指标以及对通行费收入起决定作用的交通量指标，采用多元线性回归模型对其进行回归分析，可以预测出远景年份的车辆通行费收入。

预测模型为：

$$R_t = a_0 + a_1 X_{1t} + a_2 X_{2t} + a_3 X_{3t} + a_4 X_{4t} \tag{4}$$

式（4）中，R_t 为通行费收入第 t 年预测值，X_{1t} 为交通量第 t 年预测值；X_{2t} 为国内生产总值第 t 年预测值；X_{3t} 为人均 GDP 第 t 年预测值；X_{4t} 为工农业生产总值第 t 年预测值；a_i 为回归系数（$i=1, 2, 3, 4$）。

利用 X_1、X_2、X_3、X_4 的历史数据进行回归运算，确定回归系数，进一步预测第 t 年通行费收入预测值。

实际建模中，将运用 2015~2017 年国内生产总值、工农业生产总值、人均 GDP 数据预测 2018~2020 年高速公路车辆通行费收入。

（二）"用"的环节

1. 资金穿透模型

采集专项债专用账户资金交易流水、项目建设财务明细账等数据，结合股权穿透、人员穿透方法，建立包含项目单位资金流入、流出、用途以及股权关系、人员关系的知识图谱，如图 7 所示。

2. 资金使用风险识别和评价模型

在专项债"用"的环节，主要是用款风险的识别。

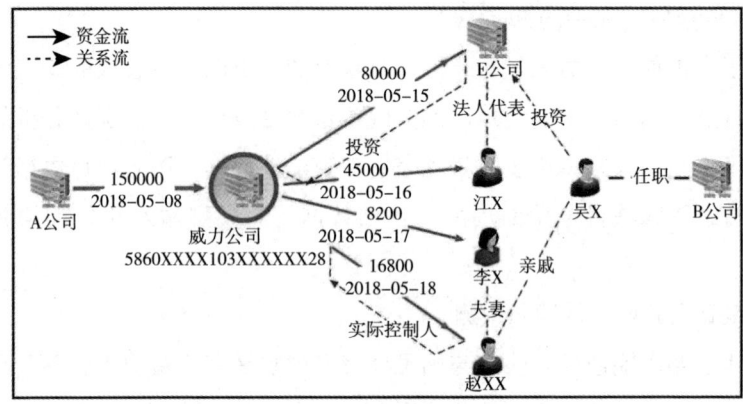

图7 资金穿透示意

资料来源：国家金融与发展实验室。

获取项目单位专项债资金专用账户和项目单位专项债项目财务数据并进行比对，及时发现偏离预算方向、违规使用专项债资金等问题，杜绝资金管理使用不规范情况的发生。

资金使用风险的评价指标有4个，包括资金用途、资金流向（流量）、资金使用进度、资金申请合规性等，将4个一级指标进一步分解为12个二级指标，如表3所示构建资金使用风险评价指标体系。

表3 资金使用风险评价指标体系

一级指标	权重	二级指标	权重
资金用途	0.3	资金用于发放非项目人员工资	0.50
		资金用于采购非项目材料	0.20
		资金用于发放补贴	0.30
资金流向（流量）	0.3	资金交易频次与实际不符	0.25
		资金支付给个人	0.25
		资金支付给非合同供应商	0.25
		资金支付给关联企业	0.25
资金使用进度	0.2	资金使用进度与工程进度不符	0.50
		资金预算执行率低	0.50
资金申请合规性	0.2	资金申请被退回次数	0.50
		资金申请被退回原因:资料不全	0.20
		资金申请被退回原因:不合理(例如发现可能存在舞弊的嫌疑)	0.30

对于资金使用风险的 4 个一级指标和 12 个二级指标，专家根据经验给出各指标的权重。每个二级指标由 5 个元素组成评判集，例如，{很好，好，一般，差，很差}{很多，多，一般，少，很少}{完全符合，比较符合，基本符合，比较不符合，不符合}等。由专家组根据评判集对各指标进行评判，形成评判结果。

设定资金使用风险模型为：

$$D = Wx^u = 0.3^u1 + 0.3^u2 + 0.2^u3 + 0.2^u4 \tag{5}$$

其中，$^u1$、$^u2$、$^u3$、$^u4$ 分别是一级指标的隶属度。

以一定数量的专家组成的评委会随机对项目资金使用情况进行评判检验，并输出结果进行验证。

3. 运用模糊综合评判方法识别和评价项目财务风险

模糊综合评判是模糊决策中最常用的一种有效方法。在实际中，常常需要对一个事物做出评价（或评估），一般都涉及多个因素或多个指标，此时就需要根据这些因素对受多个因素影响的事物（或对象）做出全面的评价，因此模糊综合评判又称为模糊综合决策或模糊多元决策。传统的评判方法有总评分法和加权评分法。

项目财务风险涉及多种因素，因此采用模糊综合评判方法。获取项目财务数据，包括项目资产负债表、利润表、现金流量表，重点获取货币资金、应收账款、其他应收款、存货、固定资产、在建工程、无形资产等资产科目明细等。

项目财务风险评价的一级指标有 4 个，包括资金申请、资金使用、财务核算、内部控制，将 4 个一级指标进一步分解为 12 个二级指标，如表 4 所示构建项目财务风险评价指标体系。

对于项目财务风险的 4 个一级指标和 12 个二级指标，专家根据经验给出各指标的权重。每个二级指标由 5 个元素组成评判集，例如，{很好，好，一般，差，很差}{很多，多，一般，少，很少}{完全符合，比较符合，基本符合，比较不符合，不符合}等。由专家组根据评判集对各指标进行评判，形成评判结果。

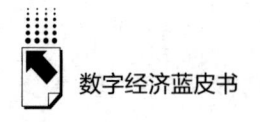

表 4 项目财务风险评价指标体系

一级指标	权重	二级指标	权重
资金申请	0.3	资金申请被退回次数	0.50
		资金申请被退回原因：资料不全	0.20
		资金申请被退回原因：不合理(例如发现可能存在舞弊的嫌疑)	0.30
资金使用	0.3	资金挪用	0.25
		资金支付给个人	0.25
		资金支付给非合同供应商	0.25
		付款进度与项目建设进度不符	0.25
财务核算	0.2	财务核算不及时	0.20
		财务核算不准确	0.40
		会计凭证不齐全	0.40
内部控制	0.2	财务人员频繁更换	0.50
		岗位设置不符合不相容职务分离控制原则	0.50

设定项目财务风险模型为：

$$D = Wx^u = 0.3^u1 + 0.3^u2 + 0.2^u3 + 0.2^u4 \tag{6}$$

其中，$^u1$、$^u2$、$^u3$、$^u4$ 分别是一级指标的隶属度。

在计算机上以一定数量的专家组成的评委会随机对项目财务情况进行评判检验，并对输出结果进行验证。

（三）"管"的环节——预算执行情况

1. 专项债资金预算执行进度分析的决策树模型

（1）总体思路

近年来，审计署对部分省份专项债使用情况进行审计发现，专项债项目存在资金沉淀、预算执行进度较慢的情况。虽然财政部门开展了对专项债资金预算执行进度的统计分析，但现有统计分析侧重于事后统计，难以进行有效的事前提醒和纠偏。为弥补专项债资金预算执行进度领域的数据挖掘空白，并且满足财政部门对专项债资金预算执行进度迫切的管理需求，以下案例拟通过数据挖掘技术，对专项债资金预算执行进度事前预测进行探索。

决策树是一种非参数的监督学习方法，它主要用于分类和回归问题。决策树模型通过一系列 if-then 决策规则的集合，将特征空间划分成有限个不相交的子区域，对于落在相同子区域的样本，决策树模型给出相同的预测值。这些 if-then 决策规则之间的层次关系形成一个树形结构，即决策树，这些不相交的子区域和树结构的枝节点一一对应。由于决策树方法对样本规模的适应性强，而且不要求输入变量之前条件独立，因此本案例选择数据挖掘中分类预测的经典算法——决策树方法进行分类和预警。

（2）实施步骤

① 样本选取及分类

以 Z 省 2019 年发行的专项债在 2020 年全年的预算执行进度数据作为数据源。对数据进行预处理，剔除存在错误值或残缺值的样本数据后，再根据数据挖掘的惯例，将大约 2/3 的数据作为训练集用于建模，将剩余 1/3 的数据作为测试集用于模型验证。

② 设定预警阈值

要开展预算执行进度预警，就需要明确预警时间与预警条件。在本案例中，选取某省项目单位 2020 年 1~9 月专项债资金的预算执行进度数据作为已知数据，对 12 月的预算执行进度进行预测和预警。

由于实际管理中关于预算执行进度是否偏慢没有统一的标准，但专项债在项目申报阶段就预先规划了用款计划进度，因此假设以专项债绩效目标中的预算执行进度±5%的偏离度作为预警条件。

③ 构建决策树模型

专项债资金预算执行进度的相关因素很多，既包括项目单位类型、预算项目、用款计划、实际支出数等内部因素，也可能包括管理机制、资金到位率等外部因素。本案例拟将相关月份以下数据作为输入变量。

A. 每月直接支付用款计划汇总金额。

B. 每月授权支付用款计划汇总金额。

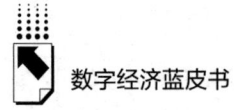

C. 每月用款计划汇总金额。

D. 每月直接支付实际支出汇总金额。

E. 每月授权支付实际支出汇总金额。

F. 每月实际支出汇总金额。

G. 每月剩余预算指标。

H. 每月实际支出占全年预算指标比例（截至当月月末的预算执行进度）。

将测试集中各项目单位 1~9 月的月末预算执行进度作为输入变量，构建决策树模型，并用这个模型预测 12 月的预算执行进度。

④ 模型预测效果检验

运用 SPSS 软件进行运算（运算过程略），并将决策树模型的预测结果和实际结果进行对比检验，如预测结果与实际结果偏差不大，则应用该模型的相关设定进行实际预测（见图 8）。

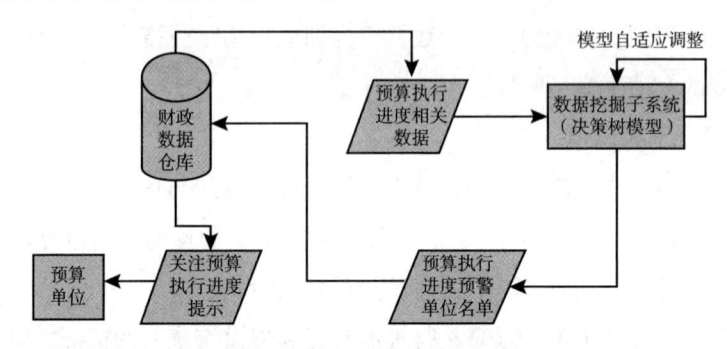

图 8　预算执行进度决策树模型预测应用示意

资料来源：国家金融与发展实验室。

2. 专项债资金预算执行进度分析的神经网络模型

（1）总体思路

在实际管理工作中，财政部门除了要对专项债资金预算执行进度进行是否偏慢的判断，还可能需要在年度中间对未来各个月份的预算执行进度进行预测，这就需要采用能够进行定量预测并且输出多个变量的算法。神经网络正是符合这一特性的算法。

神经网络是一种模仿生物神经网络的结构和功能的数学模型或计算模型，是一种非线性统计性数据建模工具，常用来对复杂的输入和输出间关系进行建模，具有非线性、自动调整权重等特点，对于那些难以用传统的计量经济学方式建立明确的数学模型的预测问题，神经网络有明显优势。

本案例通过神经网络方法对预算执行进度进行预测。

（2）实施步骤

① 样本选取及分类

仍以 Z 省 2019 年发行的专项债在 2020 年全年的预算执行进度数据作为数据源。对数据进行预处理，剔除存在错误值或残缺值的样本数据后，再根据数据挖掘的惯例，将大约 2/3 的数据作为训练集用于建模，将剩余 1/3 的数据作为测试集用于模型验证。

② 构建神经网络模型

首先要在大量的测量数据中确定出最主要的输入模式，即对测量数据进行相关性分析，找出其中最主要的变量作为输入。本案例中，仍然将 Z 省专项债各项目单位 2020 年 1~9 月的预算执行进度相关要素作为输入变量。

A. 每月直接支付用款计划汇总金额。

B. 每月授权支付用款计划汇总金额。

C. 每月用款计划汇总金额。

D. 每月直接支付实际支出汇总金额。

E. 每月授权支付实际支出汇总金额。

F. 每月实际支出汇总金额。

G. 每月剩余预算指标。

H. 每月实际支出占全年预算指标比例（截至当月月末的预算执行进度）。

将测试集中各项目单位 10~12 月的月末预算执行进度作为神经网络的输出变量，构建神经网络模型，并用这个模型进行预测。

③ 模型预测效果检验

运用 SPSS 软件进行运算（运算过程略），并将神经网络模型的预测

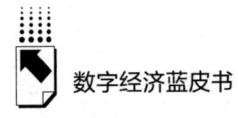

结果和实际结果进行对比检验。结果显示，神经网络模型得出的预测值与实际值比较接近，用于预算执行进度预测具有较大的准确性和实用性（见图9）。

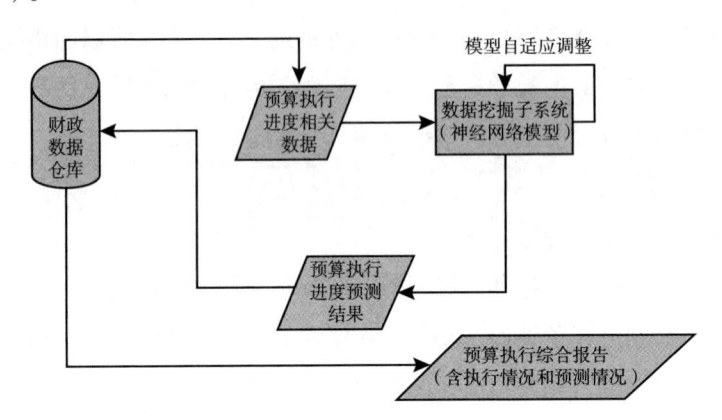

图9 预算执行进度神经网络模型预测应用示意

资料来源：国家金融与发展实验室。

（四）"管"的环节——运营风险

项目风险管理是指项目主体通过风险识别、风险估计和风险评价等来分析工程项目的风险，并以此为基础合理地使用多种管理方法、技术和手段对项目活动涉及的风险实行有效的控制，采取主动行动，创造条件，尽量扩大风险事件的有利结果，妥善处理风险事故造成的不利后果，以最少的成本保证安全、可靠地实现项目的总目标。

1. 项目建设和运营中的主要风险

项目建设和运营风险管理是项目风险管理中的重要组成部分。专项债建设运营期的风险主要包括生态环境风险、政府管理风险、设计风险、施工风险、供应商风险、资金管理风险、工程进度风险、经营管理风险等。

（1）生态环境风险

生态环境风险主要是指项目实施过程中来源于自然环境、社会文化环境和经济环境的风险，施工过程中对自然环境和人民居住环境的污染、破坏的风险，以及其他现场不可预测的风险，如风暴，极端的雨、雪、冰冻天气，地震、流沙、河塘、泉眼、泥石流等未能预测到的特殊地质条件；对耕地、草场的破坏，对水资源的污染；施工噪音对人民生活的影响等。这些风险可能会造成项目资产的损失或工期的延误。

（2）政府管理风险

政府管理风险主要是指政府方作为项目管理方，在项目立项、资金、土地、采购、设计、监管等项目管理环节存在的项目操作不规范、项目推进迟缓的风险。

（3）设计风险

设计风险包括设计缺陷、设计变更两个方面。设计缺陷是因设计机构水平较低，设计方案对现实条件考虑不足，项目设计脱离真实情况，质量不符合国家相关技术规范而引起的项目设计风险；设计变更是因施工条件、材料供应或项目需求发生变化引起的设计风险，它影响到项目的施工安排和工程进度，导致经济损失。

（4）施工风险

施工风险主要是指在施工过程中，施工单位管理组织措施不当、施工技术落后，施工单位人员素质较差，项目的发包方、承包方、监理方合作效率低下，建筑材料存在质量问题，工程事故等风险。

（5）供应商风险

供应商风险主要是指供应商履约能力较弱，因材料价格、设备价格、劳动力价格变动，不能按合同约定提供货物或服务，拖延工程进度或导致经济损失。

（6）资金管理风险

资金管理风险主要是指项目资金被挪用的风险。

（7）工程进度风险

工程进度风险主要是指项目开工率不足、不能形成实物工作量、不能按照预定期限和预定要求完工。

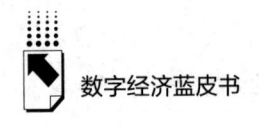

(8) 经营管理风险

经营管理风险是指项目进入营运阶段面临的外部市场需求和竞争对手的不确定性、内部经营管理战略不适应外部竞争环境、内部控制制度设计不恰当、项目管理团队稳定性较差等风险。它会引起产品价格和项目运营成本的波动等，对项目收益造成不良影响。

2. 模型举例——项目整体风险识别和评价模型

在项目建设的过程中，会有各种风险因素，这些因素会对项目的目标实现产生很大影响，风险识别只是从定性角度对风险的因素进行了了解，想要对风险进一步把控，还需要在风险识别基础上进一步评估及分析。项目风险评估的方法有逻辑回归算法、决策列表算法、贝叶斯网络模型、蒙特卡罗模型等。例如，运用决策树模型对某道路工程的项目建设和运营阶段的风险评估。按照流程法把工程项目分为投标、合同签订、施工建设和竣工验收几个阶段。每个阶段的风险因素如表5所示。

表5 各阶段的风险因素分析

阶段	风险因素				
投标	对供应商不了解	资金来源不充足	项目技术不成熟	对施工现场不了解	
合同签订	条款不合理	合同不明确	支付条件苛刻		
施工建设	不可抗力（雷电、洪水、地震、气候）	材料质量不合规、物资管理不善	实际工程量与清单不符	工程变更频繁	水文地质资料与实际不符
竣工验收	文件资料不完整	验收工作的可靠程度不高			

资料来源：国家金融与发展实验室。

由于风险是基于"风险=事件的可能性×事件后果"，所以还必须对可能发生的风险的概率和危害度进行评价。风险估计的对象是项目的单个风险，而非项目的整体风险。可以采用专家建议法、查阅历史资料法、多人评估法（由来自各个不同部门的专家组成一个团队来识别各种可能风险）对各种风因素发生的概率进行估计。以施工建设阶段为例，各种风险因素发生的概率如表6所示。

表6 施工建设阶段各种风险因素发生的概率

概率	不可抗力(雷电、洪水、地震、气候)	水文地质资料与实际不符	材料质量不合规、物资管理不善	实际工程量与清单不符	工程变更频繁
非常低(0.1)			√		
较低(0.3)	√	√			
中等(0.5)					√
较高(0.7)				√	
非常高(0.9)					

资料来源：国家金融与发展实验室。

施工建设阶段的风险因素可能导致的后果有成本超支、进度拖延、工程质量无法保证。把这些因素对成本、进度、质量的影响程度按一定的标准分为五个等级，如表7所示。

表7 风险后果等级标准

分数	风险后果		
	成本	进度	质量
非常低(10分)	没有超出预算	对项目的影响可忽略，对关键路径无影响	对质量的影响可以忽略
较低(30分)	超出预算<5%	较小的进度延迟<5%	对工程的局部质量有一定的影响
中等(50分)	超出预算<15%	进度延迟，开始影响关键路径	质量不达标，需要返工
较高(70分)	超出预算15%~30%	工程时间延迟超过半年，需要对关键路径进行调整	需要更换材料，返工量大
非常高(90分)	超出预算>30%	大幅时间拖延，不能满足要求	质量不达标，可能引起安全事故

资料来源：国家金融与发展实验室。

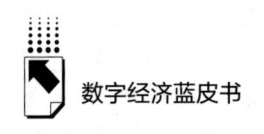

结合表 6 和表 7 即可得出每项风险因素对成本、进度、质量的危害度。对危害度的评价还需要借鉴专家建议法和查阅历史资料法，以施工建设阶段为例，其风险因素对后果的危害度见表 8。

表 8　施工建设阶段风险因素对后果的危害度

单位：分

后果	风险因素				
	不可抗力（雷电、洪水、地震、气候）	水文地质资料与实际不符	材料质量不合规、物资管理不善	实际工程量与清单不符	工程变更频繁
成本	50	30		30	10
进度	30	10	10	50	50
质量			50		

资料来源：国家金融与发展实验室。

表 8 中的数字表示的是每种风险因素对后果的危害度，如表 8 中不可抗力对成本的危害度是 50 分（中等危害），对进度的危害度是 30 分（较低危害）。那么对于不可抗力对后果的危害度的计算，可以把它对成本、进度、质量的分值按一定的权重加起来。对于工程项目，进度最为重要，进度拖延会影响市场进入时机。对于其他工程项目可以设定不同的权重值。本例中设定进度权重为 0.4，成本的权重为 0.3，质量的权重为 0.3。那么不可抗力风险值 = 50×0.3+30×0.4 = 27。其他的类似计算。

传统的决策树法是用树状图来描述各种方案在不同情况（或自然状态）下的收益，据此计算每种方案的期望收益从而做出决策的方法把收益值小的方案枝修剪掉，只留下收益值最大的方案枝。

本例中的风险因素有不可抗力（雷电、洪水、地震、气候），水文地质资料与实际不符，材料质量不合格、物资管理不善，实际工程量与清单不符，工程变更频繁。

以表 6 的概率来表示事项发生的概率，以表 8 的危害度来表示"收益"。用公式"风险 = 事件的可能性×事件后果"就可以算出风险大小。事件的后果值=0.3×对成本的危害度+0.4×对进度的危害度+0.3×对质量的危害度。三项的权重根据实际情况分配。

随着工程建设的现代化，风险管理也将受到更多的企业和建设单位的重视。决策树法是基于"风险=事件的可能性×事件后果"这个公式，首先，必须找出可能发生的风险因素并且估计出它发生的可能性，这就需要采用专家建议法、查阅历史资料法、多人评估法。其次，需要找出这些风险因素可能带来的危害度，并计算危害度的大小。最后，即可画出改进型决策树图。与传统的决策树法不同的是，它不是对"收益"值最小的枝进行修剪。可以设定一个危害度作为阈值（本例中以5分为标准），低于这个值都修剪掉，高于这个值的保留，保留下来的枝即为要重点关注的风险因素。

本法作为一种简单实用定量分析方法，可以帮助风险管理者很快地找出风险因素。但还需要各方面专家的协助，特别是概率确定和导致后果的划分，都需要各方面人员的共同参与，这样才能使后面的数据更加接近实际。

（五）"还"的环节

在"还"的阶段，主要识别专项债收入风险。项目对应专项收入和政府性基金收入是专项债的主要还款来源，因此对专项收入风险进行识别。

项目对应的专项收入来源于项目运营单位，收入不及预期的风险既与行业生态、市场环境等外部因素有关，也与项目单位自身的经营管理等内部因素有关，因此要获取项目运营单位对项目管理运营情况、项目成本、产出效益等数据，以识别收入风险。

建立项目运营单位收入风险预警模型，收入风险为因变量，项目运营单位对项目的管理运营情况、项目成本、产出效益为自变量；定义自变量和预警阈值，当收入风险高于阈值时进行预警提示。

此外，在地方债务管理系统中，对存在违约情况的专项债数据进行集中化、长期化管理、记录和保存，并按照日、月、季度、年的时间标准设置出相应的预期风险等级。同时，对于存在连续欠息或逾期时间过长的项目和项

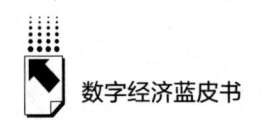

目单位建立起专门的"风险项目名单",对其进行频繁化、重点化的还款提醒和动态跟踪,以保障专项债的还款。

五 运用大数据管理专项债风险的案例

(一)高速公路通行费收入预测模型

高速公路通行费收入是收费公路专项债主要的还款来源,未来通行费收入的多少,直接影响到专项债的偿还,因此是专项债发行评审阶段重点关注的内容和项目能否通过的关键因素之一。

实务中,可能存在为使项目通过评审而对收入进行包装或高估未来收入等情况,为此,我们以湖北省、广东省的收费公路专项债发行文件为样本,通过获取和挖掘互联网中与高速公路相关的各类数据,运用时间序列预测方法和多元回归预测方法对发行文件中收入预测的合理性进行验证。

1.数据搜集

与高速公路通行费收入相关的数据包括宏观经济数据、高速公路收入、通车里程、车流量等,它们以不同的文件、数据格式分散在各类网站和数据平台中,我们通过网络爬取、文本识别等技术进行获取。表9是广东、湖北两省公路数据来源说明。

表9 广东、湖北两省收费公路数据来源说明

数据来源	文件类型	文件/数据格式	获取内容	主要用途
湖北省和广东省交通运输厅官网	湖北省、广东省历年收费公路统计公报	Excel文件、HTML文件、PDF文件	高速公路里程、收费收入	分析单公里通行费收入
湖北省和广东省统计局官网	湖北省、广东省近10年统计年鉴	湖北省Excel文件、广东省HTML文件	全省GDP、CPI,全省民用汽车拥有量	运用于多元回归预测

续表

数据来源	文件类型	文件/数据格式	获取内容	主要用途
交通运输部官网	各省份2019年高速公路车流量统计表	HTML文件	2019年各省份高速公路车流量	用于验证的样本数据
湖北省新增政府债券综合平台	发行库中高速公路项目的财评报告	Word文件	湖北省高速公路项目运营期年通行费预测收入	用于验证的样本数据
中国债券信息网	广东省交通基础设施专项债券项目发行文件中的专项评价报告	PDF文件	广东省高速公路项目运营期年通行费预测收入	用于验证的样本数据
Wind数据库		PDF文件	2019年各省份高速公路客车流量和货车流量	用于验证的样本数据
慧博投研资讯	《湖北省交通投资集团有限公司主体与相关债项2021年度跟踪评级报告》《广东省交通投资集团有限公司主体与相关债项2021年度跟踪评级报告》	PDF文件	湖北交通投资集团各高速路段收费里程、年通行费收入、车流量数据	与发行文件预测的收入进行对比
镝数聚	证券公司洞见研报	PDF文件	全国各省份通行费收入、收费高速公路里程、单公里通行费收入	作为预测基础的历史观测数据

2. 数据分析

（1）运用时间序列方法预测

时间序列预测法也是一种回归预测方法，属于定量预测，其基本原理是：一方面承认事物发展的延续性，运用过去的时间序列数据进行统计分析，推测出事物的发展趋势；另一方面充分考虑到受偶然因素影响而产生的随机性，为了消除随机波动产生的影响，利用历史数据进行统计分析，并对数据进行适当处理，进行趋势预测。

在对湖北、广东高速公路单公里通行费收入进行时间序列预测时，运用了 FORECAST 函数。FORECAST 函数是一种基于指数平滑算法，全面考虑数据本身的趋势、季节波动性和随机误差的算法。

选取湖北、广东 2013~2019 年高速公路单公里通行费收入，运用 FORECAST 函数预测 2024~2031 年单公里通行费收入，结果如表 10 所示（考虑到 2020 年疫情因素的影响，将 2020 年的实际数据剔除后进行预测）。

表 10　2024~2031 年湖北、广东高速公路单公里通行费收入预测

单位：万元，%

年份	湖北			广东		
	预测值	发行项目均值	偏离度	预测值	发行项目均值	偏离度
2024	452.72	937.44	107.07	954.50	845.73	-11.39
2025	475.44	1066.39	124.29	1008.75	881.10	-12.65
2026	502.59	1146.38	128.10	1061.69	978.15	-7.87
2027	528.82	1224.89	131.63	1127.41	1078.26	-4.36
2028	553.66	1309.26	136.47	1183.62	1187.41	0.32
2029	578.36	1424.26	146.26	1240.43	1280.89	3.26
2030	603.57	1517.97	151.50	1297.99	1399.03	7.78
2031	629.23	1431.08	127.43	1355.74	1496.46	10.38

资料来源：国家金融与发展实验室。

收集湖北、广东专项债 2020 年以来的高速公路专项债发行文件，对发行文件中预测的运营期（大部分项目从 2024 年进入运营期，因此选取 2024~2031 年进行预测收入分析）每年单公里通行费收入进行均值计算处理，并与以时间序列计算的该省预测值进行比较，结果如表 11 所示。

表 11　时间序列预测的湖北、广东高速公路单公里通行费收入结果对比

单位：万元，%

年份	湖北			广东		
	全省预测值	发行项目均值	偏离度	全省预测值	发行项目均值	偏离度
2024	421.81	937.44	122.24	844.60	845.73	0.13
2025	431.61	1066.39	147.07	864.07	881.10	1.97
2026	442.48	1146.38	159.08	879.59	978.15	11.21

续表

年份	湖北			广东		
	全省预测值	发行项目均值	偏离度	全省预测值	发行项目均值	偏离度
2027	453.56	1224.89	170.06	896.93	1078.26	20.22
2028	472.96	1309.26	176.83	923.14	1187.41	28.63
2029	487.00	1424.26	192.46	943.53	1280.89	35.75
2030	499.17	1517.97	204.10	961.95	1399.03	45.44
2031	512.47	1431.08	179.25	980.25	1496.46	52.66

资料来源：国家金融与发展实验室。

从表11的结果看，与全省预测值相比，湖北省的发行项目预测值偏离度较高，广东省发行项目在2024年、2025年与全省预测值基本接近，之后的年份偏高的程度越来越大，这是因为时间序列预测对越近年份的预测效果越好，对越远年份的预测效果越差。

为进一步说明问题，选取湖北省已建成通车的高速公路的收费收入进行对比。2018年、2019年，湖北高速公路集团公司单公里通行费收入的均值分别为173万元、188万元，最大值分别为675万元、852万元（京港澳高速公路），中位数分别为93万元、116万元。从以上数据看，发行项目在2024年（运营期的初始阶段）的单公里通行费收入的预测值达到937.44万元，已超出运营多年处于成熟期的京港澳高速公路2019年单公里通行费收入约10%，存在预测值偏高的情况（见图10）。

综合上述分析，得出结论：湖北省2024年、2025年发行项目预测值与全省预测值相比，偏高程度较大。

（2）运用多元回归方法进行预测

上述时间序列预测模型中，以湖北、广东两省的单公里通行费收入历史值对各省2024~2031年的单公里通行费收入进行了预测分析。现实中，通行费收入不仅随时间而变化，也与当地经济发展水平、汽车保有量、居民消费水平等因素相关，因此，选取湖北、广东两省GDP、汽车保有量（Car）、

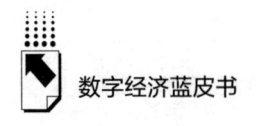

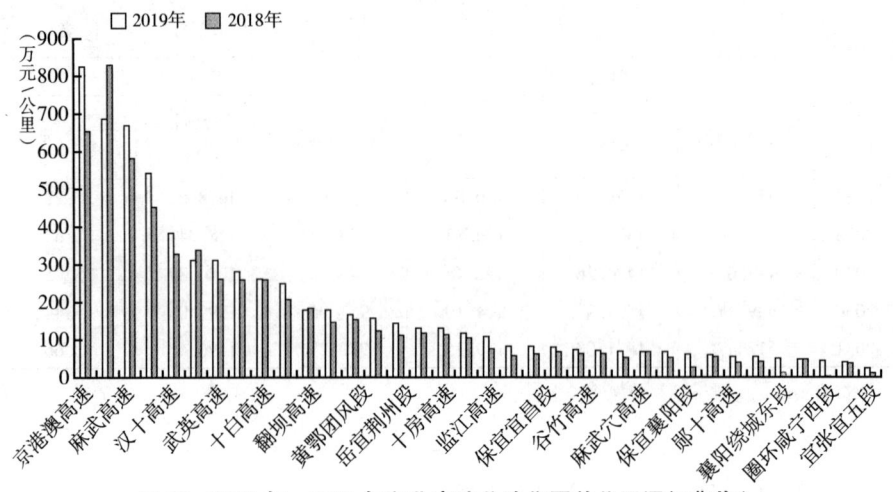

图10　2018年、2019年湖北高速公路集团单公里通行费收入

资料来源：湖北省交通投资集团有限公司主体与相关债项2021年度跟踪评级报告。

CPI构建多元回归方程进行分析。

① 湖北省高速公路通行费收入预测

经回归分析，湖北省全年通行费收入满足方程：

$$Y = -59.513895 + 0.004886163\,GDP - 0.014553474\,Car + 0.64458069\,CPI \tag{7}$$

相关统计结果见表12。

表12　相关统计结果

Multiple R	0.968325462
R Square	0.937654201
Adjusted R Square	0.890894851
标准误差	11.748207320
观测值	7

以湖北省2013~2019年GDP、汽车保有量、CPI（见表13）作为基础，分别运用移动平均法预测其各自在2021~2031年的值，并代入方程（7）求解，得到湖北省通行费收入在2021~2031年的预测值。

表 13 湖北省 2013~2019 年 GDP、汽车保有量和 CPI

年份	GDP(亿元)	汽车保有量(万辆)	CPI
2013	25378.01	363.68	102.80
2014	28242.13	429.39	102.00
2015	30344.00	504.36	101.50
2016	33353.00	593.33	102.20
2017	37235.00	683.42	101.50
2018	42021.95	429.39	101.90
2019	45428.96	864.10	103.10

资料来源：《湖北统计年鉴》（2014~2020 年）。

为进行同口径比较，需将通行费收入预测值除以全省公路里程，得到单公里通行费收入。由于公路里程与整体交通规划相关，这里不对 2021~2031 年的公路里程进行预测，而以 2020 年湖北省公路里程（6617.4 km）作为基准进行计算。

② 广东省高速公路通行费收入预测

同样的方法，得到广东省全年通行费收入方程：

$$Y = -5620.718495 + 0.039061592\, GDP - 1.316979618\, Car + 49.93708813\, CPI \tag{8}$$

相关统计结果见表 14。

表 14 相关统计结果

Multiple R	0.999424532
R Square	0.998849395
Adjusted R Square	0.997698789
标准误差	4.894439703
观测值	7

以广东省 2013~2019 年 GDP、汽车保有量、CPI（见表 15）作为基础，分别运用移动平均法预测其各自在 2021~2031 年的值，并代入方程

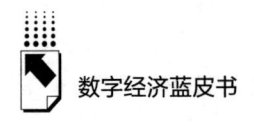

(8) 求解，得到广东省通行费收入在 2021~2031 年的预测值。同样，以 2020 年广东省公路里程（10054.3 km）作为基准进行计算。

表 15 广东省 2013~2019 年 GDP、汽车保有量和 CPI

年份	GDP（亿元）	汽车保有量（万辆）	CPI
2013	62503.41	1178.50	102.50
2014	68173.03	1332.94	102.30
2015	74732.44	1472.32	101.50
2016	82163.22	1675.50	102.30
2017	91648.73	1894.93	101.50
2018	99945.22	2116.93	102.20
2019	107986.92	2326.95	103.40

资料来源：《广东统计年鉴》（2014~2020 年）。

③ 预测结果对比分析

将多元回归方法预测的湖北、广东通行费收入与各省相应的专项债发行文件中的预测收入进行对比，结果如表 16 所示。

表 16 多元回归方法预测的湖北、广东高速公路单公里通行费收入结果对比

单位：万元，%

年份	湖北			广东		
	预测值	发行项目均值	偏离度	预测值	发行项目均值	偏离度
2024	452.72	937.44	107.07	954.50	845.73	-11.39
2025	475.44	1066.39	124.29	1008.75	881.10	-12.65
2026	502.59	1146.38	128.10	1061.69	978.15	-7.87
2027	528.82	1224.89	131.63	1127.41	1078.26	-4.36
2028	553.66	1309.26	136.47	1183.62	1187.41	0.32
2029	578.36	1424.26	146.26	1240.43	1280.89	3.26
2030	603.57	1517.97	151.50	1297.99	1399.03	7.78
2031	629.23	1431.08	127.43	1355.74	1496.46	10.38

从表 16 的结果看，与全省预测值相比，湖北省的发行项目预测值偏离度仍然较高，广东省发行项目各年的预测值与全省预测值的偏离度上在-10%~10%。

3. 初步结论与完善方向

（1）初步结论

通过时间序列预测和多元回归预测两种方法对湖北省、广东省的高速公路通行费收入进行预测和检验，我们认为，多元回归预测方法由于考虑了现实中多种影响因素，对经济现象的解释程度更好。

在两种方法中，湖北省发行项目预测值与全省预测值相比，偏高程度均较大，且通过与湖北省已运营的高速公路收费情况相比，也验证了这一结论。

以上虽然通过互联网数据爬取、挖掘分析以及运用时间序列预测、多元回归预测方法对湖北、广东两省高速公路收费收入情况进行了预测和验证分析，得出了一些初步结论，然而还存在下面一些不足的地方。

第一，部分相关程度更高的数据缺失，以相关程度略低的其他数据替代。例如，与高速公路通行费收入相关程度更高的是车流量数据，然而只能获取到 2019 年的数据，因此以车辆保有量进行替代。

第二，历史观测样本数量较少，影响时间序列的分析效果。由于我国从 2013 年才公布收费公路的统计报表，因此对湖北、广东的历史观测值只有 2013~2019 年（考虑疫情因素影响，对 2020 年的数据进行了剔除），各省的观察样本分别只有 7 个，导致对 2026 年以后的预测效果较差。

第三，模型算法有待进一步改善。时间序列、多元回归分析对样本数量的要求较高（至少在 30 个样本以上），而本文中只有 7 年的观测数据，这对预测结果的准确性有一定影响。

（2）完善方向

① 进一步扩大数据收集范围，获取更多来源、更多维度和类型的数据。下一步拟获取的数据包括 31 个省份涉及专项债投向的 11 大领域（如交通、医疗、教育等）的相关数据。② 探索对数据依赖程度较低、解释程度更高的模型算法（如亚马逊推出的 DeepAR 时间序列预测算法）。

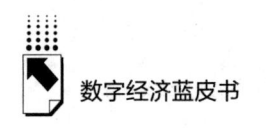

（二）专项债智能评估系统

地方政府专项债智能评估系统，一方面将搜集整理的国家及地方政府出台的相关政策法规、成本收入依据收录入库，并将项目的评审指南（包含90多项评审要素）维护进系统，形成评审知识库，每个项目都需要经过评审指南中所有评审要素的评审，以实现项目审核的标准化；另一方面系统通过NLP自然语言处理、知识图谱技术自动解析项目的"一案两书"文档，自动判断每个评审要素的评审对象，自动定位每个评审要素在原文的查找位置，并通过关键词库中维护的知识内容和判定规则对评审内容进行预判，以系统自动预判和人工决策相结合的形式实现项目发行前的审核。

1. 建立评审知识库

评审知识库主要包括：政策法规、成本收入依据库，评审规则库（即评审要素库），关键词库。

（1）政策法规、成本收入依据库

系统收录国家及地方政府近年出台的相关政策法规及不同领域项目的成本收入依据形成政策法规、成本收入依据库（见图11），并关联评审规则库中的评审要素以辅助系统和人工审核。

图11　政策法规、成本收入依据库界面示意

资料来源：国家金融与发展实验室。

(2) 评审规则库（即评审要素库）

基于项目评审指南中的各项评审要素，建立评审规则库（见图12）。

图12 评审规则库界面示意

资料来源：国家金融与发展实验室。

评审规则库中的每个评审要素都会根据要素的重要程度设置要素等级，根据评审指南中的规则设置要素的评审对象（即"一案两书"）、在原文的查找位置以便于系统自动查找和定位（见图13）。

图13 评审规则库操作界面示意

资料来源：国家金融与发展实验室。

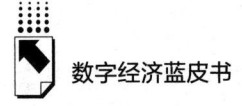

每个评审要素还可以灵活设置标准规范的评审结论和意见,以便系统根据评审规则及关键词库规则进行评审结论的预判并对外输出标准化的项目评审意见(见图14)。

图14 评审规则库评审意见界面示意

资料来源:国家金融与发展实验室。

(3) 关键词库

系统依据评审指南中的评审规则先人工提取系统自动预判所需的关键词,作用于同一评审要素的关键词可组成一个集合维护进系统。后续系统会通过机器学习技术以人工提取的关键词为基础,自动扩充同义词和相关词,持续充实关键词库(见图15),以提升系统自动预判的准确率和自动预判评审要素的数量。

图15 关键词库界面示意

资料来源:国家金融与发展实验室。

某一关键词集合会关联评审规则库中的评审要素，以辅助系统依据包含或不包含该集合中任一关键词的逻辑规则实现部分评审要素的自动预判（见图16）。

图 16　关键词库评估明细示意

资料来源：国家金融与发展实验室。

2. 实现项目自动化和标准化审核

（1）自动化审核

系统在获取到项目的"一案两书"附件后，会通过NLP（自然语言处理）、知识图谱技术将附件内容进行解析和结构化存储，并实现目录和正文的正确对应。项目评审时，每个项目都需要经过评审规则库中所有评审要素的评审，具体过程如下。

① 系统先锁定每个评审要素所对应的评审对象（即"一案两书"）；

② 系统自动定位该评审要素在正文的查找位置及该位置所对应的目录，如图17目录栏中的被标记的"2. 项目概况"；

③ 系统预先找出上述查找位置对应正文内所包含的该评审要素的判定关键词，如图17正文中被标记的"交通运输"；

④ 系统根据评审规则库中相对应的关键词匹配规则（包含还是不包含任一关键词的逻辑规则）对该评审要素进行预判，并自动选择评审结论（即符合条件还是不符合条件）和评审意见；

⑤ 对于系统无法自动预判的评审要素，交由人工根据系统所展示的评

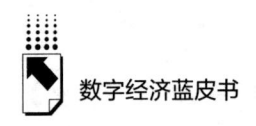

审规则、审核标准进行决策，评审完一个要素之后可切换至下一个要素，待所有要素评审完成后，系统才会标记一个项目为评审完成。

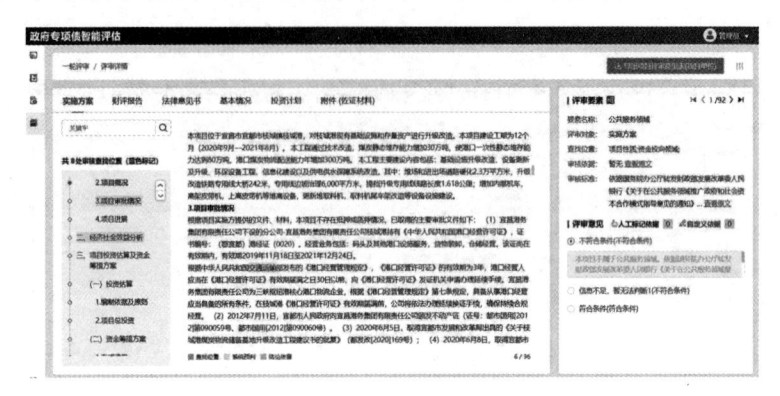

图17 评审详情界面示意

资料来源：国家金融与发展实验室。

在项目评审过程中和评审完成后，都可以一目了然地看到该项目对应各评审要素的评审结论，如图18所示，绿色①代表符合条件的要素，红色②、橙色③、黄色④分别代表按照要素重要程度由高到低且不符合条件的要素。

图18 评审结论展示界面示意

资料来源：国家金融与发展实验室。

---

① 图18中用■表示。
② 图18中用▨表示。
③ 图18中用▦表示。
④ 图18中用▤表示。

（2）标准化审核

标准化审核的要素如表 17 所示。

表 17 标准化审核的要素

审核对象		审核要素	是否标准化审核
实施方案	项目属性	公共服务领域	√
		具备公益属性且市场不能有效配置资源的不完全竞争市场	√
		政府投资范围	√
	项目领域	交通基础设施/能源/农林水利/生态环保/民生服务/冷链物流设施/市政和产业园区基础设施/"两新一重"、公共卫生设施、防灾减灾能力建设/其他领域	√
	是否使用过抗疫特别国债		√
	项目审批/核准/备案情况		×
实施方案	项目成熟度	选址意见书、用地预审	×
		环境影响评价备案或审批	×
		行业审批	×
		建设用地规划许可证	×
		国有土地使用证	×
		建设工程规划许可证	×
		初步设计审批	×
		建筑工程施工许可证	×
		其他批复文件	×
		项目开工情况	×
		项目完工情况	×
实施方案	项目负面清单情况	楼堂馆所建设、"形象工程"、"政绩工程"等项目	×
		政府投资基金、产业投资基金等各类股权基金项目	×
		用于置换存量债务的项目	×
		属于经常性支出的项目	×
		对应资产、收益权存在抵质押情况	×
		不符合相关项目建设的总体规划、相关技术规范和导则	×
		土地储备项目	×
		非续建的棚户区改造项目	×
		已进入 PPP 项目库未完成退库的项目	×

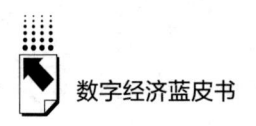

续表

审核对象	审核要素		是否标准化审核
实施方案	方案编制的完备性	区域概况	√
		项目建设内容	√
		经济社会效益分析	√
		项目投资概算明细	√
		资金筹措方案	√
		分年度资金使用计划	√
		项目建设运营方案	√
		项目建设现状	√
		收入成本测算	√
		项目预期收益与融资平衡情况	√
		潜在影响项目收益和融资平衡结果的各种风险评估	√
		投资者保护措施	√
		主管部门责任	√
实施方案	建设投资测算	建设投资概算明细内容及金额	√
		专项债券资金使用方向及金额	×
		资本金使用方向及金额	×
		其他融资资金使用方向及金额	×
		项目资本金比例符合政策要求	×
	项目资本金的落实情况	明确资本金来源	√
		明确资本金到位及使用情况	×
		专项债资金作资本金	√
实施方案	债券发行规模	申请发债当年存在资金需求	×
		分年发行债券规模不超过项目建设进度	×
	付息频次		×
	债券期限与项目经营期限相匹配		×
	还款来源	收入主体	×
		收入来源	×

续表

审核对象	审核要素		是否标准化审核
实施方案	收入测算	提供收入测算依据	×
		符合行业或市场标准	×
		收入预测完整、准确、合理	×
	成本测算	符合行业或市场标准	×
		成本预测完整、准确、合理	×
实施方案	项目收益对债券本息的覆盖情况	债券存续期内收益覆盖债券本息倍数高于1.1倍	×
		计算覆盖倍数时是否考虑基金、信托参股情况	√
	组合融资项目	项目单位不是行政事业单位等非企业法人资质或(和)没有未完全化解的政府隐性债务	√
		项目单位与金融机构或承销机构达成合作意向的	√
		收入中同时包含政府性基金收入和专项收入	√
	其他问题	数据及时更新	×
		债券利率合理	√
		文本规范	×
实施方案	其他问题	方案中分年度投资计划与系统中填报是否一致	√
		其他问题	×
财务评估报告	内容完整性及合理性	项目基本情况	√
		项目收入测算	×
		项目成本测算	×
		项目现金流分析	×
		评估结论	×
		压力测试	√
	一致性问题	财务评估报告结论及论证过程数据一致	√
		项目基本情况等信息与实施方案一致	√
财务评估报告	其他问题	数据及时更新	×
		债券利率合理	√
		文本规范	×
		其他问题	×

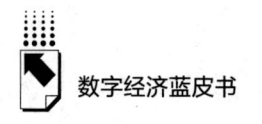

续表

审核对象	审核要素		是否标准化审核
法律意见书	内容完整性	项目概况	√
		发行主体审核	√
		实施主体审核	√
		项目审批情况	×
		项目抵质押情况审核	√
		项目收益与融资平衡情况	√
		中介机构审核	×
法律意见书	内容完整性	投资风险提示及应对或控制措施	√
		结论意见	√
	一致性问题	文本内数据和信息与财务评估报告和实施方案是否一致	√
		其他问题	×

资料来源：国家金融与发展实验室。

B.6
数字经济背景下中小企业融资难、融资贵问题研究

郑联盛　王朝阳　刘雨诗　李俊成　刘贤达*

摘　要： 中小企业在经济社会发展中发挥了重大的作用。受制于需求侧企业自身因素和供给侧市场融资约束，中小企业融资存在供需错配矛盾，并表现为融资难、融资贵。数字经济的发展为中小企业融资提供了新的渠道，能较为有效地为企业流动性、产能利用、技术更新和长期发展提供多样化服务。京保贝、企业金采、京票秒贴等产品以及平台型供应链金融实践证明了数字经济能缓释中小企业融资难、融资贵问题。为了更好利用数字经济为中小企业融资服务，要通过拓展链式合作优化信息关联、强化智能风控，以数据资产有效替代抵押资产，不断优化和拓展平台功能，赋能金融科技服务中小企业发展。

关键词： 中小企业　融资　数字经济　供应链金融

国内经济进入"新常态"以来，由于面临增长速度换挡期、结构调整阵痛期、前期刺激政策消化期"三期叠加"、金融"去杠杆"、金融监管强

---

* 郑联盛，经济学博士，中国社会科学院金融研究所研究员，主要研究方向为金融创新、数字经济、金融监管；王朝阳，经济学博士，中国社会科学院办公厅研究员，主要研究方向为金融理论与市场；刘雨诗，经济学博士，国家金融与发展实验室金融法律与金融监管研究基地特约研究员，主要研究方向为垄断监管、数字化转型；李俊成，经济学博士，中国社会科学院金融研究所助理研究员，主要研究方向为金融科技、金融监管；刘贤达，中国社会科学院金融研究所博士后，主要研究方向为公司金融、金融科技、ESG 投资。

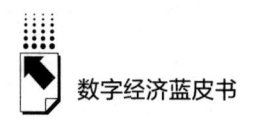

化以及日益复杂的外部环境,特别是美国发起的贸易摩擦使得国内中小企业发展面临诸多困难,部分中小企业由于流动性问题和偿付性问题而陷入困境,甚至破产倒闭。为了支持中小企业发展,我国研究出台诸多举措,其中中小企业融资难、融资贵问题成为重要的政策议题。

长期以来,党中央、国务院非常关注中小企业的发展及其融资问题,出台了一系列政策来支持中小微企业的发展,以重点解决融资难、融资贵问题。特别是2018年以来,以普惠金融战略深化实施作为支撑,大中型金融机构加入更加全面深入服务中小企业的体系中来,党中央、国务院对中小企业的政策支持进入了一个新历史阶段。2020年以来,由于新冠肺炎疫情演化为二战以来全球最为严重的公共卫生危机,不管是中小企业发展及融资问题,还是诸多金融机构服务中小企业产品与服务发展,都面临新的挑战。

随着我国支持中小企业政策实践深化,数字化转型升级成为我国金融体系服务中小企业融资和发展的重要途径。特别是随着大数据、物联网、云计算等新兴技术的应用,我国经济金融体系数字化转型不断加快,基于数字技术以及特定的互联网平台体系来解决中小企业融资难、融资贵问题成为重要的业务实践。在数字化场景下,中小企业信心明显增强,融资难、融资贵问题有所缓解。从未来发展看,需要思考如何进一步利用数字技术、进一步优化生态场景来深化金融供给侧结构性改革,打通中小企业融资过程中的若干堵点。建立健全长效机制来支持中小微企业健康发展仍任重道远。

一 中小企业发展及融资现状

长期以来,中小企业在国民经济发展中发挥着重要的价值,具有"五六七八九"的定位和作用(易会满,2018),即占据50%以上的税收、60%以上的经济产出、70%的技术创新数量、80%的就业岗位和90%以上的企业数量。截至2018年底,我国中小企业的数量已经超过3000万家,数量众多的中小企业是我国国民经济社会发展的重要支撑,是我国全面建成小康社会不可替代的力量,中小企业的健康经营和持续发展也是加快构建以国内大循环为主、国内国际双循环相互促进的新发展格局的基础性保障。

长期以来，中小企业融资是世界性难题（林毅夫、孙希芳，2005）。中小企业融资难、融资贵问题在我国也长期存在。随着我国经济发展模式升级和创新驱动发展战略实施，中小企业普遍面临内部转型升级和外部负面冲击带来的多重挑战。2019年我国有超过100万家企业倒闭，其中超过90%是中小企业；2020年我国企业注销数量已超过80万家，其中绝大部分是中小企业。长期以来，在向内向型经济发展模式转换和经济结构向高质量发展转型的过程中，中小企业发展本身就面临较大的不确定性。而2018年美国发起的贸易战摩擦、2020年开始流行的全球新冠肺炎疫情使得国内总需求面临重大冲击，同时国内总供给也面临较多约束，国内经济市场预期也发生了较大的变化，这对中小企业造成的结构性冲击和转型升级压力尤其明显。回顾近五年，我国中小企业生存、生产、经营和转型升级的压力持续累积，其中较为集中的机械设备、商贸零售、纺织服务等行业早在2016年和2017年净资产收益率就低于5%，处于国民经济行业较为落后的位置。由于中小企业出口额约占我国出口总额的60%，2018年中美贸易摩擦以来，中小企业较为集中，行业收益率持续下滑，并在2020年新冠肺炎疫情冲击下进一步降低。

转型升级压力、新冠肺炎疫情冲击和中美贸易摩擦威胁是中小企业生存发展面临的巨大挑战，而与此同时，在现代市场经济不断深化发展过程中，资金融通和金融体系重要性日益凸显，资金已经成为微观市场主体健康运转所必需的"血液"。中小企业在内外夹击下，面临的最直接冲击就是"供血"不足，即融资难和融资贵问题，这甚至已经成为威胁其生存和发展的最突出问题。从客观上讲，中小企业整体收入水平较低、资产规模相对较小、资金运作及财务管理规范性相对较弱、整体抵抗风险的能力较差，同时，由于信用体系建设不足、固定资产相对较小、抵押品评估确权等存在多种约束，中小企业主信用意识相对薄弱，这些状况在金融体系中就表现为信用利差较大、流动性风险和信用风险较大。在此背景下，银行等金融机构作为风险的经营者和风险的厌恶者，理性的选择就是减少对中小企业的信贷支

持和金融服务,或者提高中小企业的融资利率以缓释相应的风险。但如果每个银行都如此行事,最后宏观的表现就是中小企业的融资难和融资贵困境。

二 中小企业融资难和融资贵的原因

中小企业融资难和融资贵是世界性难题,各国政府长期致力于探索解决方案,世界银行等国际组织也倡议发展普惠金融等来增强对中小企业的金融支持。但是,整体而言,国际社会在改善中小企业融资方面的政策进展并不大。立足中国国情,本土中小企业融资难的原因大致可归为:"需求侧的企业自身条件约束"、"供给侧的市场融资环境约束"以及"供需错配导致的效率损失"。

(一)需求侧的企业自身条件约束

中小企业自身资源禀赋的缺陷导致其生存、经营和发展风险较大。一是数据资产薄弱。中小企业经营管理水平较低,往往无法对外提供全面、准确的财务数据,银企之间存在严重的信息不对称,银行难以获得信贷发放的充分信息。二是信用记录缺乏。传统征信记录的是企业负债和信用的历史数据,金融机构基本以此做出贷款的决策判断,而很多小微企业是征信的"白户",与信贷审批和风控模式明显隔阂。三是抵押担保不足。大多数中小企业由于正处于起步阶段,现金流短缺且没有足够的固定资产可用于抵押,因此寄希望于通过其他方担保获得支持,但是,不管是政策性担保机制还是市场化担保机制的供给都严重不足。即使银行愿意给中小企业贷款,但是由于抵押品问题,如何达到银行的风控和合规要求也是现实挑战。

(二)供给侧的市场融资环境约束

在中小企业融资中,处于需求侧的中小企业的自身缺陷使得金融服务需求呈现的是信用质量较差的需求。当然,作为供给侧的金融市场客观上存在局限性。

一是融资渠道单一。尽管经过 30 余年的发展，中国已经建立起多层次的资本市场，但是必须承认，中国资本市场仍然是一个主要服务大中型企业的融资市场，且绝大部分区域性股权市场融资功能极其有限，目前仍然缺乏多渠道的融资机制支持中小企业获得银行信贷以外的资金支持。这就说明中小企业融资难题既有总量问题也有结构问题。从总量上看，金融部门对中小企业的服务不充分、不均衡、不到位，整体存在服务规模较小、服务质量较差和服务绩效较弱等问题。从结构上看，部分地区、产业和微观主体无法获得基本金融服务。

二是融资流程烦冗。即便相对优质的中小企业的贷款需求可以获得响应，即勉强解决"融资难"问题，但还是存在"融资慢、融资贵"等痛点。比如，受传统银行合规和风控约束，银行贷款资金审批时间过长，较难及时匹配"以流动性补充为核心"的中小企业融资需求。

三是融资机制僵化。部分监管当局和金融机构存在"一刀切"的思维，尤其是地方监管机构担心不良贷款增加风险，金融机构从业人员担心"责任终身制"，就采用"一刀切"方式尽量避免给中小企业提供贷款或其他金融支持，使得供给端存在短板。

可以发现，围绕中小企业融资的供给机制与需求结构并不匹配。一方面，中小企业数据资产薄弱、信用记录缺乏、抵押担保不足等短板注定其难以匹配传统金融机构（特别是银行）的合规与风控要求，且中小企业的资金需求"急、散、小"，使得银行提供服务的成本较高。另一方面，同样作为市场主体，银行面临股东、坏账控制、风险处置、资本金补充和人员成本等现实压力，中小企业金融服务成本偏高，使得大部分银行难以全面有效服务中小企业。特别是对于大中型银行，由于缺乏长期信用风险监测和综合信用信息等支持，其服务中小企业的成本和风险可能会更高。

（三）供需错配导致的效率损失

从经济学底层逻辑看，导致效率损失的根本原因是"供需错配"。为了更好地通过改善供给支持中小企业发展，缓释中小企业融资难、融资贵难

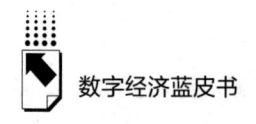

题，就需要站在需求侧，对中小企业"发展和融资过程中的根本痛点"进行较为全面、深入的分析（宋华、卢强，2017）。整体而言，中小企业融资需求结构可以分为三个层次，即"救命钱"、"技术钱"和"发展钱"。中小企业融资中的主要需求来自流动性需求，即救命钱；进而是技术改造、扩建和升级等的资金需求，即技术钱；而对产能大规模扩张或新建投资的资金需求（即发展钱）并不是特别强烈。

一是流动性支持。中小企业最强烈的资金需求是流动性支持，流动性支持需求强于投资性支持需求。中小企业的资金需求更多是流动性问题，这与强监管、去产能、去杠杆政策环境下，金融机构压缩信用规模、缩短信贷周期等直接相关，中小企业在现有政策框架下的市场待遇较差、信用利差偏高，在基本面、政策面和外部冲击（中美贸易摩擦等）下，现金流和流动性十分紧张，缺"救命钱"，尤其是部分企业在贷款到期或债券偿付上面临较大的流动性问题。为了应对流动性危机，企业愿意付出较高的成本获得资金，这表现为民间借贷利率持续保持在比较高的水平。温州地区民间融资综合利率尽管在2015~2017年呈现持续下降的趋势，但是2017年以来，仍维持在15%左右的较高水平上（见图1），可见中小企业通过非正规金融部门融资负担较重。为应对2020年新冠肺炎疫情冲击，党中央、国务院出台了一系列缓释中小企业融资难、融资贵的政策，民间融资利率波动性加大，融资利率下限降低至约12%，但中枢水平仍然保持在14%~15%。

二是技术升级资金需求较为显著。技术升级资金需求大于产能扩张资金需求。中小企业技术升级的外部压力和内在动力都较为显著，对技术升级的资金需求较为强烈。在过去三四年中，企业技术升级的最大外部压力在于环保政策的"不折不扣"的实施，特别是自2020年提出"碳达峰和碳中和"国家战略以来，企业面临巨大的环保技术升级压力。同时，租金成本和用工成本是企业面临的刚性成本。在此压力下，通过技术升级降低成本（包括环保成本、人工成本）"活下去"成为中小企业的迫切需求，在资金需求上就表现为缺"技术钱"。

三是扩张性需求被严重抑制。扩张融资需求激烈，市场预期严重压制企

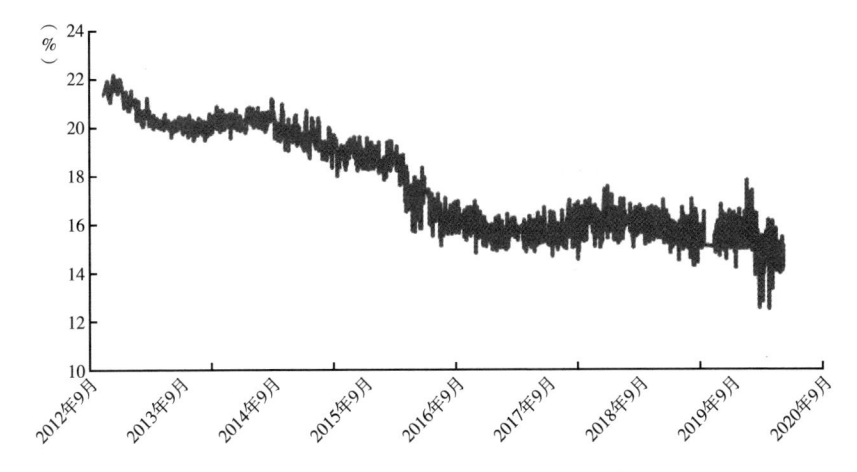

图 1　温州地区民间融资综合利率

资料来源：Wind 数据库。

业投资需求。中小企业知道自己未来必须走"做大做强"或"差异化"道路，内在投资的动能是较强的，但是，现阶段"最好的投资是不投资"成为多数中小企业的朴素选择。另外，去产能、去杠杆存在结构性问题，中小企业受到"产能受限、收入减少""成本大幅上升""环保或双碳"政策多重压力，这对中小企业的投资和信心是不利的；同时，企业融资可得性和价格是较难预期和确定的。面对复杂的形势，中小企业市场预期较为不明朗，流动性支持和技术优化的资金较难获得，同时更不敢要"发展钱"。2018 年习近平总书记就支持中小企业发展做出重要指示后，各个部门出台了支持中小企业发展的政策措施，在新冠肺炎疫情发生后，政策又进一步强化，中小企业发展的内在需求有所复苏，但是，能不能直接转化为固定资产投资的增加还需要观察。从目前看，民间投资有所恢复，但整体仍然较为疲软，即中小企业产能扩张的动能仍然不足，相应的资金需求也不太强烈。

三　数字经济对中小企业发展及融资的影响

看清了"中小企业融资困境源于供需错配"以及"中小企业资金需求

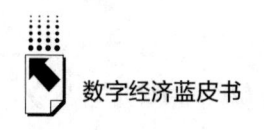

拥有三大层次",那么,在短期内难以改变中小企业融资需求的情况下,更切实可行的突破口是"供给侧改革"。进一步地,"供需不匹配"的症结和解法是什么?从中小企业融资的现实事务中可以发现"信息不对称"是最大的制约因素,庞大的信用制度规范和信用体系仍然无法避免各方交易者为自身利益而产生的各种扭曲行为,甚至是刻意破坏信任机制的行为(赵岳、谭之博,2012)。信息不对称主要表现为以下五个方面:一是完整信用信息难获得;二是信用信息可靠性难保证;三是信息校对审核效率低;四是信息归集分析缺乏系统支持;五是基于信用利差的差异化定价难以有效实施。

供应链金融以核心企业为基础、以核心企业交易信息为支撑、以银行信贷为主要金融服务手段,致力于构建一个"1+N"的体系。在这个体系中,物流、信息流和资金流有效统筹在一起,成为中小企业融资难、融资贵的重要解决方式(谢世清、何彬,2013)。但是,经过较长时间的实践,供应链金融面临物流和信息流数量相对有限、匹配度相对较差、信用风险定价应用较为不力等问题。供应链金融缓解中小企业融资难、融资贵仍然面临诸多约束。

数字经济时代,过去传统经济活动中的"信息不对称难题"在技术的支持下迎来新的转机,供应链金融发展也迎来新的范式。过去几年,我国数字经济得到较好发展,电子商城、大型互联网平台及相关第三方支付、线上化金融服务及数字化融资方案等蓬勃兴起,数字普惠金融成为中国金融体系和普惠金融发展的一个亮点。比如,区块链技术的应用使得供应链金融产生重大的变革(龚强等,2021)。整体地,数字经济以及数字化供应链金融对中小企业融资难、融资贵的解决机制可以分别对应中小企业的三大资金需求。

基于数字经济及其相关的新兴技术,依托平台经济这种特殊资源配置范式构建新型金融服务范式,特别是对中小企业提供多样化金融服务成为国内数字经济体系的一个重要探索方向(李允尧等,2013),尤其是数字化产业链金融成为重要的业务模式,为中小企业融资难、融资贵提供了缓释机制。

一是动态真实数据直接缓解信息不对称。如前所述,由于底层数据资产建设基础薄弱，信息不对称在中小微企业中表现得尤为突出，从而使得中小企业融资成为一个长期的难题。在数字经济时代，特别是在平台经济体系里，大数据、云计算、人工智能等技术为信息获取、信息质量以及信息归结提供了技术保障。比如，大数据技术的应用使得电商平台或其他互联网平台、平台上的双边或多边主体、金融机构以及上下游企业大量、动态、真实、准确的数据可以较为容易获取，其可靠性将大大提升，在有效归集后通过大数据技术进行分析研究，为缓解信息不对称提供基础支撑。特别是平台型产业链金融连接核心平台及其多边微观主体，其运作流程涉及客户管理、业务运行、风险管理以及内外关联等环节的数据集成化，填补了信息不对称的部分缺口，以便利化中小企业融资。

二是金融服务市场准入门槛实质性降低。如前所述，中小企业缺乏足值的抵押品，因此往往会被"风控手段相对保守的传统信贷市场"拒之门外。在市场准入方面，数字科技应用使得客户遴选、准入和管理从传统的简单标准向弹性标准转换，比如资产规模、存续期间、信用担保等可能已经不是平台型金融业务准入的硬约束。只要具备一定基础设施（比如账户，可以是银行账户，也可以是第三方支付账户）和特定交易，微观市场主体都可以低成本甚至零成本进入数字普惠金融的生态体系。在数字经济生态体系中，中小企业弱资产、轻资产的短板变得无伤大雅，甚至不必有固定经营场所，就可以凭借数字资产获得现金流支持。

三是交易行为数据成为授信决定因素。平台型产业链金融运行机制将从基于物质交换向基于交易关系转变，将从依托核心企业的应收账款、存货、信用证等的放贷模式向基于平台以及平台交易关系的授信模式改变，交易数据的应用将实现授信模式和金融服务模式的创新。授信模式的决策因素已从传统的贷款记录、信用记录、微观主体资产规模、信用保障等（胡跃飞、黄少卿，2009）向交易记录、行为数据、客户规模、客户黏性以及差评率等倾斜（程华等，2016）。

四是数字经济体系改变微观主体内外协同方式，金融服务供给成为开放系统。在一定意义上，如果平台系统缺乏内部整合和外部链接的能力，那么金融服务的需求和供给就缺乏有效的信息中介。另外,如果平台系统缺乏自身金融牌照或外部金融机构的支持,那么平台就难以形成信用中介或信用服务中介。平台型产业链金融的协同性实质性提升,将实现从银行体系相对封闭的系统向平台体系更加开放的系统升级,这使得金融服务的供给在一定程度上可以跨越时间和空间的约束,使得金融服务的可得性大大提高。技术赋能和数据资产的"替代效应"使得产业链金融的核心环节关联成为一个可自我循环但又具有开放性的有机系统(宋华、陈思洁,2016)。这个系统不仅可以由平台自身所具有的金融机构及业务牌照来提供金融服务,还可以通过平台+外部金融机构的方式来提供更加多元化的金融供给,更为重要的是,外部金融机构的加入及其服务的供给不受任何时空的约束。系统所提供的服务可以是最为急迫的流动性支持,也可以是其他金融服务。其中,最关键的流动性支持可以通过传统贷款、商业保理、票据贴现等多样化方式来进行,金融服务供给的广度、深度和开放性可远远超过传统商业银行。

五是成本可负担实质性改善。金融科技应用不仅使融资本身成为可能,还能令非标准化和长尾客户的金融服务供给成本变得可负担,这得益于数字技术支持下的线上化、标准化和匹配性的金融业务发展格局。首先,线上化将成为未来部分金融业务的基础模式,比如零售、互联网、物联网以及智能识别等技术可使得大量零售金融从线下转至线上,从而大幅度降低网点租金和人员成本,比如现在的家电企业已经能将物流、资金流和信息流集成于网络系统之上,完全实现线上化运行。其次,标准化体系将在科技支撑下迅速构建起来,使得成本大量降低,以票据为例,随着我国票据市场基础设施建设日益完善,票据承兑市场将随数字化水平提高朝着更加安全、高效、系统和标准化方向发展,准入门槛、业务流程、风险管理、监管合规等将迅速成为一个标准化体系。最后,在技术(尤其是大数据和人工智能技术)的支持下,大规模、个性化、场景式和高频化的金融产品及服务供给成为可能,这种长尾化和非标准化业务的供给成本在传统金融机构中原本是不可承受之重,而如今在数字技术支持下也有可能和标准化业务一样出现边际成本递减的趋势。

六是多维数据成为风险管理关键。金融科技特别是平台系统内的大数据应用，使得金融风险管控从基于双方交易的信贷征信记录向基于多方关联的综合征信记录转换，在依托双方交易建立的信用征集、行为认定和风险管控机制之上，平台系统可以依托大数据等技术实现向多方信用关联升级，利用多方数据、关联机制以及信息交互来实现信用信息的识别、印证，并运用数字风险模型或机器学习方法将其应用于风险管理之中（见图2）（黄益平、邱晗，2021）。数字经济的发展使得包括银行内部多源异构数据、外部征信数据以及用户社交网络数据在内的诸多数据可以被用来更精确地预测系统以及更小的失败风险，提高风险模型的预测能力并显著节省成本。数字经济下以数据为基础的分析可以实现精准用户画像的构建，中小企业的经营流水、营收趋势与交易网络可以反映企业的经营情况和财务状况，这些数据一方面可以支持风险评估，另一方面还可以实时监测借款人还款能力和还款意愿，及时对风险因素做出前瞻性反应。在数据驱动的风险控制模式中，贷后管理从传统的人员、业务和机构追踪向交易数据和交易行为追踪转变，管理难度大大降低，管理有效性则实质性提高，风险控制成本也随之下降。

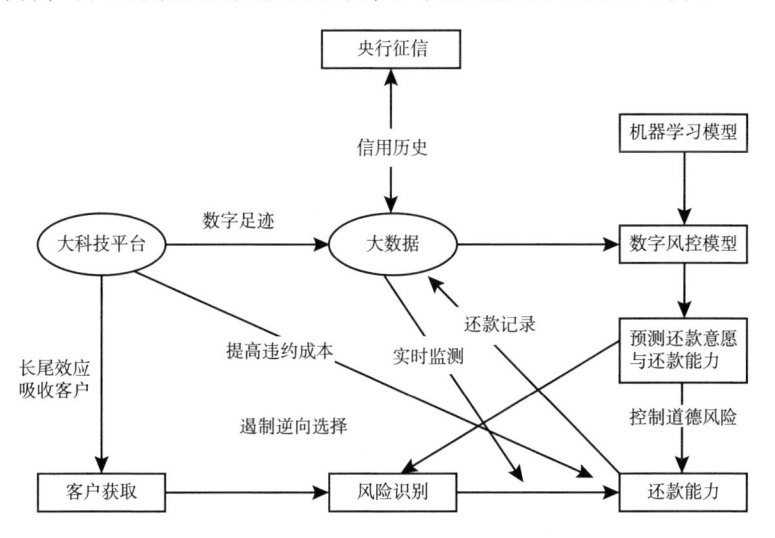

图2 数字经济下中小企业融资风险管理的基本逻辑

资料来源：黄益平和邱晗（2021）。

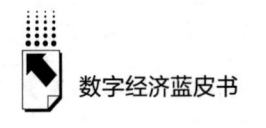

四 数字经济缓释中小企业融资难、融资贵的案例剖析

随着底层技术突破和应用场景拓展，数字经济方兴未艾。在与金融产品和服务的结合下，数字普惠金融蓬勃发展。在中国，第三方支付拓展了支付清算体系的覆盖面并实质性提高了便利性，基于平台体系的互联网信用转换业务成为传统信贷业务的补充，网络财富管理业务同样提高了居民财富管理需求的可得性，数字普惠金融和数字化供应链金融发展取得重要进展（程华等，2016）。在基于平台体系的信用转换业务中，线上化供应链金融成为主流业务之一，并演化成平台型供应链金融新模式。

基于电子商务平台或其他类型平台的平台型供应链金融业务是一种基于普惠理念和互联网平台技术的新型融资模式，其关键在于"平台取代核心企业成为产业链资源整合的枢纽，通过深化平台机构的金融科技应用，不断增强平台供应链场景化金融运作能力，进而为中小企业及个人等提供多样化金融产品和服务"。基于平台体系的供应链金融模式，相对于银行的传统供应链金融模式更加高效、便捷和低廉，可以较为有效地缓释中小企业融资难题。

这里以京东作为案例进行分析。京东供应链金融模式主要以平台为中介，以交易为基础，覆盖交易、采购、仓储、配送、售后等环节，重点解决中小企业流动性资金难题，同时也对中小企业技术升级、模式转换或流程重构等提供一定的金融支持。

（一）京保贝

1. 京保贝基本状况

京保贝是京东科技服务于京东自营商品供货商的保理融资服务。2013年12月，京东推出京保贝1.0，针对的目标客户是与京东合作超过3个月的供应商。彼时最长还款期限90天。2016年3月，京保贝升级到2.0，此次升级主要是融资节点扩大，京保贝1.0的融资节点是从入库节点开始，而京保贝2.0将风险节点提前到采购节点，基本覆盖整条供应链从采购环节到完成结算多个交易节点。当前，京保贝最长借款期限为365天。

京保贝根据自营平台商家在其平台上的采购、销售等财务数据以及历史应收账款融资数据确定供应商的融资额度。该产品是业内首个通过数据集成完成线上风控的产品，供应商可以凭借采购、销售等财务数据直接获得融资，放款周期短至3分钟。京保贝按照业务场景可以分为应收账款池融资和订单池融资两种模式。应收账款池融资和订单池融资的区别如下：应收账款池融资是面对各类大中小型供应商，把其所有的应收账款汇聚成池，根据应收账款规模（采购订单规模）所处的不同交易节点动态调整可融资金额；订单池融资一般针对大型供应商，其单笔订单额度较大，可单笔发起融资申请，用户开通京保贝后即可使用。只要供应商有采购订单入池，无论是单笔还是多笔，均可以随时随地发起融资。其中，应收账款池融资是京东供应链金融的重要创新，使得中小采购商单笔规模较小的应收款可通过"池"模式获得融资，同时也降低京东服务成本。

在解决融资需求的结构方面，京保贝主要帮助供应商解决"融资难、放款慢、应收账款周转周期长"等短期流动性问题。京保贝的服务优势具体表现在以下三方面。一是融资效率高。京保贝借助大数据分析供应商现金流及运营状况，提供无担保、无抵押融资，联手商业银行将放款周期（从供应商提出贷款申请到获得贷款的时间）控制在3分钟内；利用动态风控与动态授信策略实时更新融资额度，通过大数据手段监控每个贸易环节和每笔应收账款，满足供应商多次融资需求。二是融资成本低。京保贝通过线上自动化系统降低运营成本，通过支持"随借随还、按日计息"节约客户融资成本，目前已经实现"单笔额度最高为1000万元、最长借款期限365天"。三是融资风险小。京保贝通过采用开放式系统架构设计实现与客户系统的灵活对接，保障客户隐私安全；控制供应商的结算款回款账户，保证结算款优先进行还款，进而将逾期率控制在较低水平。

2. 京保贝缓解中小企业融资难题的关键环节

京保贝在缓释中小企业融资痛点上主要有以下四个方面的作用。一是京保贝依托零售平台与自营供应商的贸易数据将应收账款盘活变现，完成急速回款，其提供的服务具有无抵押、低利率、随借随还、无需面签等特点，解决了中小型企业长期面临的"金融服务成本高、缺乏合格抵押品"等融资困境。二是京保贝采用创新的保理模式而非传统的贷款模式提供综合性金融服务，改变了传统融资结构中"过度依赖信贷融资"的局面，尽管保理模式仍然具有信贷本质，但是通过保理或"保理+银行"的方式提供便捷服务，能够使其业务摆脱银行合规和风险的硬约束。三是京保贝采用创新的业务驱动模式代替传统的市场主体驱动模式，通过评估业务风险而非企业风险达到降低企业准入门槛、控制企业信贷风险的效果，解决中小型企业"自身经营风险大"的融资短板。四是京保贝采用创新的贸易型融资代替传统的借贷融资，通过池融资完成对流动资产的管理，根据贸易节奏匹配现金缺口，解决了企业长期面临的"金融服务供求难匹配"困境。

京保贝更是在"缓释信息不对称"和"降低准入门槛"方面体现了技术和数据赋能的作用。

在缓释信息不对称方面，动态数据支持融资额度实时更新。基于深度数据分析的全供应链应收账款池管理及动态风控授信策略为客户提供全贸易流程的资金支持，实现可融资额度实时更新和管理。利用动态风控与动态授信策略实时更新融资额度，通过大数据手段监控每个贸易流转环节和每笔应收账款，满足客户多层次融资需求。

在降低准入门槛方面，行为数据支持下的客户分层是融资匹配的关键。京保贝的授信对象是京东体系内的自营供应商，只要与京东合作超过3个月即可申请成为京东自营供应商并开通京保贝，只要零售产生的应收账款未曾转让给其他银行或者保理机构即可发起融资申请。准入门槛方面，京东科技通过综合评估商品入库情况、销售情况、合作时间、客户评价等多维度信息将供应商分为五个等级，京东科技目前可对前三个等级的供应商提供融资服务。尽管京保贝出于风控考虑仍会对供应商进行分层筛选，但是无需实物担保，相较传统融资模式已体现出对中小企业的更多支持。

（二）企业金采

1. 企业金采基本状况

多数企业在经营性和非经营性采购中都会面临"缺少周转资金、融资成本高、存在回款及结算账期长"等痛点。在此需求下，京东科技推出"企业金采"，结合企业自身经营与征信资质在线快速评估、审批企业信用状况，从而使企业简化传统融资中难以避免的抵押、质押、担保等手续，高效获得采购赊销额度及合理的账款结算周期。作为一种企业级的信用支付类工具，企业金采提供分期付款和账期管理等服务，给予"先采购后付款"的信用支付模式，合理改善企业在采购过程中资金周转期限过长、财务对账程序繁复、交易数据记录模糊和票据处理手续复杂等风险问题，以"高效申请、支付便捷、对账方便"的优质融资体验为广大企业用户缓释痛点、创造收益（见图3）。

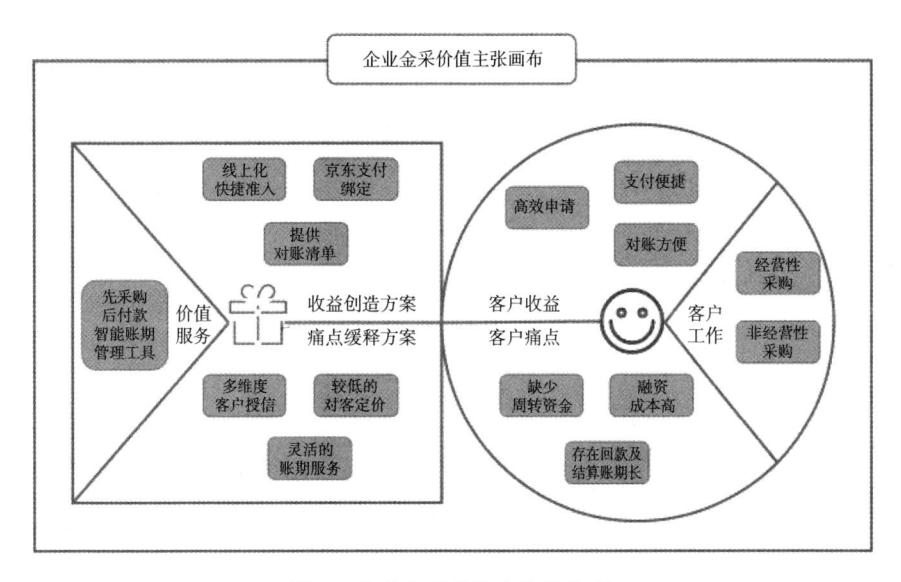

图 3　企业金采的核心价值体现

资料来源：京东。

企业金采为优质企业客户提供包括"信用赊购、分期付款、账期管理"在内的综合服务。企业在评定赊销额度后，可以在一定范围内享受"先采

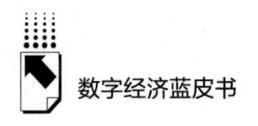

购、后付款"待遇。具体运作流程为：京东科技根据分销商的企业综合资质，结合采购商品货值，为其评估最高授信额度及每笔融资订单的质押率。分销商提供采购单，按照风控的审批结果进行相应比例配资，京东科技按照订单总额补足剩余款项向京东零售受托支付，零售负责发货至京东科技指定监管仓进行质押，分销商可按照销售节奏分批还款给京东科技，京东科技通知监管仓向分销商发货。

从融资模式的角度看，企业金采采用的是"预付账款融资"。该模式与京保贝所采用的应收账款池融资和订单池融资存在较大区别，可以将其理解为"基于未来存货的融资"。预付账款融资的担保基础是"预付款项下客户对供应商的提货权"或者"提货权实现后通过发货、运输等环节形成的在途存货和库存存货"，考虑到销售状况好的企业往往周转快、库存少，融资的主要需求产生于等待上游排产及货物的在途周期。这种情况下如果买方承运，一般会要求指定中立的物流公司控制物流环节并形成在途库存质押；如果卖方承运，则仍是提货权质押。货物到达买方后，客户可申请续做在库的存货融资，即预付账款融资成为存货融资的过桥环节。

此前分析中小企业的融资需求主要分为"救命钱"、"技术钱"和"发展钱"，而企业金采满足前两类需求。

首先，表现为"服务于企业短期采购进行直接输血"，比如京东企业购。"京东企业购"针对传统采购模式下企业面临的资金周转、烦冗对账、货票处理、账务结算等问题，提供采购资金支持及账期管理。企业客户在京东商城进行订单支付时，可以在一定额度范围内选择"先采购、后付款"完成购买和支付。京东科技根据企业过往的采购水平，给出授信额度与账期的判断，甚至可以根据企业过往的采购记录预测未来的采购计划，不仅做到"及时响应"，还可实现"未雨绸缪"。

其次，表现为"服务于企业长期发展进行深度赋能"，比如京喜新通路。"京喜新通路"服务三至六线小微企业的经营性采购业务，客户包括夫妻店、便利店、连锁超市、餐饮企业等业态。背靠京东强大物流仓储配送体系和货源体系，"京喜新通路"具备强大的找货、配货、销货能力，能够为小微企业提供一站式的优质货源支持、完备的物流配送服务和周到的售后服务，同时通过账期赊购、按日计息贷款等不同方式支持优质小微企业的资金周转需求，为小微企业出具生产经营需要的资金解决方案。此外，依托全链路数据能力，"京喜新通路"还通过输出品牌、模式和管理等，助力传统零售门店的数字化升级。

金融科技所提供的服务可以是最为急迫的流动性支持，也可以是其他金融服务。企业金采作为业内首款面向企业用户提供定制化赊购服务的供应链金融产品，并非一款单一解决企业资金周转的融资产品，而是真正融入企业采购的消费场景需求，了解企业的个性化需求，为企业采购中的账期问题提供一揽子解决方案的定制化服务。

2. 企业金采缓释中小企业融资难题的关键环节

在缓释信息不对称方面，企业金采依托京东科技的技术支持，能根据企业过往采购水平给出授信额度与账期的判断，并且能够做到"差异化和动态化"授信。其中，差异化体现在能根据不同应用场景使用特定营销手段和风控策略；动态化体现在能追踪企业在不同时点的信用水平并随时调整授信额度，从而提供实时结算、定制化的账期管理服务，有效推动实体企业金融服务供给侧改革。

在降低准入门槛方面，企业金采以不同规模客户作为分类基础，在多个垂直场景下提供采购资金支持和账期管理。从产品维度看，企业金采可以进一步分为"金采KA"（保理模式）和"小金采"（信贷模式）（见图4），前者以"保理模式"服务于大中企业，后者以"信贷模式"服务于中小企业，完整覆盖不同规模的企业。其中，大型客户准入标准包括"注册时间一年以上且注册资本大于100万元、注册地在中国境内、可提供有效期内合规证照、有具体的采购需求及计划"。而中小企业和个体工商户仅需满足"有工商执照且注册时间满一年、可提供有效期内合规证照"等基本条件。

在场景覆盖上，企业金采可以服务至少五类细分场景："企业业务"（VXP平台）面向政企、央企、国企和金融机构，提供全品类产品；"京东企业购"面向一、二线城市的中小型非经营性采购企业，提供办公用品、

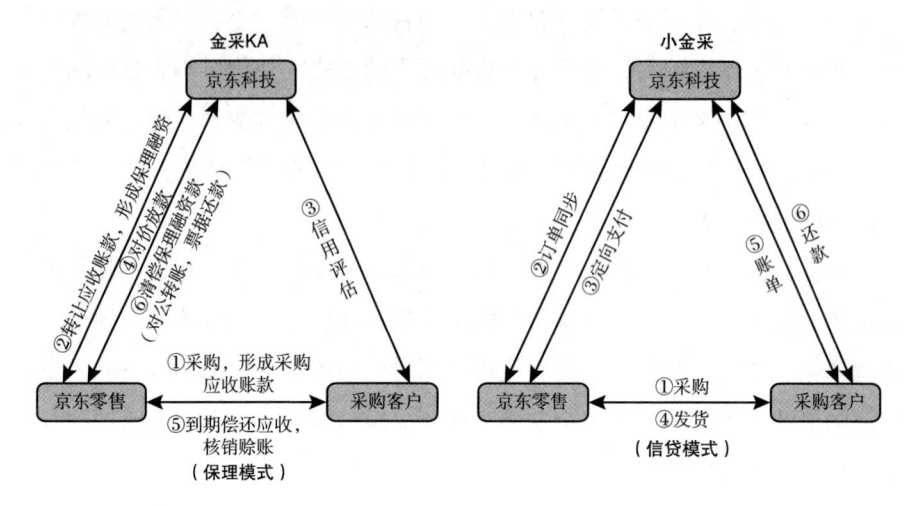

图4　企业金采两大主要产品（金采KA和小金采）业务模式

资料来源：京东。

员工福利等产品；"京喜新通路"面向三至六线夫妻店、便利店、连锁超市、餐饮企业等，提供快消品和米面粮油；"京东万家"面向三至六线京东数码、家电专卖店，提供家电、数码和通信类产品；"京东健康"服务医药类全供应链，包括上游的约300家POP药商和下游的药房、诊所等机构，提供药品和非医药类保健品。

在风险管理上，企业金采在沿用"京小贷"授信体系评估企业及法人综合信用的同时，还开展基于信息流和物流的授信，形成独具特色的"基于货的授信"体系。大部分情况下，京东根据企业历史采购贸易数据进行授信，即"信息流授信"；针对部分有大额融资诉求的客户，企业金采还能基于其未来货权进行增信，即"物流授信"。在一般的预付款项融资模式下，为确保融资用于进货，通常会引入第三方物流企业对货物进行监管。而京东得益于其成熟的自营商城和自建物流体系，能够在采购、运输、仓储及销售等环节实质性掌握与"货"相关的未来货权（订单流）、赎回发货（数据流）等情况，全面覆盖数量、品类、时效等多维度，能够准确进行"基于货的授信"。

（三）京小贷

1. 京小贷基本状况

在京东零售内，除京东自营体系外，还有一部分非自营商户。这些非自营商户绝大多数是中小企业。针对京东非自营商户，京东科技于 2015 年 10 月推出"京小贷"，致力于为这部分中小企业提供小额贷款。京小贷主要分为信用贷款（见图 5）和订单贷款两类产品。通过多年运营，京小贷呈现四个重要的业务特征。一是无需抵押物。贷款额度和利率主要根据商家经营行为数据而确定。二是融资流程简单。针对平台商家"短、小、频、急"的融资需求，京小贷实施自动化和便捷化贷款流程。平台商家在线填写借款信息并提交融资申请，系统在线审批（一般无须人工干预），一旦融资申请审核通过系统即时发放贷款，所有流程在线完成。三是还款方式灵活。最长贷款期限为 12 个月，平台商家可以提前偿还贷款的本金及利息（提前还款零手续费），也可选择贷款到期后一次性偿还。四是资金成本可承担。平台商家在京小贷的融资成本年化利率约为 13%。

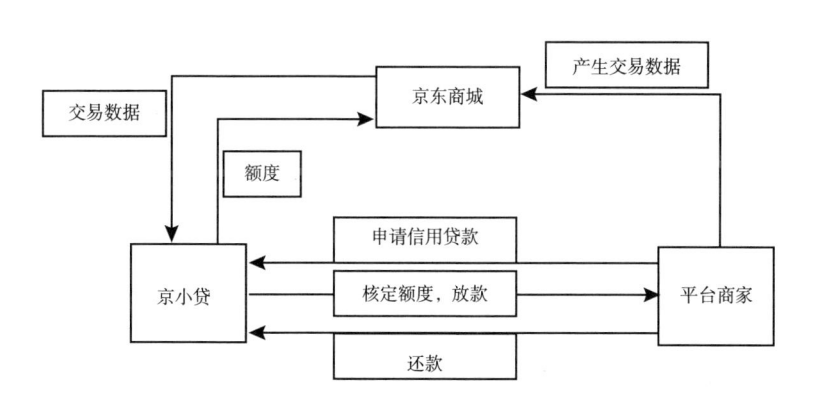

图 5 "京小贷"信用贷款产品流程

2. 京小贷缓解中小企业融资难题的关键环节

技术应用和竞争溢出使金融服务准入门槛实质性降低。以京小贷、动产融资为代表的数字信贷服务，可显著降低中小企业享受信贷服务的准入门

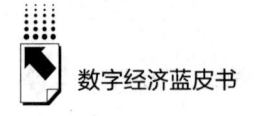

槛。一是缓解央行征信硬约束。央行征信体系主要面向商业银行和持牌消费金融机构的借贷业务,未能有效覆盖海量的长尾用户。目前,全国中小微企业数量超过 8000 万家,小微企业及其企业主较大部分是信用"白户"或者"准白户",大量的征信"白户"被长期排斥在金融服务体系之外。京小贷在向长尾用户提供借贷服务的过程中,动态沉淀大量中小企业的信用信息,这些关键信息可以作为传统征信的有效补充,成为获得金融服务"准入"的关键。二是跨越时间空间硬约束。京小贷、动产融资等数字信贷服务模式的出现,使得资金供求双方可以在不同的地域空间内进行在线匹配,相比传统金融模式,其较低的金融服务门槛大大提升了中小企业信贷可得性。三是创造竞争溢出效应。京小贷、动产融资等数字信贷服务模式的发展,为中小企业提供了多元化的融资渠道,深刻重塑金融市场现有竞争格局,对银行传统经营业务和交易数据垄断行为形成巨大冲击,尤其是其特有的普惠性质和"长尾效应"逐渐"夺走"了商业银行零散客户,让银行业不得不利用金融科技手段进行业务模式创新,以扩大金融服务对小微客户的覆盖广度和服务力度,进而间接影响信贷分配,为中小企业享受信贷服务创造了良好条件。

以交易数据判定企业信用风险并完成自动授信。只有达到一定信用评级的平台商家,才可成为京小贷核批贷款标准的企业,后续才能获得京小贷的贷款发放。同时,京小贷在对中小企业授信时,也把中小企业的经营状况和收益情况考虑了进去,为未来中小企业的还本付息提供了保障,使得把控中小企业自身经营风险成为可能。根据大数据信用基础,京小贷可以提供无抵押、额度达最高 200 万元的小额信贷,很大程度上可满足中小企业"金额小、期限短、弹性洪峰"的需求。

自动化审批放款系统减少物理成本,降低交易成本、达成规模经济。京小贷可以借助电商、支付触达客户,无需实体营业网点,从而节省传统金融机构在线下开展业务所需承担的物理成本,避免了营业网点投资、经营管理和维护的费用,大大降低了获客成本。同时,大数据技术的使用使得京小贷服务"长尾客户"成为规模经济。京小贷依托自动化系统,设计了快捷简便的贷款流程。中小企业在线填写借款信息并提交融资申请,系统在线审批而不需要人工审核，一旦融资申请审核通过，系统就会即时自动发放贷款，所有流程在线完成，大大加快了贷款发放的速度。相较于传统商业银行3~4周的融资时间，京小贷缩减了融资天数，减少了时间成本和人力成本，使得对长尾客户的服务具有规模效应。最后，京小贷强大的"多维数据"调用能力降低了信息验证成本。数字经济的广泛链接性使得信贷市场的信息共享变成现实，相互联通的贷款信息集可大大降低筛选和监控成本，约束借款人的行为，降低贷款风险。京小贷不仅可以帮助企业建立信用记录，提升正规融资可得性，也能利用支付系统与其他融资渠道相互关联，在一定程度上降低信息的验证成本。

交易行为数据和智能风控模型发挥抵押品功能。京小贷依托京东零售，通过运用大数据技术为中小企业客户的行为进行"精准画像"和"风险画像"。此外，基于海量贸易数据的标准化评估是京小贷风控的核心，目前已形成的十多个风控模型涉及几百个变量，不仅可基于历史数据完成准入和授信，还能识别欺诈性交易，并对贸易情况做出预测，从贷款全流程改进传统风控手段。交易行为数据与智能风控模型的综合运用使中小企业在融资过程中长期面临的信息不对称问题得到有效缓解，也使得"软信息"替代抵押品成为信用的"硬通货"。

（四）京票秒贴

1. 京票秒贴基本状况

京票秒贴依托京东科技自身的技术能力，于2018年构建推出线上数字化、标准化的票据贴现平台。一方面帮助金融机构寻找潜在用票群体，降低银行票据业务运营成本，另一方面致力于为小微企业的小额票据提供融资渠道，降低票据融资难度和成本。

京票秒贴平台主要包含"银票秒贴"和"商票秒融"两类票据业务（业务流程见图6和图7）。其主要有三个重要特点。一是基于互联网线上平台的双方信息撮合，企业直接通过网络平台匹配金融机构并线上办理相关票据业务获得融资。二是基于数字化与智能化赋能下的票据业务标准化，其依

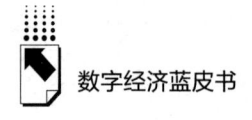

托企业实名认证、小额打款认证、活体识别、工商数据比对、大数据分析等技术，并通过票据图片识别技术、电子签章、自动化合同发票识别与验真等方式，将票据业务办理流程统一化、标准化，满足不同银行的合规、风控标准以及差异化的业务流程。三是基于大数据支持下的票据风险识别与管理，这既包括通过大数据对承兑人的信用评价与潜在风险的识别，如宏观数据、行业报告、新闻舆情、产业链事件、票据报价及行情、账户信息等多个维度，也通过合同、发票等原始凭证以及对公结算账户信息数据交叉核验供应链交易情况。最终，通过线上化、数字化、标准化的方式显著实现了票据业务降本增效，增加了金融机构服务小微企业票据业务的动机与能力，客观上为小微企业票据融资提供了新的解决方案。

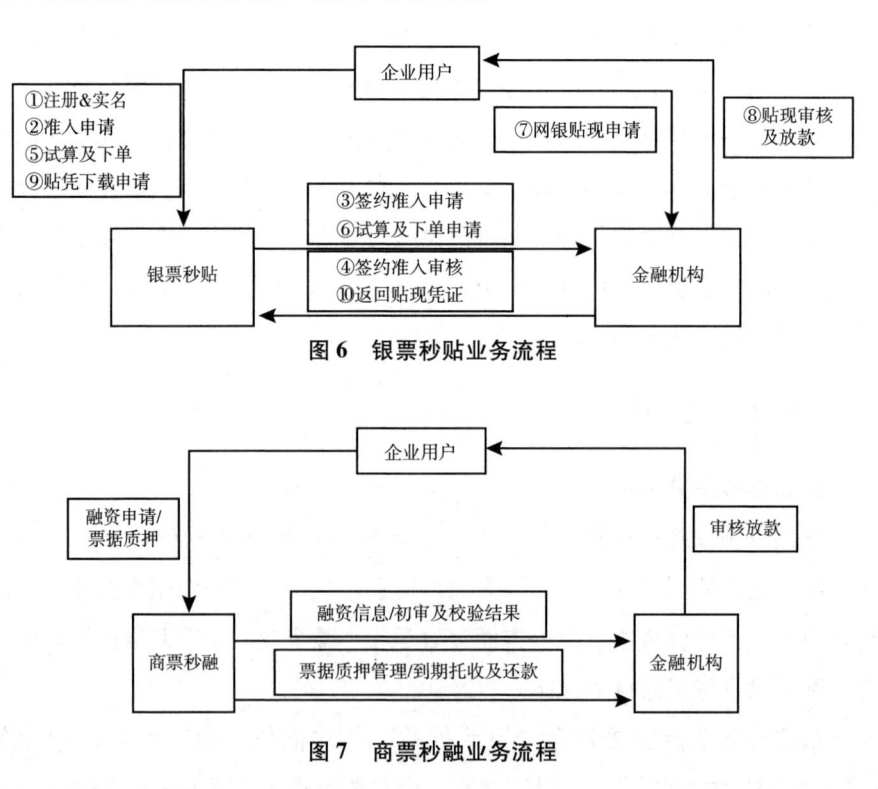

图 6 银票秒贴业务流程

图 7 商票秒融业务流程

银票秒贴上线 3 年以来，合作银行接近 20 家，涵盖国有商业银行、股份制银行、城市商业银行和民营银行等。其利用图片识别技术进行智能票面识别，并结合大数据如工商数据、财税数据、司法数据、对公账户数据、各银行同业授信数据等，将企业信息和票据资产信息标准化以满足不同银行的合规、风控、准入、签约等流程要求，实现了票据贴现业务办理流程的标准化，降低了小微企业小金额贴现业务的办理门槛。截至2020年底，京票秒贴平台注册企业用户超15万家，最小贴现金额仅为600元。

2. 京票秒贴缓解中小企业融资难题的关键环节

线上公开实时交易数据有效缓释信息不对称。京票秒贴是线上互联网票据业务平台。

其一，技术支撑形成了双向透明的票据交易市场，提高了票据市场的有效性，优化了票据贴现跨期曲线。一方面，京票秒贴使用票企业能够通过线上平台更加便捷清晰地查询票据交易成本等信息，合理规划跨期用票需求配置。另一方面，京票秒贴为贴现方提供市场价格参考，为部分金融业务能力不足的地区性中小银行提供市场资金成本指引，提高其票据业务参与能力。由此，线上票据市场吸引了更多的票据业务资金供给方与需求方参与交易，提高了市场的整体流动性。同时，京东科技亦利用技术触达了在传统经济运营中未开发客户群体，将其带入线上互联网票据交易平台，进一步增加了票据业务需求。总的来说，金融科技赋能提高银行等金融机构的反馈速度，增加票据市场的市场透明度、降低信息不对称，提升了票据业务定价的有效性，对于推动实现贴现利率市场化、优化票据收益率曲线具有重要作用，从而吸引更多投资者参与，形成良性循环。

其二，金融科技赋能下的秒贴业务通过大数据等新兴技术手段增加了信息核验效率，提高了收录信息的可靠性与准确度，优化了传统票据业务中存在的风险管理与识别机制。具体而言，其秒贴业务利用OCR文字识别技术进行智能票面识别，并结合大数据如工商数据、财税数据、司法数据、对公账户数据、各银行同业授信数据等进行交叉核验，将传统票据业务中复杂人工核验流程转化为标准的、数字化的信息核验。这一方面提升了核验效率和信息的准确度，有效降低了传统业务中潜在的信用风险与人为偏差；另一方面数字化的信息整合有助于对数据的进一步归集与分析，为市场合理差异化

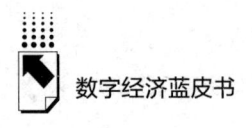

定价提供信息支持。

标准化业务流程使得金融服务市场准入门槛实质性降低。京票秒贴通过数字化、标准化的方式，有效降低了中小银行服务小微企业门槛，为小微企业票据融资提供更多的出口。这首先是针对小微企业方面，在传统经济语境中小微企业的金融以及财务知识水平往往存在不同程度的缺陷。这意味着当其在对接银行等贴现资金方时往往缺乏理解风险与识别风险的能力，亦对资金方业务办理流程与所需呈递材料等不熟悉，对小微企业参与票据市场业务造成阻碍。在数字经济业态中，京东票据秒贴通过数字化的手段，将票据业务办理流程分段标准化作业，将复杂的金融风险管理表达为小微企业通俗易懂的相关信息补充与材料证明，极大地降低了小微企业参与票据业务的门槛。另外，部分地区性中小银行在参与票据市场贴现业务时亦存在风险识别与管理能力不足以及相关企业供应链识别困难等情况，这极大地限制了其进一步扩大从事与服务小微企业票据业务。京东数字化票据秒贴业务的推广，为地区性中小银行提供了票据贴现成本价格指标，有利于其为小微企业相关票据合理定价。同时其利用大数据手段精准识别供应链与潜在风险源头，标准化、线上化作业的方式降低了银行服务小微企业的门槛，为小微企业票据融资提供了更多的出口。此外，京票秒贴业务中所覆盖的商票业务在科技赋能与大数据的扶持下，开创性地识别供应链中在传统商票业务中所未能涵盖的供应链中长尾小微企业，为其能够利用核心企业授信参与商票业务提供了可能。

还原真实企业经营交易情景助推科学合理授信。京东数字化线上秒贴业务相较传统票据业务采用更多的数据源头还原企业真实交易情景，为票据贴现业务风险管理提供助力。其通过大数据风控的方式，使用如工商数据、财税数据、司法数据、对公账户数据、各银行同业授信等数据，打破了传统经济运行中存在的信息壁垒，有效地识别了传统银行从事票据业务风险管理中可能存在的未能识别的风险源头，降低了票据业务的潜在信用风险。另外，在传统商票业务模式中，核心企业授信带动供应链上下游供应商、经销商票据逐级流转，进而帮助链上企业获取相较传统银行信贷更低成本的资金，缓解融资难题。然而部分小微企业与核心企业供应关系相对较远，存在供应链中长尾企业无法有效识别的情况，小微企业无法使用核心企业授信且核心企业亦无动机与能力主动了解核实末端供应情况，这极大地限制了供应链中长尾小微企业从事商票融资业务。京东商票秒融业务通过上述所涉及数据的源头，还原小微企业真实交易场景，服务供应链中长尾小微企业，为其从事商票融资提供出口。

线上化、数字化与标准化票据业务有效降低交易成本。在京东科技线上票据秒贴业务实践中，科技赋能通过降本增效方式为打破传统票据业务中的"三小票据"困境（即小企业持有、小银行承兑、小金额的票据难以流转的难题）提出了解决方案。小微企业由于经营规模小，财务信息不透明，缺乏经营历史业绩，难以对其经营及信用状况做出准确判断，同时其开具、持有的票据往往金额较小，在融资过程中面临"贴现难"的问题。具体而言，在传统票据贴现业务中，由于单笔票据业务贴现成本相对固定，银行等贴现机构基于流动性和人力成本等综合因素考量更偏好大金额票据。而小微企业用票金额多为小额、零散票据，相对较难进入票据二级市场交易融资，长期滞留于小微企业手中，无法充分发挥票据业务的融资功能，增加了小微企业的资金占用负担。另外，受经营能力所限以及相关各类风险事件的影响，地区性中小银行出现了较为明显的避险情节，一般情况下主要服务具有本行授信历史的小微企业。因此，制约了不具有前期授信历史的票据流转，进一步限制了小微企业票据业务的开展。

数字经济下的票据业务如京票秒贴服务，首先，借助线上互联网平台，打破了传统票据业务中的地域限制与信息屏障，为票据业务的需求方与供给方提供双向透明的业务平台。同时，其亦通过大数据精准识别等技术手段，有效识别潜在需求客户，优化了票据业务中供给双方的信息传导过程，有效降低了资金方寻客成本。在疫情影响下，银行网点业务受阻，小微企业难以通过线下网点办理票据业务，完全基于线上的票据贴现业务更显优势。其次，京票秒贴通过科技赋能的手段，利用 OCR 文字识别技术进行智能票面识别，综合利用大数据如工商数据、财税数据、司法数据、对公账户数据、各银行同业授信数据等将票据业务标准化以满足平台中不同银行、合规、风控、准入、签约等流程要求，实现了票据贴现业务办理流程的标准化，显著降低了办理成本。对于大中型企业而言，票据业务往往作为伴随其银行结算、存贷业务的附加品存在，各银行间不同的贴现流程由其专人负责、个案审核，由业务流程的差异引起的业务成本对贴现业务的影响并不显著。而小微企业在各不同银行间，由于潜在风险，要按照最高合规、风控标准操作，同时亦面临业务流程差异化所带来的桎梏。因此，科技赋能下的降本增效，对于小微企业参与票据业务融资具有更为重要的意义。

五　京东供应链金融实践对破解中小企业融资难、融资贵的启示

（一）京东供应链金融"三替代"范式分析

1. 京东零售替代核心企业，构建开放型金融生态体系

传统的供应链金融模式基于一个核心企业扩张到一个集群，主要保护上游供应商和下游经销商，进而形成一种"1+N"的金融服务模式或者"中心—外围"的金融服务模式。在银行体系下，由于银行对核心企业较为熟知，对其生产、经营和服务信息掌握得较为充分，对其上下游的交易、信息、资金和产品或服务等的关联信息也有更多的了解，这为其拓展上下游的金融服务提供了信息支撑。长期以来，供应链金融的风险控制成本和风险系数明显低于单一信贷项目。但是，由于国内具有核心企业功能或地位的机构并不多，同时银行服务覆盖的时间和空间面临硬约束，叠加银行运营成本收益考虑，数量巨大的中小微企业仍难以获得及时、便利、成本相对合理的金融服务，传统供应链金融难以有效覆盖更多的中小企业。

在京东供应链金融模式下，电子商务平台替代核心企业成为供应链金融核心节点。电子商务平台是一个多边市场体系，不同主体以交易行为构建起关联关系，这使得多样化主体替代产业链上下游主体成为供应链金融的需求

方。整体地，基于互联网平台体系的供应链金融或平台型供应链金融相较银行传统供应链金融具有四个重大的差别。一是平台型供应链金融的中介是各式互联网平台，而不是银行，是以新中介模式来提供金融产品和服务，这使得平台型供应链金融具有一定的普惠性。二是平台型供应链金融的需求主要来自互联网平台上的各类微观主体，包括企业和个人，金融需求多样性也要显著强于传统供应链金融，这使得平台型供应链金融具有更显著的生态性。比如，京东体系上不仅有B2B、B2C等典型的供应链金融服务，还有对B端的赊购型消费金融服务。三是平台型供应链金融的行为关联不是基于产业链上下游之间的关联，而是基于各类交易行为之间的关联，产业链属性相对较弱，这使得平台型供应链金融具有更大的开放性。四是平台型供应链金融的交易不受时空的约束，而是跟随交易主体随机分布，这打破了传统银行分地区经营的边界，使得平台型供应链金融具有更大的覆盖面、便利性和开放性，同时也具有一定的普惠性。

2. 数据资产替代抵押担保，实质提高金融服务可得性

传统供应链金融模式是以核心企业关联关系作为风险管控的核心，是以基于产业链上下游的业务及交易关系作为风险控制的基本环节。但是，在给供应链上下游企业提供金融服务时，其仍然坚持以抵押和担保作为风险控制的基本方式。由于中小企业自身经营风险大、过度依赖信贷融资、企业缺乏合格抵押品等，银行供应链金融一直面临风控和合规的硬约束。即使在银行供应链金融服务体系之中，大部分中小企业仍然面临抵押品或担保品不足等"准入门槛"的硬约束，为此，我国银行主导的供应链金融遭遇增长"天花板"困境，一直没有成为银行信贷的主导模式。

平台型供应链金融是基于大量、真实、动态数据作为生态体系交易的基础，在一定程度上，平台集聚的综合数据资产成为平台生态体系微观主体的信用基础，并逐步成为抵押品或担保机制的替代品，大幅降低中小微企业主体的金融服务"准入门槛"，从而提高金融服务可得性。早在2012年11月，京东就初步搭建了基于电商平台的供应链金融服务体系。2014年以来，随着平台生态不断丰富，数据资产持续累积，数字技术与金融业务不断融

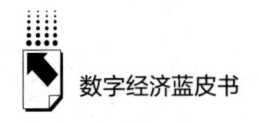

合，京东平台型供应链金融蓬勃发展。京东供应链金融板块将电商交易和金融服务有机结合，依托京东电商体系、物流体系及合作公司积累的行业洞察，相继推出京保贝、京小贷、企业金采、京票秒贴等针对中小企业的多样化平台型供应链金融服务。京东体系下较大部分平台型供应链金融产品可提供无抵押和无担保的信用贷款等服务。比如，针对京东零售内部非自营商户的京小贷，通过京东零售评估融资需求方信用水平，从而给予一定额度信用贷款。京保贝针对京东自营供应商，通过企业的交易行为信息及消费企业对相关产品的评价能够评估出相关企业的信用等级，从而给出服务对象的授信额度和资金成本。

3. 行为数据替代经营数据，降低微观主体违约风险

在传统供应链金融模式下，企业经营数据是银行进行贷后管理的核心依托，但是，企业经营数据具有明显的滞后性，同时还可能存在财务造假等情况，这使得银行贷后管理的压力较大。平台型供应链金融体系中，贷后风险管理主要依靠的是微观主体在平台上的实时交易数据以及交易对手的行为评价数据，这使得金融服务对象的风险管理更加及时、真实和有效。比如，京小贷在风控体系上创新出了"天平模型""浮标模型"等用于商家评价和风控的辅助手段。"天平模型"实现了对不同行业的商家更为统一、公平的准入标准，并可定期测量跟踪商家经营状况的变化；"浮标模型"则是通过预测店铺的季节性销售对资金的需求，用以提前发现商家需求，及时修正贷款额度，并能预测店铺的生命周期，提高贷后预警的可靠性。

（二）京东供应链金融的启示

京东作为数字经济发展的重要参与者，是电子商务平台经济发展的典型代表之一。基于在供应链领域的积淀，京东依托自身研发和多方合作逐步构建起供应链金融体系。在京东供应链金融发展中，京东科技发展出京保贝、企业金采、京小贷、京票秒贴等供应链金融产品，以不同方式和运作流程来满足不同主体的融资需求。经过多年运行，京东供应链金融被证明是可以缓释中小企业融资难题的一种重要的实践方式。特别是基于平台生态体系的技

术和数据赋能，使得体系内的金融服务需求和供给能够有效匹配，提高金融服务的普惠性。

这个平台体系相较传统银行供应链金融有三个重要特征。第一，京东取代核心企业，逐步构建普惠、开放和多元的电商型金融生态体系。第二，基于长期交易数据形成的有效数据资产正发挥出"替代传统抵押品和担保机制"的功能，正实质性地提高金融服务可得性，大大降低中小企业金融服务的准入门槛。第三，基于电商的行为数据、经营数据和其他数据形成了多维数据体系，成为微观主体风险管控的核心支撑，使得微观主体违约的风险保持在较低水平上。京东的先行实践可以为同业机构发展供应链金融业务提供以下启发。

1. 加强智能风控，发展数字资产

对于供应链金融本身，数字化是供应链金融升级的最重要基础。供应链金融的本质是企业授信方式的创新，消除市场上的信用信息不对称现象，从过去"将高信用评级企业的授信转移给上下游企业模式"转换为"技术驱动下的数据授信模式"。究其根本，京东供应链金融的服务创新和产品创新都以其背后的数据和技术为基础，无论是最基础的信用融资，还是后期发展出的订单池融资和应收账款池融资，都基于有效的风险控制才得以顺利运转。下一步要坚持技术驱动，追求风控体系科学性、严谨性和时效性持续精进。

第一，要不断升级数据库，优化数据分析处理模型，提高信息甄别处理的准确性和效率，同时将信息安全作为重中之重，可利用区块链技术对客户信息的录入、传输、审核、评估进行加密处理，将放款前的每个环节进行备案处理，在出现争议时做到有迹可循。第二，要将大数据、云计算、人工智能等先进的互联网技术与风控系统相结合，利用数据挖掘等技术，通过各种合法途径深入掌握了解融资企业的基本情况，对客户企业的资本结构、资信评级、市场前景进行综合评估。第三，供应链金融业务发展的各个环节均要进行风控建设，而非单一将风控建设重点着眼于授信阶段，要在融资流程的贷前、贷中、贷后三个阶段建立相应的风控系统，实行风险控制预警机制，

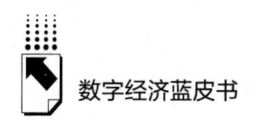

在任何阶段系统发出预警，都能及时对风险做出评估应对。第四，着力构建数字资产系统，将数字资产作为企业获得信用评级以及银行授信等的"替代资产"，可以部分甚至全部替代传统实物资产作为抵押品。

2. 拓展链式合作，强化信息关联

对于传统金融机构而言，要改变当前相对封闭的状态，通过信息化的链式合作，不断缓释信息不对称。当前，中小微企业信用数据缺失导致金融机构很难对其进行信用评估。如果只采用央行征信则略显单薄，而市场化机构通过采集多维度信息、深挖关联企业图谱、捋顺企业与企业关系、企业与人关系、人与人关系，可解决信息不对称问题。因此，市场化征信与政府征信互相补充、交叉验证，能够还原企业真实的全景画像。拥有可靠的征信体系是发展融资业务必不可少的条件，如何发挥企业诚信体系对企业发展的效能成为业内外关注的焦点。

在当前的条件下，京东金融凭借着自有的一套征信体系对中小企业进行评估审核。除了自建风控体系和评价标准，与金融机构、物流企业的密切合作也为业务开展提供了重要保障。对于传统金融机构而言，也应当以开放的心态推进自身与物流企业、平台企业、监管机构的信息共享、业务协同、风险共担。比如，可以通过与证券公司、监管部门的合作，对企业的信息流、资金流进行动态监控和款项追回，有效避免客户非法经营，提供不实信息，减少交易风险；可以与行业协会、政府相关部门协同发展，搜集用户大数据并将数据挖掘、分类、整合，建立起可分享的、能够得到广泛认可的小微企业信用评价体系。

3. 深化内部协同，拓展平台生态

对于互联网企业而言，内部协同与外部合作是企业创新发展的双轮驱动力。通过分析京东供应链金融的产生背景和发展历程可以发现，京东供应链金融的迅速发展主要得益于京东零售的迅速发展、京东平台商户和自营供应商强烈的融资需求、京东供应链金融科技的战略布局。京东科技始终依托京东集团强大的电商体系和物流体系建立供应链上下游企业生态链，这为同样开展电商业务且布局多业务板块的大型互联网公司提供了借鉴。在供应链中发生的交易、信息流、资金流中其实有更多可挖掘、可衍生的中间业务,如财务管理咨询、智能投顾、应收账款清收、电子支付系统、企业征信与风险评估等。未来可以在开拓金融服务版图的同时,加强业务之间的关联,打通各环节之间的资源共享,降低业务成本,这些可行的发展方向也值得同行借鉴。

六 小结

中小企业发展是我国全面建成小康社会的重要基础。但是,随着我国经济发展模式转型逐步深化、国际环境日益复杂,中小企业生存与发展面临内外多重压力,市场预期相对低迷。在金融顺周期效应中,中小企业融资难、融资贵等问题更加凸显,这使得我国中小企业转型升级、服务就业和促进发展等也同样面临重大不确定性。当然,中小企业融资难、融资贵是一个全球普遍性问题,形成原因包括"企业自身基础薄弱、过度依赖信贷融资、金融服务成本较高、缺乏合格抵质押物、金融服务供求错配"等现实约束。在融资需求结构上,中小企业主要是需要流动性资金支持,还有技术升级、模式重组和流程优化等的资金需求,而当前扩张型资金需求被抑制。为此,中小企业融资难题首要的是要解决流动性资金支持的难题。

数字经济蓬勃发展,新兴技术广泛应用,为中小企业融资难题提供了解决方案:一是巨量动态真实数据及其处理为信息不对称这一核心问题提供了信息基础;二是数字技术使得微观主体信用征集及信用评级方式多样化,技术性征信可以作为业务性征信的补充,进而降低微观主体的市场准入门槛;三是基于交易的各类数据特别是行为数据部分替代抵押品或担保机制成为授信的决定性因素,并且授信可以在线自动完成并适时调整;四是在技术支撑之下,各类金融服务可以跨越时空的约束,使得金融供给侧大大优化;五是数字经济发展(特别是大型互联网平台发展)下的平台经济、双边市场或多边市场,使得整个生态较容易实现规模经济和范围经济,从而使得对长尾客户的金融服务在成本上变得可承担;六是多维实时动态数据可以作为风险管理的核心依托,比传统贷后管理更具前瞻性和准确性,能更好地进行风险

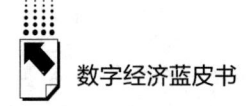

控制。京东发展供应链金融的思路是通过一套组合拳建构企业信用生态平台，利用数据、技术和模式优势解决小微企业融资难题，构建企业端金融的生态基石。

当然，平台型供应链金融的发展也不可避免地存在局限性。一是平台生态性。平台型供应链金融的核心依托是平台，本质是一种再中介模式，平台中介功能和生态体系是否完善是这种模式能否成功的关键，因此，平台生态性是整个业务体系的基础，一旦平台生态被破坏，平台型供应链金融业务就难以独立开展。二是技术可靠性。平台型供应链金融得以实现是由于技术赋能，但是技术应用较难或者难以改变金融的本质，同时技术应用也潜藏技术失败风险，为此要强化平台技术可靠性的保障。三是业务合规性。平台型供应链金融是通过建立平台供给和外部合作的方式来实现的，不管是内部开展还是外部链接的金融服务均涉及金融牌照和业务许可等合规问题。业务的跨界性使得平台往往会忽略金融业务合规的要求。四是模式复制性。平台型供应链金融实践主要体现在京东、淘宝、美团等少数几家平台生态中，而国内超过20家大中型银行也在实践平台型供应链金融，但是成效差异较大。因此，平台型供应链金融是不是一种具有普遍意义的新模式仍然值得观察，或者说平台型供应链金融取得成果的关键因素能否在其他生态体系中得到广泛应用是一个核心问题。如果这种模式只适用于少数几家平台的实践，那么对于中小企业融资难、融资贵的解决仍然是相对有限的。

作为中国金融体系的主导力量，商业银行如何在数字时代更好地服务中小企业，对于中小企业融资难、融资贵问题的解决可能更具决定性。对于商业银行，需要从数字经济发展的历史趋势来调整业务体系，通过完善平台型供应链金融、强化与平台经济融合或发展其他数字驱动范式来构建开放型、数字化金融服务生态体系，特别是以数字资产来部分替代传统抵质押品，有效缓释中小企业融资信息不对称和缺乏抵质押品等难题，更多地满足中小企业"救命钱"、"技术钱"和"发展钱"等层次的金融服务需求，更好地实现需求与供给的匹配，同时实现自身业务拓展、风险管控和服务实体经济的高质量转型。

参考文献

程华、杨云志、王朝阳：《互联网产业链金融业务模式和风险管理研究——基于京东模式的案例分析》，《金融监管研究》2016年第4期。

龚强、班铭媛、张一林：《区块链、企业数字化与供应链金融创新》，《管理世界》2021年第2期。

胡跃飞、黄少卿：《供应链金融：背景、创新与概念界定》，《金融研究》2009年第8期。

黄益平、邱晗：《大科技信贷：一个新的信用风险管理框架》，《管理世界》2021年第2期。

李允尧、刘海运、黄少坚：《平台经济理论研究动态》，《经济学动态》2013年第7期。

林毅夫、孙希芳：《信息、非正规金融与中小企业融资》，《经济研究》2005年第7期。

宋华、陈思洁：《供应链金融的演进与互联网供应链金融：一个理论框架》，《中国人民大学学报》2016年第5期。

宋华、卢强：《什么样的中小企业能够从供应链金融中获益？——基于网络和能力的视角》，《管理世界》2017年第6期。

谢世清、何彬：《国际供应链金融三种典型模式分析》，《经济理论与经济管理》2013年第4期。

易会满：《与小微企业风雨同舟 普惠金融方大有可为》，《中国金融家》2018年第10期。

赵岳、谭之博：《电子商务、银行信贷与中小企业融资——一个基于信息经济学的理论模型》，《经济研究》2012年第7期。

数字赋能篇
Digital Empowerment

B.7
数字经济引领绿色发展的效应、机制与路径选择

何德旭　王振霞　闫冰倩　王 蕾*

摘　要： 自第一次工业革命以来，煤、石油、天然气等化石能源的发现和利用极大地推动了经济社会的发展，同时也带来了严重的环境污染和气候变化问题，尽早实现"碳达峰、碳中和"已经成为保护地球家园的全球共识。随着数字技术（Digital Technology）在生产生活中的创新应用，数字技术对实现碳中和的作用日益受到关注。一方面，以云计算、大数据和物联网等为代表的数字技术有望重塑企业生产流程和能源系统，从而大幅提升能源利用效率，直接助力行业减少碳排放；另一方面，数字技术衍生的新业

---

* 何德旭，研究员，中国社会科学院财经战略研究院院长、中国社会科学院大学商学院院长，主要研究方向为金融制度、货币政策、金融创新、金融安全、金融发展、资本市场、公司融资；王振霞，经济学博士，副研究员，中国社会科学院财经战略研究院研究室主任，主要研究方向为宏观经济学、价格理论；闫冰倩，经济学博士，中国社会科学院财经战略研究院副研究员，主要研究方向为投入产出分析、宏观经济建模分析、全球价值链与环境；王蕾，经济学博士，中国社会科学院工业经济研究所副研究员，主要研究方向为能源效率、能源政策。

态、对经济结构和能源结构的优化以及对消费者生活和消费方式转变的促进，均可间接助力"碳达峰、碳中和"的实现。为了系统研究这个问题，本文首先分析数字设备、数字技术和数字产业发展对能源消费和绿色经济发展的影响机制。其次全面阐述数字经济对绿色发展的途径和有益探索。最后从中国企业的实践出发，总结京东集团的探索及其为数字经济促进行业和地区减排做出的表率作用，以期为未来实现节能减排提供有益的借鉴。

关键词： 数字经济 "双碳"战略 绿色经济 技术进步

第一次工业革命以来，煤、石油、天然气等化石能源的发现和利用极大地推动了经济社会的发展，同时也产生了严重的环境污染和气候变化问题，尽早实现"碳达峰、碳中和"已经成为保护地球家园的全球共识。

根据《联合国气候变化框架公约》（UNFCCC），截至2019年9月，全球已经有60个国家承诺到2050年实现净零碳排放；除美国、印度之外，世界主要经济体均相继做出了减少碳排放的承诺（刘振亚，2021）。中国政府和国家领导人一直高度重视"碳达峰、碳中和"工作，习近平总书记在2020年第75届联合国大会上表示"中国将提高国家自主贡献力度，采取更加有力的政策和措施，二氧化碳排放力争于2030年前达到峰值，争取在2060年前实现碳中和"，2021年中央经济工作会议和"十四五"规划做出了进一步部署。然而，中国的发展不平衡不充分问题仍然突出，面临发展经济、改革和民生等一系列艰巨任务，能源需求和碳排放仍处于上升阶段，尚未完全具备碳达峰条件。但是，我国承诺实现从碳达峰到碳中和的时间，远远短于发达国家所用时间，中国"碳达峰、碳中和"工作仍面临诸多挑战，需要依靠技术手段加以支撑和解决。

随着数字技术（Digital Technology）在生产生活中的创新应用，数字技术对实现碳中和目标的作用日益受到关注。数字技术将信息转化为二进制数字后，由计算机进行运算、加工、存储、传送和还原，从而提高整个社会的信息化、智慧化水平，最终提升资源配置效率（吴张建，2021）。因此，数字技术可以作为解决实现碳中和目标与能源需求上涨矛盾的核心所在。一方面，以云计算、大数据和物联网等为代表的数字技术有望重塑企业生产流程和能源系统，从而大幅提升能源利用效率，直接助力行业减少碳排放；另一方面，数字技术衍生的新业态、对经济结构和能源结构的优化以及促进消费者生活和消费方式的转变，均可间接助力"碳达峰、碳中和"目标的实现。另外，数字技术可以促进能源行业的数字化监测、排放精准计量与预测、规划与实施效率提升，通过构建碳排放交易市场等"补充效应"助力碳排放量的减少。

为了系统研究这个问题，本文将首先分析数字设备、数字技术和数字产业发展对能源消费和绿色经济发展的影响机制，之后全面阐述数字经济对绿色发展的途径和有益探索，最后从中国企业的实践出发，总结京东集团的探索及其为数字经济促进行业和地区减排做出的表率作用，以期为未来实现节能减排提供有益的借鉴。

一 "双碳"战略背景下数字经济引领绿色发展的效应与机制

数字经济对绿色发展的影响是较为复杂的。总体而言，其影响可以概括为三个方面：一是通过数字设备和数字技术改变和影响能源消费和能源效率，从而减少碳排放，实现绿色发展，这是数字经济对绿色发展的主要影响机制；二是数字技术和数字设备通过改变经济结构、经济系统、产业结构和贸易形式，促进生产行为和消费行为的变化，间接促进绿色经济的发展，这是数字经济引领绿色发展的深层方式；三是数字技术通过在碳汇等领域的深度融合，通过构建碳排放交易市场等补充方式，助力减少碳排放，这是数字经济促进绿色发展的有益补充和重要形式。

（一）数字经济和数字技术对绿色发展的效应研究

1. 数字经济和数字技术能源效应的实证研究与相关测算

（1）数字设备和数字技术能源效应的研究综述

在理论研究的基础上，国外很多学者依据相关数据，对ICT为代表的数字技术产生的能源效应进行了实证研究。一种观点认为，ICT等数字技术能够减少能源或电力消费。Romm（2002）在一项关于互联网与美国能源经济的研究中发现，互联网不会导致电力需求的增加，相反它似乎提高了能源效率。Erdmann和Hilty（2010）进行了情景分析，以探讨ICT对温室气体排放的宏观经济影响。在大多数情况下，ICT可以减少温室气体排放。Bernstein和Madlener（2010）分析了1991~2005年8个欧洲国家的ICT资本对欧洲五个制造业（化工、食品、金属、制浆造纸、纺织）的电力强度影响。他们认为"通信技术"对生产具有节电效果，不同行业的节电效果不同。Patrick等（2016）构建了一个涵盖13年、10个经合组织国家和27个行业的综合性跨国跨行业面板数据集，分析了ICT与能源需求的关系。通过对2889个工业部门的观察发现，ICT资本投资显著减少了能源需求；ICT应用与电力需求没有显著相关性，但显著减少了非电力能源需求。也就是说，ICT应用能够降低能源总需求和非电力能源需求。

另一种观点认为，ICT等数字设备能够增加能源或电力消费。Collard等（2005）使用因子需求模型分析了1986~1998年法国六个服务业的ICT与电力使用之间的关系。结果表明，一旦控制了技术进步、价格，电力强度会随着"计算机和软件"的增加而提升，随着"通信设备"的扩散而减少。Cho等（2007）利用logistic增长模型和1991~2003年的数据，分析了ICT投资对工业用电量的影响。他们的研究结果表明，ICT投资除了减少了"初级金属产品"的用电量，还增加了服务业和大多数制造业部门的用电量。Sadorsky（2012）利用动态面板数据模型研究了新兴国家ICT与电力消费之间的关系。结果显示，当使用互联网连接、移动电话或个人电脑数量来作为ICT的工具变量时，ICT与用电量之间存在正相关关系。Salahuddin和Alam

（2015）使用澳大利亚1985~2012年的年度时间序列数据分析了互联网使用和经济增长对电力消费的短期和长期影响，发现互联网使用和经济增长导致长期电力消耗的增加，以及从因特网使用到经济增长和电力消耗之间存在单向因果关系。

（2）ICT等数字设备的直接能源消耗测算

一般认为，ICT电力消费的主要贡献来自三大类ICT产品与信息服务，即消费电子设备、数据中心与通信网络。对ICT电力消费定量研究和测算的文献基本围绕这三类或者其中一类进行。ICT直接能耗测算的主要思路是通过测算平均流量强度来推算总体能耗。估计流量强度有两种测算模型：自上而下（Top-down）模型和自下而上（Down-top）模型。

① 自上而下模型

该模型估计整个网络系统的全部能源使用量。例如，所有数据中心或者互联网通信网络（范围更广一点还包括终端设备）。该模型的思路是，首先，对ICT直接能耗部分进行边界界定。有的研究从全生命周期来测算，除了运行环节的能源消耗，边界拓展到所有设备的制造能耗以及回收处理能耗。其次，对各个环节能耗数据进行调查统计，并进行汇总。再次，对互联网总流量进行估计（这一数据主要来自网络运营商）。最后，将前一数量除以后者产生每个传输数据的平均能耗。

这一模型依赖统计的全面性和数据的可获得性，数据收集通常包括数千个网络站点的数据流量和能量测量，因此研究结论很容易产生相对较大的估计误差。Blazek等（2004）采用Top-down模型测算了2000年美国互联网流量强度。其中，互联网能源消耗量采用美国办公和电信设备总能耗估算，每年约47 TW·h，互联网数据流量使用了明尼苏达州互联网流量研究（MINTS）小组的估算值，每年约348000 TB。计算结果为，1GB的传输平均需要136 kW·h。而Taylor和Koomey（2008）重新估算的流量能耗强度值仅为8.8~24.3 kW·h/GB。Lanzisera等（2012）采用Top-down模型估算2008年美国和世界流量能耗强度，得出美国所有网络设备（除光纤和终端设备）的年耗电量为18 TW·h，世界的年耗电量为50.8 TW·h。流量数据采用了思科2010年的流量数据①，计算出世界平均能源强度为0.4 kW·h/GB。从研究方法来看，上述研究结果的巨大差异主要源于对测算范围的不同界定。

也有一些学者利用自上而下的模型，从数据中心、消费电子设备与通信网络三方面，测算了ICT直接能源消耗，而没有采用先测算特定范围的平均流量能耗强度的"迂回"方法。Corcoran和Andrae（2013）的研究涵盖了ICT产品与设备、通信网络和相关数据中心。他们预测了2013~2017年ICT设备直接用电量变化，发现在最佳案例情景下，ICT直接用电量占全球电力消费总量的比重将从2012年的7.4%下降到2017年的6.9%；而在最糟糕的情况下，ICT用电量比重将从2012年的7.4%上升到12.0%，五年增长62%。这主要是由网络和数据中心基础设施的扩张所导致。Malmodin和Lundén（2018）计算了全球ICT网络（即固定和移动电信网络）的电力消耗，其结论是，2015年全球ICT网络电力消耗量估计为242 TW·h，总量相当于电网总供电量的1.15%。IEA（2017）显示，全球数据中心2014年消耗大约194 TW·h的电力，约占总需求的1%。

② 自下而上模型

该模型是基于一个或多个案例场景，测算特定场景的能源强度值，并且对结果的普遍性加以讨论。研究思路是，对流量类型（包括视频流量、图片流量等）进行分类，设定特定场景（如视频会议），先统计该场景下的总流量以及各环节的能耗，再计算流量能耗强度，并以此结果作为基本参数，推算出总流量能耗。自下而上的数据收集包括用户数据流量测量和来自网络设备数据库的数据。Coroama等（2015）以瑞士和日本之间为期三天的互联网视频传输为案例，测算了从视频开始到结束的整个过程中数据传输系统能耗。系统边界包括网络装置、光纤设备，但不包括终端设备。

③ 研究的比较和对不同结果的解释

从现有研究来看，不同学者对ICT的直接能耗测算结果差异很大，从

---

① 2008年全球流量约为121艾字节（EB），1EB=1024×1024 TB。

136 kW·h/GB 到 0.006 kW·h/GB，有五个数量级的差异。由于各自研究对 ICT 直接能耗边界界定差异以及数据的不确定性和使用方法的不同，很难对这些研究结论进行对比。例如，有的研究计算单位数据流量所消耗能源主要基于对互联网能源消耗数量和互联网流量数。有的研究通过模拟给定数量互联网用户的情景下的网络组件，以一级组件能耗参数来估算。从研究来看，影响测算结果最显著的因素是系统边界的定义。如，Taylor 和 Koomey（2008）、Weber 等（2010）将终端设备（个人计算机、服务器等）纳入系统边界。其他研究则没有考虑。

还有不少研究的系统边界还包括数据中心的制冷能耗、ICT 设备、终端设备的生产能耗以及处置能耗。这部分能源消耗通常被称为内含能源，是 ICT 设备直接能源使用的重要组成部分。Williams（2011）测算，制造环节能耗占笔记本电脑和内存芯片生命周期能耗的一半以上。在更广泛的层面上，Raghavan 和 Ma（2011）估计，整个互联网基础设施内含的能量大致相当于其生命周期内的运营能耗。正是由于这些差异，很多研究结论不具有可比性，这也是 ICT 直接能耗测算没有达成统一的重要原因。

近期，有关云计算能耗的研究也值得关注。贝尔实验室与墨尔本大学 2013 年发布的《无线云的功率》（The Power of Wireless Cloud）指出，随着无线访问网络方式逐渐成为主流，"无线云"，即通过无线接入方式访问数据中心，并且共同构成的云计算生态系统对电力消耗的影响不容忽视。根据报告的测算，2012 年，无线云消耗的电量仅为 9.2 TW·h，到 2015 年会增加到 43 TW·h，增长 367%。其中 90% 的电力消费归于无线接入网络技术，数据中心仅占 9%。

此外，从方法上看，自上而下的模型估计的流量能耗强度往往高于自下而上模型的估计值。差异的主要原因之一也是不同的系统边界以及对路由器和光传输设备的数量和能效假设的差异。

2. 数字技术和数字设备能源效应的典型事实和经济理论

（1）数字设备和数字技术影响能源消费的典型事实

随着信息通信技术（ICT）对社会经济活动的快速渗透，我们正在步入一个"数字化"和"万物互联"（Internet of Everything）社会。无处不在的"人—人"通信（P2P）、"人—机"通信（P2M）、"机—机"通信（M2M或D2D），使社会从"信息爆炸"进入"数据海啸"（Tsunami of data）。目前，全球有将近一半的人口（35亿人）在使用互联网。Gartner公司曾预测，互联网设备数量将从2017年的84亿台增加到2020年的200亿台。但是实际上，2017年全球互联网流量已经达到了创纪录的1.1 Zettabyte，即1.1×10^{21}字节，其中90%的数据是在最近两年产生的。人与人之间的交流和互动越来越多地通过数字平台进行。可以说，过去几十年来，信息通信技术（ICT）的设备和服务已深刻改变了人们的工作、旅行、娱乐和互动方式。与此同时，越来越多的智能电子设备已经融入工业、农业的生产过程，信息通信技术已经在深刻改变生产方式。

在这一背景下，不少机构认为ICT产品与设备的广泛应用必然对能源消费产生重要影响。最直观的就是，基站、网络设备、数据中心等ICT产业基础设施投入的大幅度增加，它提高了能源消费总量。例如，2012年全球通信网络、个人电脑、数据中心三个环节的电力消费份额占比为4.6%，而2009年这一占比为3.9%（Van Heddeghem等，2014）。特别是随着"数据海啸"的到来，ICT基础设施环节引致的能源消费总量还将不断增长。Anders和Tomas（2015）在三种情景下对ICT部门的能源消费和碳排放做了模拟预测，认为在2020年、2030年ICT部门的电力消费占比区间分别为6%~21%、8%~51%。如果剔除可再生能源电力部分，在最悲观情景下，2030年ICT的能源消费量对全球温室气体排放量的贡献约为23%。

ICT的应用对经济的影响是复杂的，对绿色经济的影响也因具有多种路径而存在不确定性。特别是，数字技术与能源消费之间关系的复杂性难以准确估计。这种不确定性客观上决定了ICT对能源消费净效应估计的难度，而且导致了研究结论的不一致。Romm（2002）、Takase和Murota（2004）认为ICT的应用提高了能效，节约了能源消费总量。而Sadorsky（2012）则发现，ICT投资总体上增加了电力消费，但在微观层面提高了能源效率。

研究结论的差异主要因为：一是数字技术应用的复杂性和渗透的可变性

导致研究者对数字技术的界定不一致;二是缺乏关于用户如何与数字技术系统互动的经验数据,很难评估数字技术应用对提高能源效率的能力;三是随着数字技术应用范围的扩大,特别是改变传统生产和消费方式,数字技术对能源消费的潜在影响和不确定性急剧增加。一些案例研究也认为,数字技术和数字设备具有巨大的节能潜力,但这一潜力能否实现并不确定,特别是在反弹和系统效应的研究中,不确定性只会增加。为了验证数字技术和数字设备对能源消费的直接影响,我们首先通过实际数据,描述数字设备与电力消费之间的关系。

① 全球移动流量和人均能源消费、人均电力消费的关系

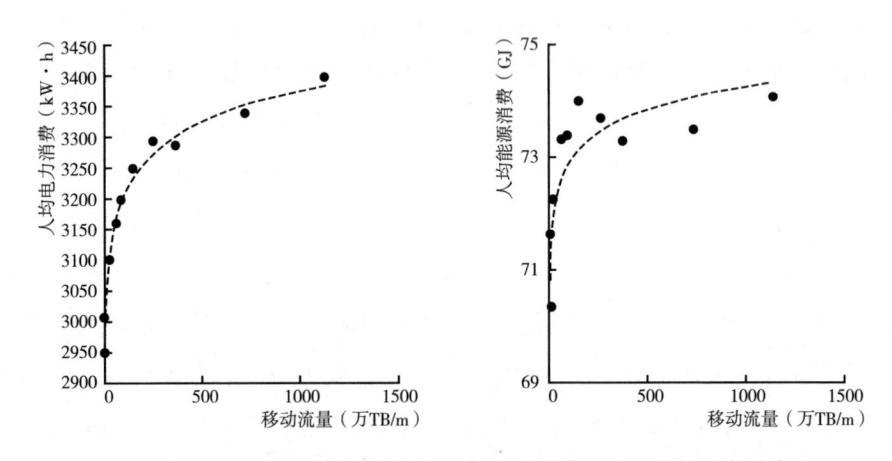

图1为2008~2017年全球移动流量与人均能源消费、人均电力消费散点图。从二次拟合曲线来看,移动流量与人均能源消费、人均电力消费之间总体呈现了正相关关系,且随着流量增加,人均能源消费、人均电力消费在快速增加以后,出现了平稳增长的趋势。

图1 2008~2017年全球移动流量与人均能源消费、人均电力消费散点图

② 分地区移动流量与人均能源消费、人均电力消费的关系

图2~图6分别为北美、欧洲、亚太、拉美、中东和非洲五大地区的移动流量与人均能源消费、人均电力消费散点图。有意思的是,五个地区移动流量与能源消费之间的关系呈现三种特征。一是发达的北美、欧洲,移动流

量与人均能源消费、人均电力消费之间呈负相关关系。二是相对发达的亚太地区，移动流量与人均能源消费、人均电力消费之间呈正相关关系，斜率低于全球总体情况，即在观察期内，移动流量增加的背景下，能源消费没有出现明显的增加。三是拉美、中东和非洲欠发达地区，移动流量与人均能源消费、人均电力消费之间呈正相关关系，即随着流量增加，人均能源消费、人均电力消费在快速增加以后，增长幅度略有下降。

从三类地区不同特点来看，移动流量与人均能源消费、人均电力消费之间并不一定呈现单调的正相关或负相关关系。随着数字经济的发展，未来移动数据流量将呈"海啸式"增长，那么能源消费是像北美、欧洲或者亚太

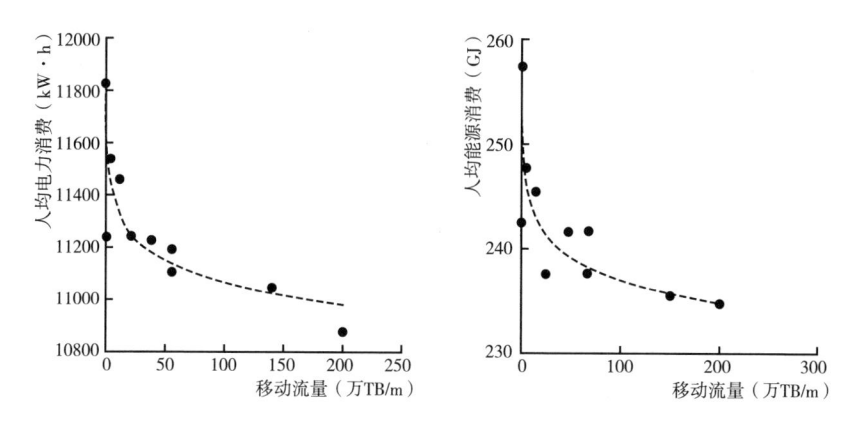

图2 北美地区移动流量与人均能源消费、人均电力消费散点图

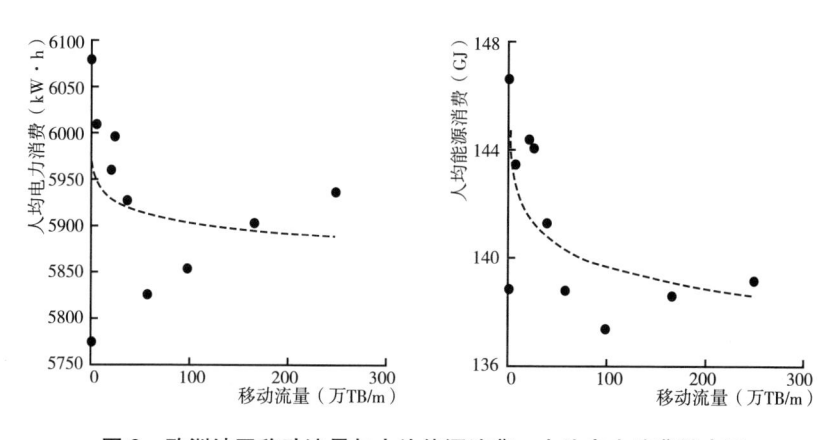

图3 欧洲地区移动流量与人均能源消费、人均电力消费散点图

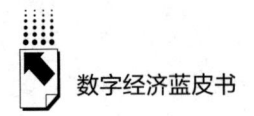

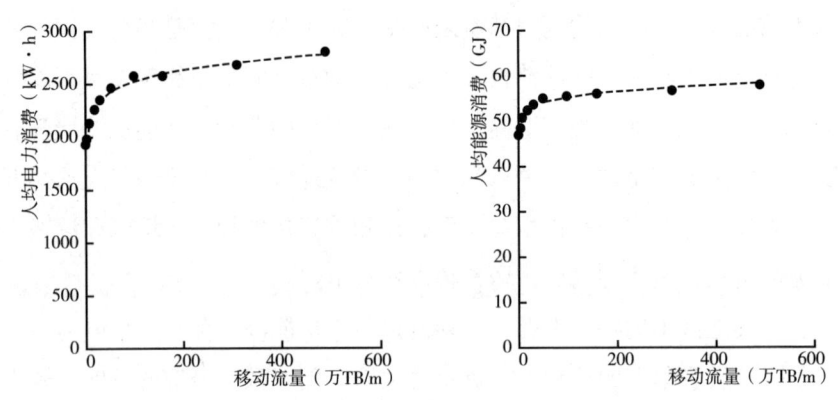

图4 亚太地区移动流量与人均能源消费、人均电力消费散点图

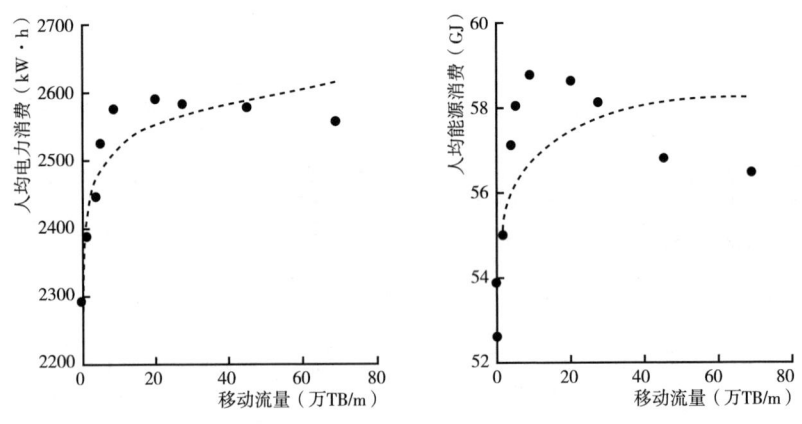

图5 拉美地区移动流量与人均能源消费、人均电力消费散点图

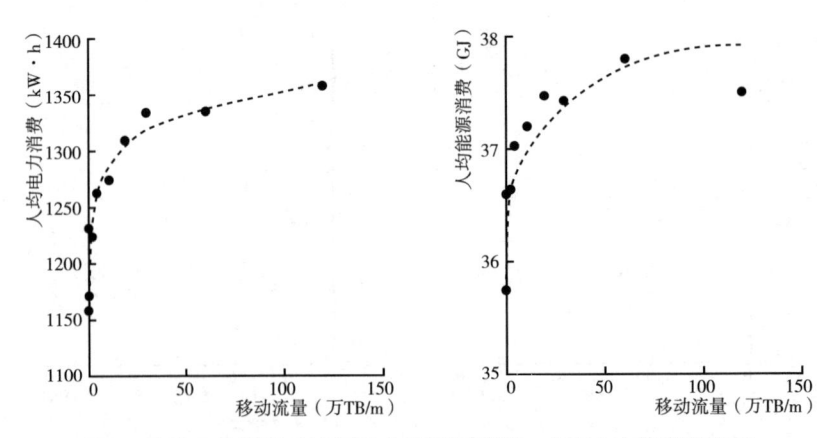

图6 中东和非洲移动流量与人均能源消费、人均电力消费散点图

地区那样下降或小幅上涨,还是像拉美、中东和非洲地区那样继续上涨,这是需要深入研究的问题。

③ 中国移动流量与人均能源消费、人均电力消费的关系

图7为2013年1月~2020年11月中国移动流量与电力消费散点图。两者之间正相关关系较显著。从拟合线不十分陡峭的斜率来看,在中国移动流量高速增长的情况下,电力消费并没有出现快速增长。因此,从现有数据来看,数字经济的高速发展,可能不一定带来电力消费的激增。

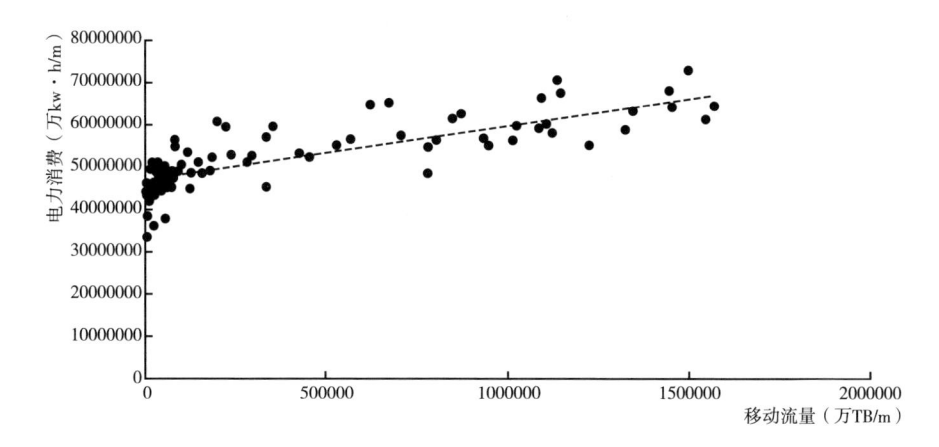

图7 2013年1月~2020年11月中国移动流量与电力消费散点图

在月度数据基础上,我们控制经济增长变量(因缺乏GDP月度统计,我们选择工业GDP环比增速替代,其他变量都为月度环比增速)和季节因素。从回归结果来看,电力消费与移动流量之间呈正相关关系;从回归系数来看,在月度数据基础上,我们控制经济增长变量(因缺乏GDP月度统计,我们选择工业GDP环比增速替代,其他变量都为月度环比增速)和季节因素。从回归结果来看,电力消费与移动流量之间呈正相关关系;从回归系数来看,移动流量弹性小于1,而工业GDP弹性大于1,对电力消费影响更显著。依据上述统计事实,我们认为,从世界情况来看,至少样本考察期内(也是数字经济爆发的时期),数字经济与能源消费之间的关系并非单调的线性关系。在发达经济体,移动流量与能源消费呈负相关关系。在新兴经济

体则呈正相关关系，但能源消费并没有出现大幅度的增长。在相对落后经济体，移动流量与能源消费呈半倒 U 形。从中国的月度数据的实证分析来看，移动流量与电力消费之间呈正相关关系，但是弹性小于 1，即移动流量的"海啸式"增加并没有带来电力消费的同步增加。因此，数字经济的发展可能并不一定增加能源、电力消费。

不仅如此，事实上不少机构和学者在从不同角度证明了 ICT 等数字设备对提高能源效率的重要作用和潜力。他们认为，ICT 能够在生产和消费经济领域提高能源效率（Romm 等，2000；Elliott 等，2012；Laitner 和 Ehrhardt-Martinez，2008；Seidel 和 Ye，2012）。埃森哲的"智能2030"的预测结论显示，到2030年，ICT 的应用具有 20%的温室气体减排潜力。

（2）数字技术和数字设备促进绿色发展的经济学解释

数字技术能否带来能源、电力消费增加，这是一个现实性很强的问题。目前经济学理论对这一问题进行回答主要基于经济增长视角，从理论上抽象数字技术和数字设备与能源消费之间的影响机制，并且通过大量经验研究进行验证。最初研究数字技术与能源消费关系，是在经济增长框架下讨论技术变革影响工业能源需求。这类研究的主要观点是，以 ICT 为代表的数字技术的应用通过提高产业内效率，改善能源利用效率，从而具有节能效应。Wing（2008）解释了美国能源强度下降的原因，将包括 IT 资本在内的五种不同类型的资本资产区分开来。他发现，与产业间结构变化相比，产业内效率改善在解释1980年后能源强度方面发挥了更重要的作用。他将这一现象主要归因于准固定资本投入的调整和非实体的技术变革，其中 ICT 等数字设备是重要的因素。文章还发现，平均而言，能源强度相对于 IT 资本的长期弹性略有下降。

但是，不少学者也认为，数字设备通过提高效率或替代效应减少能源消费产生的节能效应，可能受到反弹效应的制约，预期节能效应被抵消。Borenstein（2014）、Azevedo（2014）和 Gillingham 等（2016）全面介绍了反弹效应类型。反弹通常分为直接反弹效应、间接反弹效应和经济整体反弹效应。

一是直接反弹效应,即能源本身的价格弹性效应。数字技术可能带来消费品价格的下降,从而产生替代效应和收入效应,反而增加消费,推动能源消费量的增加。例如,如果一本电子书比一本传统的书便宜,那么消费者可能会购买更多的电子书。Hilty 等(2009)提出了"小型化悖论"的例子。ICT 进步使得 1990~2005 年瑞士单个移动电话的平均重量减少了 4.4 倍,但是因为用户数量激增,所有电话的总重量增加了 8 倍。较小的设备需要较小的电池,但这种效率提高可能会因为设备数量成倍增加而抵消。

二是间接反弹效应。当一种资源被更有效地利用,并且这种资源生产的商品或服务的价格下降,从而导致其他资源的消费增加时,就会出现间接反弹效应。"从降低效率成本中节省资金使更多的收入用于购买其他产品和服务",从而消耗了更多的其他资源。在电子学习领域,Herring 和 Roy(2002)研究了三种高等教育情景的环境影响。他们的结论是,"与印刷型远程教育相比,由于反弹效应,诸如使用计算机和家庭取暖,电子传输不会导致能源或二氧化碳排放的减少"。

由于大量使用 ICT,之前提到的远程办公也会受到反弹效应的影响。例如,虽然远程办公,但是需要在办公室进行实际工作时,远程工作也会导致更长的通勤时间。因为如果员工知道可以远程工作,可能会决定住在离工作地点更远的地方。又如,在运输方面,Hoogeveen 和 Reijnders(2002)认为,购买力增加对交通运输的间接影响以及自由出行时间对交通运输的反弹效应大大超过了直接能源效率的提高。Hilty 等(2006)认为,当 ICT 应用为运输节省时间或成本时,其实存在明显的反弹效应。例如,ICT 可以帮助司机更快地找到停车位,虽然可以避免浪费汽油,但也使人们使用汽车更加便利而选择驾车出行,从长远来看可能会增加整体交通量。在设法减少运输的 ICT 服务方面,也观察到间接的反弹效应。例如,案例研究表明,丹麦的回弹率最高(73%),虽然每周通勤可以节省 105 km,但额外行驶了 77 km。在荷兰,节省了 98 km,而额外增加了 42 km(因此产生了 43% 的反弹效应)。最低的反弹效应出现在意大利(回弹率 14%,节省 242 km,额外行驶

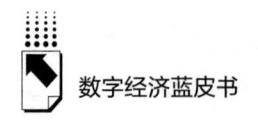

33 km）和德国（回弹率19%，节省283 km，额外行驶53 km）。

三是经济整体反弹效应。当一种关键资源的成本下降导致整个经济的中间产品和最终产品价格下降，并导致生产方式和消费习惯的结构性变化时，就会出现整个经济的反弹效应。不过，对经济整体反弹效应的研究仅见于理论，还没有经验研究去评估这类现象。Sorrell（2009）提出了一个关于ICT引起的经济反弹效应的讨论。文章认为，在一些通用技术导致能源效率提高的情况下，整个经济的反弹效应可能很大。另外，对于经济范围内影响较小的技术，比如专用节能技术，杰维斯（Jevons）悖论似乎不太可能成立。

当前不少机构在担忧数字经济对能源消费、电力消费的冲击。本质上是基于经济整体的反弹效应的判断。他们"坚信"，数字经济将会改变生产方式和消费习惯，会大幅度增加能源与电力消费，所以要增加电力系统的基础设施投资以应对未来电力消费需求。

（二）数字经济引领绿色发展的机制

1. 数字技术助力行业直接减少碳排放

数字技术助力碳排放减少的直接效应体现在两个方面。一方面，环境管制会倒逼数字技术企业进行技术革新，企业通过不断探寻廉价而环保的技术使得竞争力不断提高，最终促进整个行业自身碳排放的降低；另一方面，数字技术直接创新应用于企业生产流程，通过数字化监测等方式助力减少碳排放。

（1）数字企业自身减少碳排放的探索和努力

尽管大部分数字产业的绿色化水平较高，并可有效助力其他产业减少碳排放，但一些数字企业同样是高耗能型，特别是大数据中心和5G基站。例如，2018年我国数据中心的耗电量占社会总用电量的比例达到2.35%，而在美国这一比例超过5%。因此，为助力全社会碳减排目标的实现，数字企业也在不断通过技术创新尽力减少自身的能源消耗和碳排放。例如，谷歌自行研发了高能效制冷系统，将数据中心的能耗量降至行业平均值的一半；阿里云杭州数据中心将服务器浸泡在特殊冷却液中，使得电源使用效率逼近理论极限值 1.0，每年节电 7000 万 kW·h，节约的电力可供西湖周边所有路灯持续亮 8 年。

（2）互联网信息技术与能源行业融合促进减排

将互联网信息技术融合应用于能源生产、储存和使用等环节，实现对能源从供给侧到需求侧的生产、传输、消费等环节的测量、控制和预测，形成能源供给和需求的双向闭环，从而提高能源的利用效率，减少能源行业不必要的浪费，进而减少碳排放。已有研究聚焦于能源互联网的核心概念和框架、系统设计和运行，以及其所涉及的信息技术支持和未来规划，具体内容包括能源产消者、微电网、虚拟电厂、智能电网和能源网络安全框架等（Asmus，2010；Kaur 等，2016；Jordehi，2016；Tuballa 和 Abundo，2016；Sani 等，2019；别朝红等，2017）。以智能电网为例，其以数字化网络为平台，以通信信息为载体，实现发电、输电、变电、配电、用电和调度等的自动化和人机互动。智能电网通过减少电力浪费、降低石油依赖度等直接和间接作用机制，将传统电网的碳足迹至少减少 12%（Pratt 等，2010）。

（3）数字技术与高碳行业融合促进减排

煤炭是我国能源结构中的主要消费能源，其在促进我国经济高速发展的同时，也带来了大规模的温室气体排放和环境污染问题。随着数字技术同煤炭开采生产流程的深度融合，逐渐形成煤炭智能开采格局，可有效降低碳排放（Wang 和 Huang，2017；刘峰等，2021）。例如，物联网技术在煤炭开采过程的应用可以实现实时数据收集、处理和分析，从而通过部署智能设备来减少运营过程中的环境和安全风险（梁文福，2019）。此外，数字孪生技术和 5G 通信技术的应用，可实现无人化、可视化精准勘探、开采和全方位智能监控，从而实现在显著提高开采效率的同时，减少对生态环境的破坏（Dong 等，2020；张帆等，2020）。

（4）数字技术同企业生产和管理环节融合助力减排

根据世界经济论坛和埃森哲咨询公司共同发布的《实现数字化投资回报最大化》，将先进的数字技术融入生产的公司，其生产效率提升幅度高达

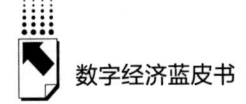

70%，而数字化部署缓慢的公司，其生产效率仅提高了30%。[1] 同时，根据《2019年全球数字化转型收益报告》，部署数字技术平台的企业，其节能降耗幅度最高达85%，平均降幅24%；节约能源成本最高达80%，平均节约28%；二氧化碳（CO_2）足迹优化最高达50%，平均优化20%。[2] 由此可知，数字技术不仅能够大幅提高生产效率、带来收益，更能助力企业减少碳排放。

2. 数字技术助力行业间接减排

本部分将从供给侧和需求侧两个角度梳理数字经济对全社会范围内减排的贡献。在需求侧方面，数字技术可以记录并告知消费者相关消费活动的碳足迹，从而为消费者提供有效的激励引导，促使消费者的行为更为低碳环保。在供给侧方面，数字经济为减排提供重要的技术支撑。总体来看，数字经济可以通过以下三条路径来实现这一点。

（1）数字经济通过改变生活方式来减少碳排放

最终消费实际是温室气体排放的最终驱动因素。联合国环境规划署（2020）基于消费的核算数据发现，全球约2/3的碳排放与居民消费活动有关。对中国的研究同样表明，居民消费导致的碳排放是总碳排放的主要组成部分。例如1992~2007年，我国居民消费产生的二氧化碳占我国碳排放总量的40%以上（Liu等，2011）。因此，改变居民生活方式，促使居民消费结构从高碳密集型产品向低碳密集型产品转变，对减少碳排放具有重要作用，而数字经济将发挥重要价值。一方面，数字经济促使消费方式以及产品形式从线下到线上转型，不仅降低了因出行导致的碳排放，而且能够降低产品生产和消费过程中的碳排放。另一方面，数字经济促使工作方式从线下到线上转型，以远程会议和电子合同替代差旅会议和纸质合同，大大降低了长途旅行和邮寄导致的碳排放（联合国环境规划署，2020）。

（2）数字经济优化生活方式，减少活动中的能耗和碳排放

在交通运输行业，共享汽车和拼车等共享出行方式，通过应用大数据和

---

[1] http://reports.weforum.org/digital-transformation/files/2018/05/201805-DTI-Maximizing-the-Return-on-Digital-Investments.pdf.

[2] https://www.schneider-electric.cn/zh/work/campaign/roi-report/.

人工智能等数字技术,分析出最优出行路线,从而提高出行效率,降低空驶率,最终达到节约能源使用和减少碳排放。现有文献已经证实,尽管共享单车在其生命周期的碳排放比普通单车高出约5倍,但共享单车对私人汽车的替代,使北京交通碳排放减排效果达到5.7%(丁宁等,2018)。伊文婧(2019)研究发现,2017年共享出行的二氧化碳减排量接近2100万吨,预计到2035年,共享出行方式将节约城市客运能耗约20%~28%。许宪春等(2019)同样发现,数字技术在交通运输行业的应用将通过司乘智能匹配、降低空驶率、智慧信号灯以及潮汐车道等方式使得节能减排提升70%~80%。

(3)数字经济通过促进产业和能源结构的数字化转型来降低碳排放

一方面,产业数字化能够通过促进传统产业的生产流程、产业组织的优化重组优化生产流程中能源配置,能够通过提高清洁能源对化石能源的替代等提高传统产业的能源利用效率,从而减少碳排放。另一方面,数字技术促进了计算机、通信和电子设备制造业等先进制造业和信息技术、软件等生产性服务业的发展,而这类产业本身具有较低的碳排放强度,因此这些行业在经济整体占比的提高,将推动产业结构由高碳排放型向低碳排放型转变,从而降低碳排放水平。

3. 数字技术助力行业减少碳排放的补充效应

对于已经排放的二氧化碳,需借助农林碳汇、森林碳汇,使用碳捕集、利用和封存(CCUS),生物质能碳捕集与封存(BECCS),以及直接空气碳捕获(DAC)等负排放技术实现碳中和。对土壤、作物、森林等环境要素进行数字化采集、存储和分析,已成为数字技术在碳汇方面的一大应用。另外,数字技术还广泛应用于碳排放交易市场建设,区块链技术"去中心化、透明安全、不可篡改、信息可溯"的技术特征,可满足能源市场对交易透明性、实时性、数据安全性的需求,助力形成新型分布式能源交易市场,促进碳配额资源的合理配置和我国碳中和目标的实现。

第一,基于物联网、可视化模拟、智能决策等技术建立的数字化森林和海洋资源监测系统,能够实现高实效、高精度资源动态监测,从而实现森林和海洋资源的保护和灾害防护。例如,卫星遥感和地面监测设备可对草原信息进行精准收集，为草原生态恢复和治理提供数据基础，从而助力草原碳汇功能的提升。此外，遥感数据等大数据技术，射频识别、无线传感等物联网技术的应用，可为实现海洋生态保护和灾害防控等目标保驾护航，助力海洋碳汇功能的提升（于海达等，2012）。

第二，区块链技术助力能源市场高效运转和低碳行为的激励。一方面，利用区块链技术不可篡改的记录保管方式，可规避人为错误和恶意篡改，实现分布式的记账存储。另一方面，基于区块链的智能合约可促进确定能源交易及调度规则，统筹交易市场利益主体，从而实现整体的协调优化运行，促进能源合理消纳。另外，区块链技术有助于完善能源市场交易流程，在检查交易双方资格和条件允许后，触发交易合约，开始进行能源调度和传输。在交易各个阶段，政府还可通过参与制定碳中和政策影响交易市场运行。

（三）数字技术应用助力减排的难点和问题

借助数字技术实现碳减排的路径机理和应用研究尚处于初步探索阶段，总体来看，仍需在如下四个方面进一步开展理论和应用探究。

第一，大数据技术、AI 技术和数字孪生技术等在碳汇测量、碳足迹监测等领域的研究和应用尚存不足。在碳排放监测方面，空间、地面和城市等碳排放监测平台仍是割裂的数字化监测平台，并未有效整合形成天地空一体化的整体研究模式（蔡兆男等，2021）。

第二，对能源系统的网络数字化整合相对滞后，借助云计算和云存储来实现能量流供需平衡和高效运转的研究仍有待强化。能源互联网系统在适应和协调整个网络时，仍存在信息融合不协调、高负荷运行时不能及时筛选和处理有用信息等问题（Wang 等，2019）。解决和支撑能源互联网高效运转的研究方向和关键技术仍然是高效计算、模型化简、辅助求解等数字化计算方法。

第三，与碳排放监测方面的应用相比，数字技术在碳汇方面的研究仍有很大的提升空间。不少文献指出了农林和海洋在碳汇方面的巨大作用，但对"可衡量、可报告、可核查"的数字化智能观测和评估体系的构建研究相对缺乏。同时，如何利用大数据技术、AI技术、数字孪生技术等对碳汇存量、形成机理和功能构建更加具体的监测机制，并有效融入能源碳中和网络，也是下一步亟须探究的领域。

第四，以数据中心和比特币为代表的高耗能数字技术将大幅提高能源消费，产生额外的碳足迹，与碳减排目标相背离。Williams（2011）、Hittinger和Jaramillo（2019）等研究表明，智能设备在方便生活的同时，需要大量数据传输和远程处理，而这些均需要数据中心的支持，整个运转过程消耗了大量的能源资源。根据《中国数据中心能耗与可再生能源使用潜力研究》，2018年中国数据中心总耗电大约1600亿kW·h，相当于三峡水电站全年发电量。① 在比特币方面，自其诞生，其高耗能的设计便对能源发展产生了极大的威胁。Jiang等（2021）研究表明，在没有外部政策影响的情况下，预计中国比特币产业将在2024年耗能296.59 TW·h，产生约1.305亿吨碳排放，成为我国实现碳中和目标的一大障碍。

二 "双碳"战略背景下数字经济引领绿色发展的路径选择

综合理论探讨、国际经验借鉴和中国企业的实践探索，我们认为数字技术和数字设备引领绿色发展的路径可以归结为以下三个方面：数字技术和数字设备精准识别和预测减排；数字技术和数字设备促进高碳行业的节能减排；数字技术与数字设备促进产品生产普遍低碳化。

（一）数字技术和数字设备精准识别和预测减排

基于前述战略作用，该部分聚焦大数据技术、人工智能（Artificial Intelligence，AI）、数字孪生技术等在助力工业行业减少碳排放方面的应用。

---

① 绿色和平、华北电力大学：《点亮绿色云端：中国数据中心能耗与可再生能源使用潜力研究》，2019年9月。

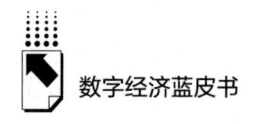

1. 大数据技术促进碳排放精准计量及预测

一方面，大数据技术可对企业用能进行监测和诊断，深入挖掘隐藏信息，提高决策科学性；另一方面，大数据技术可助力实现对各部门经济活动碳排放水平的精准计量和预测，为碳达峰和碳中和工作奠定坚实基础。

（1）大数据技术助力企业进行用能诊断，科学提供综合解决方案

一方面，利用大数据技术对用户行为分析和用户市场细分，助力管理者有针对性地优化营销组织，改善服务模式。另一方面，大数据技术可及时捕捉用户需求，挖掘隐藏在数据背后的关联关系，完善用户需求模型，从而为决策者提供直观、全面、多维的预测数据，助力把握市场动态，提高决策科学性。

（2）大数据技术助力建立能源消耗信息网络，对企业用能和减排工作进行智能支持

通过能源消耗信息网络，可随时查阅企业在各个时间段的用能情况以及设备的节能情况、设备改造情况，进而对企业的耗能行为和能源市场进行细分，分析企业的用能指标，识别企业主要用能环节，对能耗趋势提前预警。

（3）大数据技术实现碳排放的全面精确计量和多情景碳达峰、碳中和的精准预测

借助大数据技术，可以实现日频度、月频度的能源碳排放动态监测核算，实现对不同区域、不同周期的碳排放数据分析，动态跟踪碳排放变动趋势。大数据技术不仅帮助实现了计量分析周期的缩短、计量精度的提高，还降低了计量成本、提高了计量效率（吴振信、石佳，2012）。此外，结合大数据优势分析经济活动发展变化规律，测算多种情景下人类活动和自然界净碳排放的逐年变化，实现对碳达峰、碳中和时间的精准预测（张军莉、刘丽萍，2019）。

2. AI技术促进能源高效调度利用

AI技术可为复杂系统控制和决策问题提供高效解决方案，将AI技术应用于能源行业，有助于实现能源高效调度和利用，从而推动能源清洁生产，实现由高碳排放向低碳排放、由低碳排放向碳中和的转变。

（1）AI 技术推动实现能源精准调度

AI 技术的发展为能源高效智能调度提供了实现路径。如今求解能源调度最优方案的智能算法基于机器学习的 AI 技术，实现了调度的准确性和有效性。例如，在煤炭运输领域，应用智能传输机来识别传输带上的异物、转载点堆煤等情况；在油气储运领域，应用基于 AI 技术的目标监测方法来检测石油管道焊缝缺陷，进而避免石油运输过程中产生的不必要浪费；在电力传输领域，应用机器视觉方法来全程评估输电通道安全状况的实时监控；等等。

（2）AI 技术推动实现能源高效利用

在应用 AI 技术助力实现能源高效利用方面，国内外能源企业做出了诸多创新尝试。在国内，大唐集团有限公司基于先进通信技术和软件架构构建 3D 虚拟电厂，从而实现空间地理位置分散的聚合和协调优化；构建智能控制系统以实现对生产电力过程的实时管控、完成能源储存和合理配置。南方电网广东中山供电局基于智能电网实现调控一体化的精益管理，通过将大数据技术、机器学习、深度学习等技术和电网融合，打造调控一体化智能技术应用示范区。在国外，英国 Grid Edge 公司通过操作 VPN 连接来分析用户的能源消耗数据，以实现能源节约目标并避免超载。日本关西电力株式会社利用机器学习总结分析智能电表数据，基于高精度 AI 算法实现多种模式用电方式的优化。

3. 数字孪生技术推动实现碳排放的精准监测与规划

数字孪生技术实现了真实物理环境向信息空间数字化模型的映射。具体而言，数字孪生技术充分利用设置在真实物理系统各部分的传感器，对物理实体进行分析和建模，将物理实体在不同真实场景中的全生命周期过程映射在虚拟数字空间，从而实现模拟、验证、预测和控制真实物理实体的目标。基于数字孪生技术的这一特性，可建立实时碳足迹追踪与全生命周期的评估体系，从而提升排放驱动因素追踪、减排动态模拟推演、能耗告警检测分析等能力，构建清晰的碳排放监测和规划实现路径。

（1）数字孪生技术助力实现碳排放的精准监测与计量

数字孪生技术在绿色制造、绿色工程建设、绿色智慧城市等领域发挥重要的推动作用，将成为助力实现城市治理数字化转型和碳减排的重要抓手。

国内外在运用数字孪生技术对碳排放精准监测和计量方面做了许多有益的探索。其中，欧美等国家或地区在这方面的研究较为成熟。在欧盟碳交易体系下，德国、法国和捷克等国家或地区利用数字孪生技术构建了新型碳监测系统，实现了实时化、精准化和自动化的碳排放核算。而美国则依托数字孪生技术实现了对本国绝大部分火电机组应用的连续监测，并模拟仿真其全流程运行状态。在中国，各行业工艺流程的不断更新对监管部门提出了更高的要求，需要对碳排放进行更灵活、更精准和更实时的监测。这一背景催生了我国采用数字孪生技术开展碳排放在线监测项目的落地。例如，南方电网基于数字孪生技术创建了可视化监测项目，并形成了一套"指令—标准—运行保障"的数字化运行管控体系，实现了对温室气体的监测管理。

（2）数字孪生技术推动碳减排的精准规划实施

数字孪生技术不仅可将真实物理实体映射到数字空间，更可以基于数字化模型进行模拟推演，构建清晰的碳减排规划路线。一方面，数字孪生技术可基于其所获取企业自身的碳排放、企业所生产产品的碳足迹等信息，分析企业生产产品服务的碳减排潜力。另一方面，数字孪生技术可在碳排放数据分析、碳排放源锁定、碳排放监管和预警等方面发挥重要作用。通过数字孪生技术所构建的数字化模型，可以实时全景模拟仿真能源的生产、供给、交易、消费流程，监测能源供给端和消费端碳排放的全过程，为监管机构建立完整的碳排放监控体系提供坚实支撑，促进实现能源生产过程的在线化和智能化。此外，数字孪生技术可用于分析设定与碳中和目标一致的规划路径。通过将全过程数字链条中的核心业务同碳减排紧密结合，可精准匹配规划目标和行动路径，从而为制定行动方案提供直接参考，不断推动低碳转型和技术创新。例如，数字孪生技术可以实现对工业生产全过程的实时动态跟踪和回溯，全面分析人、机、料、法、环、测等生产过程的关键影响因素，挖掘减少碳排放的"改善源"并提出相应的解决方案。

（二）数字技术和数字设备促进高碳行业的节能减排

当前ICT等数字技术和数字设备已在经济领域广泛渗透，尤其是电子商务、传统产品数字化、远程办公、线上监测和控制四种ICT服务具有广泛的渗透性和覆盖面,正在不断改变传统产业。因此,对这几类服务导致能源消耗进行估算的文献比较丰富。数字设备在高碳行业的应用,是促进绿色发展最重要的路径。

1. 运输部门

从实体零售向电子零售转变改变了产品向消费者的交付方式。由于快递公司优化了运输路线,电子商务可能会使"最后一公里"的运输效率更高。但与此同时,空运代替陆运又增加了能源使用。电子商务还降低了包装密度,相对于集中销售的传统商店模式,电子商务的分散式家庭需要更多的包装(Williams 和 Tagami, 2002)。此外,电子商务使零售商将商品销售半径扩大很多,服务更大的市场,这可能会以牺牲能源效率为代价提高成本效率。大多数电子商务研究集中在这些运输和包装效应上。影响节能效应的关键因素主要有人口密度(与"最后一公里"交付相关)、货运模式、产品退货率、行程分配(多用途行程比例)和包装类型。Matthews 等(2002)研究了电子商务对东京图书零售业能源消费的影响。其结论是电子商务导致了 5 倍的能耗增加。主要原因是人口密度。在高人口密度城市,顾客住在书店0.5 km以内,因此在购物时可能步行或骑自行车。而在电子商务中,快递车取代了步行或骑自行车。因此,电子商务所需的运输能源是传统零售业的 10 倍。

ICT 提高了监测和控制能源消耗过程的频率和精度,从而优化了过程控制。目前对 ICT 应用于运输、建筑和制造部门的节能效应的研究相对较多。这些研究大多集中在能源效率上,并且认为 ICT 的应用提高了能源利用效率(Meyers 等, 2010; Ericsson 等, 2006; Rogers 等, 2013; Brown 等, 2014)。但这些研究不考虑 ICT 使用的直接能源消费,因此节能效应存在高估。

ICT 在运输部门应用广泛。车辆上,实时监控喷油器和节气门等部件,可以提高燃油经济性;联网车辆和道路基础设施传感器可监控交通、优化路线;通过在自适应传动系统控制中利用路线信息,可以节省约10%的燃油,并可实现1%~4%的能源节省;等等。Brown 等(2014)对各种车辆自动化技术进行了全面回顾,并总结了可能产生的 11 种能源效应。Langer 和

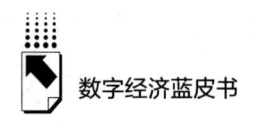

Vaidyanathan（2014）描述了 ICT 支持的"智能货运"能够减少货物运输中能源使用的方式。

2.建筑和制造部门

Romm 等（2000）估计，由于 1997~2007 年 B2C 电子商务应用，零售、仓库和办公场所的运营和建筑能耗可能减少 530 亿 kW·h。实现这一削减机制主要包括收缩、合并或更换实体零售店。Matthews 和 Hendrickson（2002）发现，通过集中库存，物流能源使用出现净减少，其中大部分可能是由 ICT 实现的。

Meyers 等（2010）估计，由于效率低下，美国住宅平均浪费了大约 40%的一次能源消耗。这些浪费中的大部分可以通过 ICT 干预来解决。智能电表技术与显示器相结合，可以提供实时的负荷信息，这会使理性客户减少消耗。建筑能源管理系统（BEMS）可以实现自动化的节能而不依赖人的行为。Rogers 等（2013）估计，到 2035 年，商业和制造业部门的"智能效率"技术每年可减少 370 亿~850 亿美元的能源支出成本。

在制造业中，工业控制系统提高了效率、故障检测和生产率，降低了单位能耗和损耗（Baer 等，2002；Berkhoot 和 Hertin，2004）。由于现代制造工艺已经与 ICT 高度集成，因此很难量化出实际的节能效果。但是，ICT 是节能制造的关键推动因素这一结论得到了一致认可（Bunse 等，2011；Duflou 等，2012）。

ICT 的监测和控制在电力部门也发挥了积极作用，使得需求侧管理（DSM）更加有效。但是许多 DSM 项目只是将使用环节的能耗转移到降低峰值负荷，而不是避免整体能源消费量（Palensky 和 Dietrich，2011）。

（三）数字技术和数字设备促进产品生产普遍低碳化

除了改变实体产品的交付渠道，基于互联网的零售还实现了电子等价物替代某些实体产品，即传统产品的电子化、虚拟化或数字化。例如，电子报纸与印刷报纸、电子书与装订书籍、流媒体音频和视频与 CD 和 DVD 等物理媒体。在商业运营中，电子化可能导致纸质通信和记录的减少。电子化减少了运输、制造、包装和回收。当然，提供虚拟替代品的 ICT 的直接能源消耗会在一定程度上降低节能效应。Gard 和 Keoleian（2002）在六种情景下比较了使用数字期刊和纸质期刊的能源消耗。结果显示，当数字期刊的一篇文章被阅读 1000 次的情况下，数字期刊的能源使用大幅增加。由于每次阅读电子版都会产生 ICT 直接能源消耗，多次阅读会使电子期刊的能源消耗逐步增加，而且会超过阅读纸质期刊。还有一种情景，作者对纸质期刊的复印次数以及往返图书馆的交通做了合理假定，如果读者可以从家里访问数字版时，则节省了 69% 的能源消费。作者的研究更多是模拟对比，旨在考察各种路径的节能效果，并不一定符合现实。

远程工作减少了人们往返通勤能耗，也可能提高办公楼宇利用效率，但是家庭办公可能会增加住宅能耗。许多研究对远程工作节能持乐观态度，而一些研究则更谨慎。从经验研究来看，远程工作的节能效应可能被某些效应抵消，可能是正的，也可能是负的，这取决于参数。最重要的节约动力是远程办公的频率，由于家庭和中央办公室的冗余，不经常远程办公的人可能导致能源使用的净增加，而经常远程办公的人允许更大程度地减少商业消费。

三 中国企业引领绿色发展的探索
——以京东的实践为例

中国数字经济行业在引领绿色发展的道路中进行了很多有益探索，取得了很好的效果，以京东为例，公司通过技术手段，加速自身低碳发展，促进行业绿色转型，引领社会绿色消费。目前，京东绿色数据中心年均 PUE 呈逐年下降趋势。本部分系统总结京东的做法和经验，以为未来的政策制定提供依据。

（一）出台企业低碳发展的具体目标

2020 年 9 月 22 日，国家主席习近平在第 75 届联合国大会一般性辩论上

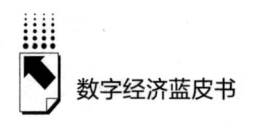

向国际社会做出"碳达峰、碳中和"的郑重承诺，提出中国将力争2030年前达到二氧化碳排放峰值，努力争取2060年前实现碳中和。随后，"碳达峰、碳中和"目标被纳入"十四五"规划建议。

与国家目标相对应，京东物流宣布加入"科学碳目标"倡议，成为国内首家承诺设立科学碳目标的物流企业。京东物流承诺，与2019年相比，到2030年碳排放总量减少50%。

专栏：什么是科学碳目标？

科学碳目标倡议（Science Based Targets initiative，SBTi）由碳信息披露项目（CDP）、联合国全球契约组织（UNGC）、世界资源研究所（WRI）和世界自然基金会（WWF）合作发起，是全球商业气候联盟（WeMean Business Coalition）的组成部分。

企业设定科学碳目标的目的，除了防止气候变化的不利影响，也有助于企业提升研发水平，推动创新；减少能源、环境、碳排放的政策监管风险；强化投资者信心，提升企业信誉；提高盈利能力，增强企业竞争力。

目前，已经有550余家企业设定或承诺设定科学碳目标，约20%为世界500强企业，其中包括全球最知名的品牌，承诺企业市值总和大于10万亿美元。戴尔、惠普、思科、台达电子、沃尔玛、嘉士伯、李维斯、宜家、富士通、港灯电力等知名企业均已设定科学碳目标。

早在2017年，京东物流联合九家品牌共同发起绿色供应链行动——青流计划，目的是通过京东物流与供应链上下游合作，探索在包装、仓储、运输等多个环节实现低碳环保、节能降耗。2018年京东集团宣布全面升级"青流计划"，从聚焦绿色物流领域，升级为整个京东集团可持续发展战略，从关注生态环境扩展到人类可持续发展相关的"环境"（Planet）、"人文社会"（People）和"经济"（Profits）全方位内容，倡议生态链上下游合作伙伴一起联动，以共创美好生活空间、共倡包容人文环境、共促经济科学发展为三大目标，共同建立全球商业社会可持续发展共生生态。2020年7月6

日，京东物流"青流计划"2 推出物流行业首个环保日，进一步推动和落实全供应链环保理念的实践。截至 2020 年 12 月，"青流计划"已影响到超 20 万商家和亿万消费者。

（二）绿色低碳数据中心和绿色供应链体系

京东集团通过低碳设计、绿色采购、能源管理、资源有效利用和废弃物管理，以及日常的绿色运营机制，让数据中心变得更绿色和低碳。京东数据中心应用变频、间接蒸发冷却等节能技术，通过精细化运维管理，年均电源使用效率（PUE）呈逐年下降趋势。2021 年，京东数据中心采用冷机+自然冷却方式，通过板式液冷服务器实现了基础 PUE 小于 1.1。未来，京东数据中心规划利用新型数据中心余热回收技术，为城市综合供热提供绿色清洁的热源。在绿色低碳数据中心建设的基础上，京东还率先实现了绿色供应链体系，实现全产业链减排。

1. 产品绿色采购

京东集团积极践行绿色采购理念，综合考虑产品设计、采购、生产、包装、物流、销售、服务、回收和再利用等多个环节持续提升节能环保表现，优先采购环境友好、节能低耗和易于资源综合利用的原材料、产品和服务。通过《绿色采购管理规定》和绿色采购负面清单制度确保绿色采购制度有效执行。

2. 产品绿色包装

京东物流作为国内首个全面推行绿色包装的物流企业，在包装设计和使用上始终以绿色可持续发展为宗旨，努力推动包装、运输和仓储模式的创新，以影响力带动上下游合作伙伴和消费者一起推动联合国可持续发展目标12——可持续生产和消费模式的实现，不断尝试用多种方法让京东的物流更可循环和低碳。例如，使用可重复使用的循环快递箱，减少一次性纸箱和胶带的使用；使用可折叠保温周转箱储存生鲜产品，不仅可以替代一次性泡沫箱，也能减少一次性冰袋的使用；使用循环中转袋替代一次性编织袋，用循环缠绕网/扎带替代缠绕膜，减少塑料制品的使用；提供可循环的共享物流

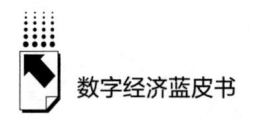

解决方案；依托大数据协同品牌企业，通过商品包装减量化、简约包装、原发包装、B2B循环包装、无纸化作业，在源头上探索新的绿色模式，解决减少一次性包装废弃物的难题等。

3. 商品绿色运输

京东已经开始采用新能源物流车替换传统燃油厢式货车，让物流运输的发展走上"绿色之路"。从 2017~2020 年，京东物流在全国 7 大区、50 多个城市投放新能源车，这一行动每年能减少约 12 万吨的二氧化碳排放。此外，京东在全国建设及引入充电终端数量 1600 多个，更有效地支持新能源物流车辆的充电服务。通过大数据进行实时最优路径规划和仓储网络规划，减少在途车辆，提升返程车辆满载率，优化物流运输效率。

4. 产品绿色仓储

早在 2017 年，京东物流就率先在上海"亚洲一号"智能物流园区布局屋顶分布式光伏发电系统，并在 2018 年正式并网发电。目前，光伏发电已覆盖园区内包括仓内照明、自动分拣、自动打包、自动拣货等多场景作业的用电需求，同时率先进行分布式光伏电站与汽车行业资源整合，探索"汽车+车棚+充电桩+光伏"项目试点，为光伏发电在物流领域的广泛推广应用打造了新样板。2020 年发电量为 253.8 万 kW·h，相当于减少二氧化碳排放量约 2000 吨，节约标准煤约 800 吨。此外，京东还将以西安"亚洲一号"仓作为试点，未来还将在天津、合肥等地新建 150 万平方米仓储屋顶，以建设分布式光伏发电系统。京东"亚洲一号"西安智能产业园获得由北京绿色交易所和华测认证（CTI）颁发的碳中和认证双证书。据深圳华测国际认证有限公司核查，园区通过"绿色基础设施+减碳技术创新"的方式，实现了仓储屋顶分布式光伏发电系统和储能系统的应用，自主中和部分温室气体排放，剩余排放量在北京绿色交易所的支持和指导下，通过购买国家核证自愿减排量 CCER 进行抵消，实现 2021 年度西安智能产业园区的碳中和，成为我国首个"零碳"物流园区。

（三）赋能其他行业和地区，促进共同减排

1. 智能商砼供应链平台

针对陕西省 2018 年商砼（混凝土）产生大量碳排放的问题，京东联手陕西恒盛集团打造了国内首个智能商砼供应链平台，针对商砼物流信息不对称、运输缺乏有效监管等问题，通过 B2B 电商平台、ERP 系统、采购系统、生产系统等，打通智能仓储平台的数据孤岛，形成智能预测、智能预警等核心功能，在一站式商砼解决方案的基础上，实现商砼供应链上下游全环节可视化，实时掌握全盘的商砼需求、调度和运输信息，有效降低混凝土供应链的整体碳排放。

2. AI 火力发电

目前，火力发电依旧是中国的主要发电形式，占中国总发电量 70%以上，而中国每年消费的 35 亿多吨煤炭中有近半数用于火力发电行业。目前我国火电机组的运行控制方面仍然严重依赖运行人员操作经验，系统仅能达到半自动化的运行，存在巨大的控制优化空间。

为了电力能源更加"绿色"，京东科技利用前沿深度强化学习技术，研发了基于 AI 的火力发电锅炉燃烧优化控制系统，对锅炉给煤、配风、水汽多个环节中大量的风门、阀门开度等核心控制量进行动态优化，解决了复杂系统中高维连续控制变量优化的世界性难题。该项目已通过国内南宁、廊坊等地多个电厂及权威机构的验收，开创了 AI 深度强化学习技术在电站锅炉领域应用的先例。2019 年 12 月，AI 火力发电项目入选了第二十五届联合国气候变化大会上发布的中国企业气候行动优秀案例集。

从实施效果来看，锅炉燃烧优化控制指导系统已在国电南宁电厂、国电廊坊电厂等电厂成功落地，实现锅炉热效率提升 0.5%以上。按效率提升量测算，60 万 kW 锅炉提升 0.5%的燃烧效率，可协助电厂减少度电 1.5 克煤耗，每年可节省价值 288 万元的煤炭。目前，京东 AI 火力发电能源优化技术已有 10 个专利局受理专利，并获得 5 项软件著作权。目前，京东集团面向全国 2000 多家电厂推广 AI 火力发电优化技术，预计每年可为国家节省

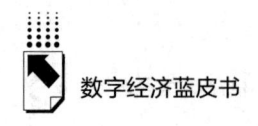

630万吨、价值50亿元的煤炭，帮助减少160万~210万吨二氧化碳排放，节约15亿元的环境污染治理成本，为我国电力行业带来巨大的经济效益、环境效益。

3. 云秸秆焚烧监测系统

2020年6月，京东云基于"AI+5G+大数据+云计算"推出的智能视联网在火灾识别、农林防火等方面发挥重要作用。由于监管难、耗时耗力等问题，全国各地的秸秆焚烧屡禁不止。京东云的24小时无人监控秸秆焚烧监测系统应运而生。该系统以视频监控技术、AI智能分析技术为核心，提供全域监管的高空整体瞭望观测、视频实时监控，热成像测温报警及可见烟火识别报警多模式探测系统，形成"发现—交办—处置—反馈"的全链条监管，实现秸秆焚烧管理的数字化、网络化、智能化。

目前，该系统已落地济南先行区，通过对涉农区进行24小时视频实时监测，结合AI技术对烟火进行识别，再反馈到可视化大屏，可清晰显示出监控点和事件发生的地理位置，实时掌握农区秸秆焚烧的实时动向。值得一提的是，京东云推出的秸秆焚烧监测系统还能够实现快速部署。以此次落地济南为例，京东云在短短两个月内，实现了济南先行区涉农地区的秸秆焚烧监测系统的全面部署和应用。

（四）倡导绿色办公、绿色出行和绿色消费

目前，京东在公司内部推行无纸化办公，减少纸张消耗量。部分办公区域安装使用感应式照明，让节能更智能。日常办公用品的采购优先考虑绿色环保的因素，例如洗手间纸品选用FSC森林认证的供应商和纸品，以减少环境影响。

在倡导绿色生活方面，京东提出，消费者是参与和推动可持续发展的重要驱动力，也是可持续生活方式的践行者。伴随绿色、环保及可持续发展理念的深入，社会消费观念和消费市场需求正在发生变化，并引导行业的发展模式进行绿色变革。2019年，京东携手世界自然基金会（WWF）发起"大熊猫友好型企业联盟"。借助京东平台价值，带动上游的商业合作伙伴结合

熊猫栖息地的农产品开发可持续商品，同时利用可信赖的互联网平台为广大消费者提供丰富、优质、负责任的消费选择。作为引领新消费转型的企业，京东努力通过自身的供应链、生态圈和品牌影响力，提供更多的可持续消费选择，倡导可持续消费的理念和资源循环的生活方式，并推动供应链的绿色、高质量转型变革。

目前，京东已经举办 100 场以上绿色宣传教育活动，倡议数亿消费者参与环保和公益，包括"地球一小时""蔚蓝地球可持续周""绿色包装设计大赛""绿色包装论坛""垃圾分类意识宣传"，以及在马拉松比赛使用循环包装等。通过京东互联网公益平台，京东公益联手京东物流"青流计划"实施了"闲置物资捐赠计划"。借助覆盖全国的物流网络，京东物流携手合作伙伴在 100 余个城市累计回收纸箱 1000 万个，通过回收利用等处理方式减少碳排放量 1.75 万吨。同时，京东公益"物爱相连"平台已让近 400 万件募集而来的闲置物品（包括衣物、玩具、书籍等）以捐赠、再生等形式焕发了新的生命力。

2019 年 6 月 3 日，京东集团宣布，其旗下二手交易平台拍拍与爱回收进行战略合并，京东集团将领投爱回收新一轮超过 5 亿美元的融资和战略整合交易。合并后，京东集团成为爱回收最大的战略股东。2020 年，爱回收集团将其品牌名称升级为"ATRenew"（万物新生）。2020 年及 2021 年第一季度，万物新生集团共交易了约 2360 万和 640 万件消费品，同比增长 48.4%、68.4%。同期，万物新生集团实现的商品交易总额（GMV）分别是 196 亿元、62 亿元，同比增长 60.7%、106.7%。2021 年第一季度，万物新生集团交易的所有消费品中，手机产品占比高达 69.7%，其余为其他电子产品，如笔记本电脑、平板电脑和数码相机、奢侈品、家居用品等。而 CIC 的报告显示，仅统计过去 5 年，国内累积下来具有较高价值的二手电子产品数量就高达 26 亿台。预计到 2025 年，中国二手电子产品（包括手机、平板、笔记本等）交易数量有望达到 5.46 亿台，GMV 更将达到 9673 亿元。

在资源回收等方面，京东物流于 2016 年启动纸箱回收计划，并于 2020 年将回收包装品类扩展至全品类，除纸箱外，还有塑料包装袋、塑料胶带、

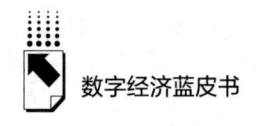

塑料缓冲填充物等。2019~2020年京东物流同宝洁、可口可乐等品牌企业联合开展塑料商品包装回收行动。2019年4月起，北京经济技术开发区荣华街道办事处联合京东生活分类空间站，开启"互联网+源头分类"创新垃圾分类试点工作。针对企业的"垃圾分类"需求，京东企业业务不仅推出了垃圾分类专属场景采购，还可提供定制化的清洁设备，如在垃圾回收设备上印制行业常见垃圾分类标识、说明等内容。为了帮助上海本地企业更好地进行垃圾分类，京东企业业务还针对华东区域企业用户在其专属采购平台上推出了垃圾处理类目专属营销活动。

四 数字经济促进绿色发展的政策建议

在"双碳"战略和目标的指引下，基于国内外数字经济研究的最新进展，并结合国内企业的探索，本文提出，为促进数字经济对绿色发展的作用，未来的政策制定应从以下几个方面入手。

第一，总体规划，顶层设计，切实发挥数字经济对绿色发展的引领作用。将数字经济和数字技术促进绿色经济发展作为国家战略，纳入重点工作领域。对整体格局实施顶层设计，总体规划。重视数字经济领域基础理论研究，更好地促进产学研结合。加强国际交流和合作，在数字经济领域树立中国标准。

第二，重点发挥金融、财政等宏观经济政策的作用，促进数字经济技术对绿色发展的引领。绿色金融是未来金融工作的重点和难点。继续发挥"自下而上"和"自上而下"相结合的方式，探索绿色金融的发展途径。加强理论研究，构建标准体系，保障绿色金融市场健康规范发展。完善制度环境建设，鼓励绿色金融产品和服务创新。提升绿色金融在全球治理中的引领作用。

第三，积极发挥数字技术和手段的重要作用，防范环境和气候风险。运用数字技术的先进性，创新性地开展生态保护红线智能化监管，对自然资源和环境实施数字化的管理，确保生态保护的红线和底线不被突破。总结京东在 AI 火力发电、秸秆燃烧等领域的经验，运用智能化的手段对农业和气候风险实施动态监测，防范气候变化风险。

第四，实现绿色城市发展的数字化转型，改善人们的生活质量。运用数字经济技术和手段改善城市交通、建筑和供暖等方面的设施建设。积极推动新能源汽车、智能家电的使用，倡导合理和健康消费，鼓励绿色出行。通过塑造健康、合理、科学的生活方式改善城市的生态环境。

第五，运用数字经济和技术手段鼓励重点行业的发展，推动产业结构的合理化转型。总结京东在陕西的实践，运用数字技术推动重污染企业的绿色转型。提高制造业的能耗水平，合理减少服务业的能源使用。鼓励重污染企业运用数字技术实现技术改造升级，推动经济高质量发展。

第六，建立健全数字经济推动绿色产业发展的保障机制。建立和完善组织协调、资金保障、人员保障和制度保障等相关机制，全面解决数字经济推动绿色发展中遇到的难题和难点。

参考文献

别朝红、王旭、胡源：《能源互联网规划研究综述及展望》，《中国电机工程学报》2017 年第 22 期。

蔡兆男、成里京、李婷婷等：《碳中和目标下的若干地球系统科学和技术问题分析》，《中国科学院院刊》2021 年第 5 期。

丁宁、杨建新、逯馨华、刘晶茹：《共享单车生命周期评价及对城市交通碳排放的影响——以北京市为例》，《环境科学学报》2018 年第 6 期。

联合国环境规划署：《2020 排放差距报告》，2020。

梁文福：《油田开发智能应用系统建设成果及展望》，《大庆石油地质与开发》2019 年第 5 期。

刘峰、曹文君、张建明等：《我国煤炭工业科技创新进展及"十四五"发展方向》，《煤炭学报》2021 年第 1 期。

刘振亚：《实现碳达峰、碳中和的根本途径》，《电力设备管理》2021 年第 3 期。

绿色和平、华北电力大学：《点亮绿色云端：中国数据中心能耗与可再生能源使用潜力研究》，2019 年 9 月。

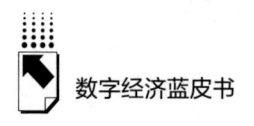

吴张建：《面向碳中和的未来能源发展数字化转型思考》，《能源》2021年第2期。

吴振信、石佳：《基于STIRPAT和GM（1，1）模型的北京能源碳排放影响因素分析及趋势预测》，《中国管理科学》2012年第S2期。

许宪春、任雪、常子豪：《大数据与绿色发展》，《中国工业经济》2019年第4期。

伊文婧：《共享出行对客运交通能耗的影响研究》，《中国能源》2019年第5期。

于海达、杨秀春、徐斌等：《草原植被长势遥感监测研究进展》，《地理科学进展》2012年第7期。

张帆、葛世荣、李闯：《智慧矿山数字孪生技术研究综述》，《煤炭科学技术》2020年第7期。

张军莉、刘丽萍：《国内区域碳排放预测模型应用综述》，《环境科学导刊》2019年第4期。

Aebischer, B., and Hilty, L. M., *The Energy Demand of ICT: A Historical Perspective and Current Methodological Challenges*, ICT Innovations for Sustainability (Cham: Springer, 2015).

Allenby, B., and Unger, D., "Information Technology Impacts on the US Energy Demand Profile", E-Vision 2000: Key Issues that Will Shape Our Energy Future, 2001.

Anders, A., and Tomas, E., "On Global Electricity Usage of Communication Technology: Trends to 2030", *Challenges*, 6 (1), 2015: 117-157.

Asmus, P., "Microgrids, Virtual Power Plants and Our Distributed Energy Future", *The Electricity Journal*, 23 (10), 2010: 72-82.

Azevedo, I. M. L., "Consumer End-use Energy Efficiency and Rebound Effects", *Annual Review of Environment and Resources*, 39, 2014: 393-418.

Baer, W. S., Hassell, S., and Ben, A., *Vollaard. Electricity Requirements for a Digital Society* (Santa Monica: Rand Corporation, 2002).

Berkhout, F., and Hertin, J., "De-materialising and Re-materialising: Digital Technologies and the Environment", *Futures*, 36 (8), 2004: 903-920.

Berkhout, F., and Hertin, J., "Impacts of Information and Communication Technologies on Environmental Sustainability: Speculations and Evidence", Report to the OECD, Brighton 21, 2001.

Berkhout, P. H. G., Muskens, J. C., and Velthuijsen, J. W., "Defining the Rebound Effect", *Energy Policy*, 28 (6-7), 2000: 425-432.

Bernstein, R., and Madlener, R., "Impact of Disaggregated Ict Capital on Electricity Intensity in European Manufacturing", *Applied Economics Letters*, 17 (17), 2010: 1691-1695.

Blazek, M., Chong, H., Loh, W., et al., "Data Centers Revisited: Assessment of the Energy Impact of Retrofits and Technology Trends in a High-density Computing Facility", *Journal of Infrastructure Systems*, 10 (3), 2004: 98-104.

Borenstein, S. , "A Microeconomic Framework for Evaluating Energy Efficiency Rebound and Some Implications", *The Energy Journal*, 36 (1), 2014: 1-21.

Brown, A. , Gonder, J. , and Repac, B. , *An Analysis of Possible Energy Impacts of Automated Vehicles*, Road Vehicle Automation (Cham: Springer, 2014).

Bunse, K. , Vodicka, M. , Schoensleben, P. , et al. , "Integrating Energy Efficiency Performance in Production Management-gap Analysis between Industrial Needs and Scientific Literature", *Journal of Cleaner Production*, 19 (6-7), 2011: 667-679.

Cho, Y. , Lee, J. , and Kim, T. -Y. , "The Impact of ICT Investment and Energy Price on Industrial Electricity Demand: Dynamic Growth Model Approach", *Energy Policy*, 35 (9), 2007: 4730-4738.

Collard, F. , Feve, P. , and Portier, F. , "Electricity Consumption and ICT in the French Service Sector", *Energy Economics*, 27 (3), 2005: 541-550.

Corcoran, P. , and Andrae, A. , "Emerging Trends in Electricity Consumption for Consumer ICT", ResearchGate, 2013.

Coroama, V. C. , Moberg, A. , and Hilty, L. M. , "Dematerialization Through Electronic media?", in Hilty, L. M. , and Aebischer, B. , eds. , *ICT Innovations for Sustainability* (Cham: Springer International Publishing, 2015).

Dong, L. J. , Sun, D. Y. , Han, G. J. , et al. , "Velocity-free Localization of Autonomous Driverless Vehicles in Underground Intelligent Mines", *IEEE Transactions on Vehicular Technology*, 69 (9), 2020: 9292-9303.

Duflou, J. R. , Sutherland, J. W. , Dornfeld, D. , et al. , "Towards Energy and Resource Efficient Manufacturing: A Processes and Systems Approach", *CIRP Annals-Manufacturing Technology*, 61 (2), 2012: 587-609.

Elliott, R. N. , Molina, M. , and Trombley, D. , "A Defining Framework for Intelligent Efficiency", American Council for an Energy-Efficient Economy, 2012.

Erdmann, H. L. , Hilty, L. , Goodman, J. , et al. , "The Future Impact of ICTs on Environmental Sustainability", European Commission Joint Research Centre, 2004.

Erdmann, L. , and Hilty, L. M. , "Scenario Analysis: Exploring the Macroeconomic Impacts of Information and Communication Technologies on Greenhouse Gas Emissions", *Journal of Industrial Ecology*, 14 (5), 2010: 826-843.

Ericsson, E. , Larsson, H. , and Brundell-Freij, K. , "Optimizing Route Choice for Lowest Fuel Consumption-potential Effects of a New Driver Support Tool", *Transportation Research Part C: Emerging Technologies*, 14 (6), 2006: 369-383.

Gard, D. L. , and Keoleian, G. A. , "Digital versus Print: Energy Performance in the Selection and Use of Scholarly Journals", *Journal of Industrial Ecology*, 6 (2), 2002: 115-132.

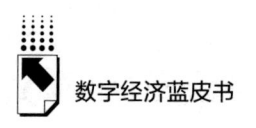

Gillingham, K., Rapson, D., and Wagner, G., "The Rebound Effect and Energy Efficiency Policy", *Review of Environmental Economics and Policy*, 10 (1), 2016: 68-88.

Gongloff, M., "The Financial Crisis Cost more than $14 Trillion: Dallas Fed Study", The Huffington Post, 2013.

Gossart, C., *Rebound Effects and ICT: A Review of the Literature. ICT Innovations for Sustainability* (Cham: Springer, 2015).

Greening, L. A., Greene, D. L., and Difiglio, C., "Energy Efficiency and Consumption—The Rebound Effect—A Survey", *Energy Policy*, 28 (6-7), 2000: 389-401.

Harrington, D., "From First Mile to Last Mile: Global Industrial & Logistics Trends", 2015.

Herring, H., and Roy, R., "Sustainable Services, Electronic Education and the Rebound Effect", *Environmental Impact Assessment Review*, 22 (5), 2002: 525-542.

Hesse, M., "Shipping News: The Implications of Electronic Commerce for Logistics and Freight Transport", *Resources, Conservation and Recycling*, 36 (3), 2002: 211-240.

Hilty, L. M., Arnfalk, P., Erdmann, L., et al., "The Relevance of Information and Communication Technologies for Environmental Sustainability - A Prospective Simulation Study", *Environmental Modelling & Software*, 21 (11), 2006: 1618-1629.

Hilty, L. M., Coroama, V. C., De Eicker, M. O., et al., "The Role of ICT in Energy Consumption and Energy Efficiency", ICT-ENSURE: European ICT Sustainability Research, 2009.

Hittinger, E., and Jaramillo, P., "Internet of Things: Energy Boon or Bane?" *Science*, 364, 2019: 326-328.

Hoogeveen, M. J., and Reijnders, L., "E-commerce, Paper and Energy Use: A Case Study Concerning a Dutch Electronic Computer Retailer", *International Journal of Global Energy Issues*, 18 (2-4), 2002: 294-301.

Horner, N. C., Shehabi, A., and Azevedo, I. L., "Known Unknowns: Indirect Energy Effects of Information and Communication Technology", *Environmental Research Letters*, 11 (10), 2016: 103001.

International Energy Agency (IEA), "Digitalization & Energy", 2017.

Jiang, S. R., Li, Y. Z., Lu, Q. Y., et al., "Policy Assessments for the Carbon Emission Flows and Sustainability of Bitcoin Blockchain Operation in China", *Nature Communications*, 12 (1), 2021: 1938.

Jordehi, A. R., "Allocation of Distributed Generation Units in Electric Power Systems: A Review", *Renewable and Sustainable Energy Reviews*, 56, 2016: 893-905.

Kaeslin, H., *Semiconductor Technology and the Energy Efficiency of ICT. ICT Innovations for Sustainability* (Cham: Springer, 2015).

Kaur, A. , Kaushal, J. , and Basak, P. , "A Review on Microgrid Central Controller", *Renewable and Sustainable Energy Reviews*, 55, 2016: 338-345.

Kawamoto, K. , Koomey, J. G. , Nordman, B. , et al. , "Electricity Used by Office Equipment and Network Equipment in the US", *Energy*, 27 (3), 2002: 255-269.

Kim, J. , Ming, X. , Kahhat, R. , et al. , "Design and Assessment of a Sustainable Networked System in the U. S. : Case Study of Book Delivery System", 2008 IEEE International Symposium on Electronics and the Environment, IEEE, 2008.

Koomey, J. , *Growth in Data Center Electricity Use* 2005 to 2010 (Analytics Press, 2011).

Koomey, J. , Berard, S. , Sanchez, M. , et al. , "Implications of Historical Trends in the Electrical Efficiency of Computing", *IEEE Annals of the History of Computing*, 33 (3), 2010: 46-54.

Koomey, J. G. , "Information Technology and Resource Use: Editor's Introduction to the Special Issue Resource", *Conservation Recycling*, 36, 2002: 169-173.

Koomey, J. G. , "Worldwide Electricity Used in Data Centers", *Environmental Research Letters*, 3 (3), 2008: 034008.

Koomey, J. G. , Matthews, H. S. , and Williams, E. , "Smart Everything: Will Intelligent Systems Reduce Resource Use?" *Annual Review of Environment and Resources*, 38, 2013: 311-343.

Koomey, J. G. , Piette, M. A. , Cramer, M. , et al. , "Efficiency Improvements in US Office Equipment: Expected Policy Impacts and Uncertainties", *Energy Policy*, 24 (12), 1996: 1101-1110.

Laitner, J. A. , Koomey, J. G. , Worrell, E. , et al. , "Re-estimating the Annual Energy Outlook 2000 Forecast Using Updated Assumptions about the Information Economy, Presentation Paper", Annual Conference of American Economic Association, New Orleans, LA, 2001.

Laitner, J. A. "Skip", and Ehrhardt-Martinez, K. , "Information and Communication Technologies: The Power of Productivity (Part I)", *Environmental Quality Management*, 18 (2), 2008: 47-66.

Laitner, J. A. "Skip", "Information Technology and US Energy Consumption: Energy Hog, Productivity Tool, or Both?", *Journal of Industrial Ecology*, 6 (2), 2002: 13-24.

Langer, T. , and Vaidyanathan, S. , "Smart Freight: Applications of Information and Communications Technologies to Freight System Efficiency", American Council for an Energy-Efficient Economy White Paper, 2014.

Lanzisera, S. , Nordman, B. , and Brown, R. E. , "Data Network Equipment Energy Use and Savings Potential in Buildings", *Energy Efficiency*, 5 (2), 2012: 149-162.

Liu, L. -C. , Wu, G. , Wang, J. -N. , et al. , "China's Carbon Emissions from Urban and

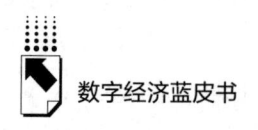

Rural Households during 1992 – 2007", *Journal of Cleaner Production*, 19 (15), 2011: 1754-1762.

Malmodin, J., and Lundén, D., "The Energy and Carbon Footprint of the Global ICT and E&M Sectors 2010 – 2015", *Sustainability*, 10 (9), 2018: 3027-3058.

Malmodin, J., Moberg, A., Lundén, D., et al., "Greenhouse Gas Emissions and Operational Electricity Use in the ICT and Entertainment & Media Sectors", *Journal of Industrial Ecology*, 14 (5), 2010: 770-790.

Masanet, E., Shehabi, A., and Koomey, J., "Characteristics of Low-carbon Data Centres", *Nature Climate Change*, 3 (7), 2013: 627-630.

Matthews, H. S., and Hendrickson, C. T., "The Economic and Environmental Implications of Centralized Stock Keeping", *Journal of Industrial Ecology*, 6 (2), 2002: 71-81.

Matthews, H. S., Hendrickson, C. T., and Soh, D. L., "Environmental and Economic Effects of E-commerce: A Case Study of Book Publishing and Retail Logistics", *Transportation Research Record*, 1763 (1), 2001: 6-12.

Matthews, H. S., Hendrickson, C. T., and Soh, D. L., "The Net Effect: Environmental Implications of E-commerce and Logistics", Proceedings of the 2001 IEEE International Symposium on Electronics and the Environment, 2001 IEEE ISEE (Cat. No. 01CH37190), IEEE, 2001.

Matthews, H. S., Williams, E., Tagami, T., et al., "Energy Implications of Online Book Retailing in the United States and Japan", *Environmental Impact Assessment Review*, 22 (5), 2002: 493-507.

Mayers, K., Koomey, J., Hall, R., et al., "The Carbon Footprint of Games Distribution", *Journal of Industrial Ecology*, 19 (3), 2015: 402-415.

Meyers, R. J., Williams, E. D., and Matthews, H. S., "Scoping the Potential of Monitoring and Control Technologies to Reduce Energy Use in Homes", *Energy and Buildings*, 42 (5), 2010: 563-569.

Mohan, A. M., "E-commerce Packaging Pitfalls & Opportunities", Packaging World, 2014.

Palensky, P., and Dietrich, D., "Demand Side Management: Demand Response, Intelligent Energy Systems, and Smart Loads", *IEEE Transactions on Industrial Informatics*, 7 (3), 2011: 381-388.

Patrick, S., Welsch, H., and Rexhäuser, S., "ICT and the Demand for Energy: Evidence from OECD Countries", *Environmental and Resource Economics*, 63, 2016: 119-146.

Plepys, A., "The Grey Side of ICT", *Environmental Impact Assessment Review*, 22 (5), 2002: 509-523.

Pratt, R. G., Balducci, P. J., Gerkensmeyer, C., et al., "The Smart Grid: An Estimation of the Energy and CO2 Benefits", Oak Ridge: Office of Scientific and Technical Technical Information, 2010.

Raghavan, B., and Ma, J., "The Energy and Emergy of the Internet", Proceedings of the 10th ACM Workshop on Hot Topics in Networks, ACM, 2011.

Rogers, E. A., Elliott, R. N., Kwatra, S., et al., "Intelligent Efficiency: Opportunities, Barriers, and Solutions", American Council for an Energy-Efficient Economy Report, No. E13J, 2013.

Romm, J., "The Internet and the New Energy Economy", *Resources Conservation & Recycling*, 36 (3), 2002: 197-210.

Romm, J., Rosenfeld, A., and Herrmann S., "The Internet Economy and Global Warming: A Scenario of the Impact of E-commerce on Energy and the Environment", Center for Energy and Climate Solutions, Global Environment and Technology Foundation, 1999.

Romm, J., Rosenfeld, A., Herrmann, S., et al., "The Impact of E-commerce on Energy and the Environment", *Strategic Planning for Energy & the Environment*, 20 (2), 2000: 35-41.

Sadorsky, P., "Information Communication Technology and Electricity Consumption in Emerging Economies", *Energy Policy*, 48 (9), 2012: 130-136.

Salahuddin, M., and Alam, K., "Internet Usage, Electricity Consumption and Economic Growth in Australia: A Time Series Evidence", *Telematics & Informatics*, 32 (4), 2015: 862-878.

Sani, A. S., Yuan, D., Jin, J., et al., "Cyber security Framework for Internet of Things-based Energy Internet", *Future Generation Computer Systems*, 93, 2019: 849-859.

Schulte, P., Welsch, H., and Rexhäuser, S., "ICT and the Demand for Energy: Evidence from OECD Countries", *Environmental and Resource Economics*, 63 (1), 2016: 119-146.

Seidel, S., and Ye, J., "Leading by Example: Using Information and Communication Technologies to Achieve Federal Sustainability Goals", Center for Climate and Energy Solutions, 2012.

Shehabi, A., Smith, S., Sartor, D., et al., "United States Data Center Energy Usage Report", Affiliation: Lawrence Berkeley National Laboratory, 2016.

Shorr Packaging Corp, "The Amazon Effect: Impacts on Shipping and Retail", 2015.

Siikavirta, H., Punakivi, M., Kärkkäinen, M., et al., "Effects of E-commerce on Greenhouse Gas Emissions: A Case Study of Grocery Home Delivery in Finland", *Journal of Industrial Ecology*, 6 (2), 2002: 83-97.

Sorrell, S., "Jevons' Paradox Revisited: The Evidence for Backfire from Improved Energy

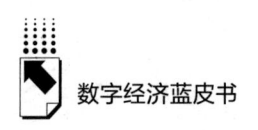

Efficiency", *Energy Policy*, 37 (4), 2009: 1456-1469.

Takase, K., and Murota, Y., "The Impact of IT Investment on Energy: Japan and US Comparison in 2010", *Energy Policy*, 11, 2004: 1291-1301.

Taylor, C., and Koomey, J., "Estimating Energy Use and Greenhouse Gas Emissions of Internet Advertising", Working Paper, ResearchGate, 2008.

Tuballa, M. L., and Abundo, M. L., "A Review of the Development of Smart Grid Technologies", *Renewable and Sustainable Energy Reviews*, 59, 2016: 710-725.

Van Heddeghem, W., Lambert, S., Lannoo, B., et al., "Trends in Worldwide ICT Electricity Consumption from 2007 to 2012", *Computer Communications*, 50, 2014: 64-76.

Wang, J. H., and Huang, Z. H., "The Recent Technological Development of Intelligent Mining in China", *Engineering*, 3 (4), 2017: 439-444.

Wang, Z. H., Xue, M. T,, Wang, Y. T., et al., "Big Data: New Tend to Sustainable Consumption Research", *Journal of Cleaner Production*, 236, 2019: 117499.

Weber, C. L., Hendrickson. C. T., Matthews. H. S., et al., "Life Cycle Comparison of Traditional Retail and E-commerce Logistics for Electronic Products: A Case Study of Buy. Com", 2009 IEEE International Symposium on Sustainable Systems and Technology, IEEE, 2009.

Weber, C. L., Koomey, J. G., and Matthews, H. S., "The Energy and Climate Change Implications of Different Music Delivery Methods", *Journal of Industrial Ecology*, 14 (5), 2010: 754-769.

Williams, E., "Environmental Effects of Information and Communications Technologies", *Nature*, 479, 2011: 354-358.

Williams, E., and Tagami, T., "Energy Use in Sales and Distribution via E-Commerce and Conventional Retail: A Case Study of the Japanese Book Sector", *Journal of Industrial Ecology*, 6 (2), 2002: 99-114.

Wing, I. S., "Explaining the Declining Energy Intensity of the U. S. Economy", *Resource & Energy Economics*, 30 (1), 2008: 21-49.

B.8
数字经济助力乡村振兴：
现实路径、具体实践及政策建议

李勇坚*

摘 要： 数字经济与农业农村经济的融合发展，使我国农村建设迎来新的发展机遇。把握住数字乡村建设的重要战略机遇期，使数字经济充分赋能农业农村建设，对推动乡村振兴战略实施、实现农业农村现代化具有重要意义。本文以新时期农业农村的需求问题为导向，梳理数字乡村发展的政策框架，构建数字乡村发展指标体系，运用现代化的指标考核理念对乡村数字化建设的不平衡、不协调的问题进行量化分析，最后针对数字农业农村发展中存在的问题提出相应的政策建议，从而为有效推进乡村振兴战略提供新的角度和思路。

关键词： 数字经济 乡村振兴 农业农村经济 数字乡村发展指数

一 数字经济助力乡村振兴的时代背景、研究进展与发展基础

（一）数字经济助力乡村振兴的时代背景

乡村振兴是"十四五"期间推动我国城乡包容发展的重要内容。国家

---

* 李勇坚，经济学博士，中国社会科学院财经战略研究院研究员，中国社会科学院大学教授、博士研究生导师，主要研究方向为数字经济、数字乡村。

"十四五"规划明确指出,"走中国特色社会主义乡村振兴道路,全面实施乡村振兴战略……加快农业农村现代化"。我国数字经济快速发展,2020年,我国数字经济规模达39.2万亿元,居全球第二,占GDP的比重为38.6%,数字经济增速达到GDP增速的3倍以上。①数字经济已全面渗透到社会经济生活的各个方面,通过互联网,可以将地理上分散的企业组织连接在一起,从单纯的地理空间进入地理空间与虚拟空间复合叠加的一个新空间。在这个新空间,信息流和资金流通过互联网可以畅通无阻地流动,因此,对破除乡村原有的物理条件限制具有重要意义。因此,加快发展数字经济,推动数字乡村建设,是全面实施乡村振兴战略的重要环节和内容。"十四五"规划明确要求"加快推进数字乡村建设,构建面向农业农村的综合信息服务体系,建立涉农信息普惠服务机制,推动乡村管理服务数字化"。

"数字经济"主要指以使用数字化的知识和信息作为关键生产要素、以现代信息网络作为重要载体、以信息通信技术的有效使用作为效率提升和经济结构优化的重要推动力的一系列经济活动。②联合国《2019年数字经济报告》明确指出,数字经济的蓬勃发展有利于推动经济高质量发展,加快实现可持续发展目标,其统计数据显示,全球ICT(信息通信技术)服务出口额从2005年的1750亿美元增加到2017年的5680亿美元,并提供了近500万个新增就业机会。根据《2021年中国数字经济发展白皮书》数据,2020年中国数字经济的规模已由2005年的2.6万亿元增加到了39.2万亿元,数字经济增加值占GDP比重已达38.6%;数字产业化的增加值达7.5万亿元,产业数字化规模达31.7万亿元,其中农业数字经济渗透率为8.9%。

(二)数字经济助力乡村振兴的研究进展

由于农业生产本身具有地域性、周期性、季节性和农产品需求弹性小等特点,农民虽然占有土地和劳动力两种生产要素,但因缺少相应的原始资本

---

① 中国信息通信研究院:《2021年中国数字经济发展白皮书》,2021年4月。
② 《二十国集团数字经济发展与合作倡议》,2016中国G20杭州峰会,中央网信办官网,2016年9月。

积累和企业家才能、数据信息等其他生产要素，农业部门的发展长期落后于城市部门（张晓山等，2018）。与此同时，信息不对称、金融排斥现象和金融门槛效应的存在，需求方"精英俘获"和供给方"使命漂移"的现实困境（温涛等，2016），农村基础设施不够完善，金融资源和服务供需不匹配（何广文、刘甜，2019；莫媛等，2019）等问题导致农业农村农民的发展受到了很大的制约。而数字经济的可再生性、非竞争性、普惠性和非排他性等优点（Bukht 和 Heeks，2018），以及其所具有的高渗透性、外部经济性和边际效益递增性等特点，能通过融合的方式发挥对其他生产要素进行赋能和增效的作用，实现自我的更新迭代，产生多层叠加效应，从而为解决乡村发展现实问题提供更有效的引领路径和支撑作用。数字经济与乡村振兴的天然契合性，也引起了研究者的关注。一些研究的重点就是关注数字技术在多大程度上导致了城市和农村地区之间经济利益的重新分配（Goldfarb 和 Tucker，2018）。对于这方面的研究，在早期是存在争议的，这是因为互联网发展的早期，无论是应用水平，还是基础设施，都优先在城市区域或发达地区发展，研究发现，网络媒体的主要早期受益者是在城市地区，因为最高质量的在线内容是在城市地区制作的。这可能是 Rosston 等（2011）发现的城市居民支付宽带费用更高的原因之一。然而，另一部分实证研究发现，数字经济发展，对乡村经济社会发展的确有着很大的促进作用。毛宇飞和李烨（2016）将互联网纳入包括人力资本在内的 C-D 生产函数，利用 2002~2013 年省级数据研究发现，互联网和人力资本对农业经济有显著的正向影响，并且对各地区的贡献程度存在一定差异，对于东部的影响作用明显高于中西部地区。范剑勇和陈至奕（2017）将阿里巴巴供应商和工业企业数据相匹配，利用 Relogit 等实证方法发现，集聚水平低的城市以及城市内位于村、镇的企业虽然使用邮箱和网站的概率较低，但是更有动力利用互联网电子商务平台进行展示和销售，其中城乡造成的电子商务倾向差异约 4.5%，人口总量从数据的 20% 分位点上升到 80% 分位点时造成的电子商务倾向差异约 2.4%。Barkley 等（2007）指出，因特网有利于减小农村地区的区位劣势，使其更方便地接近研究、服务与市场。Nath（2013）指出，在印度，57%的电子商务售卖来源于小城镇，其余部分来源于八个都市区。因此，他据此提出，电子商务最重要的一个好处是其具有帮助发展中农村社区"蛙跳"进入知识范式的潜力。针对一些特定地区的实证研究表明，电子商务增加了小微企业（Micro and Small Enterprises，MSE）的竞争力。Goldfarb 和 Tucker (2018) 认为，互联网对城乡差距的作用取决于集聚效应和跨越时空效应，集聚效应使电子商务在大城市地区、发达地区发展更快，而低成本通信可以跨越时空，使乡村地区受益。在任何特定的情况下，总体结果取决于这些力量之间的平衡。一般来说，技术越难使用，集聚效应就越有可能占主导地位。从总体上看，随着数字技术的普及，相关硬件和软件成本的降低以及可获得性的提升，数字经济在乡村地区快速普及，数字经济在整体上将对乡村振兴发挥越来越大的作用。

移动互联网时代的来临，极大地降低了上网的门槛，使网络在乡村地区快速普及。塞勒（2013）指出，移动智能技术对发展中地区的作用远大于对发达国家，能够帮助印度、非洲等发展中地区跳过资本密集型基础设施投入，快速融入当今移动大潮。而发达国家则必须首先替换已有的基础设施才能使用新的移动智能技术，从而处于劣势。对于有些地区，移动终端设备是当地居民第一次看到的真正的基础设施，并且已经因此而受益。而且，移动互联网的费用水平也正在指数级下降。据全球移动通信协会（GSMA）提供的数据，在主要欠发达国家，"中等"水平的流量套餐（600MB 到 2GB）价格在消费者收入中的占比，从 2015 年的 2%~3%下降到了 2017 年的 0.5%~1.0%。从硬件看，一部可以上网的手机的价格已低于 100 美元，在我国，自 2015 年开展"提速降费"行动以来，上网费用也呈现快速下降趋势。尤其是 2020 年下半年以来，随着 5G 建设进程加快，移动网络单位流量平均资费下降 10%。据 GSMA 监测，我国移动通信用户月均支出（ARPU）5.94 美元，低于全球的 11.36 美元平均水平。①

移动化给农村地区带来了新的优势，例如，在很多经济比较落后的地

---

① https://www.gsma.com/.

方，因为娱乐的缺乏，使短视频在农村地区能够后来居上；据快手官方提供的资料，2019年6月22日至2020年6月22日，在快手获得收入的用户数达2570万户，来自贫困地区的用户数达664万户；移动支付、直播电商等新互联网应用，也在农村地区能够快速推广。例如，2020年，通过快手平台直播卖货GMV达到3812亿元，不少来自农村地区。

（三）数字经济助力乡村振兴的发展基础

在前述背景下，我国农村地区互联网快速普及。据中国互联网络信息中心数据，截至2021年6月，我国农村网民规模为2.97亿人，占网民整体的29.4%；城镇网民规模为7.14亿人，较2020年12月增长3404万人，占网民整体的70.6%。我国城镇地区互联网普及率78.3%；农村地区互联网普及率为59.2%，较2020年12月提升3.3个百分点。城乡地区互联网普及率差异缩小4.8个百分点。城乡互联网普及率进一步缩小至19.1个百分点。在非网民中，农村非网民人数占比已下降至50.9%，与城市非网民人数基本接近。[①] 与此同时，乡村"新基建"快速推进，乡村数字基础设施建设持续提速，城乡数字鸿沟明显缩小，"十三五"时期，共有13万个行政村通光纤，并增加了5万个以上的4G基站，到2021年6月，行政村通光纤和4G的比例均超过了99%，农村和城市"同网同速"，年底有望实现未通宽带行政村动态清零。网络硬件的快速普及，使乡村在数字消费、文化娱乐、医疗教育、内容生成等领域的基础条件越来越好，更多的农村居民开始通过这些基础应用而享受到数字技术带来的便利，极大地缩小了乡村地区在数字经济方面的差距，为数字经济助力乡村振兴提供了基础条件。

中央高度重视数字经济推动乡村振兴的相关政策安排。2019年，中央经济工作会议第一次明确提出要大力发展数字经济，着力推动高质量发展。2020年，农业农村部也发布了《数字农业农村发展规划（2019—2025年）》，提出了新时期推进数字农业农村建设的总体思路和发展蓝图。

---

① 中国互联网络信息中心：《第48次中国互联网络发展状况统计报告》，2021年8月。

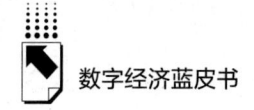

当前，国内已经形成多种实践模式，如以数据和信息为核心要素的精准农业模式、以信息网络为主要载体的订单农业模式、通过技术创新降低交易成本的"三农"金融服务模式、以互联网平台为主要支撑的数字技术全产业链嵌入模式、基于大数据和现代信息技术的农业保险决策管理模式以及以云计算为依托的多位一体智慧农业模式等。由此不难得出初步结论，数字经济与农业农村经济的融合发展不仅能降低信息不对称程度，扩大农业生产规模效应，优化要素流动通道，有效提高资源使用效率，增加劳动力有效供给，降低交易成本，还能提升风险控制效率，提高农民收入、提升农民幸福感、减少贫困发生率、实现创业机会均等化，壮大农业经济发展，推进农业农村现代化转型升级等。然而，目前中国数字乡村建设存在诸如数字基础设施建设单薄、数字人才培育缺乏、数据分享体系以及相关法律法规保障方面还较为薄弱，两者的融合发展也面临不小的挑战。学术界已经初步达成共识，数字乡村发展的根本保障是政府在前期投入的基础设施建设和提供的相关政策支持，客观条件是以数据为生产要素来降低成本和信息不对称程度，外在表现是通过平台经济实现农民的自我"造血"功能，核心功能是由信息技术进步带来经济活动信息化，从而实现两者间的相互促进和互利共赢。

本文以新时期农业农村的需求问题为导向，丰富了数字经济与农业农村经济融合发展的理论与实践，还通过梳理数字乡村发展的政策框架，构建数字乡村发展指标体系，运用现代化的指标考核理念将乡村数字化建设的不平衡不协调问题进行量化分析，最后结合数字农业农村发展存在的问题，提出相应的政策建议，从而为有效推进"乡村振兴战略"提供新角度和新思路。

二 数字经济推动乡村振兴的现实路径

数字经济利用数据作为主要生产要素，是伴随互联网发展而产生的一种新型经济形态，它能解决传统生产要素依赖物理成本的问题。"数字经济"的概念发端于20世纪90年代的美国（杨佩卿，2020）。在农业农村领域，数字技术跨越时空的特点使数字经济能够在某种意义上跨越各个地区因为地理区位、交通条件、基础设施等方面的差距，从而消减其不平衡发展。因此，发展数字经济有利于推动乡村振兴。

（一）数字经济推进乡村生产经营数字化

数字经济涵盖数字产业化、产业数字化、治理数字化。数字产业化，即信息的生产与使用，涉及信息技术的创新、信息产品和信息服务的生产与供给，对应信息产业部门，以及信息技术服务等新业态、新模式；产业数字化，即传统产业部门对信息技术的应用，表现为传统产业通过应用数字技术所带来的产出增加、质量提高及效率提升，其新增产量是数字经济总量的重要组成部分；治理数字化，即将数字技术运用到基本公共服务和社会治理领域，利用数字技术完善治理体系，创新治理模式，优化办事和治理流程，提升治理效率及综合治理能力。数字经济兴起所创造的大量新业态和新型商业模式，冲击了传统产业及传统商业模式。国外的研究表明，信息技术与健康服务业的融合对于健康服务业发展的推进作用体现在改善服务质量、提升生产效率、降低生产成本、增强生产能力等方面。

数字经济以信息通信技术（ICT）的有效使用作为效率提升的重要推动力。现代信息网络和技术是数字经济的重要载体，ICT 的发展有利于通过数字经济平台协调不同机构的决策功能，降低农业所面临的自然和市场双重风险。用创新驱动乡村产业的高质量发展，实现农业农村现代化的规模经济发展。在农业农村领域，主要推动包括农产品上行、农业生产的数字化、乡村旅游等相关产业发展。而且，数字农业将遥感等现代信息技术与传统学科有机结合，实现了对灾害、环境以及农作物长势的定期实时监控。如 20 世纪 70 年代起源于瑞士的社区支持农业（Community Support Agriculture，CSA）也随着数字经济的发展不断创新变化，并且逐渐与数字经济的发展相融合，对农业对象、环境和供产销全过程进行数字化的转型和信息化的管理，通过信息技术建立起不断更新的健康食品经济体系，实现规模经济效益，保障整个社会的可持续性发展。

在生产供给端，数字经济与乡村产业的融合发展能够通过技术的提升降

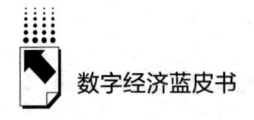

低生产者的成本，提升企业家才能，从而进一步发挥农业的多功能性并提高其生产效率；对于需求端而言，二者的融合发展能有效地缓解信息不对称，提升乡村产业生产效率，形成规模经济，并提高人们的福利水平。

在销售端，由于商业基础设施、交通设施等各个方面的原因，农村地区的特色产品往往面临销售困难。数字经济为农村特色产品的营销提供了一个非常好的渠道，解决了农村特色产品销售困难的问题。同时，利用互联网，农村地区的生产过程还能够全面融入社会生产网络，使生产更有计划性，避免了价格波动给农民带来的巨大损失。农村地区要销售其特色产品面临巨大的交易成本，因为巨大的物理空间障碍，以及对农村地区缺乏足够的了解，都会增加交易成本，使农村地区产品很难在广阔市场中直接销售。信息通信技术的发展和互联网交易的兴起削弱了地理距离所导致的沟通不便，有利于农村、乡镇的企业参与全国市场，地处偏远的企业更有动力使用互联网，尤其是利用互联网进行销售，这符合相关文献中的"距离消亡论"（The Death of Distance），也得到了一些学者的实证验证。Cairncross（2001）认为，信息传输成本的下降会导致"距离死亡"。孤立的个人和公司将能够融入全球经济。农村消费者将能够像其他人一样获得同样的数字产品和服务，将会有全球性的知识传播。Sinai 和 Waldfogel（2004）通过调查数据发现，黑人在线下是少数群体，在网络上却联系得比同等条件下的非黑人更紧密。与此同时，距离书店和服装店更远的居民会更多地通过互联网购买书和服装。这些研究都表明，在互联网的影响下，农村地区的区位劣势正在减小，而这将促进农村地区的发展，从而推动城乡差距缩小。这种距离的消亡理论，对推进数字经济在"三农"领域的应用有着很大的作用。数字经济具有跨越时空的特点，能够有效地消除信息差，部分消除区位差，从而将乡村地区既有资源的价值充分发挥出来，从而推动乡村振兴。

总而言之，数字经济与乡村产业的融合发展不仅能以信息技术激发和延长乡村的产业链和价值链，提供更多的就业机会，还能鼓励更多人返乡创业，满足多元化的市场需求，推动实现新旧动能的转化，这也是中国农业农村现代化的关键所在。

（二）数字经济推进乡村农产品高质量化

国家提出了乡村振兴"产业兴旺、生态宜居、乡风文明、治理有效、生活富裕"的总要求，这其中，产业兴旺具有极其重要的作用。从供给侧看，对乡村产业兴旺而言，推动农业向高端发展，推动农产品向高品质升级，是一个非常有效的措施。从需求侧看，随着国内新中产阶层的崛起，按照人均日收入10~100美元的标准（Kharas，2010），中国2015年已接近3.3亿人，2020年达到5.9亿人，2030年将超过10.4亿人。这些新中产阶层对高品质农产品的需求大幅度提升，为高品质农产品加快发展提供了需求基础。例如，2021年京东"6·18"期间（6月1~10日），高品质农产品加购量超过平时的3倍，这说明高品质农产品的需求正在爆发式增长。

2021年4月30日中共中央政治局会议提出"深化供给侧结构性改革，打通国内大循环、国内国际双循环堵点"。农业高端化、农产品高品质化发展，其中核心要点是需要打通高品质农产品流通过程中的堵点，避免盲目追求低价的价格战，陷入"低质低价"的恶性循环陷阱。而在这个过程中，平台经济特别是电商平台需要发挥更大的作用，尤其是电商平台能够较好地解决优质农产品营销过程中的信息不对称问题，电商平台通过深入供应链，能够确保农产品品质，实现高品质可视化，并利用消费者评价体系等，解决高品质农产品营销过程中的信息不对称问题，从而避免农产品营销过程中的"低质量陷阱"。

电商平台能够集中营销流量，适应农产品营销特点。农产品的营销不同于工业产品，其往往是集中上市，这需要有大量的流量支持，以实现其快速营销。电商平台具有跨越时空的特点，能够在短时间内集中大量需求，为高品质农产品营销提供平台，既能够保证农产品的品质，也能够汇聚更大范围内的优质客户群，从而确保"优质优价"。例如，京东在平台内为各地优质农特产品建立了"特产馆"，这为集中上市的农产品提供了营销机会。

电商平台能够深入优质农产品供应链，确保农产品品质，推动优质农产品一、二、三产业融合发展。优质农产品营销过程中最大的问题是品质如何保证,以及如何解决营销过程中的信息不对称。很多优质农产品的品质非常好,但是在营销过程中容易受物流、仓储等各个方面的影响,使消费者的体验并不太好。通过电商平台,能够利用大数据、人工智能等先进技术嵌入农产品生产过程,确保农产品的生产过程可视化,使优良品质看得见。而电商平台在短链流通、高效仓储物流等方面的综合优势,也有利于确保优质农产品在流通过程中的品质,从而使消费者对优质农产品的消费体验大幅度提升。

农产品品牌的打造需要电商平台协力。农产品品牌化的前提是标准化、区域化、品质化,区域化生产,能够较好地解决保持农产品特色和实现规模经济之间的矛盾,是建立优质农产品品牌的重要途径。对电商平台而言,通过推动优质农产品与消费者对接,为消费者提供更好的消费体验,是推动优质农产品品牌化的重要途径。同时,电商平台还提供了直播、O2O线下体验等多种体验模式,这为优质农产品展示品质、提升品牌提供了更多更好的途径。例如,京东所提出的"农业产业带"模式,为农产品品牌化发展提供了支撑。

从未来发展看,打通高品质农产品流通的堵点,要大力发挥电商平台的作用,通过建立政、企、农、平台多方合作的有效机制,共建供应链体系、运营服务体系、支撑保障体系,打通消费、流通、生产各环节,为产地政府提供一揽子农产品标准化、品质化、品牌化解决方案,从而提升农业产地农产品品质与标准化水平,搭建电商基础设施,提高农村高品质农产品电商销售能力,扩大产地产品品牌影响力,形成高品质农产品高效流通、流通促进农产品品质提升的正反馈循环,这是农业高品质发展的重要途径和方向。

目前,已有不少新型实体企业在助力乡村农产品高品质升级的实践中进行了探索,并取得了不错的成绩,例如京东所提出的"高质量农产品+消费升级正循环"发展路径成为数字经济助力乡村农产品高品质化的新方向。该发展路径通过数字技术使消费者能够享受到更多高品质农产品的同时,还能带来农产品高溢价为农户带来更高的收入,使农户增收真正落到实处。这条"品质越高—消费者越满意—农户收益越高—改善生产—提供更多高品质农产品"的农产品产销和消费升级正向循环,将持续支持农村农业产业兴旺,助力乡村振兴和消费升级。京东依托自身数字发展优势联手各地政府、龙头企业等构建更高效能的产业链条,持续加强品牌市场营销,实现农业品牌建设,成功打造了一批特色高质量农产品品牌,走出一条助力乡村振兴的创新之路。

例如,2019年,京东联合宿迁政府打造了江苏"宿有千香霸王蟹"品牌,在产地源头、品控、包装等措施持续输出,强化产品竞争力。在物流端,京东与宿有千香公司共同建设大闸蟹产地协同仓,双机场、早晚双航班保障运输速度、产品鲜度及重点城市货量。在销售端,京东实行故事营销、广告投放、促销活动等营销资源倾斜,不断吸引消费者关注。构建起霸王蟹产业带从产到销的全链路,加速大闸蟹产品品质升级和产业带集群化发展。2021年"双十一"期间,"宿有千香霸王蟹"消费者好评不断,成交额同比增长400%。这样的数字经济助推高品质农产品产销和消费升级正向循环的案例还有很多,例如贵州修文猕猴桃、库尔勒香梨、阿克苏苹果、福建大黄鱼等,高品质农产品件单价超过农产品整体的2倍,都成为当地乡村振兴的主力收入产业。根据中国贸促会《网络零售促进农村消费研究》,农村居民通过农产品上行业务每增加10000元收入,将带动消费支出增加3582元。在农产品消费的品质化趋势愈加明显的形势下,消费者的购物有保证、农民的收入有增长,"消费者的菜篮子"和"农民的钱袋子"形成了正向循环。同时,网络零售形成促进农村消费的闭环,农产品上行提高了农民收入,增强了农民消费能力,电商也改善了农村的消费环境,增强了农民的消费意愿。

(三)数字经济推进农村生产要素集约化

数字经济时代,一切信息均能够以数字化形式表达、传送和储存,数据成为数字经济最为关键的生产要素和最有价值的新型资源。从微观层面讲,数据资源是企业的核心实力。企业竞争力的核心是产品和服务的创新引领能力,而企业创新的核心则是对用户、环境等各类数据资源的挖掘获取和利用

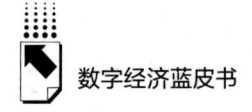

分析能力，目前基于数据的按需生产日益成为现实。数字经济是网络化、智能化发展到一定阶段的必然产物。生产要素的虚实数字化融合是历史必然趋势，是数字化驱动信息科技发展的动力源泉，是社会转型新形态、经济变革新体制、生产力提升高效率的根本保障。

在数字经济时代，数据、知识、信息等新型生产要素取代了资本和劳动力，成为决定产业结构竞争力强弱的关键力量；知识、数据等创造价值比例持续增加，经济形态向知识型、智能型转变，财富被重新定义，其数量由支配信息、知识和智力的能力决定。智能技术使现代经济活动更趋智慧、灵活与敏捷，并已成为驱动技术创新和商业创新的核心因素。知识、智能不仅能够改变生活场景，使人类的生活更加舒适，而且能改变工作场景，"人机共事"将成为未来社会的常态。数字技术发展有利于农村集聚资金、人才等多方面的生产资源。

（四）数字经济推动乡村商业模式平台化

平台经济成为数字经济的主流商业模式。与工业经济时代的垄断型企业不同，平台经济具有生态协作、开放共享、普惠包容等特性。以众创众筹、开放共享为主导模式的平台，通过极低的成本整合碎片化资源，促使资源使用权高效流动，资源的使用权和所有权加速分离，推动了"使用而非占有""使用价值重于价值"等观念的普遍接受，完成了碎片化资源随时随地按需优化配置。加之共享经济的快速普及，使"大众广泛参与、碎片资源共享、生产消费一体"的核心价值深入人心，为中小企业的创新发展孕育了土壤，推动了数字经济的永续增长与持续发展。

发展融合互联网和电子商务的平台经济，通过促进供给端和需求端的结构匹配，改善传统的资源利用模式，打破以往产业间的边界，进一步降低市场的交易成本，促进实体经济的发展并推动经济效率的变革和提升，有助于加快培育新动能，推动经济实现高质量发展，即数字经济与乡村产业的融合发展。通过数据这一新型生产要素让农产品的供产销环节更加信息化、透明化，并将产业链前后的产业生产经营者、涉农企业、监管机构和消费人群等主体有效连接，有利于保障产业安全和食品安全。国内外大量的研究表明，数字经济通过搭建电子商务交易平台，能够有效地提高消费者搜索次数、降低市场搜寻成本，为消费者提供差异化、个性化的需求产品，从而最大限度地增加消费者剩余；同时，也能够正向影响劳动生产率、土地生产率和全要素生产率，使得农户收入有明显提升，有效培育企业家精神，提高信息可获得性，促进创新创业发展，推动社会进步。中国商务部和中国互联网络信息中心的数据也显示，截至2020年底，农村网络零售额由2014年的1800亿元增长到2020年的1.79万亿元，规模总体扩大8.94倍。2019年全国农产品网络零售额达到3975亿元，同比增长27%，带动300多万名贫困农民增收，并吸引了一大批农民工、大学生和转业军人返乡创业。

平台化有利于乡村个体参与数字经济领域。很多发展不平衡问题是个人天赋、出生环境等因素造成的，而数字经济的发展，降低了就业与创业的门槛，给很多弱势群体带来了大量的机遇，这可能为人际发展不平衡带来积极影响。例如，《2016年世界发展报告：数字红利》[①] 指出，数字技术的广泛应用，给许多人的生活带来了更多选择与便利。通过包容、效率和创新，数字技术为贫困及弱势人口提供了以前无法企及的机会。例如，肯尼亚推出数字支付系统M-Pesa后，汇款费用降低了90%。新技术为女性进入劳动力市场提供了便利，女性可以成为电子商务创业者，可以从事网络工作，或参与业务流程外包工作。全球有10亿名残障人士，其中80%生活在发展中国家，借助文本、声音和视频通信，他们可以生活得更富成效。全球24亿人没有正规身份文件，如出生证，而数字身份证系统可以帮助他们获得更多公共、私营服务。电子商务的发展，给很多人带来了自主创业自营职业的机会，这对发展极其有利。《2016年世界发展报告：数字红利》进一步指出，在数字经济中，自主创业、自营职业的新机会也在快速涌现。互联网降低交易成本，为难以找到工作或生产性投入的人带来更多机会。女性、残障人士和边远居民都能受益，包容性由此得到提高。外包业务把互联网工作提供给贫穷

---

① http://www.worldbank.org/wdr2016.

和弱势人口。印度喀拉拉邦政府推出了 Kudumbashree 项目,把信息技术服务工作外包给贫困家庭女性合作社,其中 90%的女性以前没有参与过家庭以外的工作。Samasource 和 Rural Shores 帮助美国、英国的客户与加纳、海地、印度、肯尼亚和乌干达的劳动者建立联系。Elance 自由职业者平台是 Upwork 的一部分,在平台上工作的全球网上劳动者有 44%是女性,许多人希望能平衡工作和家庭生活。根据对网上劳动者调查的反馈,网上工作最大的好处是可以在家工作,灵活掌握时间。电子商务的这些特征,降低了弱势群体的创业就业门槛,使其在发展过程中能够部分解决因就业不平衡而带来的发展不平衡问题。

由此不难看出,互联网和电子商务能通过降低信息不对称的程度,降低市场主体之间信息传递以及搜寻的成本,尤其是电子商务和乡村产业的融合发展有利于引领重塑产业结构,有利于联通乡村产业链的上、中、下游发展,并拉动消费内需。与此同时,农村电商物流不断加快"工业品下乡、农产品进城"的趋势,有利于进一步消除城乡二元结构,促进城乡融合发展,有利于推动各地淘宝县(村)的发展,促进县域传统农业的数字化转型升级,推动农村一、二、三产业融合发展,并且能有效促进和巩固提升精准扶贫的成效,避免脱贫又返贫的风险。

(五)数字经济推进乡村金融发展科技化

长期以来,中国农村金融的发展受限于产业的有效支撑,同时缺乏内在动力的金融服务体系又造成城乡二元经济结构依旧存在,而这又抑制了乡村产业的有效发展,虽然在政府和各行为主体的多方联合和努力下,乡村产业发展取得了一定的进展,但目前乡村产业发展最大的短板依旧在于金融体系对其支持不够充分。金融科技是以数字经济中的信息技术为主要驱动力,具有显著的包容和普惠效应,能够有效缓解以往涉农金融体系中的信息不对称问题,平衡金融公益性和商业可盈利性不可兼容的问题,能够有效扩大金融服务在农业农村中的覆盖率,遏制传统的"金融排斥"现象。通过利用数字金融创新的方式不仅能降低风险和优化资源配置,而且能提高乡村产业的效益，优化其生产规模，所以现阶段亟须加强农村金融改革与乡村产业优化的良性互动。

2019年12月召开的中央经济会议提出："必须从系统论出发，优化经济治理方式，加强全局观念，在多重目标中寻求动态平衡。"作为数字经济发展中最活跃的部分，金融科技将带来革命性的变革，为金融服务乡村产业注入新的血液，从而促进各类生产要素与本土生产要素进行融合发展。如国家级普惠金融改革试验区河南兰考县，通过实践探索形成了"一平台四体系"模式，有力推动了县域经济平稳快速发展，有效解决了传统金融所面临的成本高、效率低和风险控制难等问题，并通过金融科技的不断完善和助力，将普惠金融贷款用于生产性用途，进一步对当地现代农业实施产业发展奖补，充分发挥了数字普惠金融对乡村振兴的支撑作用，不断促进乡村产业的发展壮大。

促进完善电子支付体系，积累信用资本，减小金融发展不平衡。农村地区金融发展落后，其中一个重要的原因是农村地区缺乏足够的金融数据积累，现有的金融机构无法对"三农"领域的企业或个体做出准确的信用风险评估。电子商务通过网络实现网上信息流、物流和资金流的统一。电子支付体系成为支撑电子商务发展必不可少的条件。通过电子商务的发展，可以将农村地区的生产、生活等支付实现电子化，从而能够积累更多的数据，为金融机构提供服务打下良好的基础。而且，互联网本身会促进金融创新，能够创新出更适合"三农"领域的金融产品，从而为农村地区提供更为丰富多样的金融服务。

互联网通过为农村地区或者弱势群体积累更多的与金融相关的数据，从而为他们积累信用资本打下基础，为其获得金融服务提供更多的助力。信用在社会经济中的作用及其维系机制，是一个渐进过程。在自然经济时代，信用是道德化的，信用依赖道德来维系，信用也直接决定了个人在集体中的道德评价。到商品经济时代，信用是商品化的，通过建立基于个人现有信息的模型，可以将信用变成一种资产。在互联网时代，信用将实现资本化，为其获得金融服务打下基础。更进一步说，农村地区互联网化之后，信用资本化实际上包含着多重含义。首先，信用的评估不但基于现状的信息，更重要的是，信用能够决定一个人未来的收益。也就是说，信用相当于一种资本。这是因为在互联网时代，大数据能把个人整个生活场景暴露出来，如果缺乏信用，则个体无法在整个生活场景中继续生活下去。其次，信用决定了个体的交往过程。这是因为在web 2.0时代，交往日益生活化，交往成为一种生活方式。在这种状况下，没有信用就难以和他人交往下去。信用还决定了个人的交往生活情况。贫困地区、弱势人群大部分是因为缺乏相应的信用记录而无法获得金融支持。而互联网依靠大数据技术，再加上电子商务与积累的数据，能够帮助农村人群获得信用资本。在获得信用资本之后，农村地区人群不但能够获得金融支持，也能为其获得更大的发展空间打下基础。

（六）数字经济推进乡村生态环境宜居化

当前，农村基础设施建设水平较低，农村区域难以完全消纳生产、生活废弃物，人居环境不断恶化。此外，乡村养殖产业发展迅速的同时也给环境带来了问题，养殖设施陈旧造成了居住环境的局部恶化，病死畜禽处理的有害化以及水产精准饲喂技术缺失造成的水体富营养化都导致了生态与环境的冲突。农村人居环境现状已难以满足村民生产生活的实际需求，农村人居环境落后是城乡发展不均衡的突出表现，进一步影响农业农村现代化发展。改善农村人居环境是"美丽乡村"建设的重要内容。实现提高"美丽乡村"建设水平的目标，具体路径主要有以下两个方面。第一，农业生产方式绿色化。基于物联网的发展可以实现农业生产过程的透明化，协助农业生产过程中对肥料、化肥、农药等生产要素的精细化操作，用精准化生产代替传统的粗放式生产，保护农村生态环境。基于互联网的信息共享与"锁定效应"倒逼农户采纳绿色生产技术，为绿色农产品质量安全提供保障。第二，乡村环保智慧化。根据数字化监测平台对农村污染物的实施监测，有关部门应选择科学的农村生活垃圾、污水治理模式，借助新一代物联网和移动互联网基础，加强畜禽养殖资源化利用和污染防治，加强农业面源污染治理，提高乡村生态环境整治的信息化水平。

短视频、直播等流媒体的兴起,又为乡村地区将生态资源转化为经济资源提供了助力,这进一步带动了乡村文化旅游产业的发展,从而形成了生态资源—经济资源的良性循环。很多乡村地区具有原生态的旅游资源、丰富的文化旅游产品,但是由于这些区域信息闭塞,并没有得到很好的传播。通过流媒体,能够对这些地区的文化旅游产品起到很好的传播作用,从而推动其文化旅游业发展,让"颜值"转化为经济发展"市值",实现区域文化旅游产业大发展,并带动当地特色产品的营销。例如,2018年字节跳动推出"山里DOU是好风光"文旅扶贫项目。截至2019年12月底,字节跳动帮助152个国家级贫困县美景好物"走出"大山;带动超过10万贫困人口实现增收。例如,字节跳动通过发动达人、专业机构到贵州荔波小七孔古桥、卧龙潭、翠谷瀑布等景点,以及白裤瑶文化保存最完整的懂蒙瑶寨进行多层次、多角度的视频内容创作,通过镜头展现荔波的自然风光和百年古寨的传统文化,强化当地"地球绿宝石"的文旅品牌。2019年"五一"期间,该地接待游客526350人次,同比增长65.98%,旅游综合收入50190万元,同比增长68.11%。懂蒙瑶寨是荔波境内白裤瑶文化保存最完整的村寨,寨里超过80%的村民均为贫困户,鲜少被外地游客知晓。在抖音文旅的推动下,很多游客慕名而来。

(七)数字经济推进乡村治理服务现代化

数字经济时代,随着信息通信技术和网络的不断升级与进步,处于网络两端的政府、企业、社会组织以及一般公民可以跳过繁杂的中间环节通过网络平台进行直接联系,社会组织结构越来越趋向直接性、扁平化。将数字经济生态系统的重要参与主体——平台、政府、社会组织和社会公众等纳入治理体系,赋予其一定的治理权限,明确责任边界,发挥各方比较优势,构建多元协同的科学治理方式,是数字经济治理创新的趋势。

数字经济为传统文化在乡村治理中发挥更大作用提供了基础。在乡村治理过程中,现代治理理念过分强调建制的作用,忽略了传统文化与传统治理方式在乡村治理过程中的作用。这主要是传统文化强调个人的道德,而忽略

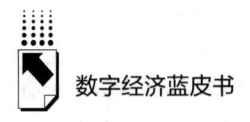

了相关制度建设。在现代治理观念里，道德由于缺乏可评判的刚性标准，被认为在治理中所能发挥的作用有限。但是，通过互联网的作用，提供了关于"德治"的讨论空间，使人们更容易就"德治"形成共识，从而使传统文化中的"德治"能够更好地发挥作用。互联网的快速传播功能，还能将乡村治理中的文化元素得以保留与传播，增加乡村治理中的文化内涵，使丰富多彩的乡村传统文化中的优秀元素得以保留，并在乡村治理中发挥更大作用。互联网通过加强农村的思想道德建设来提升村民的素质修养，立足优秀传统文化，开展社会主义核心价值观宣传教育，完善村规民约道德约束作用，从源头上预防基层社会矛盾的产生。推动乡村文化资源数字化，可以进一步挖掘传统农耕文化中蕴含的忠厚仁义、孝老爱亲、邻里互助、合作忍让等人文思想及精神要义，发挥其教育劝化、凝聚共识、规范秩序的独特功能。推动传统乡贤文化等在乡村治理中发挥更大作用，消除乡村传统陋习的不良影响。

数字经济深度嵌入，有利于建立积极向上的乡村文化，加强农村公共文化建设，开展移风易俗行动，培育文明乡风、良好家风、淳朴民风，不断提高乡村社会文明程度。不少非物质文化遗产也插上了互联网的翅膀，重回大众生活。近几年，互联网平台在非遗传承中的重要性愈发凸显，吸引了一大批年轻人关注和喜爱传统文化，网络社区发布、朋友圈点赞、线上线下联动等信息互动交流已成非遗传播新风景。越来越多的非物质文化遗产通过触网的方式焕发新生。以快手为例，现在每3秒钟就有一条非遗视频产生，有超过1500万名的非遗内容创作者在快手上生产非遗相关内容的视频，创造了超过2245亿次的视频播放量，获得超过67亿个赞。而在抖音平台，过去一年，非遗内容也迎来爆发式增长。据统计，与上年同期相比，2021年抖音上国家级非遗相关视频数量增长188%，累计播放量增长107%。

数字经济为乡村自治提供了更多的手段、更佳的实现路径。乡村自治要求构建服务型、亲民型政府，基层政府的职能应被界定为服务乡村社会发展和实现社会安定与和谐。这就要求基层政府转变职能，从许多乡村经济和社会管理领域中退出，实现由"全能型"政府向"有限型"政府的转变。与此相适应，乡村治理必须坚持党政主导、村民参与、社会协同的"三方联动"原则。互联网的应用，为乡村自治中的"参与""公开""透明"等重要因素提供基础。例如，基层政府存在自利性的偏好，进而采取选择性执行的方式进行回应，使得乡村治理政策"悬浮化"，严重背离制度设计的初衷，导致一些项目资金分配不均衡、项目监管不到位、项目资金使用不透明等问题突出。解决这些问题的一个良好手段，就是利用互联网、大数据等实现项目管理的透明化。

数字经济有利于构建新乡贤文化。人口迁移的"钟摆效应"转为向城市单一流动，农村老龄化日趋严重，使得基层政权面临"选人难、无人选"的困境。但是，在农村的发展过程中，也形成了一批新能人，这些人有自己的优势与特点，通过互联网的传播等方式，有可能成为新乡贤，便于新乡贤参与乡村治理，形成新乡贤文化。

数字经济能够更好地改进乡村公共服务。乡村公共服务的建立与发展可以看作中国乡村社会发展的一个缩影，因为这是乡村居民较为关切的问题。加快构建新型公共服务体系，发展多种形式的乡村公共服务项目，是提高乡村治理效率、促进乡村现代化、保障乡村社会经济朝着和谐安全发展的必由之路。互联网的应用，在大量乡村公共服务提升过程中能够发挥出更好作用。

总之，数字技术的广泛应用为推进社会治理现代化和精细化提供了物质基础，也为乡村治理有效实现提供了重要驱动力，乡村治理的数字化转型也将成为乡村治理现代化的基本趋势，多元主体、有效参与构建了治理数字化的核心要素。大数据与乡村治理、互联网与乡村治理网格化、"乡村+政务服务"、数字乡村和公共服务、智慧乡村等已经成为乡村治理的主要形式，提升了政府的行政效能。具体路径主要有以下两个方面。第一，基层政府管理数字化。传统的乡村治理受政府层级管理体制的影响，管理过程规范化、程序化、手续化，乡村政府服务流程繁杂，难以满足村民的个性化需求。而数字技术具有处理快速的特点，数据的实时收集、高效分析简化了政府的服务流程，能够快速得到处理结果和价值信息，为村民提供便捷化服务。通过

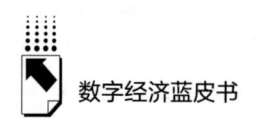

向乡村普及推广数字化工具，既可以为村民提供畅通的需求表达渠道，有助于发挥村民主体作用，推动村民自治由被动向主动转变，也可以使政府结合舆情做出精准的决策响应，推动形成以村民需求诉求为导向的乡村治理体系，有效提高治理需求和供给之间的匹配度（沈费伟，2020）。第二，村民自治管理数字化。数字技术凭借其数据共享共用的优势，打破了信息壁垒和体制壁垒，缩小了基层政府和基层群众之间的信息差和能力差，唤醒了基层群众、社会组织的治理意识，拓宽了治理思路与转型道路。

三 数字经济助力乡村振兴的具体实践

（一）数字乡村政策演进路径

2018年1月2日，《中共中央 国务院关于实施乡村振兴战略的意见》明确提出，要实施数字乡村战略，做好整体规划设计，加快农村地区宽带网络和第四代移动通信网络覆盖步伐，开发适应"三农"特点的信息技术、产品、应用和服务，推动远程医疗、远程教育等应用普及，弥合城乡数字鸿沟。《国家乡村振兴战略规划（2018—2022年）》也提出数字乡村建设的任务内容。

2019年5月，中共中央办公厅、国务院办公厅印发《数字乡村发展战略纲要》，明确将数字乡村作为乡村振兴的战略方向，并提出了"四部走"规划：到2020年，数字乡村建设取得初步进展；到2025年，数字乡村建设取得重要进展；到2035年，数字乡村建设取得长足进展；到21世纪中叶，全面建成数字乡村，助力乡村全面振兴，全面实现农业强、农村美、农民富。数字乡村作为乡村振兴中的重要一环，数字经济赋能乡村振兴成为新时代乡村发展的重要内容。

（二）数字乡村发展阶段

目前，我国数字乡村建设正处于快速发展阶段，首先在基础设施上，我国乡村数字化基础不断优化,《2020年通信业统计公报》数据显示,截至2020年底,全国农村宽带用户全年净增712万户,总数达1.42亿户,全国行政村通光纤和4G比例均超过98%,农村和城市实现了"同网同速"。得益于乡村数字基础设施的不断发展,我国乡村建设正乘上数字经济发展的快车。根据农业农村部统计报告,2020年我国乡村地区经营数字化快速发展,乡村农产品网络零售额保持高速增长,到2020年12月底,我国乡村农产品网络零售额已达5750亿元,同比增长37.9%,基层村组越来越多,信号塔和光纤成为农业发展的新支点,电子商务等新业态在农村开花结果。总体来说,我国数字乡村的理论内涵总体呈纵向发展趋势,具体可以分为探索萌芽期、概念明确期、工作衔接期和融合深化期四个阶段(见图1)。①

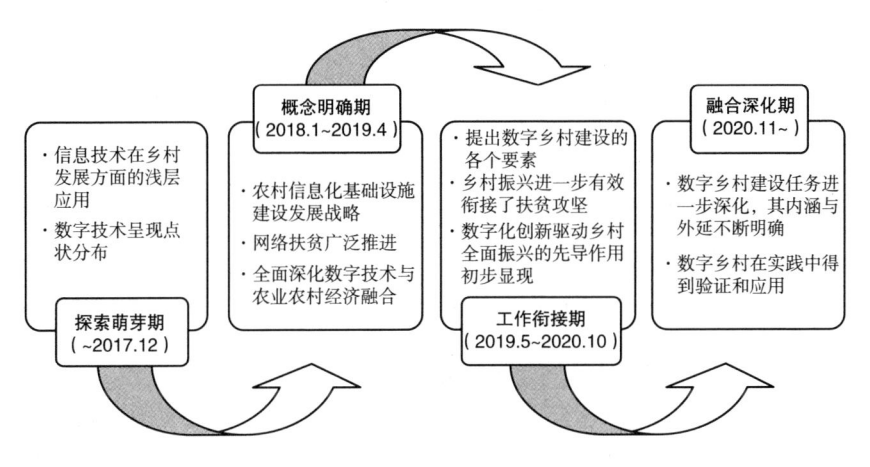

图1 我国数字经济推动乡村振兴发展阶段

资料来源:根据公开资料整理。

1. 第一阶段:探索萌芽期(~2017年12月)

这一阶段数字乡村的概念还未明确提出,我国数字乡村建设还处于探索萌芽期。部分地区开始尝试互联网等信息技术在乡村发展方面的浅层应用,

---

① 关于四个阶段的划分来自《2020年中国数字乡村发展现状及发展前景分析》。课题组在引用时对第三、第四阶段的名称及说明进行了修改。

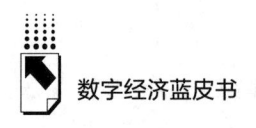

主要体现在互联网接入、生产设备信息化等基础设施建设上，部分乡村依靠互联网等信息化渠道获得了发展红利，乡村信息化生产成为乡村振兴的一条可实施道路。

2. 第二阶段：概念明确期（2018年1月~2019年4月）

2018年中央"一号文件"在中央层面首次提出了"数字乡村"概念，这意味着我国数字乡村建设进入了一个新阶段。这一阶段的重点工作包括农村信息化基础设施建设发展战略、网络扶贫广泛推进，其具体内容为加快农村基础设施建设工程，夯实乡村信息化基础，深化信息化服务职能，同步进行规划、建设及网络安全实施工作，全面深化数字技术与农业农村经济融合，利用数字技术聚合社会力量参与扶贫攻坚工作。

3. 第三阶段：工作衔接期（2019年5月~2020年10月）

2019年5月发布的《数字乡村发展战略纲要》系统性地提出了数字乡村建设的各个要素，这使数字乡村同数字中国、脱贫攻坚和乡村振兴等国家战略形成了政策合力，数字乡村建设既是乡村振兴的战略目标，也是数字中国的组成部分。到2020年脱贫攻坚任务全面完成，乡村振兴进一步有效衔接了扶贫攻坚，数字乡村将全面衔接乡村高质量发展，数字化创新驱动乡村全面振兴的先导作用初步显现。

4. 第四阶段：融合深化期（2020年11月至今）

2020年11月，我国832个贫困县全部脱贫摘帽，新时代脱贫攻坚目标任务如期完成，进入巩固拓展脱贫攻坚成果同乡村振兴有效衔接阶段，数字乡村建设任务进一步深化，其内涵与外延不断明确。随着智能技术在"三农"领域应用的日益广泛，数字经济对乡村振兴的作用与智能化等新一代信息技术深化融合，从而使数字经济发展成为乡村振兴的重要组成部分。

（三）数字乡村发展现状评价

为进一步做好数字乡村建设工作，需对我国数字乡村振兴发展情况进行全面监测与评价。通过构建数字乡村发展指标体系，运用现代化的指标考核理念将乡村数字化建设的不平衡不协调问题进行量化，从而强化优势、寻找差距、补齐短板，推动我国数字乡村快速健康发展。

1. 指标选取

通过对乡村建设评价指标相关文献的总结，结合《国家乡村振兴战略规划（2018—2022年）》中乡村全面振兴的指标，本文经过整合选取了以下指标来初步构建数字乡村评价指标体系（见表1）。数字乡村评价指标体系（Digital Rural Index，DRI）包括基础设施、生产服务、环境治理、生活就业4个一级指标，下设14个二级指标、29个三级指标。

表1 数字乡村评价指标体系

一级指标	二级指标	三级指标
基础设施	数字基础	乡村互联网普及率
		人均快递数
		乡镇快递网点覆盖率
	通用基础	公路里程数
		农村用电量
		农业气象站个数
生产服务	电商发展	农村网络零售额
		农村网购额
		农村生鲜交易额
		各省农村网购占社会零售额比重
	农业生产	农业增加值
		平台农资供应成交额
		农业生产数字化水平
	乡村服务	县级农业农村信息化管理服务机构覆盖率
		县域农业农村信息化社会资本投入
		行政村电子商务站点覆盖率
		乡村服务型消费金额
环境治理	党员教育	基层服务点接通全国党员干部现代远程教育网行政村数量
	在线政务	政务服务在线办事率
		行政村"三务"网络公开水平
	绿色乡村	行政村污水处理率
		行政村垃圾处理率
		行政村集中改厕率
	乡村治安	"雪亮工程"行政村覆盖率

续表

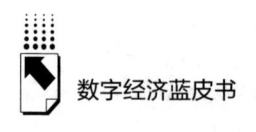

一级指标	二级指标	三级指标
生活就业	人均收入	农村居民人均可支配收入
	生活水平	农村恩格尔系数*
	城乡差异	城乡居民收入倍差*
	乡村文化	乡镇文化站数量
	乡村就业	乡镇及行政村从业人员数

注：带*的为反向指标。

2. 数据与方法

（1）数据来源

数字乡村评价指标所用数据来源于农业农村部以及《中国统计年鉴》《中国农村统计年鉴》《中国社会统计年鉴》《中国民政统计年鉴》《中国教育统计年鉴》《中国卫生和计划生育统计年鉴》《中国环境统计年鉴》《中国交通运输统计年鉴》等国家统计局或国家有关部门正式发布的统计资料，同时本文所构建的数字乡村评价指标侧重于数字乡村服务产业及乡村发展方向，因此在数字乡村指标构建与数据收集过程中，与京东集团进行合作，基于京东大数据和京东数字乡村业务全景图，科学全面地衡量我国数字乡村发展情况。对于数据覆盖的时间及地域范围，本指标基于数字乡村发展阶段，在数据发布情况和指标可获得性原则的基础上，选取和收集了2016~2020年31个省份的数字乡村发展数据，从而进行我国数字乡村发展指数核算。

（2）指数合成方法

在进行指数合成之前，需要对所收集的历年数据进行归一化处理，以消除指标单位及数量级的影响。设数字乡村各级子系统的序参量为u_i（$i=1, 2, \cdots, n$），u_{ij}（$i, j=1, 2, \cdots, n$）为第i个子系统的第j个指标，称为有序度。序参量u_i的上下限值分别为u_{max}、u_{min}。对于子系统各指标进行标准化后，可以将评价指标分为正向指标和负向指标。正向指标值越大，表示数字乡村发展水平越好，经过标准化后正向指标的有序度为：

$$u_{ij}^{'} = \frac{u_{ij} - u_{min}}{u_{max} - u_{min}}, u_{ij}^{'} \in [0,1] \tag{1}$$

负向指标值越小，表示数字乡村发展水平越好，经过标准化后负向指标的有序度为：

$$u_{ij}^{'} = \frac{u_{max} - u_{ij}}{u_{max} - u_{min}}, u_{ij}^{'} \in [0,1] \tag{2}$$

具体指标归一化处理后，需要将其合成从而形成各级指数以及总指数，而指数合成的关键就是确定指标权重。对于指标权重的确定，主要有主观赋权法和客观赋权法两大类。为了避免主观赋权法的随意性，更多的研究选择客观赋权法来确定权重，包括层次分析法、主成分分析法、因子分析法等。这些方法最大的特点是客观性，即权重不是根据主观的判断，而是由数据自身的特征所确定的，但过分追求客观性，也会造成研究者对各个指标重要程度的认识无法得到体现，从而导致权重确定的机械性。另外，随着时间的推移和数据的变化，各因素的权重也会发生变化，采取客观赋权法也会导致跨年度分析的困难。事实上，由于同一层次的测度指标和子因素既具有相对独立性，又相互之间有内在的联系，各自的重要性是难以量化区分的，因而采用简单平均法分别合成指数是一种更好的选择。只要各级指标的重要性基本对称，简单平均法就可以普遍适用。因此，本指数也采用算术平均法来设定指标权重，进而合成各级指数和总指数。

在确定指标权重后，可将序参量进行线性加权汇总得到子系统的综合指数，即综合指数模型为：

$$U(u_i) = \sum_{i=1,j=1}^{n} w_i u_{ij}^{'}, w_i \in [0,1], \sum_{i=1}^{n} w_i = 1 \tag{3}$$

式（3）中，w_i 为不同子系统中各序参量的权重；$U(u_i) \in [0,1]$，且综合指数 $U(u_i)$ 的值越大，序参量的有序度越高，对整个复合系统的贡献也越大，反之越小。

3. 数字乡村发展现状评价

（1）数字乡村总体发展水平明显提高，数字乡村建设各方面稳步发展

"十三五"期间，我国数字乡村建设加速发展，在乡村生活的方方面面进行了数字化改造。依托乡村电子商务的发展，乡村经济富裕激励了数字乡村建设，在全国范围内展开了数字技术应用与乡村管理的有机融合与实践探索。经过实际数据测算，我国数字乡村建设飞速发展，且保持着较高的增长幅度。到2020年，我国数字乡村发展指数达20.8，较2016年的2.2提升了8.45倍，并且每年的增长幅度均保持在35%以上（见图2）。特别是我国的乡村电商发展规模正逐渐扩大，到2020年全国农村网络零售额达1.79万亿元，占全国网络零售总额的15.3%，同比增长8.9%。其中农村实物网络零售额达1.63万亿元，占全国农村网络零售额的90.9%，同比增长10.5%。

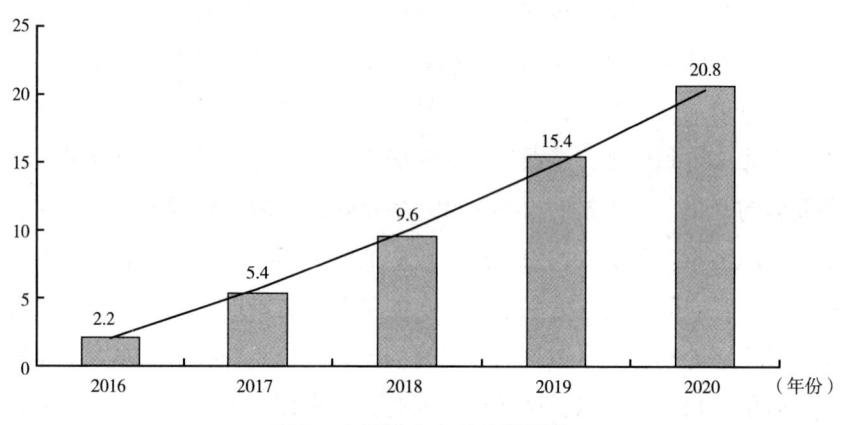

图2 中国数字乡村发展指数

首先，我国数字乡村基础设施建设不断完善。庞大的网络零售额带来了乡村生活各个方面的改善，最主要的在于数字乡村基础设施的建设和发展。根据测算，2020年我国数字乡村基础设施发展指数为5.0，相较于2016年的3.1提高了61.3%（见图3）。根据各省份基础设施发展指数测算结果，2020年全国排名前五位依次为浙江（5.3）、江苏（5.3）、上海（5.1）、北京（5.1）和山东（5.0）。

我国数字乡村的基础设施建设，特别是乡村互联网的普及工作，自我国实施宽带中国战略后，我国农村互联网基础已达到世界领先水平，截至

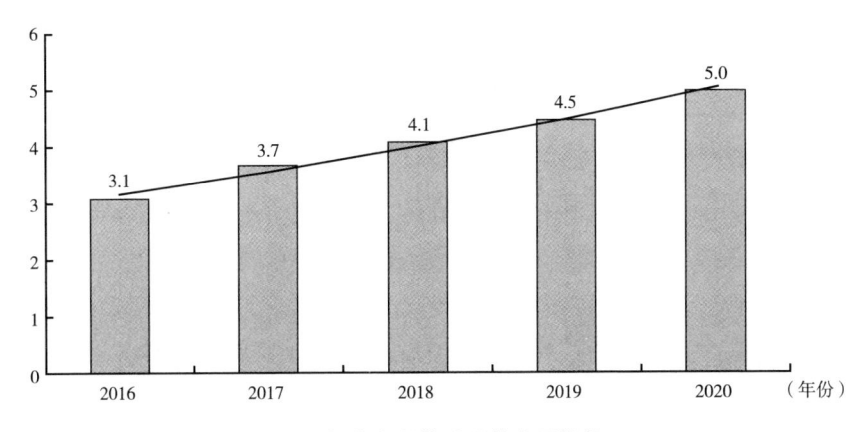

图3 数字乡村基础设施发展指数

2020年，我国行政村通光纤比例已达到98.3%，行政村4G网络覆盖率也已达到97.6%。农村网民数量逐年增加，农村及偏远地区也能享受到更稳定、更快速的宽带网络服务。同时，我国在水利、交通、邮政等数字乡村基础设施方面也抓紧了工作部署与推进。截至2020年，全国农村公路（含县道、乡道、村道）里程达到527.34万km，到2019年底我国就已实现行政村100%通硬化路。此外，在农村邮政方面，我国统筹优化农村快递站点、路线与人员。截至2020年底，我国乡村快递站点普及率已达到98.9%，乡村邮政普遍服务均等化水平得到明显提升，为我国乡村电商发展以及村民生活质量改善打好了坚实的基础。

其次，我国数字乡村生产服务加快转型。为深入推进数字经济带动农业及农村发展，我国通过扩大互联网平台农业信息供给、深入实施信息进村入户工程、提升农业农村气象信息服务、创新移动端农村新型服务来打造和完善农业农村信息服务体系的同时，积极建设农业数据信息分享及交易平台、加大乡村数字生产投资、建设农业生产服务大数据等多种方式来推进数字乡村生产服务的加快转型。根据测算，2020年我国数字乡村生产服务发展指数为6.4，相较于2016年的3.7提高了73.0%（见图4）。各地区中，浙江（7.6）、江苏（7.2）、广东（7.4）等达到了7.0以上。

2020年，全国县域农业农村信息化社会资本投入近517亿元，其中华

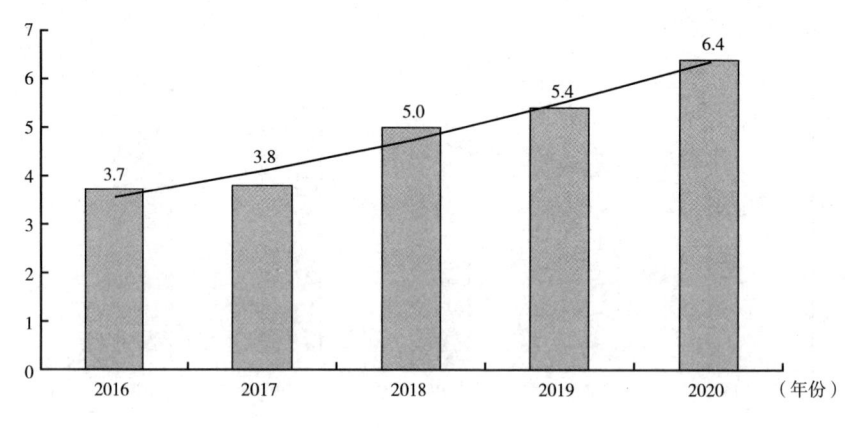

图 4　数字乡村生产服务发展指数

东地区投入金额最多，占全国社会资本投入的48.1%，其次为华北地区，约占全国社会资本投入的28.3%。此外，2020年，全国县级农业农村信息化管理服务机构覆盖率为78.8%，农业数据平台数量达到2481个，我国农业生产数字化水平也从2016年的18.3提高到了2020年的30.5。我国农业生产也得到大幅提高，2020年农业增加值达到了77754.1亿元。此外，我国各省份都在大力建设和推行电子商务服务站点，为村民走上"电商兴农"路提供运营、生产、金融等方面的辅导和服务，截至2020年，我国建有电子商务服务站点的行政村共有45.2万个，行政村电子商务站点覆盖率为92.8%，相较于2016年的80.4%提高了12.5个百分点，特别是上海市、浙江省、江苏省等地区已达到99%以上的覆盖率，覆盖率超过90%的省份已超过20个。

再次，我国数字乡村环境治理持续创新。数字乡村环境治理是数字经济振兴乡村发展的新方向，近年来，各地区在数字乡村的环境、政务、管理建设方面展开了积极探索，推动乡村基层管理"党建+"，提高我国乡村在线政务服务水平和乡村"三务"线上化、公开化，构建绿色乡村，利用数字化技术维护乡村治安防控。根据测算，2020年我国数字乡村环境治理发展指数为5.6，相较于2016年的2.5提高了1.24倍（见图5），相较于数字乡村其他分类指标而言，我国数字乡村环境治理实现了相对更大的发展和创新。就各省份的数字乡村环境治理发展水平而言，发展水平排在前五位的依次是浙江（6.6）、江苏（6.4）、江西（6.1）、福建（6.0）、安徽（5.8）。

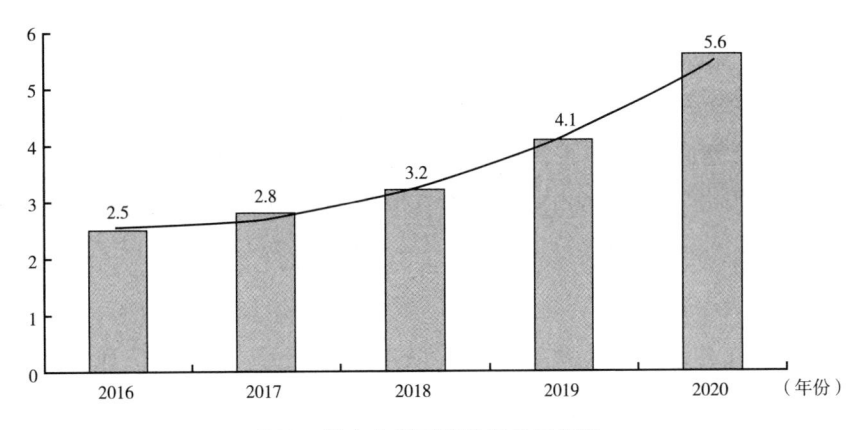

图5 数字乡村环境治理发展指数

近年来，我国在乡村的数字治理和环境管控上投入了大量工作，我国数字乡村治理也取得了广泛成果。首先在提升农村基层党建数字化水平上，截至2020年，已有76.9万个村（社区）基层服务点接通全国党员干部现代远程教育网站，进一步完善了中央直达基层的远程教育体系。此外，我国农村电子政务服务工作也在不断推进，包括政务服务平台、农村审批流程等方面全面推进数字化。在提高村务管理透明度方面，到2020年，我国实现村级"三务"网络公开的行政村就有28085个。就乡村生活环境而言，数字乡村所能带来的必定是宜居的生活条件，各省份都已积极利用数字技术、人工智能等自动化设备管理乡村环境。2020年12月，全国乡村地区的污水、垃圾以及厕所都已实现70%以上的处理率。此外，各地不断加大城乡接合部、农村地区公共区域的视频监控系统建设力度，进一步推进"雪亮工程"在农村的延伸，到2020年，我国"雪亮工程"行政村的平均覆盖率水平达到了78.9%，实现了大部分公共区域可监控可记录的安全防护要求。

最后，我国数字乡村生活就业不断向好。数字乡村建设最终需要落实到乡村居民生活水平与质量上来，体现在居民收入、生活质量、城乡差异、文化发展以及就业问题上。自我国开始执行乡村振兴与脱贫攻坚工作以来,数字乡村建设为全面提高乡村居民生活质量和水平发挥了巨大作用。根据测算,2020年我国数字乡村生活就业发展指数达到4.0,相较于2016年的2.0提高了1倍(见图6),就各省份的乡村生活就业发展而言,某些省份村民的生活水平实现了相当大的提高,例如陕西省2016~2010年农村居民可支配收入提升了1.5个百分点,相当于村民每人每年多4644元的收入。一些省份还通过数字乡村政策甩掉了"贫困帽",仅2018年,全国832个国家级贫困县实现了网络零售额1109.9亿元,同比增长29.5%,高出农村整体增速7.1个百分点,数字乡村带动贫困群众增收效果显著。此外,数字乡村与乡村振兴工作的全面推进,使得乡村的教育、医疗、金融等方面发生了巨大的变化,互联网在推动教育、金融、人才等资源向偏远地区覆盖、提升贫困人口发展水平与务工经商的技能等方面具有独特优势,网络扶智让山沟里的孩子也能享受到优质教育,增强了贫困人口脱贫的信心和决心。

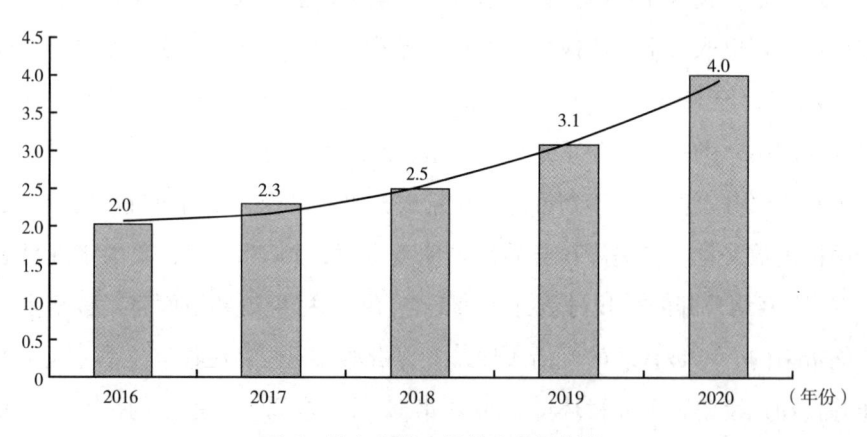

图6 数字乡村生活就业发展指数

(2)数字乡村区域间发展程度不均衡,地区间发展优势也有不同

基于对31个省份的数字乡村发展指数测算,我国各地区之间数字乡村发展水平不均衡。由图7可以看出,2018年,我国各省份数字乡村发展水平之间存在较大差距,发展水平最高的省份与最低的省份极差比为3.33,

各省份数字乡村发展指数的方差为2.50;2019年,各省份数字乡村发展最高水平与最低水平之间的极差比减小1.84,各省份数字乡村发展指数的方差为2.36;2020年,各省份数字乡村发展最高水平与最低水平之间的极差比减小1.43,各省份数字乡村发展指数的方差为2.23,说明数字乡村发展前期各省份发展差距逐渐缩小,发展落后的省份积极借鉴发展前列的省份经验,不断提高自身数字乡村建设。

第一,我国沿海地区发展水平显著高于内陆地区,南北区域发展水平差距较小。县域数字乡村发展水平呈现地区差异,存在沿海地区发展水平显著高于内陆地区的东西差异,而南北地区上的差异则不明显。就东部沿海的华北、华东与华南地区而言,2020年数字乡村发展指数均值分别为21.8、22.4、21.2,而东北、华中、西北和西南地区分别为19.7、21.5、18.7、20.3,可以看出东部沿海地区数字乡村发展较快、华中和西南地区次之、东北和西北内陆地区发展依旧滞后。数字乡村发展水平较高的省份依次为浙江(25.0)、北京(24.1)、广东(23.9)、江苏(23.5)、河北(22.9)、福建(22.8)。

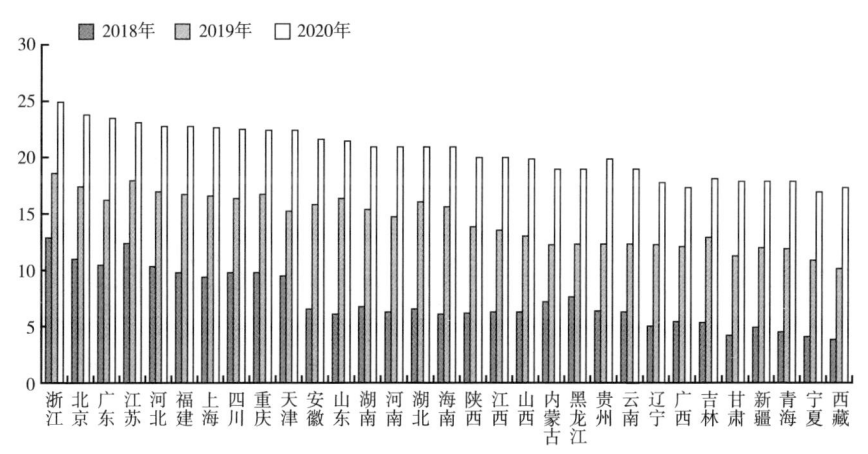

图7 全国各省份数字乡村发展水平对比

从四个一级指标来看,区域之间数字乡村发展也具有差异性,数字乡村基础设施发展指数的区域差异相对较小,而数字乡村生产服务发展指数、数字乡村环境治理发展指数和数字乡村生活就业发展指数的区域差异较大。东部、中部、西部和东北地区的数字乡村基础设施发展指数（5.3、5.0、4.9、5.0）的极值比为1.1，而数字乡村生产服务发展指数（7.6、7.3、5.3、5.4）、数字乡村环境治理发展指数（6.4、5.9、4.5、5.4）和数字乡村生活就业发展指数（4.9、4.3、3.2、3.3）的极值比分别为1.5、1.4和1.5，差距较为明显。

第二，我国数字乡村发展呈现"点状"区域分布格局，数字乡村增长点辐射带动作用显著，但增长点之间的带动作用有差距。随着我国数字乡村发展，各省份根据自身地理特征与发展优势积极探索数字乡村实现路径，一些省份依靠成功的乡村振兴实践在区域空间上形成了代表性的发展点，周围省份和地区借鉴这些省份成功的数字乡村建设经验，并受到发展点经济带动的影响，也逐渐提高了数字乡村发展水平。从2016~2020年各省份数字乡村建设的发展过程来看，逐渐形成了以江浙地区、川渝地区、京津冀地区为主的三大数字乡村辐射中心，江浙地区将带动南方沿海直至两广地区、川渝地区将带动中部地区、京津冀地区将辐射北方内陆地区。2017~2020年，江浙地区的周边及沿海地区数字乡村发展指数平均增长幅度为68.90%，川渝地区周边及中部地区数字乡村发展指数平均增长幅度为61.28%，京津冀地区所辐射的北方内陆地区数字乡村发展指数平均增长幅度为52.72%（见表2）。

表2 发展点带动周边地区数字乡村增长幅度

单位：%

	2017年	2018年	2019年	2020年	平均值
江浙发展点	63.54	70.36	70.47	71.22	68.90
川渝发展点	79.11	78.66	53.38	38.98	61.28
京津冀发展点	61.72	68.22	41.93	39.00	52.72

由表2可以看出，三个发展点的数字乡村带动作用存在差异，江浙发展点及周边地区依靠沿海的地理优势保持较高的增长幅度。川渝发展点所辐射的地区大部分经济水平较沿海地区低，在初期受辐射带动的影响作用较大，实现了较高的增长幅度，但受诸多因素影响，辐射作用有限导致后期增长势

头不足。京津冀发展点所辐射的北方及内陆地区在数字乡村水平增长幅度相对较低,且增长幅度呈现降低的趋势。

综上,基于对我国 31 个省份数字乡村发展指数的分析,本文得出以下主要结论。

第一,数字乡村总体发展水平明显提高,数字乡村建设各方面稳步发展。具体而言,数字乡村基础设施建设不断完善,数字乡村生产服务加快转型,数字乡村环境治理持续创新,数字乡村生活就业不断向好。

第二,数字乡村区域间发展程度不均衡,地区间发展优势也有不同。沿海地区发展水平显著高于内陆地区,南北区域发展水平差距较小。数字乡村发展呈现"点状"区域分布格局,数字乡村发展点辐射带动作用显著,但发展点之间的带动作用也有差距。

四 数字经济推动乡村振兴面临的挑战

很显然,数字经济在助力乡村振兴方面已表现出了明显的优势,具有较大的潜力。然而也应该看到,数字经济助力乡村振兴也面临一些困难与问题。

(一)数字经济下城乡发展差距拉大,利益分配机制不完善

互联网出现以来,就其能否解决城乡发展不平衡问题引起了许多争议。最开始的观点认为,互联网上的信息可以自由流动,网络能够跨越时空的障碍,任何人都能够平等地获得信息,因此网络的出现将形成一个新的人类空间,这个空间更为平等、更为民主,能够更好地消除人与人之间的差距(桑斯坦,2003)。但是,从互联网发展的现实情况看,在互联网发展之初,大量的互联网创业公司集聚于原来的城市地区,甚至是大城市区域,而大量的农村地区则缺乏网络基础设施难以上网,加上互联网上网设备价值不菲,上网费用昂贵,面对这种现实,很多研究者及实务工作者认为,互联网的出现,不仅没有缩小原有不同群体之间的差距,反而产生了新的"数字鸿

沟",这个鸿沟不只是经济上的差距,更是社会鸿沟。还有研究者指出,不同区域的人群利用网络来做什么,正在成为新的问题。在很多农村地区,年轻人上网主要是为了娱乐,而在一些发达的城市地区,这些人上网主要是为了获得资讯,提升自我。这样,虽然在所有的地区都面临同样的网络接入环境,但是大家对互联网的价值认同、利用等存在差异,这样就产生一个新的鸿沟,即"第二次数字鸿沟"①。在信息化社会发展的过程中,我们要防止一级数字鸿沟尚未填平、二级数字鸿沟已经彰显的问题发生。

应该看到,数字经济并不会天然带来平等,也不会天然推动共同富裕。早期的研究发现,城市地区是网络媒体的主要早期受益者,Forman 等(2012)发现互联网和工资挂钩,富裕城市的收入更高。城市和大公司的企业互联网采用率较高,但与城市或大型公司相关的优势互为替代,受益的机制取决于集聚效应,特别是当地劳动力市场的熟练工人的集聚水平。Furuholt 等(2008)指出,发展中国家(坦桑尼亚)数据网络覆盖率的城乡差异有可能进一步扩大现有收入、就业等经济特征的城乡差异。也就是说,数字信息科技普及率及推广程度的差异会拉大地区居民在创新、人力资本及收入等现存的经济差异。Hindman(2000)研究发现,相较于经济发展水平,城市与非城市居民在网络信息科技使用的差异更大程度上导致他们在教育、就业、收入等经济特征的差异。胡鞍钢和周绍杰(2002)基于世界银行数据的研究表明,互联网信息通信技术的发展造成了全球新的贫富差距。许竹青等(2013)指出,数字鸿沟不是单纯的有没有的问题,从信息经济学角度看,数据鸿沟具有多维性,包含了信息的可接入性、信息的利用能力、信息的欣赏能力。信息的可接入性是一级数字鸿沟,后两个是对信息的利用和鉴别能力方面的问题,这就是"第二次数字鸿沟"。魏华等(2016)基于淘宝数据并测算区位基尼系数、集中度指数等,研究湖北省 C2C 电子商务卖家的空间分布特征,结果发现,C2C 卖家集中度高,80%的网络店铺

---

① 关于"第二次数字鸿沟"并没有一个普遍认可的定义,一般认为,第二次数字鸿沟与对信息的利用和鉴别能力有关系。

聚集在30%的城市，且这些城市多为武汉、荆州等经济发达的大中型城市；十二大行业在各地区的C2C卖家数量差距明显，但行业之间差距较小；各行业在不同地区具有不同的比较优势，服饰、食品、家电等行业在大部分地区均能表现比较优势。这些已有的研究成果表明，数字经济在助力乡村振兴过程中，有可能产生虹吸效应，使财富向城市区域集中，从而给乡村经济的长期稳定健康发展带来不利影响。

在我国，数字经济带来的城乡间、区域间、乡村内部不同群体间的利益分配不均问题仍然存在，制约了数字经济为乡村振兴带来更多的动力。受城市化政策、城市公共服务优势等诸多方面的影响，互联网企业主要分布在城市地区，全国城市网络呈现多中心结构，互联网空间分布集聚化（曹前等，2018），乡村地区基本没有平台企业分布。互联网企业的空间分布特征使得乡村在数字经济的利益分配方面处于弱势地位，乡村对平台企业的依赖使其在数字经济中获得的利益有限。

从区域发展看，数字经济发展在区域间非常不均衡。从平台分布看，2019年东部地区拥有2702家平台，占比65.7%；中部地区706家，占比17.2%；西部地区573家，占比13.9%；东北地区131家，占比3.2%。与上年相比，东部地区平台占比提高了1.8个百分点，电商平台进一步向经济发达的东部集中。从交易额看，东部地区交易额22.44万亿元，占比66.4%，较上年增长8.4%；中部地区5.25万亿元，占比15.6%，较上年下降4.8%；西部地区4.93万亿元，占比14.6%，较上年增长13.6%；东北地区1.14万亿元，占比3.4%，较上年增长2.9%。农产品网络零售额方面，东部地区也占据绝对优势。2020年，东部地区农产品网络零售额占全国的比重达到62.5%，而最低的东北地区仅为5.9%，而中部地区占比虽然居第二（16.9%），但其同比增速最慢（见图8）。

如果进一步计算农村网络零售额[①]的比重，那么区域之间的区别更大。2020年，东部地区农村网络零售额占比达到77.9%，而东北地区仅为1.6%

---

① 指发货地在县域及乡镇的网络零售额。

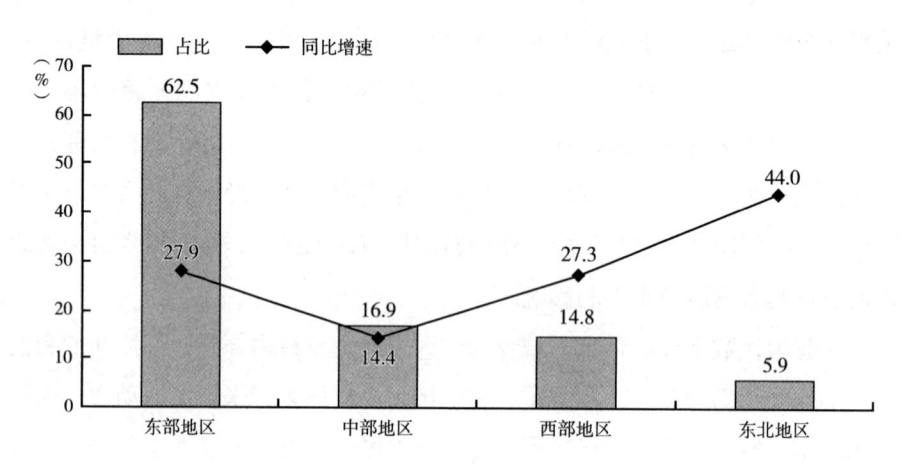

图8 2020年全国各地区农产品网络零售额占比及同比增速

资料来源：商务大数据。

（见图9）。浙江、江苏、福建、河北和山东农村网络零售额排在前五位，占比接近3/4（73.8%），排在前十位的省份（浙江、江苏、福建、河北、山东、江西、广东、河南、安徽、湖南）占比超过90%（90.35%）。农村网络零售额在各省份之间的差距远大于其GDP的差距。这说明数字经济在缩小农村发展差距方面仍有较大的努力空间。

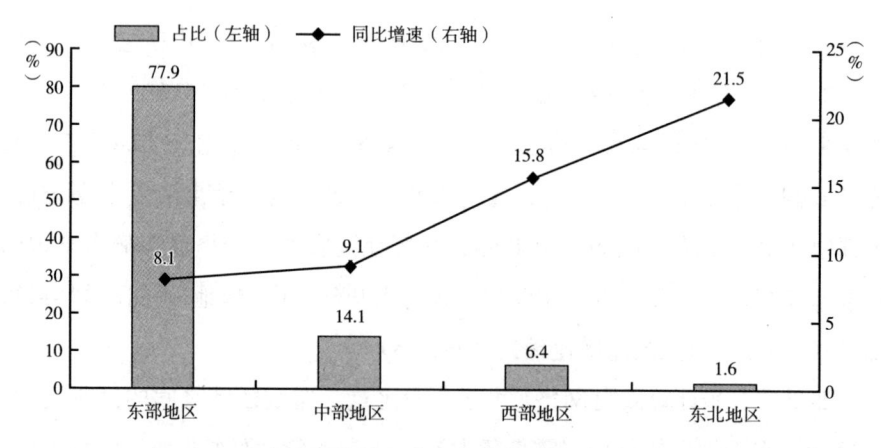

图9 2020年全国各地区农村网络零售额占比及同比增速

资料来源：商务大数据。

在乡村内部，数字经济所带来的效率提升等也没有平等分配给不同的人群。调研发现，电商平台在推动农产品上行方面，主要对接的主体是农产品的经销商。这主要是电商平台需要规模优势，而且农产品本身的季节性、生产的专业性等问题，也使电商平台需要面对农产品经销商才能做得更好。这种模式，虽然使农产品的销售链缩短，提高了流通效率，但整体上看，小农户在其中仍处于弱势地位。从本质上看，农产品本身具有附加值较低的特点，如果产业链拉长，会不断造成利润的分割，每个环节的盈利边际都特别低，农村产业的效率也会比较低。主要利益分配机制仍集中在经销商，农民作为种植者，获得的利益非常有限。经过实地调研发现，农业产业链资源并不是掌握在某一个平台，而是分散在众多主体手中。千家万户的农户没办法独立对接消费者，也没有办法对接多种多样的产业链主体，因此，很多地方采取了"公司+农户""合作社+农户"等方式，这种模式下，小农户的利益并没有得到完全保护，而只是解决了低限度的收益问题。在实际运行中，小农户与电商经营户（有些地方是农业产业化龙头企业）之间的关系一般有两类，一类是直接代销，另一类是预订模式。如果是直接代销模式，则产品滞销导致的后果由小农户承担。考虑到农副产品的市场风险，小农户事实上难以承受这种风险。如果是预订模式，则大部分利益均落入中间商手中，小农户事实上只获得了比普通种植农副产品稍高的收益。

短视频、直播等新内容平台的兴起，给乡村地区的农产品销售、文旅产业发展等带来了新的机遇，但是也带来了相应的利益分配问题。调研发现，流媒体制作者的成本由个人负担，但收益可能由区域或者多人享有，这其中的激励机制还没有完全建立起来。以文旅方面的流媒体为例，这些流媒体在爆红后，带动的是整个区域的旅游文化等产业发展，制作者个人难以获得相应的收益，这也是需要解决的一个重要问题。在个人没有激励的情况下，这种方式是难以持久的。

从这个意义上看，数字经济推进乡村振兴方面虽有巨大的利益提升空间，但其利益分配机制仍有待进一步完善。

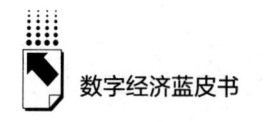

（二）数字乡村建设人力资源不足，专业指导培训有待加强

乡村振兴离不开人才的支撑，但是乡村的现实状况是青壮年劳动力向城市流动，老人、妇女、儿童等弱势群体"驻守"村庄。根据2021年公布的中国第七次全国人口普查数据，居住在乡村的人口为50979万人，占总人口的36.11%。农村人口数量多，人力资源规模大，却存在身体素质差、文化水平较低、专业技能缺乏、人力资源结构分布不合理的问题（刘秋丽，2020；曹锐、钱海婷，2020）。自党的十九大报告提出乡村振兴战略以来，利用数字经济推动乡村振兴成为一个频繁提及的话题。各地顺应时代潮流，不断出台支持数字经济发展的政策，推动数字技术在乡村发展中的应用，如发展智慧农业、农产品电商、智慧物流、数字治理等。这些听起来比较陌生的词，远比不上网络直播卖货、抖音短视频、淘宝、拼多多等这些在数字技术支撑下搭建起来的、农民能够经常接触到的营销平台。虽然这些少数低门槛的平台让低技能群体有机会进入，但是数字经济推动乡村振兴还缺乏以下人才。

缺乏行业领军人才。"一村一品，一镇一业"建设使得乡村产业得以迅速发展，各类种养业的出现给乡村振兴带来了活力，也加剧了产业之间的竞争。以村或镇为单位的农业生产者在提供农产品的同时，还需要考虑产业链的延伸、附加值的提高，整个行业领域的竞争和市场需求。但现状是我国产业发展领域的领军人才供给不足，难以满足多样化的需求和高质量的产品供给。

缺乏管理型人才。农业的弱质性、季节性、地域性、生产周期性、不耐储存性等特性加大了对管理者的要求。自发形成规模化的专业大户，在对接市场的过程中也会做出错误的决断。年长的农业从业者基于自身多年的种植经验，对于使用先进技术持观望态度；年轻的农业从业者有一股敢为人先的闯劲，更能接受在农业生产中采用数字技术，却受资金等方面的限制。专业大户或是新型经营主体在产业发展的过程中会遇到农产品定位、目标群体、市场需求等困境。优秀的管理者能够对整个产业的发展做出很好的指引，同时以前瞻性的眼光把握未来发展先机。

缺乏专业技术人才。当前，全国各地推行网格化治理，即利用现代信息技术，将公共领域的公共产品划分为网格，将一定地域内的人、事、物、土地等纳入网格，建立现代化的管理平台，这一做法属于数字治理方式，与传统的治理方式相比，大大减少了"三农"工作队伍的工作量，能够以较少的人员实现精细化的管理。数字治理是一项庞大的工程，在初期需建立属地数字平台，但是农村地区精通平台建设的人少之又少，只能向上级部门请求支援，而中间收集村民的各类数据耗时耗力，乡镇工作队伍人少事多，工作量剧增，后期整个平台的维护以及如何实时地解决村民潜在的困难引人深思。在农村电商发展方面，农村电商在运营推广、美工设计和数据分析等各个岗位、高中低各个层次都有不同程度的人才缺口，尤其缺少高端复合型人才。

更为严重的是，乡村基础设施与公共服务不到位，创新创业氛围有待进一步提升，农村各类数字经济人才"难培、难引、难留"现象尤为突出。在调研中发现，在人才培养方面，培训内容有限且不成体系，软件开发、数字运营、内容优化等方面的培训内容较少，培训形式较为单一。理论课多，实践课少；现场课多，远程课少；电脑端多，手机端少；上课培训多，跟踪辅导少。在人才引进方面，现有的人才引进政策体系大多以城市为蓝本，在乡村引进人才方面缺乏独特的政策。例如，支持"双创"相关的政策体系仍局限在城市区域，在农村地区仍没有广泛拓展。在留住人才方面，很多返乡创业人员，在乡村完成初期创业阶段并形成一定的产业规模之后，大部分会倾向于将其电商运营等部门迁至县城等城镇区域，同时将有关人才等一并带走，这对乡村振兴所需的人力资源是一个很大的打击。

（三）农业农村全产业链衔接不畅，数字渗透程度有待深化

农产品上行是农产品生产者利用互联网技术将农产品从产地运到市场进行销售的过程。传统方式下的农产品上行会历经多个中间环节，极大地提高了农产品的成本，而在信息技术时代应运而生的电商平台（第三方平台、

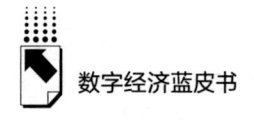

企业自建网站、政府网站、行业协会网站、社交自媒体）成为农产品上行的新渠道，能够实现与消费者的直接对接。但是，将数字技术运用到农产品上行的全过程，还存在无数困难，尤其是如何将农业生产数字化与农产品上行全面衔接，使数字经济全面渗透到农业全产业链方面，仍不深入、不全面。

首先，标准化的衔接不畅。农产品是网销产品中标准化程度最低的。在电商买卖过程中，消费者只能通过图片等有限信息进行想象与推断。这种过程，可能与实际有着差距。因此，在使用电商时，消费者可能会遇到期望与现实的差距问题，这会对电商的发展形成制约。在客观上，由于生长过程受多方因素的影响，比如水质、气候、养殖方式等，容易出现具有高品质特性的农产品与品质较低的农产品两个极端，这为生鲜行业标准化带来了一定的阻碍。而现有的农业生产模式，使农产品种植过程中难以实时监控整个生产过程，以致出现不规范、不符合要求的行为。农产品收获后，很多企业或个体无法依据农产品的大小、重量、外形等，用数字化手段对农产品进行分选、分级、包装。农产品运输到市场进行销售，无法确定统一的标准，没有形成品牌，在定价方面呈现不出差异性。而在实践中，农民生产组织化程度低，仍以单一农户经营为主，农产品在生产、加工、运输、销售等方面运营主体规模小，服务能力和市场竞争力不强，一部分农民没有按照电商平台的要求对产品进行分级包装，使得农产品难以达到销售要求。

其次，物流、冷链仓储技术水平低。农村地区物流服务提供方数量少，提供的服务质量和价格不成正比，而农产品易腐烂、不耐储存的特性对保鲜的要求极高。当下冷藏设施老化、存储过程损耗高等问题，使得农产品的物流运输成本居高不下。目前，生鲜食品的冷链物流体系做得比较好的国家依然是美、德、日等发达国家，它们在冷链物流的运输过程中均配有 EDI 系统等先进信息技术，并实现了水陆联运，建立了完整的生产、加工、储运、销售冷藏链，提高了新鲜物的冷藏质量和运输效率。我国冷链物流体系仍处于发展阶段，整体水平有待进一步提升，而且冷链体系主要配置在城市地区，而处于农产品生产、运输、加工的核心位置的乡镇、农村区域难觅其踪。农村物流虽然在近几年发展较快，但符合农产品数字化运营的冷链物流等供给仍不足。农产品生产者无法通过分析数据判断农产品的储存特性和市场订单需求、科学有效分配资源，利用数字技术提升流通效率的可行性较低。

再次，难以及时了解市场需求，供货能力不足。从需求分析来看，利用数据分析不同群体的偏好是农业生产过程中的一大难点，因为农产品生产无法及时有效地获取消费者的信息，他们只有通过互联网企业的一些大平台才有可能实现。现在国内数据开放水平低，农产品生产者无法监控销售链数据和获取关键信息，不能对市场需求做出准确预测，农产品的生产量、农产品口感的改进等问题促使农产品上行难度加大。另外，平台具有流量集中的优势，在一些短期的促销等活动中，往往会集中销售更多的产品，而农民生产组织化程度低，仍以单一农户经营为主，农产品在生产、加工、运输、销售等方面运营主体规模小，服务能力和市场竞争力不强，难以适应数字营销方式对产品供货的要求。

最后，农产品溯源难度大。在数字技术推动下，"一村一品，一镇一业，一县一特"的产业行动遍地开花。如何保证农产品的产地、质量、品牌、安全，其可行办法是利用数字技术进行可视化溯源，即"一物一码"，在农产品的外包装上贴上二维码，消费者用手机扫码就能清楚了解产品信息。为了使得流通环节透明，政府、协会和企业都对溯源体系做了一些尝试，但仅限于部分产品和流通的部分环节。由于农产品的流通环节长，消费者不了解农产品的流通渠道，数字化溯源方式虽然保证消费者可以查找到农产品的产地、加工、包装，但无法保证实现全程可视化溯源，农产品电商市场上"劣币驱逐良币"的现象时有发生。

（四）数字乡村普惠金融数据割裂，实施路径工具尚待整合

数字普惠金融是从传统的普惠金融演变而来，经历了小额信贷、微型金融、传统普惠金融三个过程，最终与数字科技相结合而形成（郑美华，2019）。现有的提供数字普惠金融服务的主体有政策性金融机构、商业银

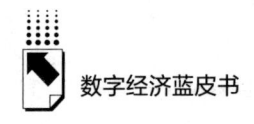

行、新型农村金融机构、消费金融机构和金融科技公司，它们通过大数据收集客户信息，甄选出符合借贷的主体，判断客户的贷款能力，针对不同需求的主体提供不同类型的金融服务产品。数字普惠金融助力乡村振兴的低成本、低门槛、跨区域、广覆盖的优势，成为中小微企业或弱势群体获取资金支持的重要途径。

数字普惠金融支持乡村振兴的路径与传统金融有着极大的不同。首先，需要建立完善的数字基础设施，提升宽带的覆盖率，让村民有接触到数字普惠金融的条件；其次，加强数字普惠金融的宣传教育（庞艳宾，2020），让村民了解什么是数字普惠金融；再次，收集村民数据信息，进行相关的征信工作（潘锡泉，2019），防范贷款偿还违约的风险；最后，强化数字普惠金融的监测，形成一个完整的数字普惠金融生态体系。以上数字普惠金融支持乡村振兴的路径是当下主要的方式，但是存在一些混乱的现象，如征信工作仍存在如下乱象。

一是数据库割裂。互联网征信面对企业等组织和个人，国家、地方政府、各大互联网企业都建立了数据库，但是这些数据库之间大多是割裂的，没有形成一个有机整体。因为地区之间缺乏共享数据资源的平台，各大企业之间的数据涉及企业的核心竞争力，也难以实现共享，使得政府和企业之间没有达成征信工作的共识。数据库之间的割裂，不仅加大了不同主体收集客户信息的工作量，也难以统一信用信息标准。二是虚假数据。运用大数据、区块链、云计算等数字技术收集信用信息夹杂着诸多虚假信息、虚假数据、伪造数据，难以判断真伪，这势必会增加金融供给主体的贷款风险。征信工作是数字普惠金融支持乡村振兴的重要一步，优化数字普惠金融支持乡村振兴的路径，在统一的标准和程序下致力金融服务，对于降低各大金融供给主体重复收集数据的成本、提高数字普惠金融的服务水平、满足不同群体的真正需求具有重要意义。

（五）数字乡村治理应用程度较低，数字治理潜力有待挖掘

数字经济的发展，对提升乡村治理水平有着积极意义。从整体上看，在

发挥数字经济优势、提升乡村治理水平方面仍有较大的潜力。

数字经济在推动乡村优良传统与文化方面仍做得不够。乡村保留着大量的优良传统和文化，如何让这些传统和文化发挥出应有的作用，数字经济有着较大的空间。例如，在传统文化的现代化传播方面，存在两种趋势：一种是只看重文化价值，忽略其经济价值，即使在利用数字技术将这些文化形式变得可视化、可传播时，对后期的传播、传承等也没有相应的计划和承接；另一种是将传统文化进行数字化时，过分关注文化的经济价值，重视传播效应，为了迎合传播需求，对传统文化进行篡改。这些在乡村传统文化传承方面都是必须注意的。

数字经济在乡村治理参与方面仍有不足。在调研中发现，很多地方的乡村治理过程中，也建立了公众号、数字平台等，且村民的注册人数也不少，但是这些公众号内容、平台内容更新不及时，群众参与度较低。例如，基层政府存在自利性的偏好，通常会采取选择性执行的方式进行回应，使得乡村治理政策"悬浮化"，严重背离制度设计的初衷，导致一些项目资金分配不均衡，项目监管不到位、项目资金使用不透明等问题突出。对这些项目的立项、建设、管理等都缺乏及时的信息公开。志愿者服务是乡村服务中正在快速上升的一类服务需求，我国乡村志愿服务非常薄弱，调研显示，2016年农村地区的志愿服务组织数量只占全国志愿服务组织数量的5.53%。[①] 通过数字技术，推动乡村志愿服务快速提升。这些方面的数字技术应用水平仍有不足。

此外，在利用数字技术加强农村生态治理、防范电信诈骗及非法集资方面也有较大的提升空间。课题组调研发现，我国城乡在生态治理方面依然存在一定差距。农村地区污水处理率低与处理设施闲置同时发生。以污水处理率为例，2017年农村污水处理率仅为22.00%，而城市地区达到了94.54%。根据审计署发布的《2018年第2号公告：2017年第四季度国家重大政策措

[①] 中国志愿服务联合会编著《中国志愿服务发展报告（2017）》，社会科学文献出版社，2017。

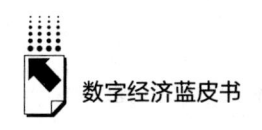

施落实情况跟踪审计结果》，我国环保项目建设缓慢或建成后闲置情况较为严重。有些省份污水处理设施真正运行率不到10%。利用数字技术，能够对这些设施的运行进行动态监测，使其效用更好地发挥出来。课题组在调研中还发现，乡村地区电信诈骗、非法集资等问题仍时有发生，而如何利用数字技术防范这些涉众型犯罪、维护农村居民的财产安全，也是需要进一步加强的工作。

五　数字经济助力乡村振兴的政策建议

针对数字经济助力乡村振兴的现状与问题，要强化顶层设计，加大因地制宜的综合试验，积极宣传推广特色案例，通过以点带面的方式进一步推动数字经济与农业农村经济的融合发展（温涛、陈一明，2020）。由此，提出以下政策建议。

（一）健全数字经济助力乡村振兴利益分配机制

建立政府与平台企业合作模式，建立平台直接为农产品生产者尤其是小生产者服务的模式。数字经济助力乡村振兴过程中，在利益分配方面，直接面向农产品小生产者服务的模式具有较多的优势。一是能够更好地为农民增收。利用数字平台，使农产品的小生产者摆脱对中间商的依赖，不但能够获得生产收益，更能够获得经营收益。二是有利于提高农产品的品质。农产品生产者直接面对市场，能够更好地响应市场需求，根据客户的反馈情况，提高农产品的品质。三是做好产销对接，从根本上解决农产品的销售难题。

从实地调研的成果来看，政府与平台企业合作，推动平台直接为农产品生产者服务，需要有一系列的支持政策。

一是关注农业全产业链中的利益分配，建立利益分配指导原则。利用数字技术对农业全产业链进行反向改造，整合各种产业链资源，把产业链条的种植、加工、流通等环节的利益都尽量留在乡村，让农户参与更多环节的利益分配。在利益分配过程中，应根据共同富裕原则，明确各环节对价值创造的贡献,并据此建立农业全产业链的利益分配指导原则。

二是创新培训机制。要通过政企合作,利用数字平台,加强农产品生产者在电商运营、直播带货、产品选品等方面的能力培训,从而使其具有与平台直接对接的能力。政府部门应通过财政、税收、政府采购等多种政策手段,支持平台对相关主体的能力培训。

在这方面,有一些平台有着较丰富的经验。例如,在全国范围内,京东连续开展"领鲜计划"培训课堂,对数千人进行了培训,京东基于新冠肺炎疫情引发的农产品滞销给大部分生鲜商家经营造成很大影响,为了帮助全国生鲜农产品打开销路,帮助线上生鲜商家渡过难关,同时免费提供500个价值300万元的代运营服务套餐名额,一站式解决方案赋能产地商家完成电商入门,使农产品生产者能够直接与商家对接。

三是鼓励平台企业整合生产资源,深入实体经济生产过程。平台在整合消费者资源方面做了很多工作,但是在整合生产资源方面,仍有较大的空间。要通过政策引导,推动平台企业全面深入乡村产业链。尤其是要整合好平台的生态资源,如物流资源、信息资源、科技资源等,发挥平台的资源整合功能,更好地为小生产者服务。

四是积极推动各种商业模式创新试点,持续完善利益分配机制。在风险可控的情况下,推动平台进行农业众筹、"土地认养"、社区支持农业(CSA)等相关的商业模式创新。推动发展创意农业、认养农业、观光农业、都市农业等新业态,提高农业生产效益,丰富农村居民的收入来源。其核心是缩短农业生产经营产业链,延伸科技链和价值链。

五是建立流媒体等方面的激励机制。通过政府部门设立奖励基金等方式,鼓励本地或其他地区的网络达人为乡村产品营销、乡村文旅推广等制作流媒体,提高其制作的动力和积极性。

(二)推进数字平台全链路嵌入农业生产过程

农产品的生产,包括上游的产品研发、供应链管理、资金服务,到生产过程管理、质量控制、产品标准,再到下游的营销模式、产品包装、物流、

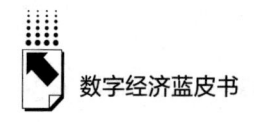

售后服务等，是一个非常复杂的产业链。这个产业链不是个体农民能够解决的。数字平台依托用户优势、产业链控制优势、数据优势、技术优势等，能够嵌入农业全产业链，解决单纯利用数字平台进行销售农产品过程中的产业链不稳定、利益分配不均衡等问题。

第一，鼓励数字平台帮助个体农民精准对接市场。一方面可以收集用户的需求，根据用户的评价等大数据，进一步完善农产品生产的质量标准；另一方面，可以通过对投入品、生产过程等进行可视化的质量监控，从而提高质量稳定性，实现产品安全。

第二，大力支持农资数字化的新领域，支持现有的数字平台拓展农资业务，鼓励建设一批农资数字化平台。农资数字化的意义不仅仅在于利用数字经济优势，通过减少农资采购、种植服务、农产品加工和销售的中间环节，降低农业生产和农产品销售成本，更在于中间环节减少产生的附加利润可反哺农民，覆盖农民种地成本。农资数字化还使交易过程数据化与可视化，为建立农业生产溯源体系提供基础。与此同时，农资电商还可以与金融科技、农业科技等融为一体，实现对"三农"的全方位服务。

第三，支持数字平台从营销平台向资源整合平台转型。农产品生产周期较长，质量、产量受到多方面影响，这需要建立一个完整高效的农业产业化服务体系，数字平台应该整合这些方面的资源，为农业生产提供全方面的服务。例如，农产品质量控制、科技服务、需求分析、产量预测、物流服务、金融服务等。政府应出台双向激励政策，一方面要支持现有的服务企业数字化，上平台提供服务；另一方面要支持平台企业拓展农业产业链的相关服务，与配套服务企业形成利益共享机制。

（三）加强数字经济与乡村振兴人才引进和培养

一是要重视实用型人才的引进。积极实施人才返乡工程、人才柔性引进工程等，引进一批对数字经济与乡村振兴具有促进作用的实用型人才。

二是要创新人才培养机制。在构建农业全产业链过程中，最重要的是培养本地化的人才。电商平台嵌入全产业链之后，更加需要既懂生产经营管理、又懂得电商运营的人才，这些人才不能全靠外部输入，一方面成本高，另一方面外部输入的人才适应当地的环境也需要一个过程。因此，政府要积极与电商平台合作，支持培养各类人才。要建立允许犯错误的人才成长环境，促进本地人才脱颖而出。要实施新型职业农民培育工程，发挥各级政府作用，为农民提供在线培训服务，培养造就一支爱农业、懂技术、善经营的新型职业农民队伍，不断提升农村劳动力数字化水平和能力。在培训机制方面，应大力创新。例如，对新的流媒体培训，需要创新机制。从流媒体的制作与运用来看，这是一个实践性很强的领域，流媒体平台与电商平台都积累了大量的经验，形成了一大批相关案例，因此在对人才进行培训时，政府部门需要跳出原有的人才培训模式，与这些平台企业建立深入合作机制。在这方面，已有一些可资参考的经验，例如，字节跳动联合工业和信息化部、国家发展和改革委、人力资源和社会保障部、国务院扶贫办等13个部门和单位实施"扶贫达人培训计划"和"智美乡村"项目，为多个贫困地区培训新媒体人才4.3万人次，学员创作的内容量227.4万条，传播量245.9亿次。

三是要优化人才创新创业环境。农业的生产特点决定了其难以留住本地人才。因为生产的季节性，决定了长期持续收入不高。因此，需要在农村本地构建良好的创新创业环境，尤其是要将城市地区在双创领域的一些经验及激励政策延伸到乡村地区，使人才在乡村地区留得下、留得住。

（四）利用数字技术打造农村居民生活服务体系

虽然我国农民在服务消费方面的支出快速增长，但对于一些基础生活服务，农村地区呈现随机性、零星化等特征，没有形成一定的规模，不足以支撑农村生活服务成为一个产业，或者说实现产业化发展。从统计数据分析以及实地调研结果看，在农村地区，无论是养老托幼、餐饮娱乐、还是家庭服务等，都未形成常态化与规模化的需求，主要是一些偶发事件形成的零星需求。由于需求不成规模、服务频次较低，尽管从整体上看劳动力成本、房租成本等较低，但是单次服务成本并不低。一个可行的方案是推动人工智能、

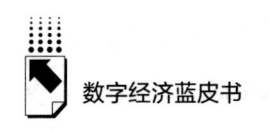

大数据赋能农村实体店，促进线上线下渠道融合发展，降低生活服务提供成本。

从供给看，农村的大量生活服务供应商都是夫妻小店，这些小店在业态创新、需求调查分析、服务产品开发等方面缺乏足够的能力，面对农民变化的生活服务需求，这些小店不能提供适当的产品予以匹配。另外，由于农村居民居住较为分散，一些城市适用的商业模式在农村无法应用。如外卖，在农村地区受限于交通成本，无法实现。而且，虽然农村在土地、劳动力成本等方面具有成本优势，但是由于农村地区的客流量较小、服务距离较长等，农村地区在生活服务成本等方面并不具有明显优势，这也是很多企业不愿意到农村地区提供农村生活服务业的重要原因。

从政策的视角看，推动农村生活服务体系建设，满足百姓生活需求，有以下几条途径。

一是对农村现有的服务机构进行改造，使其服务水平持续提高，为农村居民提供更好的服务。在具体政策措施等方面，可以采取政府补贴等多种方式。这种模式最大的问题是成本高、覆盖面窄、自生能力有限，而且本地化服务商在提高服务水平、实现服务标准化等诸多方面存在短板。

这种方式在中央层面和地方政府层面都有着实践，例如，商务部一直推进的"万村千乡"工程、电子商务进农村示范工程等。这些工程在提高农村生活服务水平、提升覆盖面方面起到了较大的作用。尤其是商贸服务业，原来农村的经营者短板较为明显，通过这种方式，能够起到补齐短板的作用。但是，对农村居民迫切需要的家政服务等，由于原有机构本来就少，采取这种方式难以在短期内奏效。

二是鼓励城市的专业化服务提供商将其网点以直营、加盟等方式向乡村地区延伸，也就是"服务下乡"的模式。这种模式有几个优点。其一是通过连锁经营，有利于将城市服务的先进经验向乡村地区传递，有利于提高乡村地区的服务质量；其二是连锁经营在物料采购等方面具有成本优势；其三是有利于提高服务人员的素质。但是，这种模式也有具体的问题，即农村需求与城市化的供应商之间可能难以吻合，这要求经营者深入研究农村地区的特色，做出更符合农村需求的服务产品。

比如，近几年中国具有代表性的电商企业在"服务下乡"方面都取得了非常可观的成绩。"服务下乡"模式的一个很大的优点就是，城市服务提供者可以将其较为成熟的商业模式、运营模式等，根据农村地区的特点进行改进之后，直接运用到乡村，这样就能够给农村生活服务的质量提供良好的保证，更好地满足农村生活服务的各种需求。

三是推动农村本地居民的服务类电商发展。随着农村地区的空巢化，农村地区对本地化的养老、照料、文化、旅游、出行、餐饮等服务都有着较大的需求。这些基于本地的O2O服务在农村地区有较大的发展空间。但是由于农村地区的特点，对这些服务的满足度很低，如何利用互联网，通过商业模式创新与政策扶持，推动农村地区的服务类电商发展，是未来电商发展的一个新课题，也是政策发力的一个重点。网络具有跨越时空的特点。对农村生活服务业来说，现有的商业模式所面临的悖论是，一方面大多数服务都需要面对面才能完成，另一方面农村人口密度相对城市要低得多。这使得在农村地区对服务的需求难以聚合，完成一些服务的成本非常高。互联网普及之后，对于降低服务过程中的信息沟通成本、快速聚合服务需求等方面能够发挥巨大优势，因此，以互联网为依托建立农村生活服务网络化试点，可以推进互联网在农村服务领域的应用。

在具体政策措施方面，可以推动建立农村生活服务综合应用平台。通过财政资金聚合，支持建设一个本地化的农村生活服务综合应用平台，平台上聚合各类服务资源，将农村生活服务相关的各类应用都聚合在网上，用户可以通过网络找到所需要的服务资源，并在网上实现交易。平台根据用户的身份，分为农村生活服务供给者、消费者、第三方支付平台三大类。这三类用户都在运营平台上注册，实现用户聚合。聚合用户使很多潜在的需求显性化，从而使生活服务的供给者能够更好地提供服务，匹配这些需求，使生活服务业供需两旺，避免因为信息不对称而产生供给无法适应需求的问题。

四是规范有序发展面向乡村居民生活需求的乡村共享经济。"共享经济"是一种充分利用农村现有条件（包括人力资源、土地资源、房屋资源）

发展农村生活服务业的新兴模式。这种模式可以在非常简单的条件下、以非常低的成本为农村居民提供丰富多样的生活服务。其核心要点是鼓励农村劳动力的分享（O2O生活服务）。人口的快速老龄化与农村的空心化，使生活服务越来越重要。如何提供这些服务，需要在商业模式方面创新。充分利用农村现有的劳动力等资源，不但能够降低成本，而且能够提高服务的及时性。例如，在农村地区进行家政服务时，可以充分利用本地化的一些资源。这些服务的劳动者，主要来自农村地区的劳动力，尤其是中老年妇女。这些劳动力在正常条件下难以实现就业，通过共享经济平台，使农村地区的劳动力能够在平台上实现灵活就业。

（五）依托数字技术实现乡村志愿服务跨越发展

我国志愿者服务在城乡之间存在不均衡，乡村志愿者服务严重不足。调研显示，2016年农村地区的志愿服务组织数量只占全国志愿服务组织数量的5.53%。[①] 而农村地区在养老、扶贫、照料、公共事务等诸多方面，对志愿服务的需求却在持续上升。因此，应利用数字技术，大力推动乡村志愿服务跨越式发展。

出台政策引导志愿服务向乡村地区发展。引导志愿服务加入农村生活服务业推广的过程，数字技术能够全面、方便、快捷地将城市与乡村的志愿服务活动有机连接，促进乡村志愿服务与城市相向同步发展。比如，中央及地方政府可以制定有关农村志愿服务的相关条例，实时定量下派志愿者去广大农村地区服务，"手把手"指导和帮助广大农民在农村生活服务业推广过程中遇到的各种问题，通过数字技术，对志愿者的贡献进行大数据记录，对参加志愿服务活动的相关人员给予相应的荣誉和奖励，这样既有利于激发广大志愿者下乡服务的积极性，也有利于推动农村志愿服务在农村地区的快速推广。又如，流媒体是一个非常好的信息普惠工具，其内容有鲜活性，不像文

[①] 中国志愿服务联合会编著《中国志愿服务发展报告（2017）》，社会科学文献出版社，2017。

字等有比较高的阅读门槛。与微信朋友圈相比，用户具有更多的开放性。与博客、微博相比，它具有更多的互动性与易读性。与其他电商平台相比，货架有开放性和按照兴趣定向投放的特点。利用激励政策，可以召集一批流媒体志愿者，从内容的创作、分发、变现等多个环节为用户提供便利。通过志愿者参与，乡村地区的流媒体作品不再通过卖苦来博取同情，不再带有灰色调，而是展示美食、美景等特色资源，试图挖掘乡村固有价值，激活乡村的要素价值，激发乡村内在的发展潜能。

（六）推动建立线上线下协同的乡村治理共同体

线上线下协同治理共同体，应具有平台化、共享化、开放性等方面的特征。平台化是共同体应处于一个有利于沟通与协作的平台。共享化是各个主体之间应建立有利于治理规则制订与实施的共享机制。例如，互联网平台企业应与政府部门建立数据共享、技术共享机制，以实现更高效的治理。而各种虚拟组织之间也应该有相应的规则共享机制，以便于对组织本身进行更良好的治理，并实现与其他主体的治理协同。在信息和数据共享方面，应出台相应激励保障措施，鼓励各地区、各部门间的信息共享、资源互换，依赖合作的方式发挥核心优势实现互利共赢。加强各层级规划的全面衔接，把数字乡村建设全面融入相关规划（夏杰长，2021）。

"治理共同体"的概念，要求打破部门、产业以及行业利益的局限，加快建设统一的社会治理信息系统，消除信息孤岛的不利影响。同时，要解决数据共享过程中的潜在风险与难题。例如，各个地方普遍引入的视频监控、人脸和手机信号识别比对、卫星遥感、实时人群特征统计分析等系统和技术，在提升治理水平方面卓有成效，但所面临的依法维持数据和隐私安全、保护人民人格权方面的压力也越来越大。在线上治理方面，一些大型互联网平台公司已积累了许多数据，并拥有与治理相关的技术，这些数据与技术对强化线上治理具有重要意义。在线上治理过程中，还根据互联网空间的特征，形成了一系列的线上治理规则，这些规则相对现有的政府机构治理规则，具有更大的灵活性、弹性与适应性，这些规则也是在互联网空间治理过程中值得深入研究的。互联网还为网民、各种虚拟组织参与社会治理提供了更为便捷的工具与更为高效的机制，这使网民、虚拟组织都能够真正成为互联网空间治理的主体。

综上所述，数字经济与农业农村经济的融合发展正逐步成为多方位促进农业升级、农村进步和农民发展的强劲动力，充分显示出未来中国农业农村经济高质量发展的巨大潜力。全社会要充分利用"后发优势+顶层设计+创新驱动+本土特色"的方式，实现创新突破性的跨越式发展，加快稳步推进数字经济与农业农村经济融合发展，这不仅有利于推进农业供给侧结构性改革，提升农业竞争力和可持续发展能力，更有利于数字经济与乡村振兴战略的有机衔接，从而为实现"共识、共建、共为、共享"的良好社会发展方式提供持续动力。

参考文献

曹前、沈丽珍、甄峰：《中国互联网企业空间演化与城市网络特征研究》，《人文地理》2018年第5期。

曹锐、钱海婷：《新型城镇化发展视角下农村人力资源现状与发展对策研究》，《农业经济》2020年第3期。

范剑勇、陈至奕：《"互联网+"的城市和城乡差异——来自工业企业和阿里巴巴的证据》，《学术研究》2017年第10期。

何广文、刘甜：《乡村振兴背景下农户创业的金融支持研究》，《改革》2019年第9期。

胡鞍钢、周绍杰：《新的全球贫富差距：日益扩大的"数字鸿沟"》，《中国社会科学》2002年第3期。

〔美〕凯斯·桑斯坦：《网络共和国：网络社会中的民主问题》，黄维明译，上海人民出版社，2003。

刘秋丽：《农村人力资源管理的现状、障碍及其破解》，《农业经济》2020年第9期。

〔美〕迈克尔·塞勒：《移动浪潮：移动智能如何改变世界》，邹韬译，中信出版社，2013。

毛宇飞、李烨：《互联网与人力资本：现代农业经济增长的新引擎——基于我国省际面板数据的实证研究》,《农村经济》2016年第6期。

莫媛、周月书、张雪萍:《县域银行网点布局的空间效应——理解农村金融资源不平衡的一个视角》,《农业技术经济》2019年第5期。

潘锡泉:《数字普惠金融帮扶低收入群体的逻辑机理及实现机制》,《区域经济评论》2019年第4期。

庞艳宾:《数字普惠金融助力乡村振兴》,《人民论坛》2020年第1期。

沈费伟:《乡村技术赋能:实现乡村有效治理的策略选择》,《南京农业大学学报(社会科学版)》2020年第2期。

魏华、王勇、万辉:《C2C电子商务卖家空间分布特征——以湖北省为例》,《中国流通经济》2016年第8期。

温涛、陈一明:《数字经济与农业农村经济融合发展:实践模式、现实障碍与突破路径》,《农业经济问题》2020年第7期。

温涛、朱炯、王小华:《中国农贷的"精英俘获"机制:贫困县与非贫困县的分层比较》,《经济研究》2016年第2期。

夏杰长:《以数字乡村建设激活乡村振兴新动能》,《经济日报》2021年3月19日。

许竹青、郑风田、陈洁:《"数字鸿沟"还是"信息红利"?信息的有效供给与农民的销售价格——一个微观角度的实证研究》,《经济学(季刊)》2013年第4期。

杨佩卿:《数字经济的价值、发展重点及政策供给》,《西安交通大学学报(社会科学版)》2020年第2期。

张晓山、韩俊、魏后凯等:《改革开放40年与农业农村经济发展》,《经济学动态》2018年第12期。

郑美华:《农村数字普惠金融:发展模式与典型案例》,《农村经济》2019年第3期。

中国互联网络信息中心:《第48次中国互联网络发展状况统计报告》,2021年8月。

中国信息通信研究院:《2021年中国数字经济发展白皮书》,2021年4月。

中国志愿服务联合会编著《中国志愿服务发展报告(2017)》,社会科学文献出版社,2017。

Barkley, D. L., Lamie, R. D., and Markley, D. M., "Case Studies of E-Commerce in Small and Medium-sized Enterprises: A Review of the Literature", UCED Working Paper 2007-01, 2007.

Bukht, R., and Heeks, R., "Defining, Conceptualising and Measuring the Digital Economy", *International Organisations Research Journal*, 13 (2), 2018: 143-172.

Cairncross, F., *The Death of Distance: How the Communications Revolution Is Changing our Lives* (Boston: Harvard Business School Press, 2001).

Forman, C., Goldfarb, A., and Greenstein, S., "The Internet and Local Wages: A Puzzle", *American Economic Review*, 102 (1), 2012: 556-575.

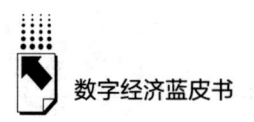

Furuholt, B., Kristiansen, S., and Wahid, F., "Gaming or gaining? Comparing the use of Internet cafés in Indonesia and Tanzania", *International Information & Library Review*, 40 (2), 2008: 129-139.

Goldfarb, A., and Tucker, C., "Digital Economics", NBER Working Paper 23684, 2018.

Hindman, D. B., "The Rural-Urban Digital Divide", *Journalism & Mass Communication Quarterly*, 77 (3), 2000: 549-560.

Kharas, H., "The Emerging Middle Class in Developing Countries", OECD Development Centre Working Papers 285, OECD Publishing, 2010.

Nath, P., "E-Commerce: Socio-Economy Impact", Pratidhwani the Echo, 2013.

Rosston, G. L., Savage, S. J., and Waldman, D. M., "Household demand for broadband internet service", *Communications of the ACM*, 54 (36), 2011: 29-31.

Sinai, T., and Waldfogel, J., "Geography and the Internet: Is the Internet a Substitute or a Complement for Cities?" *Journal of Urban Economics*, 56 (1), 2004: 1-24.

B.9
中国智能城市建设与发展：
设施、治理与经济生活

黄浩 李超 赵京桥*

摘　要： 智能城市作为将信息技术与经济社会各领域深度融合的城市发展模式，已经成为现代城市发展的必然趋势。本文从城市基础设施智能化、城市治理智能化、城市经济智能化和城市生活智能化四个维度构建了中国智能城市评价指标体系，通过主成分分析法对中国70个大中城市的智能化发展水平与规律进行评估总结。结果显示，中国城市智能化水平在不同地域之间还不平衡，中心城市与外围城市、东部地区与中西部地区的城市智能化发展在各维度都表现出明显的差异。本文在分析中国智能城市发展现状的基础上，针对中国城市智能化建设中存在的问题提出详实的政策建议，希望为我国智能城市建设提供经验借鉴与有益参考。

关键词： 智能城市　评价指标体系　主成分分析法

智能城市（Intelligent City）作为信息技术与经济社会各领域深度融合的城市发展模式，已经成为城市发展的更高阶段与必然趋势。作为"人工

---

* 黄浩，经济学博士，研究员，中国社会科学院财经战略研究院服务经济与互联网经济研究室副主任，主要研究方向为数字经济；李超，经济学博士，副研究员，中国社会科学院财经战略研究院城市与房地产经济研究室副主任，主要研究方向为城市与房地产经济；赵京桥，经济学博士，中国社会科学院财经战略研究院助理研究员，主要研究方向为互联网经济、流通经济。

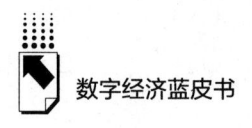

智能+智慧城市"的城市发展进阶模式，智能城市强调运用人工智能、大数据等网络信息技术，实现城市综合信息的分析判断与应用，为人们管理生产生活提供智能决策，最终将城市发展成为具有高度智能、全面优化的开放复杂系统。

《中华人民共和国国民经济和社会发展第十四个五年规划和2035年远景目标纲要》（简称"十四五"规划）明确提出，"以数字化助推城乡发展和治理模式创新，全面提高运行效率和宜居度，分级分类推进新型智慧城市建设"，要将智能化建设应用到城市发展的各个层面，为我国智能城市建设指明了方向。建设智能城市是新基建、数字中国、新型城镇化等国家战略在城市领域的体现，代表了我国城市发展的新理念、新路径与新趋势。

本文通过建立中国智能城市评价指标体系，对国家统计局公布的70个大中城市的智能化建设进展进行统计评估与排名，旨在摸清当前我国智能城市发展的现状与规律，希望为我国智能城市建设提供经验借鉴和有益参考，并以智能城市建设推动城市经济社会高质量发展。

一 中国智能城市评价指标体系构建与评价结果

（一）指标选择

中国智能城市评价指标体系是使用具体可测的指标来衡量城市智能化发展的状况与水平的。它对当前我国城市智能化发展有着重要意义。本文遵循"科学性、系统性、可行性和可比性"的基本原则，结合城市智能化发展的目标、规划、任务与当前智能化发展实践，筛选出能够反映城市智能化运行情况的诸多指标并进行分类汇总，最终建立了包括4个一级指标、16个二级指标与25个具体变量的智能城市评价指标体系（见表1）。

本文将国家统计局公布的70个大中城市作为样本范围，这70个大中城市是我国城镇化建设中颇具代表性的城市，能够较为清晰地反映我国智能城市建设情况。相关指标的数据来源包括阿里云平台、国家统计局、京东研究院、中国政府网站绩效评估-电子政务智库、《中国城市统计年鉴》、《中国智慧城市发展水平评估报告（2020）》、《2020年通信业年度统计数据》与互联网公开资料。

表1 中国智能城市评价指标体系

一级指标	二级指标	具体变量
城市基础设施智能化	信息基础设施	每万人5G基站
		互联网宽带接入普及率
	融合基础设施	智能能源
		智能水务
		智能交通
城市治理智能化	网络政务在线公开	网络政务在线公开
	政府在线服务	政府在线服务
	政务服务便捷度	政务服务便捷度
	城市行政服务平台	城市行政服务平台
	社保公积金服务平台	社保公积金服务平台
	公共数据开放	公共数据开放
	智慧监管应用	智慧监管应用
	健康码开通与使用	健康码开通与使用
城市经济智能化	经济基础	GDP增速
		人均GDP
		三产占比
		专利申请数
	智能产业	第三方商家数量
		产品供应商数量
		网购消费者人口占比
		电商消费额社零比
城市生活智能化	智慧医疗	智慧医疗
	智慧教育	智慧教育
	智慧养老	智慧养老
	智慧文旅	智慧文旅

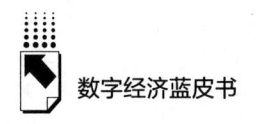

1. 城市基础设施智能化

在推进新型城市建设、提高城市智能化水平进程中，城市基础设施智能化建设具有先导性、战略性和基础性作用。随着经济社会和政府数字化进程加快，城市建设和发展对信息基础设施和市政基础设施的智能化以及其他新型基础设施的需求越来越大，要求越来越高。新型基础设施的建设为城市基础设施建设指明了发展方向，是新时期进一步提高城市基础设施智能化水平、支撑城市智能化发展的重要抓手，是"十四五"城市智能化发展的基础工程。城市基础设施智能化评估从信息基础设施与融合基础设施两个维度设置二级指标，即2个二级指标。其中，信息基础设施下设每万人5G基站和互联网宽带接入普及率2个具体变量，融合基础设施下设智能能源、智能水务和智能交通3个具体变量。

2. 城市治理智能化

2020年，习近平总书记在浙江考察时指出，"运用大数据、云计算、区块链、人工智能等前沿技术推动城市管理手段、管理模式、管理理念创新，从数字化到智能化再到智慧化，让城市更聪明一些、更智慧一些，是推动城市治理体系和治理能力现代化的必由之路"。近年来，新冠肺炎疫情对全球秩序和城市体系造成了巨大冲击，如何借助数字化手段科学构建辅助决策机制、不断提升城市治理水平，以及如何更加"及时、有效、智慧"地应对公共卫生、灾害应对、社会安全等突发公共事件，成为新时代战略背景下全社会需要进一步共同思考的核心议题。城市治理智能化评估将网络政务在线公开、政府在线服务、政务服务便捷度、城市行政服务平台、社保公积金服务平台、公共数据开放、智慧监管应用、健康码开通与使用8个具体变量作为二级指标。

3. 城市经济智能化

实现经济智能化运行是智慧城市建设的关键环节，也是体现城市智能化程度的重要标准。作为全球新技术革命的重要标志和新旧动能转换的重要引擎，以ABC技术［AI（人工智能）、Big Data（大数据）、Cloud

Computing（云计算）］为主要特征的数字经济快速发展，并深刻改变着城市生产生活方式。城市经济智能化评估从城市的经济基础与智能产业两个维度设置二级指标，即2个二级指标。经济基础衡量智慧城市经济发展水平，经济发展态势良好不仅能为城市产业智能化运行提供经济支持，也能代表经济智能化水平提高反哺城市经济发展的成果；智能产业发展水平直接反映了经济智能化运行的进程。在二级指标的基础上，又可以分解出8个具体变量。其中，GDP增速、人均GDP、三产占比、专利申请数4个变量反映城市经济基础情况；第三方商家数量、产品供应商数量、网购消费者人口占比、电商消费额社零比4个具体变量衡量城市智能产业情况。

4. 城市生活智能化

人是城市发展的根本，改善民生、提高城市生活质量是城市建设发展的出发点和落脚点。上述城市基础设施智能化、城市治理智能化、城市经济智能化深度融合发展的最终目的都是实现经济社会发展重点领域的突破，不断满足人民日益增长的美好生活需要。因此，从社会服务角度出发，选择智慧医疗、智慧教育、智慧养老与智慧文旅4个具体变量作为评价城市生活智能化水平的二级指标。

（二）中国智能城市发展综合评价结果

本文在对数据处理的过程中采用SPSS21作为分析工具，采用降维的方法得出相关系数矩阵，并计算出旋转后的公因子方差、方差贡献率和累计贡献率，再利用最大方差法进行因子旋转。

首先，测算公因子方差，测算结果如表2所示。由表2可知，这25个变量的共性方差均大于0.5，且大部分接近或者超过0.8，表示提取的主成分能够很好地解释评价指标，达到主成分分析要求。

然后通过共同度分析之后，测算主成分的特征值、方差贡献率以及累计方差贡献率，以此选定主成分个数。具体结果如表3所示。

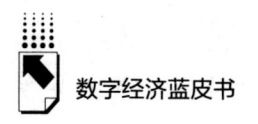

表2 公因子方差

变量	初始	提取	变量	初始	提取
第三方商家数量	1.000	0.907	智慧医疗	1.000	0.726
产品供应商数量	1.000	0.908	智慧教育	1.000	0.812
网购消费者人口占比	1.000	0.775	智慧养老	1.000	0.612
电商销售额社零比	1.000	0.782	智慧文旅	1.000	0.895
人均GDP	1.000	0.811	网络政务在线公开	1.000	0.767
GDP增速	1.000	0.679	政府在线服务	1.000	0.707
三产占比	1.000	0.831	政务服务便捷度	1.000	0.698
专利申请数	1.000	0.891	城市行政服务平台	1.000	0.686
智能能源	1.000	0.669	社保公积金服务平台	1.000	0.596
智能水务	1.000	0.574	公共数据开放	1.000	0.657
智能交通	1.000	0.698	智慧监管应用	1.000	0.620
每万人5G基站	1.000	0.844	健康码开通与使用	1.000	0.760
互联网宽带接入普及率	1.000	0.757			

表3 解释的总方差

成分	初始特征值			提取平方和载入			旋转平方和载入		
	合计	方差贡献率（%）	累计方差贡献率（%）	合计	方差贡献率（%）	累计方差贡献率（%）	合计	方差贡献率（%）	累计方差贡献率（%）
1	10.044	40.175	40.175	10.044	40.175	40.175	5.264	21.056	21.056
2	2.532	10.127	50.301	2.532	10.127	50.301	3.448	13.791	34.847
3	1.739	6.958	57.259	1.739	6.958	57.259	3.007	12.029	46.876
4	1.225	4.901	62.160	1.225	4.901	62.160	2.080	8.318	55.194
5	1.083	4.333	66.493	1.083	4.333	66.493	2.036	8.144	63.338
6	1.021	4.086	70.579	1.021	4.086	70.579	1.580	6.321	69.660
7	1.014	4.056	74.635	1.014	4.056	74.635	1.244	4.975	74.635
8	0.817	3.269	77.904						
9	0.721	2.886	80.790						
10	0.664	2.656	83.446						
11	0.629	2.517	85.963						
12	0.608	2.433	88.396						

续表

成分	初始特征值			提取平方和载入			旋转平方和载入		
	合计	方差贡献率（%）	累计方差贡献率（%）	合计	方差贡献率（%）	累计方差贡献率（%）	合计	方差贡献率（%）	累计方差贡献率（%）
13	0.504	2.018	90.414						
14	0.448	1.791	92.205						
15	0.344	1.377	93.582						
16	0.306	1.224	94.806						
17	0.256	1.023	95.830						
18	0.217	0.868	96.698						
19	0.209	0.838	97.535						
20	0.189	0.754	98.290						
21	0.144	0.575	98.865						
22	0.119	0.474	99.339						
23	0.089	0.358	99.697						
24	0.075	0.301	99.998						
25	0.000	0.002	100.000						

从表3中可以看出，最大的7个主成分特征值分别为10.044、2.532、1.739、1.225、1.083、1.021和1.014，对应的方差贡献率为40.175%、10.127%、6.958%、4.901%、4.333%、4.086%和4.056%，累计方差贡献率高达74.635%，满足主成分分析的设定要求，说明提取的7个主成分可以代表原来25个变量的信息量。由表3可知，第三个因子、第四个因子、第五个因子、第六个因子和第七个因子的方差贡献率较低，合计为24.334%，表明这五个因子对智能城市水平影响有限；第一个和第二个因子方差贡献率合计为50.301%，其中每万人5G基站、网络政务在线公开、人均GDP和专利申请数载荷较大，可以认为这些变量是发展智能城市的重要支撑和必不可少的要素。

提取主成分之后，根据初始因子载荷矩阵也就是成分矩阵（见表4）以

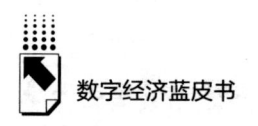

及上面得到的主成分相应特征根，计算出主成分特征值相应的标准化正交特征向量即成分得分系数矩阵。具体结果如表5所示。

表4 成分矩阵

变量	成分						
	1	2	3	4	5	6	7
第三方商家数量	0.818	-0.179	-0.350	0.099	-0.231	0.013	0.142
产品供应商数量	0.823	-0.178	-0.343	0.102	-0.225	0.006	0.144
网购消费者人口占比	0.787	-0.222	-0.175	-0.174	-0.101	0.133	-0.132
电商销售额社零比	0.508	-0.618	-0.086	-0.205	-0.172	0.238	-0.076
人均GDP	0.865	0.185	0.054	-0.053	-0.136	0.036	-0.050
GDP增速	0.213	0.640	-0.008	0.306	-0.104	0.172	-0.298
三产占比	0.529	-0.473	0.414	-0.074	0.173	0.243	0.247
专利申请数	0.858	-0.198	-0.218	0.132	-0.194	-0.086	0.077
智能能源	0.723	0.197	0.195	-0.212	0.133	-0.077	-0.020
智能水务	0.615	0.359	0.109	-0.078	-0.203	0.006	0.090
智能交通	0.811	0.010	0.005	-0.042	0.004	-0.155	-0.118
每万人5G基站	0.895	-0.111	0.061	-0.050	-0.026	-0.142	0.060
互联网宽带接入普及率	0.694	-0.044	0.303	-0.184	0.180	0.273	-0.203
智慧医疗	0.734	0.187	0.243	-0.037	0.006	-0.283	-0.105
智慧教育	0.401	0.216	-0.189	-0.061	0.230	-0.598	0.394
智慧养老	0.370	0.208	0.454	-0.388	-0.242	-0.114	-0.053
智慧文旅	0.365	0.150	0.417	0.303	0.297	0.285	0.552
网络政务在线公开	0.230	0.802	-0.141	-0.170	-0.010	0.145	-0.016
政府在线服务	0.468	0.427	-0.335	-0.146	0.307	0.277	-0.018
政务服务便捷度	0.532	0.208	-0.144	0.523	-0.185	0.167	0.123
城市行政服务平台	0.597	-0.315	0.118	0.250	0.269	-0.147	-0.245
社保公积金服务平台	0.535	-0.078	-0.317	0.151	0.378	0.035	-0.191
公共数据开放	0.569	0.086	-0.317	-0.379	0.180	0.131	0.182
智慧监管应用	0.484	0.099	0.487	0.227	-0.293	-0.026	0.012
健康码开通与使用	0.667	-0.082	0.122	0.270	0.299	-0.161	-0.325

表 5 成分得分系数矩阵

变量	成分						
	1	2	3	4	5	6	7
第三方商家数量	0.081	-0.071	-0.201	0.081	-0.213	0.013	0.140
产品供应商数量	0.082	-0.070	-0.197	0.083	-0.208	0.006	0.142
网购消费者人口占比	0.078	-0.088	-0.100	-0.142	-0.093	0.130	-0.130
电商销售额社零比	0.051	-0.244	-0.049	-0.167	-0.159	0.233	-0.075
人均 GDP	0.086	0.073	0.031	-0.043	-0.126	0.035	-0.050
GDP 增速	0.021	0.253	-0.005	0.250	-0.096	0.168	-0.294
三产占比	0.053	-0.187	0.238	-0.061	0.159	0.237	0.244
专利申请数	0.085	-0.078	-0.125	0.107	-0.179	-0.084	0.076
智能能源	0.072	0.078	0.112	-0.173	0.123	-0.076	-0.019
智能水务	0.061	0.142	0.063	-0.063	-0.187	0.006	0.089
智能交通	0.081	0.004	0.003	-0.034	0.004	-0.152	-0.116
每万人 5G 基站	0.089	-0.044	0.035	-0.041	-0.024	-0.139	0.059
互联网宽带接入普及率	0.069	-0.017	0.174	-0.150	0.166	0.268	-0.200
智慧医疗	0.073	0.074	0.140	-0.031	0.005	-0.277	-0.104
智慧教育	0.040	0.085	-0.108	-0.050	0.213	-0.586	0.388
智慧养老	0.037	0.082	0.261	-0.317	-0.223	-0.112	-0.052
智慧文旅	0.036	0.059	0.240	0.247	0.274	0.279	0.544
网络政务在线公开	0.023	0.317	-0.081	-0.139	-0.010	0.142	-0.016
政府在线服务	0.047	0.169	-0.192	-0.119	0.283	0.272	-0.018
政务服务便捷度	0.053	0.082	-0.083	0.427	-0.170	0.163	0.122
城市行政服务平台	0.059	-0.125	0.068	0.204	0.248	-0.144	-0.242
社保公积金服务平台	0.053	-0.031	-0.182	0.123	0.349	0.034	-0.188
公共数据开放	0.057	0.034	-0.182	-0.309	0.166	0.128	0.179
智慧监管应用	0.048	0.039	0.280	0.186	-0.271	-0.025	0.012
健康码开通与使用	0.066	-0.032	0.070	0.221	0.276	-0.158	-0.320

将第一、第二、第三、第四、第五、第六、第七个因子命名为 $F1$、$F2$、$F3$、$F4$、$F5$、$F6$、$F7$，再根据各公因子得分和方差贡献率计算出综合得分。

$$F = (10.044/18.7) \times F1 + (2.532/18.7) \times F2 + (1.739/18.7) \times F3 \\ + (1.225/18.7) \times F4 + (1.083/18.7) \times F5 + (1.021/18.7) \times F6 \quad (1) \\ + (1.014/18.7) \times F7$$

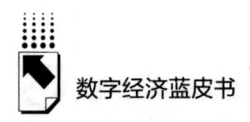

根据式（1）计算出 70 个城市的最终得分情况，并将其进行均值为 50、标准差为 10 的标准化处理，最后得出 70 个城市的智能城市综合得分及排名（见表6）。

表6　智能城市综合得分及排名

排名	城市	Z_F	排名	城市	Z_F
1	深圳	93.600	36	韶关	47.285
2	北京	86.546	37	三亚	47.281
3	广州	78.614	38	长春	47.211
4	上海	78.377	39	洛阳	46.379
5	杭州	61.123	40	九江	46.328
6	厦门	60.366	41	蚌埠	45.998
7	泉州	60.242	42	海口	45.782
8	成都	60.027	43	平顶山	45.437
9	天津	54.637	44	常德	45.419
10	南京	54.480	45	南充	45.282
11	金华	54.009	46	桂林	45.279
12	宁波	53.743	47	岳阳	45.244
13	西安	53.722	48	赣州	45.007
14	无锡	53.572	49	北海	44.889
15	郑州	53.113	50	哈尔滨	44.554
16	武汉	52.992	51	贵阳	44.470
17	惠州	52.805	52	唐山	44.469
18	合肥	51.648	53	烟台	44.446
19	沈阳	51.580	54	南宁	44.275
20	青岛	51.526	55	湛江	44.218
21	扬州	51.412	56	济宁	44.209
22	福州	51.046	57	大理	43.817
23	南昌	50.603	58	银川	43.765
24	济南	50.397	59	泸州	43.750
25	长沙	50.143	60	兰州	43.530
26	秦皇岛	50.003	61	太原	43.519
27	大连	49.820	62	包头	43.321
28	徐州	49.603	63	遵义	43.171
29	呼和浩特	49.026	64	安庆	42.886
30	襄阳	48.949	65	乌鲁木齐	42.866
31	石家庄	48.605	66	丹东	42.120
32	温州	48.536	67	牡丹江	41.385
33	宜昌	47.568	68	锦州	40.879
34	重庆	47.567	69	吉林	39.466
35	昆明	47.370	70	西宁	39.254

从结果来看，深圳、北京、广州和上海等智能城市综合得分较高，在70个城市中排在第一梯队。杭州、厦门、泉州、成都等13个城市处于第二梯队，合肥、沈阳、青岛、扬州等15个城市位于第三梯队，宜昌、重庆、昆明、韶关等38个城市处于第四梯队。综合来看，70个样本城市的智能化排名具有以下特征。一是智能城市发展水平受诸多指标的影响，但主要体现在经济智能化和基础设施智能化。经济智能化是智能城市发展的重要支撑，基础设施智能化是智能城市发展的前提和保障。智能城市排名靠前的城市一般经济智能化指标表现比较突出，制约这类城市的主要因素是城市生活智能化和城市治理智能化，而排名靠后城市一般城市经济智能化指标表现不佳。二是智能城市水平不平衡，其中一线城市和省会城市的智能化水平较高，而经济欠发达地区和外围城市的智能化水平较为滞后，东部和中部地区城市与西部和东北地区城市之间的智能化水平差异也较为明显。

二 发展新型基础设施，提升城市基础设施智能化水平

（一）城市基础设施智能化的使命与任务

城市基础设施是城市生存和发展所必须具备的工程性基础设施和社会性基础设施的总称，是城市中为保障各种经济、社会活动正常运行的各类设施和服务的总称。传统城市基础设施一般指工程性基础设施，包括城市能源供给系统、城市给排水系统、城市交通系统、城市邮政通信系统、城市环境卫生系统与城市防灾系统这六大基础设施。在城市的发展进程中，从农业社会、工业社会到信息社会，从蒸汽时代到电气化时代，城市基础设施的内涵都在跟随着社会、经济的发展，城市生存和发展的需要而不断与时俱进。城市基础设施智能化是信息技术与基础设施融合发展的重要表现，是人类社会进入信息社会后，城市的生存和发展对城市基础设施建设和发展带来新的需求，也是城市基础设施发展的重要特征和趋势。

从当前我国城市基础设施发展进程来看，城市基础设施智能化建设主要包含三大部分内容。第一部分是支撑城市智能化发展的信息基础设施，包括宽带、5G移动通信、物联网、数据中心和智能计算中心等，主要为城市智能化发展提供信息收集、传输、存储和处理服务，是发展的基础。第二部分是包括城市能源供给系统、城市给排水系统、城市交通系统、城市环境卫生系统和城市防灾系统在内的五类传统基础设施的智能化发展，即通过深度应用互联网、大数据、人工智能等技术，支撑传统基础设施转型升级，进而形成融合基础设施：智能能源系统、智能给排水系统、智能交通系统、智能环境卫生系统和智能防灾系统。通过数字化、智能化应用提升传统基础设施使用效率是基础设施智能化的重要目标和任务，也是城市智能化发展的重要表现和基础。第三部分是因城市智能化发展需要产生的基于数字资源的创新基础设施，包括但不限于城市大脑基础平台，公共数据平台及相关数据、技术标准等。城市大脑是基于云计算、大数据、物联网、人工智能等全新一代信息技术构建的，支撑经济、社会、政府数字化转型的城市开放性智能运营平台。① 其核心功能在于通过对城市各领域数据资源的汇集、整合、开发，提升数据应用价值，实现以数据资源为基础的城市治理模式和服务模式创新。随着越来越多的城市开始规划建设城市大脑，城市大脑建设和运营所需要的基础设施也必须加快建设（见图1）。

（二）城市基础设施智能化发展情况

从"十二五"开始，城市基础设施智能化发展在《通信业"十二五"规划》《能源发展"十二五"规划》《交通运输行业智能交通发展战略（2012—2020年）》《全国水利信息化发展"十二五"规划》等各部门出台的行业规划指引下有序推进。同时，在推进国家智慧城市建设进程中，城市基础设施智能化工作被整体纳入智慧城市建设和考核评价工作。国家发展改

---

① 浙江省数字经济发展领导小组办公室、浙江省经济和信息化厅、浙江省大数据发展管理局：《浙江省"城市大脑"建设应用行动方案》，2019年6月。

```
城市基础设施智能化
├── 信息基础设施
│   ├── 宽带发展
│   ├── 5G发展
│   └── 下一代信息基础设施
├── 融合基础设施
│   ├── 智能能源系统
│   ├── 智能给排水系统
│   ├── 智能交通系统
│   ├── 智能环境卫生系统
│   └── 智能防灾系统
└── 创新基础设施
    ├── 城市大脑基础平台
    └── 其他公共数据平台及标准
```

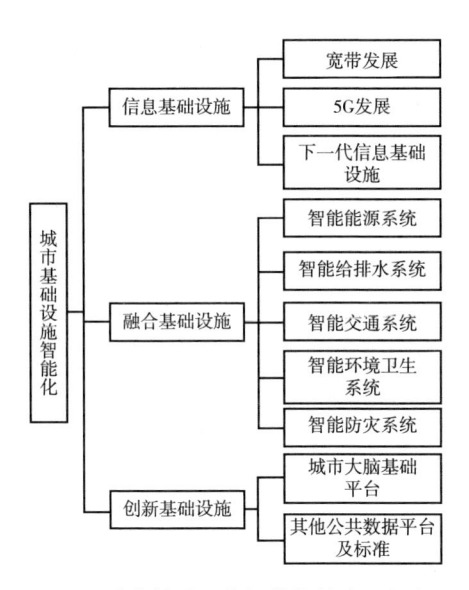

图1 城市基础设施智能化的建设任务

革委、工信部、科技部、住建部等八部委在2014年8月印发的《关于促进智慧城市健康发展的指导意见》中明确把基础设施智能化作为智慧城市发展的主要目标之一，即到2020年"宽带、融合、安全、泛在的下一代信息基础设施基本建成；电力、燃气、交通、水务、物流等公用基础设施的智能化水平大幅提升，运行管理实现精准化、协同化、一体化"。

在规划引导下，在中央部门、地方政府、高校、科研机构以及企业的合力推动下，城市信息基础设施和各类融合基础设施建设取得了积极进展，城市基础设施智能化水平有了较大提升。

1. 城市信息基础设施

信息基础设施是信息社会发展的基础，是数字时代国家战略性、先导性、关键性的基础设施。自20世纪90年代美国政府提出并实施《国家信息基础设施行动议程》（National Information Infrastructure: Agenda for Action）以来，信息基础设施建设成为全球各国基础设施规划建设的重点。理论研究和全球发展实践都表明，高质量信息基础设施可以大大提升信息生产力，带来巨大社会、经济效益。

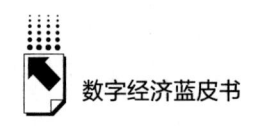

我国信息基础设施建设始于20世纪90年代,并在21世纪第一个10年实现了飞速发展,中国电信基础网络的建设规模和传输质量大幅提升,光缆线路长度从2000年的158万km增加到2010年的995万km,10年增长了5.3倍;网民从2250万人增长到4.6亿人,增长近20倍,其中中国宽带用户数量从2002年的660万户增加到2010年的4.5亿户,增长近68倍。这个10年也是信息基础设施建设从固定通信转向移动通信的10年,移动通信取代固定通信,成为中国电信基础设施投资、技术攻关以及电信业务发展的主要方向,固定电话网络局用交换机容量从1.6亿门发展到4.7亿门,10年增长1.9倍。同期,移动通信网络交换机容量从2.4亿户发展到15.1亿户,增长了5.3倍。

进入"十二五",我国开始布局下一代信息基础设施建设,进入赶超式发展阶段。国务院于2010年发布《关于加快培育和发展战略性新兴产业的决定》,将新一代信息技术作为国家重点培育和发展的七大战略性新兴产业,到2020年发展成为国民经济的四大支柱产业之一。此后发布的《通信业"十二五"规划》《"十二五"国家战略性新兴产业发展规划》和《互联网行业"十二五"发展规划》等都对建设下一代信息基础设施进行了规划部署。2013年8月,国务院出台《"宽带中国"战略及实施方案》,第一次将宽带明确为国家战略性公共基础设施,并从宽带网络的接入速率、用户普及率以及产业支撑能力等方面制定了分阶段发展目标,提出到2020年,中国的宽带网络服务质量、应用水平和宽带产业支撑能力达到世界先进水平。

到"十三五",网络强国战略和一系列"互联网+"行动列入"十三五"规划,明确把加快构建高速、移动、安全、泛在的新一代信息基础设施作为拓展基础设施建设空间的重要内容。在《信息通信行业发展规划(2016—2020年)》中,除了部署进一步完善信息基础设施,实现光网和4G网络全面覆盖城乡,宽带接入能力大幅提升,5G启动商用服务外,还把数据中心建设纳入规划。此外,还提出了要进一步增强信息通信技术掌控力,成为5G标准和技术的全球引领者之一,突破物联网、大数据、云计算技术瓶颈，关键技术基本实现安全可控。到2020年底，我国光缆线路总长度已达5169万km，光纤接入（FTTH/0）端口达到8.8亿个；我国固定互联网宽带接入用户数已经达到48355万户，固定宽带家庭普及率已达到96%，其中100 Mbps及以上接入速率的固定互联网宽带接入用户总数达4.35亿户；我国4G基站规模达到575万个，4G用户总数达到12.89亿户，已建成全球最大、覆盖最广的4G网络；5G基站71.8万个，已覆盖全国地级以上城市及重点县市，5G手机终端连接数近2亿户，移动宽带用户普及率达到108%。

面向"十四五"，信息基础设施作为新型基础设施建设的核心部分，继续成为未来国家基础设施建设的重点。2018年中央经济工作会议把5G、人工智能、工业互联网、物联网定义为"新型基础设施建设"，并把加强新一代信息基础设施建设写入政府工作报告。2020年国家发展改革委明确了新型基础设施建设内容，以5G、物联网、工业互联网、卫星互联网为代表的通信网络基础设施，以人工智能、云计算、区块链等为代表的新技术基础设施，以数据中心、智能计算中心为代表的算力基础设施等被纳入信息基础设施建设。

20世纪90年代至今，我国信息基础设施不仅经历了由语音通信向数据和多媒体通信、由固定通信向移动通信、由信息通信向万物互联的升级和转变，呈现高速、融合、安全、泛在化的发展趋势，而且极大地突破了传统的信息服务功能，业已成为支撑网络化、数字化、智能化生产和服务，建设智慧政府、智慧社会和智慧地球的物理和技术基础。

2. 城市融合基础设施

（1）智能能源系统

能源是城市正常运转的基础资源。随着城市化发展的推进，城市成为人口、社会和经济活动的主要承载，也成为能源消耗的主要区域。在"双碳"发展目标指引下，在当前能源结构和供需形势下，加快城市能源供给系统的智能化，成为优化能源供需匹配水平和能源使用结构、提高能源系统运行效率和能源利用效率的重要方式，也是智能城市建设和运行的基础智能系统。

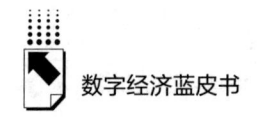

城市智能能源系统包括电力、天然气、热力、汽/柴油等各种供城市运行的能源的生产、存储、运输和使用的全流程智能化，并通过城市能源互联网①实现电网、气网、热力网和油网等能源网络的多网融合、智能互联，从而实现城市能源智能化管理。因此，对于城市智能能源系统来说，城市能源互联网是神经系统和血管，是协调管理城市能源的重要平台，对城市能源系统的智能化发挥了关键作用。特别是随着新能源、分布式能源的发展，能源生产结构越来越复杂，储能和供需匹配要求越来越高，亟须构建城市能源互联网，加快推进能源系统智能化发展。

习近平总书记在 2015 年出席联合国发展峰会时，提出倡议探讨构建全球能源互联网，推动以清洁和绿色方式满足全球电力需求。"十三五"期间，中国积极推进能源互联网建设。2016 年 2 月，国家发展改革委、国家能源局、工业和信息化部联合发布《关于推进"互联网+"智慧能源发展的指导意见》。2017 年在全国推进实施能源互联网示范项目，其中有 12 个城市能源互联网示范项目分别落户上海、广州、北京、成都、太原、合肥、嘉兴、连云港等城市及其辖下区县。

根据城市能源特点，在各个城市能源互联网的实际建设中，智能电网建设是基础和主体，即把城市能源互联网建设成为以智能电网为基础的城市各类能源互联互通、综合利用、优化共享的城市综合能源服务平台，构建以电能为主体的绿色低碳、安全高效的现代城市能源智能供给系统。到 2020 年底，北京、天津、上海、青岛、南京、苏州、杭州、宁波、福州、厦门 10 个大型城市实现配电自动化 100% 全覆盖，配电网清洁能源 100% 全消纳，累计接入电动汽车充电桩 76.6 万个；城网平均供电可靠率达到 99.995%，城网用户平均停电时间较 2017 年减少 78.6%，10 个城市在核心区率先取消计划停电，城网供电可靠性迈入国际先进行列。②

---

① 能源互联网是一种互联网与能源生产、传输、存储、消费以及能源市场深度融合的能源产业发展新形态，具有设备智能、多能协同、信息对称、供需分散、系统扁平、交易开放等主要特征。
② 国家电网有限公司：《世界一流城市配电网建设》，2018 年。

(2) 智能给排水系统

水是城市形成和发展不可缺少的物质条件。城市给排水系统包括给水系统和排水系统两个部分。给水系统是保障城市、工业企业等用水的各项构筑物和输配水管网组成的系统；排水系统是处理和排除城市污水和雨水的工程设施系统，通常由排水管道和污水处理厂组成，要保障整个城市的污水和雨水通畅地排泄出去，并处理好污水，达到环境保护的要求。

随着我国城市化发展水平的提高、环境保护要求的提高，城市经济、社会活动带来大量用水和污水处理需求，同时每年雨季也给城市排水系统带来严峻考验。智能给排水系统的建设就是要利用传感器、物联网、人工智能、大数据等信息技术，实现对城市用水、排水、节水、污水处理等给排水情况的实时监测、智能管理，保障城市用水质量和污水处理质量，提高用水和排水效率。

2012年以来，国务院、国家发展改革委、住房城乡建设部等多部门陆续印发了支持智能给排水系统建设的发展政策。城市给排水系统的智能化经历了从水务系统信息化到设备设施智能化，再到给排水系统全流程智能化的发展过程。2017年，住房城乡建设部、国家发展改革委印发的《全国城市市政基础设施建设"十三五"规划》明确提出，要"发展智慧水务，构建覆盖供排水全过程，涵盖水量、水质、水压、水设施的信息采集、处理与控制体系"。

为了提高城市水资源利用水平和城市排水能力，国务院办公厅在2015年发布了《关于推进海绵城市建设的指导意见》，通过加强城市规划建设管理，充分发挥建筑、道路和绿地、水系等生态系统对雨水的吸纳、蓄渗和缓释作用，有效控制雨水径流，实现自然积存、自然渗透、自然净化。海绵城市建设成为利用自然和人工方式改善城市给排水系统的另一种方式。在海绵城市的建设发展中，除了海绵型建筑、公园绿地建设，利用通过传感器、物联网、人工智能等信息技术实现城市雨水资源体系的数字化动态监测和智能管理也成为提高海绵城市建设和运维效率的重要方式。

(3) 智能交通系统

智能交通系统（Intelligent Traffic System，ITS）是将先进的科学技术

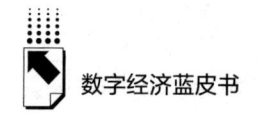

（信息技术、计算机技术、数据通信技术、传感器技术、电子控制技术、自动控制理论、运筹学、人工智能等）有效地综合运用于交通运输、服务控制和车辆制造，加强车辆、道路、使用者三者之间的联系，从而形成一种保障安全、提高效率、改善环境、节约能源的综合运输系统。

交通系统是较早应用信息技术实现交通智能化、改善交通效率、提高交通服务质量的基础设施部门。如美国、日本等在20世纪90年代就开始应用智能交通系统，并被证明可以大大提高路网使用效率，减少道路阻塞和交通安全事故，降低能源消耗。

我国在20世纪90年代末成立国家智能交通系统工程技术研究中心（ITSC），开始研究、开发和应用智能交通系统。

2016年，国家发展改革委和交通运输部联合发布《推进"互联网+"便捷交通 促进智能交通发展的实施方案》，首次提出了我国智能交通（ITS）的总体框架和实施方案，即要完善智能运输服务系统、构建智能运行管理系统和健全智能决策支持系统，并通过建设先进感知监测系统，构建下一代交通信息基础网络等智能交通基础设施来支撑三大智能交通系统的发展。

2017年，国务院印发的《"十三五"现代综合交通运输体系发展规划》进一步对提升交通智能化水平进行了具体部署，明确提出到2020年，"交通基础设施、运载装备、经营业户和从业人员等基本要素信息全面实现数字化，各种交通方式信息交换取得突破。全国交通枢纽站点无线接入网络广泛覆盖。铁路信息化水平大幅提升，货运业务实现网上办理，客运网上售票比例明显提高。基本实现重点城市群内交通一卡通互通，车辆安装使用ETC比例大幅提升。交通运输行业北斗卫星导航系统前装率和使用率显著提高"。

近年来，随着5G、人工智能、云计算、大数据等技术在汽车产业的广泛、深入应用，自动驾驶技术快速发展并开始实践应用，智能汽车正在变革传统汽车产业和公路出行方式。这对智能交通系统，特别是道路基础设施的智能化水平提出了新的要求。交通运输部在2020年出台了《关于促进道路交通自动驾驶技术发展和应用的指导意见》，明确提出要加强规划研究，有序推进基础设施智能化建设，推动道路基础设施、载运工具、运输管理和服务、交通管控系统等互联互通，提升道路基础设施智能化水平。

（三）城市基础设施智能化发展评价

1. 城市层面评价结果

城市基础设施智能化指数表现优秀的前10个城市为：杭州、上海、北京、深圳、宁波、广州、南京、成都、天津、无锡（见表7）。其中杭州基础设施智能化指数最大，超过了北、上、广、深四大一线城市。尽管上海、北京、广州、深圳在信息基础设施指数上领先，但杭州是较早开始利用先进信息技术改造或提升传统基础设施的城市，其在融合基础设施发展上表现优异。尤其是交通领域，在5G、人工智能、大数据等信息技术支持下，杭州智能交通发展取得了显著成效，道路通行效率显著提升；基本形成了数字设施云、数字服务云、数字治理云和综合交通应急指挥平台的"三云一平台"智能交通系统，为全国智能交通发展提供了重要经验；而且杭州把利用城市大脑发展智能交通的通用经验普及推广到其他基础设施领域，推动了基础设施智能化。习近平总书记在2020年3月考察杭州时，对杭州利用城市大脑提升交通系统智能化水平等方面的情况表示了充分肯定。

表7 城市基础设施智能化指数排名前10位

序号	基础设施智能化	信息基础设施	融合基础设施
1	杭州	上海	杭州
2	上海	北京	宁波
3	北京	广州	上海
4	深圳	深圳	北京
5	宁波	杭州	深圳
6	广州	南京	福州
7	南京	济南	广州
8	成都	郑州	天津
9	天津	武汉	成都
10	无锡	太原	贵阳

从按城市等级①角度分类统计来看，中心城市基础设施智能化指数均值水平要明显高于外围城市，表明中心城市基础设施智能化发展水平要明显高于外围城市。其中中心城市与外围城市在信息基础设施指数上均值差异较小，在融合基础设施指数上均值差异较大，说明外围城市融合基础设施发展水平相对于信息基础设施发展水平更落后，这也意味着融合基础设施发展落后是造成外围城市基础设施智能化发展水平显著落后于中心城市的主要原因。从统计标准差和变异系数来看，中心城市的三个指数标准差和变异系数都高于外围城市，说明中心城市基础设施智能化发展水平更为分化（见表8~表10）。

表8 不同城市等级城市基础设施智能化指数统计

城市等级	城市数（个）	均值	标准差	变异系数	最小值	最大值
中心城市	35	273.361	33.161	0.121	213.332	341.272
外围城市	35	226.524	26.554	0.117	192.940	289.587

表9 不同城市等级城市信息基础设施指数统计

城市等级	城市数（个）	均值	标准差	变异系数	最小值	最大值
中心城市	35	109.806	13.635	0.124	80.625	134.902
外围城市	35	90.080	10.282	0.114	76.986	116.877

表10 不同城市等级城市融合基础设施指数统计

城市等级	城市数（个）	均值	标准差	变异系数	最小值	最大值
中心城市	35	163.555	22.862	0.140	124.118	212.138
外围城市	35	136.444	18.227	0.134	110.506	177.932

2. 区域层面评价结果

按照城市所处的地区来看，城市基础设施智能化发展呈现显著的地域差异，总体呈现东部领跑、中西部跟随、东北落后的格局，南北差异呈现"南高北低"格局。

---

① 课题组将70个样本城市划分为中心城市和外围城市。其中中心城市35个，包括直辖市、副省级城市和省会城市；外围城市35个。

从四大区域的排名分布来看，东部地区在城市基础设施智能化指数、信息基础设施指数、融合基础设施指数排名前10中，分别占了9个、7个和8个名额，占据了绝对优势，而且东部样本城市分布在三个指数的30名及以内的占60%以上，90%左右的东部样本城市分布在三个指数的50名及以内（见表11～表13）。

表11 四大区域城市基础设施智能化指数排名分布

单位：个，%

区域	城市数	1~10名占比	11~30名占比	31~50名占比	51~70名占比
东部地区	28	32.1	32.1	25.0	10.7
中部地区	16	0	37.5	25.0	37.5
西部地区	18	5.6	22.2	38.9	33.3
东北地区	8	0	12.5	25.0	62.5

表12 四大区域城市信息基础设施指数排名分布

单位：个，%

区域	城市数	1~10名占比	11~30名占比	31~50名占比	51~70名占比
东部地区	28	25.0	35.7	28.6	10.7
中部地区	16	18.8	12.5	12.5	56.3
西部地区	18	0	44.4	33.3	22.2
东北地区	8	0	0	50.0	50.0

表13 四大区域城市融合基础设施指数排名分布

单位：个，%

区域	城市数	1~10名占比	11~30名占比	31~50名占比	51~70名占比
东部地区	28	28.6	35.7	28.6	7.1
中部地区	16	0	31.3	37.5	31.3
西部地区	18	11.1	22.2	22.2	44.4
东北地区	8	0	12.5	25.0	62.5

中部地区基础设施智能化指数排在11～30名区间的城市有6个，占中部地区城市的37.5%，10个城市分布在11～50名区间，占62.5%；有3个

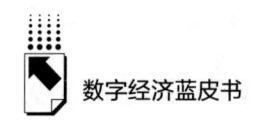

中部城市进入了信息基础设施指数前10名,但也有超过一半的城市分布在51~70名区间,说明中部城市在信息基础设施发展上内部分化较大;中部地区在融合基础设施发展上表现中规中矩,有5个城市分布在11~30名区间,6个城市分布在31~50名区间。

西部地区城市中,成都在基础设施智能化发展中表现最好,是唯一一个进入了前10名的非东部城市,但西部地区依然有70%左右的城市分布在31~70名区间;西部地区有77.7%的城市在信息基础设施指数排名中进入11~50名区间,但在融合基础设施指数中表现略低于信息基础设施,51~70名区间占比最大。

东北地区的8个城市在三个指数排名中,主要分布在31~70名区间,而且在51~70名区间的占比最大。

整体来看,东部地区城市基础设施智能化城市分布呈倒金字塔形,发展水平高的城市较多;中部地区和西部地区缺乏智能化发展高水平城市,在11~50名区间形成较为激烈的竞争;东北地区城市基础设施智能化城市分布呈金字塔形,地区整体城市基础设施智能化发展滞后,不仅缺乏高水平的头部城市,而且在11~50名区间也缺乏竞争力。

从四大区域指数统计来看,东部地区城市三个指数均值均超过全国平均水平,显示出东部地区无论在信息基础设施建设上还是在融合基础设施发展上都具有领先优势,但统计也显示东部地区的三个指数标准差和变异系数也在四大区域中居首,说明东部地区内部基础设施智能化发展差异较大,尤其是智能化水平落后的东部城市,其指数与其他三个区域最小值相差不远,甚至更低(见表14~表16)。

表14 四大区域城市基础设施智能化指数统计

区域	城市数(个)	均值	标准差	变异系数	最小值	最大值
全国	70	249.942	38.022	0.152	192.940	341.272
东部地区	28	272.571	39.819	0.146	197.259	341.272
中部地区	16	238.416	26.703	0.112	192.940	276.304
西部地区	18	239.370	30.778	0.129	194.807	297.013
东北地区	8	217.579	21.674	0.100	193.273	257.359

表 15 四大区域城市信息基础设施指数统计

区域	城市数(个)	均值	标准差	变异系数	最小值	最大值
全国	70	99.943	15.569	0.156	76.986	134.902
东部地区	28	107.785	16.485	0.153	77.838	134.902
中部地区	16	94.613	14.893	0.157	76.986	119.610
西部地区	18	97.911	11.810	0.121	78.416	117.102
东北地区	8	87.726	5.915	0.067	80.625	97.815

表 16 四大区域城市融合基础设施指数统计

区域	城市数(个)	均值	标准差	变异系数	最小值	最大值
全国	70	149.999	24.651	0.164	110.506	212.138
东部地区	28	164.787	25.141	0.153	115.408	212.138
中部地区	16	143.803	15.263	0.106	115.954	169.544
西部地区	18	141.459	21.399	0.151	114.861	181.741
东北地区	8	129.854	18.087	0.139	110.506	164.203

中西部地区基础设施智能化发展水平总体低于全国平均水平，中部地区和西部地区智能化发展水平不相上下，各有特点。

中部地区在信息基础设施指数均值上稍稍落后于西部地区，而且标准差和变异系数都高于西部地区，显示出中部地区信息基础设施发展的不平衡，既有郑州、武汉、太原等中部城市进入信息基础设施指数前 10 名，也存在不少中部城市在信息基础设施发展上相对落后，处于排名尾部区域，拉低了整体中部信息基础设施发展水平；但在融合基础设施发展上，中部地区整体略领先于西部地区，尽管没有进入前 10 名的城市，但中部城市标准差和变异系数较低，显示出在融合基础设施发展上较为均衡。

西部地区近年来进一步加大了信息基础设施投入，特别是以 5G 为代表的新一代信息基础设施，实现了信息基础设施的快速发展，但在融合基础设施上发展较不平衡。一方面，以成都、贵阳为代表的西部城市在利用信息技术提升传统基础设施智能化水平上取得了显著成果，融合基础设施发展较好;另一方面,还有8个西部地区城市属于发展较为落后城市。

在四大区域中,东北地区是城市基础设施智能化指数均值最低的区域,无论是信息基础设施指数均值还是融合基础设施指数均值,都与中西部地区有差距,远远落后于东部地区。而且东北地区城市基础设施智能化和信息基础设施指数的标准差和变异系数都是四大区域最低,这说明东北地区发展水平差异性小,整体落后情况比较严重。

从按南北区域划分①统计来看,南方城市基础设施智能化指数均值高于北方城市,主要原因在于南方城市在融合基础设施发展水平上领先于北方城市,这与南方多个城市在信息技术发展应用上处于领先地位有关。从标准差和变异系数看,南、北方区域内部发展均存在较大的不平衡性,南方地区的标准差和变异系数相对较大,内部发展差异性较大(见表17~表19)。

表17 南北区域城市基础设施智能化指数统计

区域	城市数(个)	均值	标准差	变异系数	最小值	最大值
南方	41	251.993	40.383	0.160	192.940	341.272
北方	29	247.043	34.899	0.141	193.273	335.274

表18 南北区域城市信息基础设施指数统计

区域	城市数(个)	均值	标准差	变异系数	最小值	最大值
南方	41	99.486	15.900	0.160	76.986	131.707
北方	29	100.589	15.343	0.153	80.625	134.902

表19 南北区域城市融合基础设施指数统计

区域	城市数(个)	均值	标准差	变异系数	最小值	最大值
南方	41	152.507	26.210	0.172	114.861	212.138
北方	29	146.454	22.224	0.152	110.506	200.372

① 以北纬34度为我国的南北分界线,70个样本城市分为41个南方城市和29个北方城市。

（四）城市基础设施智能化发展建议

城市基础设施智能化是一项涉及中央与地方、地方与地方、政府与市场、社会与经济、实体与信息多种复杂关系的跨部门、跨产业、多技术、高投入的长期、复杂工程，同时它又是未来城市高质量发展的长期基础工程和数字时代城市竞争力的底层架构。因此，城市基础设施智能化既要强化顶层设计，统筹好复杂关系，协调好技术标准与技术路线，又要充分结合地方经济社会发展需要、技术能力和财力，发展高效实用、安全可靠的新型基础设施。

1.顶层设计，规划先行

根据城市和基础设施发展的新趋势、新特点和新需求，加快制定新时期智慧城市发展规划和新型基础设施发展规划，指导全国城市基础设施智能化发展，形成全国"一盘棋"，减少盲目建设、重复建设和孤岛建设。同时，要在国家层面加大公共平台、数据和技术标准研究。

2.注重数据中心、计算中心等新型信息基础设施转型升级

我国信息基础设施建设已经取得了瞩目成就，城市的移动和固定宽带普及率以及宽带速度在满足连接性和传输速度上都处于较高水平，无论是千兆宽带还是以5G为代表的移动通信基础设施都将进一步提升可连接性和速度。但从数字经济、社会和政府的快速发展趋势来看，可连接性和速度仍无法满足未来城市信息生产力发展需求，还要更加注重数据中心、计算中心等新型信息基础设施建设，进一步补齐城市信息基础设施短板。

3.加强城市间交流，加快融合基础设施建设

从当前城市基础设施智能化发展统计来看，融合基础设施发展是造成城市间基础设施智能化发展差距的最主要原因。要加快各基础设施领域智能化试点的经验总结，形成在国家层面或区域层面可推广的建设标准、应用指南；同时，要加强城市间交流和学习，特别是基础设施智能化领先的城市与落后地区的交流，建立"信息扶贫"机制，全面提高城市基础设施智能化水平。

4. 探索创新基础设施建设

城市社会、经济生活和政府的快速数字化，会产生新的基础设施需求，这是新时期城市生存发展的必然趋势。基础设施建设必须体现先导性、战略性和基础性。因此要积极探索创新基础设施建设，尤其是在各个城市大力建设城市大脑的城市智能化建设进程中，要加大力度研究城市大脑发展所需要的新型基础设施。

5. 保障新型基础设施安全

保障安全是基础设施智能化的生命线，也是城市智能化的生命线。城市基础设施从信息化走向智能化、从封闭走向开放的进程中，都面临更多的信息安全风险。因此，一方面要加大信息安全保护力度，另一方面还要做好应急保障措施，防止意外情况下城市运转陷入停滞。

三 建设数字政府，推进城市治理智能化

党的十九大报告提出，要"打造数字政府、培育数字经济、构建数字社会"。但加快建设数字政府、推进城市治理智能化需要一个逐渐发展和演变的过程。广义来看，城市治理智能化主要是借助一整套空间化、网络化、智能化和可视化的技术系统来支撑实体城市在数字世界的信息化映射，通过建立城市管理信息系统和创建新的城市管理体制，实现城市治理过程数字化、管控手段数字化、绩效评估数字化。这不仅涉及新兴技术手段的广泛应用，也涉及城市管理和运行体制的重大变革，不仅仅是一个技术层面的概念，更是一个治理层面的重大改革命题。

综合来看，当前城市治理智能化主要涉及五大关键领域。一是互联网与城市治理的新结合。互联网可以将原有条块化、碎片化的信息数据进行网络化整合，通过构建城市电子服务平台、健全公共信息资源库，突破传统的时间、空间限制，推动各部门共享信息和联动执法，有效突破信息孤岛，解决困扰基层治理的信息匮乏、协同支撑不足、重复采集录入等问题。二是大数据在辅助决策领域的广泛应用。一方面，可以通过对海量、完备、多样化的

大数据进行分析、处理、挖掘，进而揭示城市治理相关问题的特征、规律与前景，实现城市治理决策科学化、政府服务高效化、社区治理精准化。另一方面，运用大数据技术整理和分析信息，可以实现公共服务供给的高效化、精细化和普惠化。政府可以据此科学推断并及时发出预警信号，实现多部门间的政府与公众间的信息共享。三是人工智能在优化城市管理服务流程方面的应用。如何将居民的公共需求进一步聚合成为政府公共决策的内容一直是现代民主的难题，而人工智能技术则有利于辅助政府做出复杂决策、及时响应需求与意愿聚合，催生数据化决策及智能化决策，推动政府决策的民主化和科学化，不断优化城市管理流程和服务流程，使城市管理和服务更贴近民众需求，更加人本化和优质高效。四是移动通信技术引发的治理变革。以5G为代表的"两大一低"（大流量、大带宽、低时延）技术，不仅加快了网络传输速度，也将终端全部纳入网络系统，实现了"万物皆可联"的应用状态，为城市治理智能化提供了更多的可能性。众多集成性较好的App应用，进一步增加了电子政务用户使用的便利性。五是区块链技术带来的广阔应用前景。区块链技术可探索实现信息基础设备间数据信息的高效交换，通过借助区块链自身数据不可篡改、可溯源等特性，打破原有数据流通共享壁垒，提供高质量数据共享保障。依托区块链提供的更加可信的合作环境，可以加快推进城市行政审批体制改革和"放管服"改革。

（一）我国城市治理智能化的发展现状

1. 城市层面：杭州、上海和深圳位列前三，强二线城市表现突出

城市治理智能化指数排在前10位的城市分别为杭州、上海、深圳、北京、武汉、成都、无锡、宁波、广州、南京。其中，杭州在70个样本城市中排名第一，超过上海、深圳、北京、广州等一线城市，杭州在政务服务便捷度、城市行政服务平台和社保公积金服务平台方面表现尤为突出，在网络政务在线公开方面排名相对靠后。上海和深圳分别排名第二、第三，在公共数据开放、智慧监管应用和健康码开通与使用方面优势明显，但是上海在网络政务在线公开和政府在线服务方面表现不佳；深圳在城市行政服务平台方面有待进步。省会城市中，武汉、成都、广州和南京这四个城市优势突出，广州在政府在线服务方面排名第一，武汉在社保公积金服务平台优势明显，但广州和武汉在政务服务便捷度方面表现不佳，成都在城市行政服务平台和政务服务便捷度方面表现突出，但成都在社保公积金服务平台有待提升。无锡和宁波两个二线城市表现抢眼，在网络政务在线公开和政府在线服务方面名列前茅，但无锡在社保公积金服务平台、公共数据开放、智慧监管应用和健康码开通与使用方面表现不佳，宁波在城市行政服务平台方面有待提升（见表20）。总体而言，杭州位于第一层级，遥遥领先于其他城市，前10名中的其他城市的城市治理智能化指数比较接近。

表20 城市治理智能化指数排名前10位

城市	网络政务在线公开	政府在线服务	政务服务便捷度	城市行政服务平台	社保公积金服务平台	公共数据开放	智慧监管应用	健康码开通与使用	综合
杭州	5	3	1	1	1	2	2	2	1
上海	10	9	4	3	6	3	3	3	2
深圳	4	4	2	7	2	1	1	1	3
北京	9	8	6	4	8	4	4	4	4
武汉	8	6	10	6	3	5	5	5	5
成都	6	7	3	2	9	8	8	8	6
无锡	1	5	5	8	10	9	9	9	7
宁波	2	2	7	9	5	7	7	7	8
广州	7	1	9	5	4	6	6	6	9
南京	3	10	8	10	7	10	10	10	10

从城市等级角度看，将70个样本城市划分为中心城市和外围城市。中心城市统计了35个城市，包括直辖市、副省级城市和省会城市；外围城市也统计了35个城市。中心城市通常经济基础好，新兴产业较发达，发展城市治理智能化的基础较好，这些因素都导致中心城市的均值高于外围城市，这表明整体外围城市的城市治理智能化水平低于中心城市，亟待提升。但是

中心城市的标准差和变异系数均高于外围城市，说明城市等级越高，城市治理智能化水平越分化；而城市等级越低，城市治理智能化水平越均衡。比如中心城市中指数最大的为杭州（568.142），不仅遥遥领先于其他中心城市，也要远高于排在第二的上海（490.466）。而中心城市中指数最小的为西宁（315.316），与外围城市中指数最小的锦州（314.913）相差无几（见表21）。这说明中心城市的治理智能化需要进一步协调发展，城市之间需要加强信息沟通，城市治理智能化水平高的头部城市需要加强对周边城市的辐射能力。

表21 不同城市等级城市治理智能化指数统计

城市等级	城市数(个)	均值	标准差	变异系数	最小值	最大值
中心城市	35	421.789	49.135	0.117	315.316	568.142
外围城市	35	378.211	33.370	0.088	314.913	468.171

2. 地域层面：东部中部地区城市发展较快，不同地区发展差异明显

按传统区域经济领域的方法，本文把全部城市划分为东部地区、中部地区、西部地区、东北地区四大经济区域，通过对相同地区城市的合并，对不同地区城市的对比，从区域的角度分析得到城市治理智能化的结果。按照城市所处的地区来看，城市治理智能化发展呈现显著的地域差异，总体呈现"东高西低、南高北低"格局。在城市治理智能化指数排在前10名的城市中，仅有中部地区武汉、西部地区成都，其余城市均在东部地区，占东部城市的28.6%。排在11~30名的城市中，位于西部地区的城市仅有贵阳和西安，5个中部地区城市分别为宜昌、郑州、合肥、南昌和安庆，其余13个城市均位于东部地区。可见大部分东部地区城市的城市治理智能化水平较高。东北地区没有排在前30名的城市。排在31~50名的城市中，中部地区和西部地区的城市占比最高，均为50.0%，结合11~30名占比，中西部地区多数城市的城市治理智能化水平中等。排在51~70名的城市中，东北地区的占比最大，达到62.5%，东部地区和西部地区占比也较大，分别为

25.0%和33.3%，中部地区占比最小，为12.5%（见表22）。整体来看，东部地区城市治理智能化水平分布呈倒金字塔形，发展水平高的城市较多，但是内部差异化较大。中部和西部地区城市治理智能化水平分布呈橄榄形，发展较为均衡，但缺乏高水平头部城市辐射影响。东北地区城市治理智能化水平分布呈金字塔形，地区整体城市治理智能化发展滞后，缺乏高水平的头部城市，大部分城市治理智能化水平较低，拥有较大发展潜力。由此可见，东部地区的城市治理智能化发展水平存在严重的地域分布失衡现象，中部地区和西部地区除了武汉、成都、郑州、西安等城市，缺乏城市治理智能化程度高的城市。

表22 四大区域城市治理智能化指数排名分布

单位：个，%

区域	城市数	1~10名占比	11~30名占比	31~50名占比	51~70名占比
东部地区	28	28.6	46.4	0	25.0
中部地区	16	6.3	31.3	50.0	12.5
西部地区	18	5.6	11.1	50.0	33.3
东北地区	8	0	0	37.5	62.5

从南北区域来看，南方城市治理智能化指数的均值为411.755，高于北方城市的383.381（见表23），说明南方城市的城市治理智能化水平整体高于北方，由此可见城市治理智能化水平存在严重的南北失衡现象，除北京、天津等城市外，北方缺乏互联网产业成熟、政府智能化治理应用广泛的城市，这也体现了北方大城市的集聚引领和辐射带动能力的弱化与不足。南方城市与北方城市的标准差和变异系数区别不大，且南方城市与北方城市的最大值和最小值之差在同一范围，表明南、北方城市的城市治理智能化水平区域间差异较大，但是区域内差异较小。由此可见，北方城市亟须提升城市治理智能化水平，南方城市应多注意城市间的协调发展。

表23 南北区域城市治理智能化指数统计

区域	城市数(个)	均值	标准差	变异系数	最小值	最大值
南方	41	411.755	45.692	0.111	353.729	568.142
北方	29	383.381	44.719	0.117	314.913	490.466

（1）东部地区城市发展领先，内部差异大

东部地区统计28座城市，这28座城市的城市治理智能化指数均值为406.832，在四大区域中排名第二，仅低于中部地区，但是东部地区城市标准差和变异系数大于其他地区，指数最大值为568.142，远高于其他区域城市，指数最小值为354.023（见表24）。比如杭州、上海、深圳均位于东部地区，排名前三，城市治理智能化程度领先其他城市，但是也存在烟台、三亚等东部城市，其城市治理智能化发展滞后，也落后于全国平均水平。由此可见，东部地区城市的整体城市治理智能化水平较高，但是东部地区城市的城市治理智能化发展不平衡，东部中心城市引领带动对周边城市的辐射能力有待提升。

（2）中部地区城市崛起迅速，缺乏头部城市

中部地区统计16个城市，城市治理智能化指数均值为410.209，在四大区域中排名第一，中部地区的标准差是34.057，与西部地区、东北地区是同一水平，变异系数为0.083，是所有区域中最小的，中部地区最小值也大于其他区域，但中部地区最大值落后东部地区较多（见表24）。比如在统计的16个中部城市中，13个中部城市排在10~50名，仅有武汉排在前10名，中部地区中心城市郑州、合肥城市治理智能化排名有待提高。说明中部地区的城市治理智能化水平总体较高，区域内部发展较为均衡，城市间差异相对较小，但是缺乏城市治理智能化发展的头部城市。

（3）西部地区和东北地区城市治理智能化发展相对滞后

西部地区统计了18个城市，东北地区统计了8个城市，两地区的城市治理智能化指数均值分别为393.430和367.621，落后于东部和中部地区。两地区的标准差和变异系数为同一水平，在所有区域中为较低水平，两地区

的最小值相对东、中部地区较小，西部地区最大值高于东北地区（见表24）。比如西部地区成都城市治理智能化水平居于前10名，但是东北地区没有进入前30名的城市，排在后10名的城市中，西部地区和东北地区占据8席。西部地区与东北地区不同的是，西部地区城市的城市治理智能化水平排名较均匀，但东北地区排名整体靠后，均在30名以后，说明东北地区不仅缺乏城市治理智能化水平高的头部城市，普通地级市的城市治理智能化水平也较低。由此可见，西部地区和东北地区城市整体治理智能化水平较低，城市治理智能化发展较为均衡。两者相较，西部地区城市的城市治理智能化发展水平整体高于东北地区，发展潜力较大，但仍存在城市间城市治理智能化发展协调度低、头部发展城市带动和辐射能力弱等问题。东北地区城市的城市治理智能化发展落后于其他地区，其中心城市沈阳、哈尔滨、长春分别排在32、35、45名，落后于其他地区的中心城市，亟须发展。

表24 四大区域城市治理智能化指数统计

区域	城市数(个)	均值	标准差	变异系数	最小值	最大值
全国	70	400.000	47.117	0.118	314.913	568.142
东部地区	28	406.832	50.658	0.125	354.023	568.142
中部地区	16	410.209	34.057	0.083	369.713	479.436
西部地区	18	393.430	34.679	0.088	315.316	474.062
东北地区	8	367.621	33.244	0.090	314.913	393.953

（二）我国城市治理智能化存在的主要问题

1. 城市治理智能化不同地域差异较大

提高城市治理智能化水平需要城市间协调发展，加快发展水平较低的城市，才能从整体上提升我国的城市治理智能化水平。通过对四大地区的描述性统计观察，四大地区之间的城市治理智能化水平发展不均衡。东部和中部发展水平较高，西部和东北地区的城市治理智能化发展水平较低，并且地区内部发展也不协调,东部地区城市治理智能化头部城市和尾部城市较多,这导致东部地区城市治理智能化领先的城市较多,但整体发展水平低于中部。中部和西部地区中心城市的城市治理智能化发展较好,比如省会城市武汉和成都,但是外围城市的城市治理智能化发展较滞后,中心城市未能发挥"榜样"的作用,中心城市应带动周边中小城市智能化水平的提高,为发展滞后的外围城市提供资金、技术和人才的帮助,分享城市治理智能化发展经验和制度。东北地区整体城市治理智能化水平较低,需要夯实产业基础,借鉴先进地区发展经验,最终实现城市治理智能化。

2. 部分城市应用新兴技术能力有待提升

科技创新与科技应用能力不足,科技创新是城市治理智能化发展的关键要素。在目前提升城市治理智能化水平过程中,科技创新与科技应用二者的融合不够,无法实现效用的最大化。一方面,科技创新大多集中在高校和各科研机构,很难立刻为城市治理智能化服务;另一方面,科技创新成果转化需要一定周期,实现新技术的应用需要过程。数字政府正是新兴技术特别是信息技术与政府治理相结合的产物,在新冠肺炎疫情防控中,大数据等信息技术被广泛运用于人员流动轨迹描绘、病毒基因分析、医疗卫生资源调配、区域疫情发展趋势预测等工作,为地方各级政府疫情防控的决策、组织、动员等工作发挥了强有力的支撑作用。杭州市充分运用信息技术推行"数字治疫",得到了习近平总书记的充分肯定。同时,各级地方政府通过网络平台提供"不见面"服务,不仅满足了群众正常需求,更降低了因人员流动、接触而导致的病毒感染风险。"杭州模式"为我国其他城市加快数字政府建设提供了有益参考。大数据发展日新月异,应将科技创新和科技应用有机融合,可以运用"互联网+"搭建更多城市服务电子平台,善用大数据改善和优化公共服务,以人工智能从信息处理、决策方式与治理流程等方面增强城市治理过程的数字化水平,应用移动通信技术为城市治理智能化提供更多的可能性,运用区块链技术来优化城市管理流程和服务流程。

3. 政务信息资源联通共享体系有待完善

在政务信息资源共享过程中,普遍存在共享机制不完善、共享渠道不畅、数据口径不统一等问题，数据安全防护能力薄弱，也给政务信息资源共享带来了严峻的挑战。建设数字政府的首要前提就是，打破信息孤岛，拔掉"数据烟囱"，通过政府各部门数据的互联互通，实现数据有序、高效共享。加快建设数字政府，有助于消除部门利益壁垒，打破部门利益藩篱。政府各部门应从系统性、整体性治理理念出发，运用信息技术推动政府的整合型运作，实现线上治理，提供网络式服务，推动数据资源的开放共享。加快建设数字政府，可以在数据意义上搭建整合与共享的平台，加快各部门的数据收集、信息提供、数据加工和协调整合，提高政府服务供给效率，建立服务覆盖更普惠的公共政府，提升社会治理水平。

（三）未来展望与政策建议

随着信息技术的飞速发展和智能城市建设的深入推进，城市治理智能化的发展理念已经在中央和地方各级政府之间形成基本共识，并较为清晰地体现在绝大多数城市的专项规划和政策文件中。推进城市治理智能化是一个系统工程，需要全方位、各部门的共同努力，而加快数字政府建设是提高城市治理能力现代化水平的关键之举。为了更好地推进城市治理体系和治理能力现代化建设，加快提升城市管理服务水平，本文提出以下几点政策建议。

1. 协调发展，发挥东部地区的引领作用，促进中国区域发展相对平衡

当前，东部地区数字政府的发展处于全国领先地位，主要是由于各地城市治理的基础和资源存在差异，数字政府发展进度参差不齐。东部地区是全国高质量发展的"动力源"，在构建新发展格局中具有示范引领和枢纽带动的功能，是我国现代化建设的重要引领区。东部地区可通过理念赋能、科技赋能、数字赋能、人才赋能来精准激励和帮扶其他地区加快推进数字政府发展。与此同时，解决城市治理智能化不平衡问题，也需要尊重规律、尊重实际、因地制宜，通过区域一体化、对口帮扶等政策措施，不断完善空间治理、推动区域协调发展。

2. 审时度势，增强数字治理意识，提高数字治理能力

数字政府的基础是数字，没有海量数字，数字政府则无从谈起。数据采集、数据存储、数据共享、数据开放、数据分析、数据运用等，需要政府具有足够的数字治理意识和强大的数字治理能力。所谓数字治理意识，指要厘清在大数据时代数据是政府治理的重要资本和重要依据，政府对数据的治理是城市治理智能化的前提。数字治理能力是大数据时代对社会治理提出的新要求，这种能力包括采集存储数据、开发应用数据、规范管理数据等。对于传统的文件管理，政府已经积累起一整套行之有效的管理制度和运行机制，而数字治理则是政府面临的新挑战。因此，要建设数字政府，就要增强数字治理意识，提高数字治理能力。习近平总书记曾指出，"善于获取数据、分析数据、运用数据，是领导干部做好工作的基本功"。各级领导干部要加强学习，懂得大数据、用好大数据，增强利用数据推进各项工作的本领，不断提高对大数据发展规律的把握能力，使大数据在各项工作中发挥更大作用。

3. 勇于创新，发挥数字化信息技术优势，助力数字政府建设

新一轮技术革命推动了政府治理环境的变革，数字政府建设是时代发展的必然要求，新兴信息技术已成为推动城市治理体系和治理能力现代化的新引擎。数字时代的治理，利用大数据、云计算等技术手段，政府可以全面、准确、及时掌握各种信息，实现"用数据说话，靠数据决策，依数据行动"，提升政府的决策能力和执行能力。同时，以大数据为标志的信息技术可以实现对行为的实时记录，让"贯彻落实"的过程与行为公开透明，促进依法行政和廉洁从政；及时反馈执行过程信息、及时调整执行行为，提高公务人员的行政服务能力和管理能力。继续深化"互联网+政务服务"，提升全流程一体化在线服务平台功能，推动政府管理理念、管理模式、管理手段的创新。充分发挥数字化信息技术优势，加强技术创新，加快构建数字技术辅助政府决策机制，提高基于高频大数据精准动态监测预测预警水平。强化数字化信息技术在公共卫生、自然灾害、事故灾难、社会安全等突发公共事件中的应用，全面提升预警和应急处置能力。

4. 结合需求，做好数字人才的培养和引进，提升城市治理水平

人才是第一资源，是推进城市治理智能化发展最宝贵的财富。建设数字

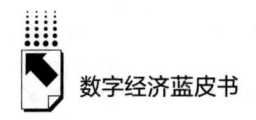

政府需要一大批懂技术、善管理、敢创新的复合型人才，包括战略规划人才、技能型人才、行业人才等。一方面，应注重数字人才的培养。人是数字政府建设和服务的主体，加强数字专业人才队伍建设，由于数字政府涉及范围广、持续时间长、技术性要求高，必须有一支专业的队伍作为支撑。在落实领导责任制和政府部门职能分工的同时，有必要组建专业协调机构和一支技术保障力量，专职做好数字政府建设保障。队伍组建可以采用政企合作或者购买服务的方式，通过日常运行维护，解决技术难题，保障数字政府有序有效推进，从而提高政务数据、服务平台的利用效率，提升服务质量。另一方面，应实施更加开放和科学的人才引进政策，各地要积极引进符合数字政府建设发展需要的人才，优化提升人才结构，破除障碍，创新人才引进机制，确保人才自由流动，激发各类人才创造活力，切实为提升城市治理水平保驾护航。

四 推进城市经济智能化，实现经济高质量发展

城市经济智慧化运行是在数字经济发展的基础上，将人工智能、云计算、物联网等新一代信息技术与城市经济发展深度融合，实现城市经济精准、智慧、高质量发展的新模式。我国"十四五"规划中提出，要"迎接数字时代，激活数据要素潜能，以数字化转型整体驱动生产方式、生活方式和治理方式变革"。智能城市逐渐呈现以知识、技术、信息、数据等新生产要素为支撑，以跨学科发展、多领域融合为特征，科技创新引领新产业、新模式、新业态的城市经济运行新态势，智能城市的经济发展全面优化提升。

城市经济智能化既包括信息产业、数字产业等新型战略产业，又涵盖了将信息技术应用于传统产业带来的效率提升与全新业态。智能制造、智慧农业、智能商务、互联网金融等都是经济智能化的实践成果，随着信息技术的创新迭代，经济智能化运行的内涵也会不断拓展，是城市经济发展的必然趋势。智能城市提高经济智能化运行水平的最终目标是通过充分应用人类智力

与智能设备，优化城市内部有限资源的配置，实现城市经济高速、有序、可持续发展。

(一)城市经济智能化在智能城市建设中的意义

智能城市是具有智能特征的复杂城市系统的综合，其核心价值是利用智能技术与新型技术设施，推动包括经济、社会、生态、资源等维度在内的城市全面优化与高质量发展，实现以人为本和可持续发展的目标。经济与产业是智能城市的支柱之一，推进城市经济智能化运行对智能城市建设的意义不只体现在促进城市经济发展上，也能够促进智能城市创新、改善城市居民生活、维护城市生态环境。

1. 促进城市经济全面发展

(1) 推动智能城市经济高质量发展

以信息传感、数据链接、机器学习和自动执行为代表的智能技术，是城市经济发展中降低成本、提高效率、优化资源配置的新引擎。城市经济智能化的重要特征是将智能技术应用到生产、流通、销售的各个环节，推动城市经济的效率变革、质量变革。一方面，经济运行智能化能够提高生产效率、降低成本。应用智能技术能够对城市经济中设计生产、仓储流通、销售服务的整个链条进行智能分析与决策，给出最优化的运行方案，合理利用有限资源，实现降本增效，推动城市经济增长；另一方面，智能化运行能够优化整个市场的资源配置情况，完善市场机制。大数据与云计算、人工智能技术的结合，能够精准捕捉、分析、判断甚至预测市场参与者的供需情况，更精确地传递市场信息，改善市场无效性问题。

(2) 培育智能城市经济增长新动能

智能化技术与城市产业的融合能够释放新需求，引领新供给，培育城市经济增长新动力。从"互联网+"向"智能+"转变已经成为经济发展的趋势，智能化运作不仅带动了传统产业的升级，更催生出全新的产业形态，为市场提供了新供给与新需求。移动互联网、云计算、大数据、人工智能技术等正加速应用在社会经济生活的方方面面，智能零售、智能物流、智慧教

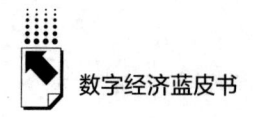

育、智慧金融等新供给场景不断出现,深刻改变了消费者的习惯,创造出新需求。同时,智能技术独特的监控追踪与深度学习能力能够为企业精准分析用户新需求,做到"需要什么生产什么",城市居民更加个性化、多样化的新消费需求将进一步推动供给侧改革,拉动创新、投资与生产。城市经济智能化运作有助于形成新需求与新供给相互推动的良性循环,为城市经济增长创造新空间。

2. 提升城市居民生活质量,实现人的自由全面发展

城市是人类聚集之所,智能城市建设的根本目的是让城市中的人民生活更美好,城市经济智能化运行也是为城市中的人服务的。从微观角度来看,随着智能经济发展,智能技术已经渗透进城市居民工作生活的方方面面,智能家具、智能零售、智能医疗、智能教育等产业已经得到深入发展,得益于此,城市生活的便捷性、多样性、舒适性和安全性都有了很大延伸。从宏观角度看,物联网、人工智能、云计算等智能技术与城市经济的结合产生了高自动化的产业形态,能够进一步替代人的体力劳动与脑力劳动,为人们节省更多的时间与精力。同时,智能化融合催生出的新行业又给城市创造出了大量高附加值的就业机会,提高人们收入水平的同时有了更多自由发展的空间。城市经济智能化是有助于人的自由、物质和精神全面发展的运行模式。

3. 催动智能城市全面创新

创新是城市发展的不竭动力,城市经济智能化运行为城市创新发展拓出新空间。智能经济以灵活分析市场需求、注重应用与价值实现为特征,其发展极大地改变了传统的创新模式,形成城市不同主体之间广泛参与、创新要素协同开放共享的创新系统。通过新一代信息技术,研发机构、企业与用户之间能够在统一平台上进行创新交互,交流创新成果,共享大数据资源,实现大众创新的城市创新发展新格局。此外,智能经济基于信息化与数字化、数据要素的虚拟特征让技术外溢效应不受地理空间的限制,能够帮助创新要素在整个城市产业链中充分释放,在智能城市内部与智能城市之间形成良好的创新格局。

4. 落实智能城市绿色发展理念

经济走上智能化运行道路是城市生态建设在经济建设方面的要求，数字经济、智能经济具有高能效与低能耗的特征，是实现智能城市经济绿色增长的必然选择。一方面，大数据、人工智能等智能化技术，能够对城市中经济活动的各个环节进行环境动态评估与资源利用监测指导，提高能源利用效率，推进节能减排的全方位深入，促进城市经济绿色发展。另一方面，经济智能化运行带来了产业结构转型升级与新业态出现，相较传统产业发展模式，智能制造、智慧服务等智能产业模式都具有高附加值、低能耗、低环境负担的特点，是更加生态友好与可持续发展的经济新形态。

（二）中国城市经济智能化的区域分析

1. 十强分布：北上广深占据四强，东部沿海城市坐拥八席

2020 年，70 个大中城市的经济智能化综合评分排在前 10 位的城市依次是：北京、深圳、广州、上海、南京、杭州、厦门、武汉、成都、天津（见表25）。其中，北京、深圳、广州、上海作为中国综合竞争力最强的一线城市，依托雄厚的经济实力与强大的技术人才支撑，其城市经济智能化运行水平一直处在其他城市前列。从十强城市的区域分布来看，除武汉、成都以外的前十强城市都集中分布在我国东部沿海的经济发达区域，是各自所属城市圈中的中心城市，城市经济智能化进程明显受益于城市良好的基础经济条件。与此同时，武汉与成都作为我国中部与西部地区经济发展的增长极，其智能经济发展也取得了良好成绩。

在智能产业指标的前十强中，惠州与三亚的智能产业发展进展值得关注（见表25）。得益于跨境电子商务综合试验区在两地的实施与政策、资金、技术等全方位的支持，两个城市以电子商务为代表的智能产业都在快速发展，产业数字化平台、数字经济产业园区也在不断建设，惠州市与三亚市已经位于我国产业智能化发展的前列。

表 25　城市经济智能化指数排名前 10 位

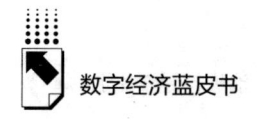

序号	经济基础	智能产业	综合
1	北京	北京	北京
2	深圳	广州	深圳
3	上海	深圳	广州
4	广州	惠州	上海
5	南京	上海	南京
6	宁波	天津	杭州
7	武汉	厦门	厦门
8	杭州	杭州	武汉
9	厦门	成都	成都
10	成都	三亚	天津

2. 城市经济智能化发展南北失衡，北方城市正在加速追赶

进入 21 世纪以来，南北差距逐渐扩大成为我国区域经济发展的新特征，这一现象在城市经济智能化建设中也同样凸显。从 70 个大中城市的经济智能化评价结果看，在排在前 5 名的智能城市中，仅北京 1 个城市位于北方，排在前 10 名的城市中仅有北京与天津 2 个北方城市入围，前 30 名中北方城市的数量约为南方城市的一半（见表 26）。北方地区仅北京、天津、西安等少数城市在经济智能化建设进程中取得了较好进展，这几个城市的分布相对分散，且周围城市的经济智能化运行还较为落后，难以形成智能化经济与技术的区域互动；而在南方地区，广州、浙江、福建等省份的多个智能城市在经济智能化评价中排在前列，形成了有集聚性的智能经济建设城市群，对周围智能城市建设也起到了明显的辐射带动作用。由此可见，南方地区的城市经济智能化建设远强于北方城市。此外，从南北城市总指数的统计描述中看，北方地区城市经济智能化运行评价的综合排名低于南方城市，这也能够说明南北城市经济智能化进程存在不小差距。

表26 南北区域城市经济智能化指数排名分布

单位：个

排名	北方城市	南方城市
1~10名	2	8
11~20名	3	7
21~30名	6	4
31~40名	4	6
41~50名	6	4
51~60名	5	5
61~70名	2	8

南方城市经济智能化指数的变异系数显著低于北方城市，也低于全国总体变异系数，说明南方地区内部的经济智能化进程更加统一、区域内智能经济更具平衡性与稳定性。城市经济智能化运行是城市经济发展、城市智能技术进步与城市规划等因素共同作用的结果，适度的发展差距对整个区域的协同发展有积极影响。一方面，适当的发展差距能够形成有利的区域经济势差，通过渗透效应，将智能发展状态较好城市的资源、技术等优势向欠发展城市扩散与流动，实现资源优化配置；另一方面，城市智能经济差距的出现会对周边城市产生明显的激励与示范作用，帮助周边城市找到科学的智能化建设方法与路径。但发展差距过大会成为城市经济智能化的阻碍，让渗透效应与示范效应难以发挥作用，北方城市经济智能化指数的变异系数高于全国水平，代表北方城市的智能经济发展水平参差不齐、差距过大（见表27）。所以，南方地区智能城市的数字经济、智能经济发展在发展环境、可持续能力方面具有更大的优势，南北失衡已经成为我国城市经济智能化建设格局的重要特征。

表27 南北区域城市经济智能化指数及排名统计

区域	城市数(个)	指数均值	指数变异系数	排名均值	排名最高的城市	排名最低的城市
北方	28	400.190	0.168	37.1	北京	牡丹江
南方	42	399.880	0.110	34.4	深圳	襄阳
全国	70	400.000	0.136	35.5	北京	襄阳

虽然经济智能化建设"南强北弱"特征已成定局，但是北方城市经济智能化进程正在加速。为了更加客观地展示我国大中城市经济智能化的现状与特征，本文测算了2019年70个大中城市的经济智能化水平，与2020年的结果进行横向对比。结果显示，2020年北方28个城市的经济智能化指数离散程度下降1个百分点，与之相对的是南方城市经济智能化指数的离散程度上升0.6个百分点。北方城市经济智能化发展差距的缩小无疑对北方城市经济智能化建设产生了积极影响，2020年北方城市经济智能化指数的排名平均上升3位，北方城市在经济智能化建设中的"后发效应"正在放大（见表28）。北方智能城市建设的起步整体较晚，通过搜索政府官方网站，不难发现，2016年后，浙江、广东等南方省份对智能城市建设的指导文件大量出台，而2018年以来，河北、吉林等北方省份才开始大量印发关于智慧城市建设的具体规划方案。同时电子商务、智慧物流等智慧产业不断向经济欠发达地区下沉，智能技术创新由南向北扩散，北方城市的经济智能化建设已经迎来了新的发展机遇，正在进入加速发展阶段。

表28　南北区域城市经济智能化指数排名变化情况

区域	城市数（个）	均值	变异系数	最大值	最小值
北方	28	3	2.814	19	-12
南方	42	-2	-3.455	12	-19

3. 经济智能化依托各大城市群发展，形成多中心、多层次的空间格局

城市群是区域内城市发展的高级组织形式，城市群一般以一两个特大城市为核心，覆盖周围若干城市，形成经济、社会、环境、基础设施等要素高度一体化的城市联合体。"十四五"规划纲要指出，"发展壮大城市群和都市圈，推动城市群一体化发展，形成多中心、多层级、多节点的网络型城市群"，将我国空间格局分为以19个城市群为主、"两横三纵"、全面覆盖的城镇化战略格局。智慧城市重点建设城市中，除丹东、锦州、桂林、大理4个城市外，其余66个大中型城市被包含在这19个城市群中，城市经济智能化发展特征也与各城市群的发展情况相符合，呈现多层次、多中心、多节点的空间格局，辐射全国城市经济智能化发展（见表29）。

表29 中国19个城市群与相应的智能城市名单

城市群梯度	城市群	智能城市
第一梯队	京津冀城市群	北京,天津,石家庄,唐山,秦皇岛
	长三角城市群	上海,杭州,金华,南京,宁波,无锡,徐州,扬州,安庆,合肥
	珠三角城市群	深圳,广州,惠州,韶关
	成渝城市群	成都,重庆,泸州,南充
	长江中游城市群	武汉,长沙,南昌,九江,赣州,宜昌,襄阳,岳阳,常德
第二梯队	山东半岛城市群	青岛,济南,烟台,济宁
	粤闽浙沿海城市群	泉州,厦门,福州,温州
	中原城市群	郑州,洛阳,平顶山,蚌埠
	关中平原城市群	西安
	北部湾城市群	南宁,海口,三亚,北海,湛江
第三梯队	哈长城市群	长春,哈尔滨,吉林,牡丹江
	辽中南城市群	沈阳,大连
	山西中部城市群	太原
	黔中城市群	贵阳,遵义
	滇中城市群	昆明
	呼包鄂榆城市群	呼和浩特,包头
	兰州-西宁城市群	兰州,西宁
	宁夏沿黄城市群	银川
	天山北坡城市群	乌鲁木齐

（1）城市经济智能化发展的多层次格局

智能城市经济智能化发展水平呈现多层次特征，可以根据我国城市群发展战略分为三个梯度。我国城市群的第一梯队包括京津冀、长三角、珠三角、成渝、长江中游等发展相对成熟的城市群体；第二梯队包括山东半岛、粤闽浙沿海、中原、关中平原、北部湾等初见规模的城市群体；第三梯队是辽中南、黔中、呼包鄂榆等还在培育中的城市群体。2020年，三个梯度划分下的智能城市经济智能化指数呈现阶梯式分布结构，第一梯队城市群中城市的经济智能化指数均值为416.344，排名均值为29.9，都好于其他两个梯队，第一梯队城市的经济智能化进程明显快于其他城市；第三梯队城市群中城市的经济智能化水平最低，在第三梯队中没有进入综合排名前20的城市，而且该梯队经济智能化评分的离散程度最低，说明第三梯队城市群中的城市智能经济发展水平都较为落后，在城市经济智能化建设上任重道远（见表30）。从地理分布来看，第一梯队中近七成的智慧城市分布在我国南方地区，第二梯队中半数城市位于南方地区，而第三梯队中的南方城市仅占两成，体现出我国大中城市经济智能化发展南强北弱与东强西弱的特征。

表30 不同梯队城市群的经济智能化指数统计

城市群梯度	城市数（个）	指数均值	指数变异系数	排名均值	排名变化均值
第一梯队	32	416.344	0.174	29.9	-0.3
第二梯队	18	397.196	0.074	33.4	1.4
第三梯队	16	379.593	0.042	43.6	-0.2

（2）城市经济智能化发展的多中心、多节点格局

城市经济智能化已经形成多个城市群共同发展的多中心、多节点格局。各大智能城市群基本涵盖了我国经济社会发展的关键空间节点，在推动城市群内部城市智能化水平不断提高的同时，也将产业智能化的各种要素向周边地区扩散，带动其他城市经济的智能化运行，为最终实现我国城市全面智能化的远景目标提供了条件。

多数城市群已经形成以一两个大城市为中心、智能化水平逐渐向周边城市扩散的发展模式。在基于新型信息产业与服务业的智能城市群内部，各城市之间存在垂直与横向复杂联系，具有基础设施共建、资源技术共享、现代产业体系共建的独特优势。这类城市群中具有代表性的是京津冀城市群、珠三角城市群与关中平原城市群（见图2）。以经济智能化水平较高的珠三角城市群为例，深圳市与广州市成功地将信息科技成果运用在产业、环境、治理等多方面，经济智能化排名分别为第二位与第三位，拥有巨大的智能经济发展优势，而珠三角智能城市的经济智能化指数变异系数偏大，表明城市间

智能化进程存在明显差距,深圳与广州充分发挥城市群中"领头羊"的作用,带动周边智慧城市发展。2020年珠三角智能城市群的经济智能化指数排名比2019年平均上升2.3位,珠三角智能城市群已经形成典型的扩散式发展趋势(见表31)。

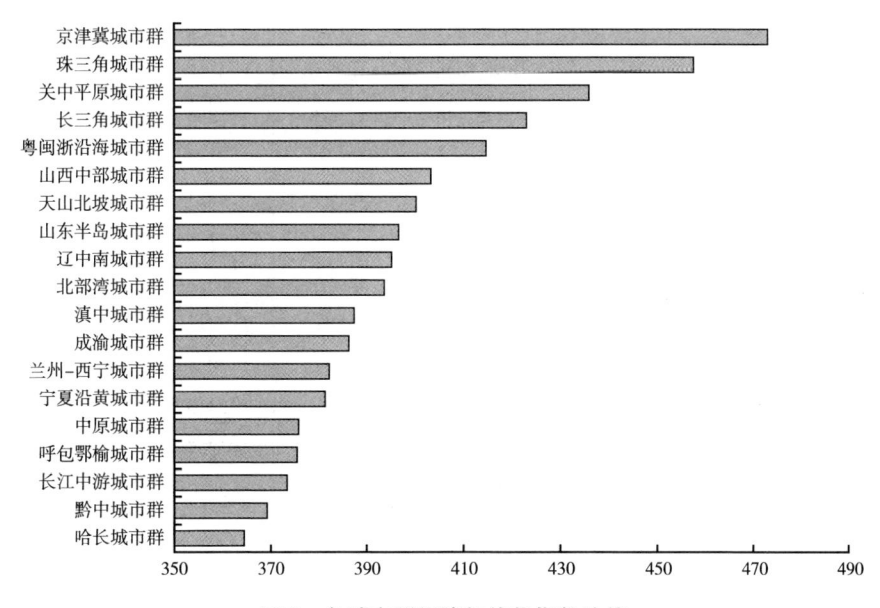

图2 各城市群经济智能化指数均值

但值得注意的是,我国仍有不少城市群还处在只有核心城市经济智能化建设取得了进展、尚未对周边城市实现带动的阶段。成渝城市群内,成都市与重庆市的经济智能化指数排在第9与38名,而另外两座城市仅排在第64和67名;中原城市群内城市经济智能化水平最高城市与其他城市的排名分别相差33、44、48名。这些城市群内部的智能化进程出现明显断层,说明核心城市对其他城市没有发挥应有的辐射带动作用,城市群一体化发展的独特优势没有得到体现。另外,关中平原、山西中部等城市群中都只有一个核心城市作为国家统计局划分的70个大中城市被纳入本次评价,这些城市群的经济智能化发展晚、基础差,是否能够带动整个区域向智能化方向发展还有待长期观察与引导。

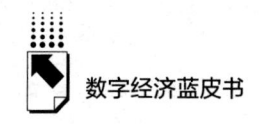

表 31 各城市群经济智能化指数及排名统计

城市群	城市数(个)	指数均值	指数变异系数	排名均值	排名变化均值
京津冀城市群	5	472.691	0.272	19.8	7.4
长三角城市群	10	422.648	0.083	20.6	1.6
珠三角城市群	4	456.865	0.118	14.0	2.3
成渝城市群	4	386.041	0.097	44.5	-3.0
长江中游城市群	9	373.495	0.101	46.6	-6.4
山东半岛城市群	4	396.446	0.052	33.5	6.3
粤闽浙沿海城市群	4	414.302	0.056	21.8	1.3
中原城市群	4	375.762	0.067	48.3	-1.3
关中平原城市群	1	435.707	—	11.0	0.0
北部湾城市群	5	393.556	0.076	35.2	0.2
哈长城市群	4	364.391	0.041	54.8	8.5
辽中南城市群	2	395.163	0.017	29.5	8.5
山西中部城市群	1	403.169	—	24.0	3.0
黔中城市群	2	369.301	0.028	53.5	-15.5
滇中城市群	1	387.373	—	37.0	-8.0
呼包鄂榆城市群	2	375.483	0.028	47.5	-9.0
兰州-西宁城市群	2	381.965	0.013	42.5	-7.5
宁夏沿黄城市群	1	381.412	—	43.0	-5.0
天山北坡城市群	1	400.144	—	28.0	-12.0

注：部分城市群中只包含一个城市样本，无法计算指数变异系数，用—表示。

（三）政策建议

为了进一步促进城市经济的智能化运行，推动智能城市建设，根据当前城市经济智能化情况的分析，以及政府在帮助和引导城市智能经济建设中存在的问题，提出以下三点政策建议。

1. 加强顶层设计，推动城市经济智能化平衡发展

上级政府要深入实施区域协调发展战略，着力推动中西部地区、北部地区城市群的经济智能化进程，引导智能经济优势城市对劣势城市进行定点帮扶，缩小数字经济、智能经济在地区之间与地区内部的发展差距，形成层次清晰、结构合理的全国智能城市建设新局面。地方政府要因地制宜，综合考察当地的经济发展水平、产业结构、技术能力、基础设施等各方面情况，制定出符合当地实际的经济智能化发展指导规划，为城市经济智能化提供明确的发展目标和可行的发展方案。

2. 激发智能产业发展活力

积极改革政府管理模式，为城市智能产业发展提供条件。将信息技术应用到政府服务中，实现业务线上办理，应用市场监管大数据系统，为智能产业发展提供良好的城市营商环境。健全智能经济投融资模式，政府资金向智能经济关键产业倾斜，引导社会投资从传统产业转向新兴智慧产业，通过金融科技为小微企业提供有针对性的贷款项目，实现多渠道投融资共同发挥作用，为智能产业发展提供良好的融资条件。

加快传统产业的智能化升级，培育智能经济新增长点。通过龙头企业、先进地区试点，将金融、教育、医疗等各领域与智能经济结合，寻找智能产业发展的最优路径，让智能产业在城市建设中层层推进、逐步深入。推动智能技术与经济的深度融合，以市场需求为导向，加快构建智能化应用新场景，积极扩展智能化新产业、新模式、新业态，深入挖掘智能经济发展突破口。

3. 打造技术创新支撑体系

完善人才培养和激励系统，积极培养智能技术与跨学科的创新型人才，为网络、数字、智能领域的优秀人才提供完善的落户、创业就业与奖励制度，吸引更多人才参与城市经济智能化建设。建立技术研发与转化保障体系，引导各经济部门加大对技术研发与创新的投入，强化对知识产权的保护，支持信息技术的交叉创新与开源共享，提高全社会创新热情，加快智能技术向现实生产力的转化。聚焦智能技术发展的关键领域，重视基础理论、基础算法的研究，大力发展人工智能关键算法、量子计算、高端芯片等前沿技术，加强软硬件核心技术、处理系统与云计算技术的一体化研发，让技术进步为城市经济智能化提供不竭动力。

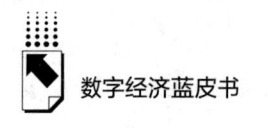

五 提高社会服务水平，推进城市生活智能化

随着城市信息化与产业智能化进程的不断推进，"智能化"也已经进入城市生活之中，让城市居民在衣食住行的各个方面都能够享受到更加便捷与良好的服务，极大地提高了城市生活质量。医疗、教育、养老、文旅等各类生活场景的智能化，共同构筑了美好智能生活新图景。从生活智能化总评分来看，上海、宁波、广州、深圳、西安这五个城市并列第一（见表32），说明生活智能化水平明显受到城市基础设施、城市经济、城市治理等领域智能化进展的综合影响；中心城市的生活智能化评分均值明显高于外围城市，中心城市普遍为城市居民提供了更智能与更高质量的社会生活服务。

表32 城市生活智能化服务指数排名前10位

城市	智慧医疗	智慧教育	智慧养老	智慧文旅	综合
上 海	1	2	1	1	1
宁 波	1	2	1	1	1
广 州	1	2	1	1	1
深 圳	1	2	1	1	1
西 安	1	2	1	1	1
呼和浩特	1	3	1	1	2
昆 明	1	3	1	1	2
温 州	1	2	3	1	3
杭 州	1	4	1	1	4
天 津	1	2	1	3	5
武 汉	1	3	2	1	6
南 京	1	3	1	2	7
重 庆	1	6	1	1	8
青 岛	1	1	1	7	9
合 肥	3	2	1	3	10

（一）城市智慧医疗发展情况

不仅一线城市、新一线城市的医疗智能化名列前茅，西安、昆明、呼和浩特等城市也通过搭建数字医疗平台、引进智能医用设备等不断创新医疗服务模式，驱动医疗产业升级和服务升级，提高居民医疗体验。一方面，健康综合平台的建立能够简化就医流程、共享优质医疗资源。另一方面，实时通信、智能识别、深度学习等技术也在辅助诊疗、药品研发、疾病监测等多个医疗细分领域提供了帮助。城市中的人们都能得到更为便捷、普惠的医疗救助，获得更好的诊断治疗条件。

（二）城市智慧教育发展情况

智能教育是以人的全面发展为导向，利用人工智能、大数据等技术，形成具有灵活性、个性化特征的教育服务体系，推动教育方针、教育管理、教育环境的智慧转型，最大限度地满足学生成长的个性化要求。在智慧教育领域，青岛、济南等山东城市率先建立起了市域层面的智能教育平台，集管理、教学、数据、资源、公共服务等多种功能于一体，为全市教师、学生、教育管理者、社会公众提供"一站式"教育服务；宁波、杭州、西安等城市也在积极探索适应本市教育发展实际的教育智能化模式，解决人们生活中最为关切的教育问题。

（三）城市智慧养老发展情况

作为社会民生最关切的问题之一，养老服务智慧化是智能城市建设的优先项目，中国大城市在智慧养老领域普遍取得了较好成果。智慧养老利用物联网、云计算、大数据、智能硬件等新一代信息技术产品，发展出虚拟养老院、智能化居家养老服务、社区型养老服务平台等多维度、多种类的养老服务模式，实现了个人、家庭、社区与养老资源的快速有效对接，提升了健康养老服务质量效率与水平。

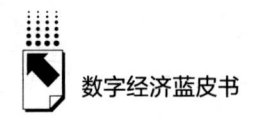

（四）城市智慧文旅发展情况

在参与评估的 70 个大中城市中，多数旅游型城市都在文旅服务领域为消费者提供了较好的智能化体验。智慧文旅突破了空间的限制，将数字化、智能化渗透到文旅产业的服务、管理、体验、营销等各个环节，为消费者提供各种全新的文化体验方式。"文化+旅游+网络"的深度融合正在重构文旅产业链，这也将促进文旅产业从浅层观光到深度体验转型升级。

参考文献

曹海军、侯甜甜：《区块链技术如何赋能政府数字化转型：一个新的理论分析框架》，《理论探讨》2021 年第 6 期。

陈迪宇、张旭东：《疫情防控下的城市治理现代化》，《宏观经济管理》2020 年第 9 期。

陈玲、段尧清、王冰清：《数字政府建设和政府开放数据的耦合协调性分析》，《情报科学》2020 年第 1 期。

陈水生：《迈向数字时代的城市智慧治理：内在理路与转型路径》，《上海行政学院学报》2021 年第 5 期。

戴长征、鲍静：《数字政府治理——基于社会形态演变进程的考察》，《中国行政管理》2017 年第 9 期。

丁煌、马小成：《数据要素驱动数字经济发展的治理逻辑与创新进路——以贵州省大数据综合试验区建设为例》，《理论与改革》2021 年第 6 期。

冯奎、杨冰之、彭璐：《城市治理智慧化的内涵及框架体系》，《区域经济评论》2017 年第 6 期。

江小涓：《以数字政府建设支撑高水平数字中国建设》，《中国行政管理》2020 年第 11 期。

李齐、曹胜、吴文怡：《中国治理数字化转型的系统论阐释：样态和路径》，《中国行政管理》2020 年第 10 期。

李盛超：《智慧城市建设与城市经济发展研究》，《现代商贸工业》2019 年第 9 期。

刘成昆、李敬阳：《澳门智慧城市建设可持续发展路径探究》，《城市管理与科技》2021 年第 5 期。

刘祺：《当代中国数字政府建设的梗阻问题与整体协同策略》，《福建师范大学学报

（哲学社会科学版）》2020年第3期。

孟天广：《政府数字化转型的要素、机制与路径——兼论"技术赋能"与"技术赋权"的双向驱动》，《治理研究》2021年第1期。

曲延春：《数字政府建设中信息孤岛的成因及其治理》，《山东师范大学学报（社会科学版）》2020年第2期。

沈费伟、诸靖文：《数据赋能：数字政府治理的运作机理与创新路径》，《政治学研究》2021年第1期。

汤森.：《智慧城市》，中信出版社，2014。

王孟嘉：《数字政府建设的价值、困境与出路》，《改革》2021年第4期。

王钦敏：《统筹协调 共建共享 推进数字政府信息化系统建设》，《中国行政管理》2020年第11期。

吴克昌、闫心瑶：《数字治理驱动与公共服务供给模式变革——基于广东省的实践》，《电子政务》2020年第1期。

巫细波、杨再高：《智慧城市理念与未来城市发展》，《城市发展研究》2010年第11期。

叶战备、王璐、田昊：《政府职责体系建设视角中的数字政府和数据治理》，《中国行政管理》2018年第7期。

尹丽英、张超：《中国智慧城市理论研究综述与实践进展》，《电子政务》2019年第1期。

袁刚、温圣军、赵晶晶等：《政务数据资源整合共享：需求、困境与关键进路》，《电子政务》2020年第10期。

张成福、谢侃侃：《数字化时代的政府转型与数字政府》，《行政论坛》2020年第6期。

赵金旭、傅承哲、孟天广：《突发公共危机治理中的数字政府应用、信息获取与政府信任》，《西安交通大学学报（社会科学版）》2020年第4期。

郑磊：《数字治理的效度、温度和尺度》，《治理研究》2021年第2期。

中国经济信息社、中国信息协会和中国城市规划设计研究院：《中国城市数字治理报告（2020）》，《经济日报》2020年8月18日。

周文彰：《数字政府和国家治理现代化》，《行政管理改革》2020年第2期。

周玄：《论"智慧政务"与"数字政府"的互动关系》，《中国管理信息化》2021年第19期。

朱恒源、王毅：《智能革命的技术经济范式主导逻辑》，《经济纵横》2021年第6期。

Abstract

At present, the digital economy is entering a mature development period from a period of rapid growth period, and the pursuit of higher development quality will become a new requirement. The new development philosophy has put forward requirements and directions for the high-quality development of China's digital economy, and its characteristics have been reflected in the process of digital industrialization and industrial digitization. In this context, this book examines the main features, performance, influence and trends of China's digital economy when entering high-quality development. The first report, which titled "The Progress, Challenges and Trends of High-Quality Development of China's Digital Economy", mainly focuses on the fields of digital industrialization and deep digitalization, and provides a panoramic analysis of "innovative, coordinated, green, and open", besides defining the concept and making international comparisons. At the same time, it pointed out the problems of the current development of the digital economy, and looked forward to the characteristics of future development. The other 8 reports, from a more specific perspective, separately discussed the impact or role of the digital economy in the fields of finance, urban and rural development, green economy, as well as anti-monopoly supervision on platforms.

This report believes that China's digital economy is gradually entering the stage of high-quality development. "innovation" is the internal driving force for the digital economy to develop sustainably, thereby benefiting all aspects of the social economy; "Coordination" will help the digital economy achieve a more balanced and full development, thus expanding the growth space and enhancing the application capacity; "Green" requires the digital economy to achieve low

Abstract

pollution and low consumption, and promote energy conservation and emission reduction of the whole society; "Opening" means that the user group and application scope of digital economy products and services continue to expand, and the level of internationalization is continuously improved in the iterative development; "Sharing" is the basis for the digital economy to connect scenarios and users, and can also promote more people to share development achievements. From a more detailed perspective of social and economic development, the digital economy has had a profound impact on the tax system and inter-governmental tax division, interest rate formation mechanism, special debt risk, financing for small and median sized enterprises, etc. ; and has helped promote green development, rural revitalization and urban construction. At the same time, China's digital economy is also facing problems such as disorderly expansion and monopoly of capital, insufficient personal information protection and data security, and hidden financial risks. Platform anti-monopoly supervision needs to be promoted on a regular basis, achieving the goal of "good law and good governance".

Keywords: Digital Economy; High-Quality Development; New Development Philosophy; Platform Economy Governance; Urban and Rural Development

Contents

Ⅰ General Report

B.1 The Progress, Challenge and Trend of High-Quality Development of China's Digital Economy
              He Dexu, Zhang Hao and Feng Ming / 001

Abstract: At present, the digital economy is entering the mature development period from the rapid development period, and the pursuit of higher development quality shall become a new requirement. The new development philosophy puts forward requirements and directions for the high-quality development of China's digital economy. Among them, "innovation" is the internal driving force for the digital economy to develop sustainably, thereby benefiting all aspects of the social economy; "Coordination" will help the digital economy achieve a more balanced and full development, thus expanding the growth space and enhancing the application capacity; "Green" requires the digital economy to achieve low pollution and low consumption, and promote energy conservation and emission reduction of the whole society; "Opening" means that the user group and application scope of digital economy products and services continue to expand, and the level of internationalization is continuously improved in the iterative development; "Sharing" is the basis for the digital economy to connect scenarios and users, and can also promote more people to share development achievements. At the same time, China's digital economy is also facing problems such as disorderly expansion and monopoly of capital, insufficient personal information protection and data security, and hidden financial risks, which need to be solved through continuous improvement of governance.

Keywords: Digital Economy; High-Quality Development; New Development Philosophy; Platform Economy Governance

Ⅱ Platform Economy

B.2 Influence of Platform Economy on Tax System and Intergovernmental Tax Division and Responses

Jiang Zhen / 052

Abstract: The rapid development of the platform economy is changing the economic and social operation pattern and the current tax system. It has an impact on the identification of taxpayers and the non resident income tax distribution rules based on the permanent establishment. The actual contribution of intangible assets in products or services is more difficult to measure. The income distribution and related tax distribution have not fully taken into account such factors as user participation and data value. It also has an impact on the current value-added tax system. In addition, the development of the platform economy has multiple impacts on the intergovernmental tax division and the tax collection and management system. We should grasp the new requirements and tasks of the tax system in the new era more deeply and accurately, better adapt to the development of new industries, new formats and new models such as the platform economy, give better play to the functions and functions of the tax system in the new era, and provide a strong guarantee for the realization of the high-quality development goals of the platform economy.

Keywords: Platform Economy; Tax System; Intergovernmental Tax Division; Tax Collection and Management

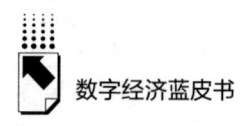

B.3 International Trend and Policy Suggestions of Platform Antitrust Regulation

Shen Jianguang, Zhu Taihui, Zhang Xiaochen and Xue Yao / 080

Abstract: Since 2021, China's anti-monopoly supervision on Internet platforms has become increasingly strict, and the investigation and punishment of Internet platform monopoly have increased significantly. In order to better grasp the development direction of China's platform anti-monopoly regulatory policy in the future, this report combs and analyzes the existing framework, latest developments and future development of domestic and foreign Internet platform anti-monopoly regulation. At present, how to solve such problems as "differential pricing", "predatory pricing", "algorithmic collusion", "conflict of interest" and "differential supervision on the new type of real economy-based enterprise" will be the focus of the follow-up improvement of the platform's anti-monopoly supervision. In the next step, it is suggested to further improve the platform anti-monopoly supervision focusing on the medium- and long-term strategies of "high-quality development" and "common prosperity", and achieve a better balance between regulated development and innovation vitality: First, strengthen behavior supervision and improve the level of "good law and good governance" of the platform anti-monopoly; Second, explore classified supervision and fully release the effectiveness of "new type of real economy-based enterprise"; Third, reinforce the whole chain supervision and effectively strengthen the data security protection; Fourth, both efficiency and fairness should be taken into account to promote the sound development of various types of capital.

Keywords: Platform Economy; Antitrust; Fair Competition; Data Security; New Type of Real Economy-based Enterprise

Contents

III Digital Finance

B.4 Research on Digital Economy's Impact on Interest

Rates Setting Mechanism

Li Yang, Fei Zhaoqi, Lu Hong, Cao Jing and Ding Yi / 102

Abstract: This paper analyzes the impact of the digital economy on the mechanism of interest rates setting from three perspectives. First, the current high interest rate in China could be regarded as a proof of the low efficiency of financial intermediaries. In the context of the digital economy, financial intermediaries would rely on FinTech and BigTech to improve efficiency, reduce transaction costs, and achieve the goal of lowering interest rates ultimately. Second, as the real interest rate anchor for price-based monetary policy, the natural interest rate is fundamental in policy rates formulation. The digital economy has an all-round impact on the natural rate in money supply-demand equilibrium. Third, the reform of the international benchmark rate in recent years would have a profound influence on global financial market, but there are still deficiencies in new benchmark rate setting mechanism. The digital pricing technology used in credit risk measurement could compensate for the missing part in rate setting, machine learning technology contributes to plotting the interest rate curve, and the prevalence of central bank digital currency could mitigate the effects of US dollar exchange rate shock on peripheral countries.

Keywords: Financial Intermediation; Natural Rate; Benchmark Rate

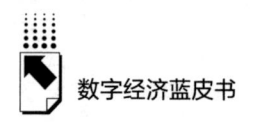

B.5 Big Data Solution for Special Bonds Risk Management

Hu Zhihao, Li Xiaohua and Sun Zheng / 157

Abstract: The risks of local government special bonds are not only from being too large, which exceeds the capacity of local finance, but also from the uneven quality of the assets corresponding to special bonds. This report estimates the issuance scale of special bonds in the next five years, and uses this as a benchmark to calculate the overall risk indicators of relevant special bonds. At the same time, the report also estimates the inter-provincial special bonds in the next five years, and compares the structural risks between regions. The study found that the overall risk of special bonds is controllable, but the structural risk of some provinces is more prominent. In addition, based on big data technologies such as web crawlers and penetration, the report also designs a set of comprehensive system modules for risk management of special bond projects to monitor and manage the risk of each link, which is the entire process of "borrowing," "using," "managing" and "return" of special bonds.

Keywords: Special Bonds; Structural Risk; Big Data; Fuzzy Comprehensive Evaluation; Project Financial Risk

B.6 Research on the Difficulty and High Cost of Financing for Small and Medium-sized Enterprises under the Background of Digital Economy

Zheng Liansheng, Wang Chaoyang, Liu Yushi, Li Juncheng and Liu Xianda / 213

Abstract: Small and medium-sized enterprises (SMEs) have played an important role in economic and social development. Subject to the enterprises' own weakness and market financing constraints, there is a mismatch between supply and demand in the financing of SMEs, which shows that financing is difficult and expensive. The development of the digital economy has provided new channels for financing of SMEs, which can effectively provide diversified services for enterprise liquidity, capacity utilization, technology upgrading and long-term development. Products provided by JD Group and practice of supply chain finance based on internet platform show that the digital economy can alleviate the problem of financing difficulty and high cost of SMEs. In order to make better use of the digital economy to provide financing services for SMEs, it is necessary to optimize information association and strengthen intelligent risk control through expanding chain cooperation, effectively replace mortgage assets with data assets, constantly optimize and expand platform functions, and enable financial technology to serve the development of SMEs.

Keywords: Small and Medium-sized Enterprises; Financing; Digital Economy; Supply Chain Finance

Ⅳ Digital Empowerment

B.7 How Digital Economy Leading Green Development: Effect, Mechanism and Path Selection

He Dexu, Wang Zhenxia, Yan Bingqian and Wang Lei / 246

Abstract: Since the first industrial revolution, the discovery and utilization of fossil energy such as coal, oil, and natural gas have greatly promoted the development of economy and society, but also caused serious problems of environmental pollution and climate change. "Carbon Peaking and Carbon Neutrality Goals" has become a global consensus to protect the earth's homeland. With the innovative application of digital technology in production and living activities, the role of digital technology in achieving carbon neutrality has attracted increasing attention. On the one hand, digital technologies represented by cloud computing, big data and the Internet of Things are expected to reshape the production process and energy system of enterprises, thereby greatly improving energy efficiency and directly helping the industry to reduce carbon emissions; on the other hand, digital technologies derived New business formats, optimization of the economic structure and energy structure, and the promotion of changes in consumers' life and consumption patterns can all indirectly contribute to the realization of the goal of "Carbon Peaking and Carbon Neutrality". In order to systematically study this issue, this paper first analyzes the impact mechanism of digital equipment, digital technology and digital industry development on energy consumption and green economic development, then comprehensively expounds the ways and beneficial exploration of digital economy on green development, and finally analyzes the practice of Chinese enterprises. Starting from the beginning, summarize the exploration of Jing Dong (JD).com and its exemplary role in promoting industry and regional emission reduction by the digital economy, in order to provide a useful reference for future energy conservation and emission reduction.

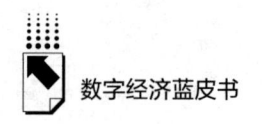

Keywords: Digital Economy; Carbon Peaking and Carbon Neutrality Strategy; Green Economy; Technological Progress

B.8 Digital Economy Boosts Rural Revitalization: Practical Approach, Concrete Practice and Policy Suggestion

Li Yongjian / 287

Abstract: The integration of digital economy and agriculture and rural economy has brought new development opportunities for rural construction. Seizing the important strategic opportunity period of digital rural construction and fully empowering agricultural and rural construction by digital economy is of great significance to promoting the implementation of the rural revitalization strategy and realizing the modernization of agriculture and rural. Guided by the needs of agriculture and rural development in the new era, this report sorts out the policy framework of digital rural development, constructs a digital rural development index system, uses the modern index assessment concept to quantify the unbalanced and uncoordinated problems of rural digital construction, and finally puts forward corresponding policy suggestions for the problems existing in digital agricultural rural development, so as to provide new perspectives and ideas for effectively promoting the rural revitalization strategy.

Keywords: Digital Economy; Rural Revitalization; Agricultural Rural Economy; Digital Village Development Index

B.9 Construction and Development of Intelligent City in China: Facilities, Governance and Economic Life

Huang Hao, Li Chao and Zhao Jingqiao / 341

Abstract: As an urban development model that deeply integrates information technology with various economic and social fields, Intelligent City has become an inevitable trend of modern urban development. This report builds an evaluation index system for China's intelligent cities from four dimensions: urban infrastructure intelligence, urban governance intelligence, urban economic intelligence, and urban life intelligence. Through the principal component analysis method, the intelligent development level and law of 70 large and medium-sized cities in China are evaluated and summarized. The result shows that the level of urban intelligence in China is unbalanced among different regions, and there are obvious differences in the dimensions of urban intelligence development between central cities and peripheral cities, eastern regions and central and western regions. Based on the analysis of the current situation of China's smart city development, this report puts forward detailed policy recommendations for the problems existing in China's urban intelligent construction, hoping to provide experience and useful reference for China's intelligent city construction.

Keywords: Intelligent City; Evaluation Index System; Principal Component Analysis

社会科学文献出版社

皮 书

智库成果出版与传播平台

❖ 皮书定义 ❖

皮书是对中国与世界发展状况和热点问题进行年度监测，以专业的角度、专家的视野和实证研究方法，针对某一领域或区域现状与发展态势展开分析和预测，具备前沿性、原创性、实证性、连续性、时效性等特点的公开出版物，由一系列权威研究报告组成。

❖ 皮书作者 ❖

皮书系列报告作者以国内外一流研究机构、知名高校等重点智库的研究人员为主，多为相关领域一流专家学者，他们的观点代表了当下学界对中国与世界的现实和未来最高水平的解读与分析。截至2021年底，皮书研创机构逾千家，报告作者累计超过10万人。

❖ 皮书荣誉 ❖

皮书作为中国社会科学院基础理论研究与应用对策研究融合发展的代表性成果，不仅是哲学社会科学工作者服务中国特色社会主义现代化建设的重要成果，更是助力中国特色新型智库建设、构建中国特色哲学社会科学"三大体系"的重要平台。皮书系列先后被列入"十二五""十三五""十四五"时期国家重点出版物出版专项规划项目；2013~2022年，重点皮书列入中国社会科学院国家哲学社会科学创新工程项目。

皮书网

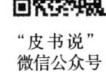

（网址：www.pishu.cn）

发布皮书研创资讯，传播皮书精彩内容
引领皮书出版潮流，打造皮书服务平台

栏目设置

◆ **关于皮书**
何谓皮书、皮书分类、皮书大事记、
皮书荣誉、皮书出版第一人、皮书编辑部

◆ **最新资讯**
通知公告、新闻动态、媒体聚焦、
网站专题、视频直播、下载专区

◆ **皮书研创**
皮书规范、皮书选题、皮书出版、
皮书研究、研创团队

◆ **皮书评奖评价**
指标体系、皮书评价、皮书评奖

◆ **皮书研究院理事会**
理事会章程、理事单位、个人理事、高级
研究员、理事会秘书处、入会指南

所获荣誉

◆ 2008年、2011年、2014年，皮书网均在全国新闻出版业网站荣誉评选中获得"最具商业价值网站"称号；
◆ 2012年，获得"出版业网站百强"称号。

网库合一

2014年，皮书网与皮书数据库端口合一，实现资源共享，搭建智库成果融合创新平台。

皮书网　　"皮书说"微信公众号　　皮书微博

权威报告·连续出版·独家资源

皮书数据库
ANNUAL REPORT(YEARBOOK) DATABASE

分析解读当下中国发展变迁的高端智库平台

所获荣誉

- 2020年，入选全国新闻出版深度融合发展创新案例
- 2019年，入选国家新闻出版署数字出版精品遴选推荐计划
- 2016年，入选"十三五"国家重点电子出版物出版规划骨干工程
- 2013年，荣获"中国出版政府奖·网络出版物奖"提名奖
- 连续多年荣获中国数字出版博览会"数字出版·优秀品牌"奖

皮书数据库　　"社科数托邦"微信公众号

成为会员

登录网址www.pishu.com.cn访问皮书数据库网站或下载皮书数据库APP，通过手机号码验证或邮箱验证即可成为皮书数据库会员。

会员福利

- 已注册用户购书后可免费获赠100元皮书数据库充值卡。刮开充值卡涂层获取充值密码，登录并进入"会员中心"—"在线充值"—"充值卡充值"，充值成功即可购买和查看数据库内容。
- 会员福利最终解释权归社会科学文献出版社所有。

社会科学文献出版社　皮书系列
卡号：87729739 8942
密码：

数据库服务热线：400-008-6695
数据库服务QQ：2475522410
数据库服务邮箱：database@ssap.cn
图书销售热线：010-59367070/7028
图书服务QQ：1265056568
图书服务邮箱：duzhe@ssap.cn

S 基本子库
SUB DATABASE

中国社会发展数据库（下设 12 个专题子库）

紧扣人口、政治、外交、法律、教育、医疗卫生、资源环境等 12 个社会发展领域的前沿和热点，全面整合专业著作、智库报告、学术资讯、调研数据等类型资源，帮助用户追踪中国社会发展动态、研究社会发展战略与政策、了解社会热点问题、分析社会发展趋势。

中国经济发展数据库（下设 12 专题子库）

内容涵盖宏观经济、产业经济、工业经济、农业经济、财政金融、房地产经济、城市经济、商业贸易等 12 个重点经济领域，为把握经济运行态势、洞察经济发展规律、研判经济发展趋势、进行经济调控决策提供参考和依据。

中国行业发展数据库（下设 17 个专题子库）

以中国国民经济行业分类为依据，覆盖金融业、旅游业、交通运输业、能源矿产业、制造业等 100 多个行业，跟踪分析国民经济相关行业市场运行状况和政策导向，汇集行业发展前沿资讯，为投资、从业及各种经济决策提供理论支撑和实践指导。

中国区域发展数据库（下设 4 个专题子库）

对中国特定区域内的经济、社会、文化等领域现状与发展情况进行深度分析和预测，涉及省级行政区、城市群、城市、农村等不同维度，研究层级至县及县以下行政区，为学者研究地方经济社会宏观态势、经验模式、发展案例提供支撑，为地方政府决策提供参考。

中国文化传媒数据库（下设 18 个专题子库）

内容覆盖文化产业、新闻传播、电影娱乐、文学艺术、群众文化、图书情报等 18 个重点研究领域，聚焦文化传媒领域发展前沿、热点话题、行业实践，服务用户的教学科研、文化投资、企业规划等需要。

世界经济与国际关系数据库（下设 6 个专题子库）

整合世界经济、国际政治、世界文化与科技、全球性问题、国际组织与国际法、区域研究 6 大领域研究成果，对世界经济形势、国际形势进行连续性深度分析，对年度热点问题进行专题解读，为研判全球发展趋势提供事实和数据支持。

法律声明

"皮书系列"（含蓝皮书、绿皮书、黄皮书）之品牌由社会科学文献出版社最早使用并持续至今，现已被中国图书行业所熟知。"皮书系列"的相关商标已在国家商标管理部门商标局注册，包括但不限于LOGO（ ）、皮书、Pishu、经济蓝皮书、社会蓝皮书等。"皮书系列"图书的注册商标专用权及封面设计、版式设计的著作权均为社会科学文献出版社所有。未经社会科学文献出版社书面授权许可，任何使用与"皮书系列"图书注册商标、封面设计、版式设计相同或者近似的文字、图形或其组合的行为均系侵权行为。

经作者授权，本书的专有出版权及信息网络传播权等为社会科学文献出版社享有。未经社会科学文献出版社书面授权许可，任何就本书内容的复制、发行或以数字形式进行网络传播的行为均系侵权行为。

社会科学文献出版社将通过法律途径追究上述侵权行为的法律责任，维护自身合法权益。

欢迎社会各界人士对侵犯社会科学文献出版社上述权利的侵权行为进行举报。电话：010-59367121，电子邮箱：fawubu@ssap.cn。

社会科学文献出版社